D0977805

ZAGAT 2014

Guide des Restaurants de Paris

RÉDACTEUR À PARIS
Alexander Lobrano

COORDINATRICE À PARIS
Mary Deschamps

RESPONSABLE D'ÉDITION
Fiona Quinn

Édition et Diffusion
Zagat Survey, LLC
76 Ninth Avenue
New York, NY 10011
T: 212.977.6000
E: paris@zagat.com
plus.google.com/local

REMERCIEMENTS

Nous remercions Alice Urmey (rédactrice), Axel Baum, Sabine Brassart, Catherine Brownstone, Gilbert Brownstone, François Cornu, Dave Crossland, Bryant Detwiller, Alexandra Ernst, Kara Freewind, Gonzague Godinot, Danielle Harris, Solange Herter, Pascaline Lechène, Anne Liebmann, Anne et Gérard Mazet, Yves Nespoulous, Ingrid Pigueron, Tita Scuba, Garret Siegel, Hilary Sims, Boi Skoi, Peter et Susan Solomon, Béatrice Téraube, ainsi que les membres de notre équipe : Anna Hyclak (rédactrice), Brian Albert, Sean Beachell, Maryanne Bertollo, Chloé Broughton, Nathalie Canévet, Reni Chin, Larry Cohn, Nicole Diaz, Kelly Dobkin, Sarah Drinkwater, Jeff Freier, Alison Gainor, Raphaël Goumain, Justin Hartung, Marc Henson, Ryutaro Ishikane, Natalie Lebert, Mike Liao, Vivian Ma, James Mulcahy, Andrew Murphy, Polina Paley, Clara Rivera, Josh Rogers, Emily Rothschild, Amanda Spurlock, Raphaëlle Thibaut, Alex Torres, Scott Totman, Chris Walsh, Jacqueline Wasilczyk, Yoji Yamaguchi, Sharon Yates, Anna Zappia et Kyle Zolner.

À PROPOS DE ZAGAT

En 1979, nous avons demandé à nos amis de noter leurs commentaires sur les restaurants, par pur amusement. C'était bien avant la notion de "contenu généré par les utilisateurs". Ce hobby a donné le jour au Zagat Survey; 34 ans plus tard, nous avons des enquêteurs fidèles dans le monde entier et notre contenu comprend maintenant la vie nocturne, les boutiques, attractions touristiques, golf et plus encore. Au fil du temps, nous sommes passés d'éditeurs à fournisseurs de contenu numérique. Nous produisons également des outils de marketing pour une vaste gamme de clients d'affaires, et vous pouvez nous retrouver sur Google+ et presque tous les autres réseaux sociaux.

Les critiques publiées dans ce guide sont le résultat d'un sondage de l'opinion publique. Les scores sont les moyennes des notes attribuées par tous les participants à chaque établissement. Le texte a été rédigé à partir de citations directes, ou des paraphrases les plus proches, des commentaires des participants. Les adresses, numéros de téléphone et autres renseignements ont été vérifiés par nos équipes, et sont, à notre connaissance, corrects au moment de la publication de ce guide.

REJOIGNEZ-NOUS : Pour améliorer nos guides, nous sollicitons vos commentaires. Contactez-nous sur **nina-tim@zagat.com** et participez à nos enquêtes sur zagat.com; vous recevrez un vaste choix de récompenses en échange.

Nos guides sont imprimés en utilisant des encres respectant l'environnement contenant 20% de matériaux recyclables sur des papiers provenant de forêts gérées de façon écoresponsable. Les couvertures des éditions de luxe utilisent le Skivertex Recover® Double, qui contient un minimum de 30% de déchets post-consommation.

ISBN-13: 978-1-60478-560-9
ISBN-10: 1-60478-560-8
Imprimé aux
États-Unis

Table des Matières

Notes et Symboles

	Nom	Symboles	Cuisine	Notes Zagat			
				CUISINE	DÉCOR	SERVICE	PRIX
Quartier, Adresse, Métro et Contact*	**Tim & Nina's**	◐	*Française/Thaïe*	▽ 23	9	13	15€

6e | 604, rue de Buci (Odéon) | 01-23-45-54-32 | www.zagat.com

Commentaires des participants avec citations directes entre guillemets

Jamais fermé, ce café "bondé" du 6e arrondissement a lancé la "folie franco-thaïe" (foie gras en rouleau thaï ou bouillabaisse de lychees); même si le décor ressemble à un "vieux garage" et que T & N "n'ont jamais entendu parler de réservations" ou de cartes de crédit - ni de service, pour dire vrai - la "merveilleuse cuisine Bangkok-Brest" attire les convives ravis grâce aux additions très faciles à digérer.

Notes La **Cuisine,** le **Décor** et le **Service** sont notés sur 30.

26 - 30	extraordinaire à parfait
21 - 25	très bon à excellent
16 - 20	bon à très bon
11 - 15	correct à bon
0 - 10	médiocre à correct
▽	faible nombre de votes reçus

Prix Prix d'un dîner avec une boisson (le service est compris en France) ; les prix sont de 25 % à 30 % moins élevés au déjeuner. Si un endroit vient d'ouvrir, ou a été recommandé au cours de l'enquête, son prix est indiqué ainsi :

PC	moins de 35€	C	56€ à 90€
M	36€ à 55€	TC	plus de 91€

Symboles

N	nouveau
◐	accepte les commandes après 23 heures
D L W	fermé dimanche, lundi ou week-end
⊄	n'accepte pas les cartes de crédit

Plans Les plans annotés indiquent les restaurants avec les meilleurs scores Cuisine du quartier.

* Si vous appelez depuis l'étranger, composez le code de la France +33, suivi du numéro indiqué sans le premier zéro.

À Propos de ce Guide

- 822 restaurants
- 9 692 personnes ayant partagé leurs impressions
- 31 nouvelles adresses remarquables
- Classement de tête : **Taillevent** (Cuisine et Service), **Cristal Room** (Décor)

- **Répartition des adresses :** les restaurants de Saint-Germain et de la Rive Gauche (6e), du Quartier latin (5e), de la Cité et du Louvre, des Champs-Élysées (1er et 8e) représentent plus d'un tiers des adresses (38 %). Les prochains quartiers les plus souvent cités sont les suivants : les Grands Boulevards (2e et 3e), le Marais (4e), Bastille (4e, 11e et 12e), les Invalides et la Tour Eiffel (7e), ainsi que Pigalle et Montmartre (9e et 18e), pour un total de 37 % des restaurants. Enfin, les autres quartiers du 10e (Canal Saint-Martin) et du 13e (Chinatown) au 20e et hors Paris intra-muros comptent pour 27 %.
- **Le quartier qui monte :** le Canal Saint-Martin et ses environs ont été la première partie du 10e populaire à s'ouvrir à la gastronomie. C'est maintenant aux alentours de la rue du Faubourg-Saint-Denis et de la rue Richer, aux abords du 9e, que tout se passe, et c'est là que le **Bistrot Urbain** et **Le Richer** font le bonheur des hordes de hipsters affamés, qui font de ce quartier l'un des plus animés de Paris.
- **Répartition par cuisine :** la cuisine française est toujours la mieux représentée dans la répartition par cuisine (bistrot 23 %, cuisine française classique 13 %, nouvelle cuisine française 11 %, brasseries 7 %, haute cuisine 4 %, bar à vins/bistrot 4 %, du Sud-Ouest 2 %). 5 % de notre sélection concerne les fruits de mer/crustacés. Les autres cuisines sont les cuisines internationales : italienne 3 %, japonaise 3 %; chinoise 2 %; éclectique 2 %; asiatique 2 %; américaine 1 %; marocaine 1 %; thaïe 1 %; autres 16 %.

Talents importés : les chefs japonais ont une influence majeure sur la cuisine de bistrot française contemporaine : **Abri** (Katsuaki Okiyama) et **Vivant Table** (Atsumi Sota). Les talents de la gastronomie d'autres régions du monde sont **Le 6 Paul Bert** (Louis-Philippe Riel, chef originaire de Montréal), **L'Atelier Rodier** (Destin Ekibat, chef congolais, et Santiago Torrijos, chef colombien), et **Roseval** (Michael Greenwold, chef anglo-américain, et Simone Tondo, chef italien). Chez **Bones,** l'adresse préférée des hipsters de Paris au moment de la publication, James Henry, le chef, est australien.

À votre santé : Paris a mis un peu de temps à s'intéresser à la cuisine saine. **Noglu,** la première adresse dédiée à la cuisine sans gluten, connaît un certain succès, tout comme **Felicity Lemon** à Belleville et **Colorova** à Saint Germain-des-Prés, ainsi que **Le Bar à Soupes.**

Venus tout droit des États-Unis : la fascination des Parisiens pour la cuisine américaine contemporaine ne semble pas faiblir : on peut manger des burgers partout, des hot-dogs, des plats traiteur américains, du tex-mex et de la cuisine californienne, souvent préparés par des Américains, comme au **Coffee Parisien,** au **Camion qui Fume,** chez **Joe Allen,** chez **Blend** ou à **Breakfast in America**.

Paris
Le 22 mai 2013

Alexander Lobrano

LES NOUVEAUX VENUS

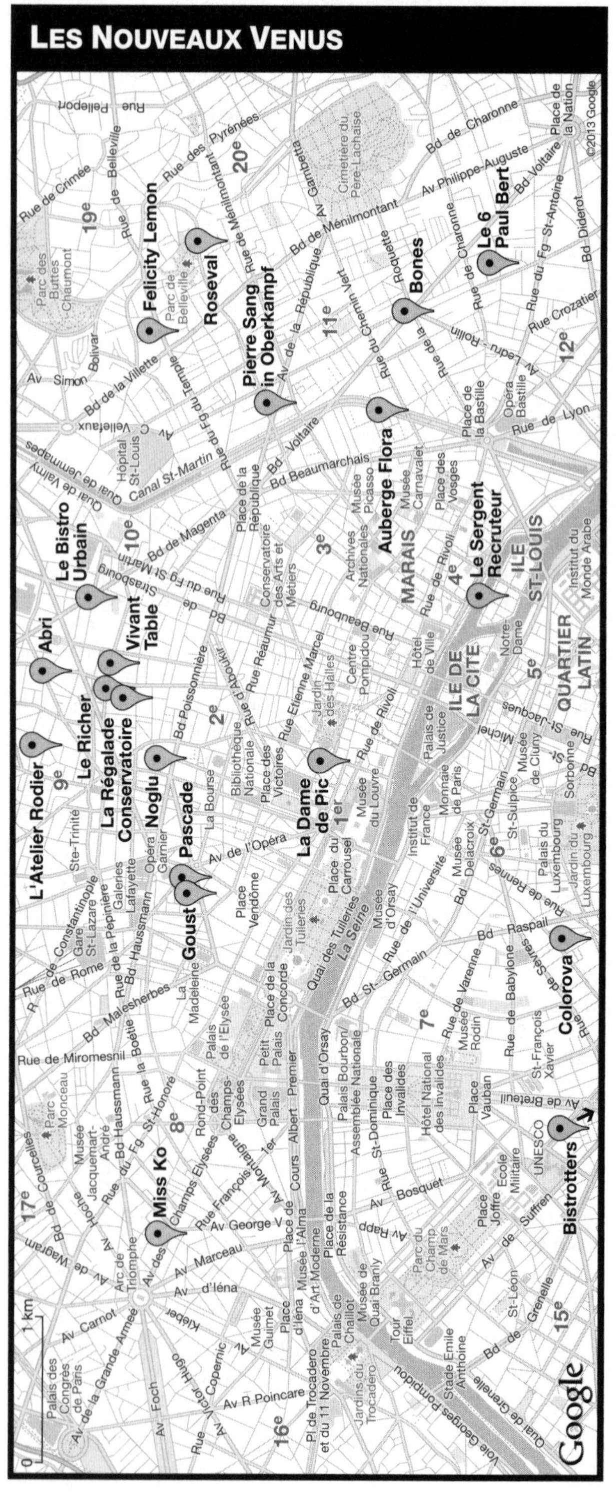

Felicity Lemon
Roseval
Pierre Sang in Oberkampf
Bones
Le 6 Paul Bert
Auberge Flora
Le Sergent Recruteur
Le Bistro Urbain
Abri
Vivant Table
Le Richer
La Régalade Conservatoire
L'Atelier Rodier
Noglu
Pascade
Goust
La Dame de Pic
Colorova
Bistrotters
Miss Ko
MARAIS
ILE DE LA CITE
ILE ST-LOUIS
QUARTIER LATIN
La Seine
0
1 km
Google
©2013 Google

Les Nouveaux Venus

Les choix de la rédaction parmi les nouveaux arrivants. Voir la liste complète, p. 29.

Abri | *Sandwichs/Bistrot* | Les sandwichs cultes et la cuisine bistrot

L'Atelier Rodier | *Bistrot* | Un bistrot branché du 9e

Auberge Flora | *Classique* | Une des femmes chefs les plus réputées de Paris

Bistrotters | *Bistrot/Contemp.* | Un bistrot à vins dans le 14e

Le Bistro Urbain | *Bistrot* | Un bistrot décontracté dans l'esprit du 10e

Bones | *Bar/Bistrot* | Le bistrot de James Henry, qui fait vibrer les hipsters

Colorova | *Salon de Thé/Sandwichs* | Cuisine saine dans un salon de thé

La Dame de Pic | *Contemp.* | La cuisine parfumée de Sophie Pic

Felicity Lemon | *Bistrot* | Cuisine maison moderne à Belleville

Goust | *Classique* | Des accords mets-vins sophistiqués

Miss Ko | *Asiatique/Contemp.* | Cuisine fusion et design de Philippe Starck

Noglu | *Néobistrot* | La cuisine sans gluten débarque à Paris

Pascade | *Contemp.* | Alexandre Bourdas et ses crêpes à l'aveyronnaise

Pierre Sang in Oberkampf | *Contemp.* | Table d'hôte branchée

La Régalade Conservatoire | *Bistrot* | La troisième de Bruno Doucet

Le Richer | *Bar à Vin/Bistrot* | La substance du café parisien et ses bons plats

Roseval | *Contemp.* | Un duo international qui enthousiasme Ménilmontant

Le Sergent Recruteur | *Classique* | Une taverne tendance sur l'île Saint-Louis

Le 6 Paul Bert | *Bistrot* | Cuisine bistronomique en petites portions

Vivant Table | *Bistrot* | Le chef japonais met les produits à l'honneur

---

La tendance pour la nourriture alternative (camions de restauration, restaurants dans des appartements, repas au comptoir, cuisine à emporter ou en petites portions) ne se dément pas.

Du côté des hôtels, la salle à manger du **Prince de Galles,** qui vient d'être renové, ouvre au printemps, avec la jeune chef Stéphanie le Quellec. L'arrivée du chef Nicolas Béliard dans les cuisines du tout nouveau **Peninsula,** le célèbre groupe d'hôtellerie de luxe de Hong Kong, est très attendue. Yannick Alléno va ouvrir un second **Terroir Parisien** (La Bourse), **Le Faust** va faire son apparition dans le club sous les arches du pont Alexandre III, et le Beef Club (2e) va se doter d'un **Fish Club,** juste à côté. Pour les semeurs de tendances, un restaurant à la décoration inspirée par le bentô, conçue par l'architecte d'intérieur **Ora-ïto,** va ouvrir rue Bachaumont (2e).

Annoncée pour le mois de septembre, l'arrivée de **Lazare,** sous la houlette d'Eric Frechon, dans l'enceinte de la gare historique de Paris Saint-Lazare qui dessert la Normandie natale du célèbre chef.

Les Préférés

Indiqués sur le plan à la fin du guide.

1 L'Atelier Joël Robuchon | *Haute*
2 Taillevent | *Haute*
3 Guy Savoy | *Haute*
4 Le Jules Verne | *Haute*
5 Alain Ducasse | *Haute*
6 La Tour d'Argent | *Haute*
7 Bofinger | *Brass.*
8 Le Grand Véfour | *Haute*
9 Le 144 Petrossian | *Poisson*
10 L'Arpège | *Haute*
11 La Coupole | *Brass.*
12 Le Train Bleu | *Classique*
13 Le Bar à Huîtres | *Poisson*
14 Le Cinq | *Haute*
15 Au Pied de Cochon | *Brass.*
16 Pierre Gagnaire | *Haute*
17 Lasserre | *Haute*
18 L'As du Fallafel | *Israélienne*
19 Épicure | *Haute*
20 Le Relais de l'Entrecôte | *Viande*
21 L'Ami Louis | *Bistrot*
22 Café de Flore | *Classique*
23 Le Meurice Rest. | *Haute*
24 Brasserie Lipp | *Brass.*
25 Le Pré Catelan | *Haute*
26 Chez L'Ami Jean | *Basque*
27 Ze Kitchen Galerie* | *Eclectique*
28 La Fontaine de Mars | *SO*
29 Le Comptoir du Relais | *Bistrot/Brass.*
30 Le Procope | *Classique*
31 Apicius | *Haute*
32 Senderens | *Contemp.*
33 L'Ambroisie | *Haute*
34 Hélène Darroze | *Contemp./SO*
35 Les Deux Magots | *Classique*
36 Benoît | *Lyonnaise*
37 Chez Georges | *Bistrot*
38 L'Astrance | *Haute*
39 La Villa Corse | *Corse*
40 Les Ambassadeurs | *Haute*
41 6 New York | *Contemp.*
42 Spring | *Contemp.*
43 Café Constant | *Bistrot*
44 Brasserie Flo | *Brass.*
45 L'Épi Dupin | *Bistrot*
46 Vin et Marée | *Poisson*
47 Le Dôme | *Poisson*
48 Café de la Paix | *Classique*
49 Le Fouquet's | *Classique*
50 Ambassade d'Auvergne | *Auv.*

* A égalité avec le restaurant précédent

Les Tops Cuisine

29 Taillevent | *Haute*

28 Pierre Gagnaire | *Haute*
Guy Savoy | *Haute*
Le Grand Véfour | *Haute*
Le Cinq | *Haute*
Alain Ducasse | *Haute*
Le Duc | *Poisson*
L'Astrance | *Haute*
Le Meurice Rest. | *Haute*
Pramil | *Bistrot*

27 Lasserre | *Haute*
Spring | *Contemp.*
L'Ambroisie | *Haute*
L'Atelier Joël Robuchon | *Haute*
Le Comptoir du Relais | *Bistrot*
Guilo-Guilo | *Asiatique*
Apicius | *Haute*
Épicure | *Haute*
Les Ambassadeurs | *Haute*
Passage 53 | *Haute*
Hiramatsu | *Contemp./Haute*
J-F Piège | *Contemp./Haute*
Michel Rostang | *Classique*
L'Arpège | *Haute*
Carré des Feuillants | *Haute*

26 Caviar Kaspia | *Russe*
Senderens | *Contemp.*
La Table d'Eugène | *Contemp.*
Le Pré Catelan | *Haute*
Le Divellec | *Poisson*

Les Tops Décor

29 Cristal Room

28 Le Cinq
Le Grand Véfour
Taillevent
Le Meurice Rest.
Les Ambassadeurs
Lasserre

27 Le Jules Verne
Épicure
Le Train Bleu
Alain Ducasse
La Grande Cascade
Le Pré Catelan
La Tour d'Argent

26 Maison de l'Amérique Latine
Pavillon Ledoyen
Ralph's*
Minipalais
L'Ambroisie
Maison Blanche

Les Tops Service

28 Taillevent
Épicure
Le Meurice Rest.
Le Cinq
Les Ambassadeurs
Guy Savoy
Le Grand Véfour
Pierre Gagnaire
Alain Ducasse

27 L'Astrance
Lasserre

26 Le Pré Catelan
La Tour d'Argent
Le Florimond
La Table du Lancaster
Apicius
L'Arpège
L'Ambroisie
Pramil
Michel Rostang

Ne comprennent pas les endroits avec un faible nombre de votes, à moins d'être indiqués par un ▽

TOPS PAR CUISINE (FRANÇAISE)

BARS À VIN/BISTROTS

25 Au Bourguignon du Marais
24 Le Baratin
23 Caves Pétrissans
Le Cave Schmidt
22 L'Enoteca

BISTROTS (CONTEMP.)

28 Pramil
27 Le Comptoir du Relais
26 Frenchie
25 Septime
La Maison du Jardin

BISTROTS (TRADI.)

26 Le Quincy
25 Chez L'Ami Jean
Le Violon d'Ingres
Le Petit Pontoise
La Régalade

BRASSERIES

27 Le Comptoir du Relais
25 Le Relais Plaza
24 Dessirier
Chez Les Anges
23 Pétrus

CLASSIQUE

27 Michel Rostang
26 La Truffière
25 Les Papilles
Joséphine "Chez Dumonet"
24 Ladurée

CONTEMPORAINE

28 Pramil
27 Spring
Hiramatsu
J-F Piège
26 Senderens

FRUITS DE MER

28 Le Duc
26 Huîtrerie Régis
25 L'Écailler du Bistrot
Marius
23 La Marée

HAUTE CUISINE

29 Taillevent
28 Pierre Gagnaire
Guy Savoy
Le Grand Véfour
Le Cinq

LYONNAISE

24 Moissonnier∇
L'Auberge Pyrénées Cévennes
23 Benoît
Aux Lyonnais
19 Chez René

PROVENÇALE

25 Marius
23 Casa Olympe
21 Chez Janou
20 La Bastide Odéon
Café Louis Philippe

POISSON

28 Le Duc
26 Le Divellec
25 Les Fables de la Fontaine
L'Écailler du Bistrot
Marius

RÉGIONS DIVERSES

25 Chez L'Ami Jean (Basque)
Les Petites Sorcières (Nord)
24 Chez Michel (Bretonne)
Le Troquet (Basque)
23 Tante Louise (Bourguignonne)

SUD-OUEST

26 Hélène Darroze
25 Au Trou Gascon
24 D'Chez Eux
L'Auberge Pyrénées Cévennes
23 Le Sarladais

VIANDE

26 Le Severo
23 Au Bœuf Couronné
Le Relais de Venise
Les Gourmets des Ternes
22 El Palenque

Ces listes sont classées par note pour la Cuisine

TOPS PAR CUISINE (AUTRES)

ASIATIQUE/CHINOISE

27 Guilo-Guilo
26 Yam'Tcha
23 Chez Vong
Passiflore
22 Tsé-Yang

ÉCLECTIQUE

25 Le Relais Plaza
Ze Kitchen Galerie
23 KGB
22 Market
19 Rest. Pershing

ESPAGNOLE/LATINO-AMÉR.

24 Bellota-Bellota
23 Fogón
22 El Palenque
19 Anahi
- Arola

ITALIENNE

26 Le Grand Venise
24 Sormani
L'Ostéria
23 Casa Bini
22 Les Cailloux

JAPONAISE

27 Guilo-Guilo
25 Isami
Aida
Benkay*
Foujita*

MAROCAINE

26 L'Étoile Marocaine
22 Le Timgad
21 Mansouria
El Mansour
L'Atlas

MOYEN-ORIENTALE

25 Fakhr el Dine
24 Liza
23 L'As du Fallafel
22 Al Dar
21 Noura

THAÏLANDAISE

23 Blue Elephant
22 Chieng Mai
Lao Siam
Lao Lane Xang
Comptoir de Thiou

TOPS PAR CATÉGORIE SPÉCIALE

AVEC JARDIN

20 Le Moulin de la Galette
18 Le Bistrot des Dames
15 Rest. Amour
- Chantairelle
- Square Marcadet

AVEC VUE

25 La Tour d'Argent
21 Les Ombres
18 Chez Francis
17 Georges
- Ciel de Paris

BOBO

23 Le Chateaubriand
15 Derrière
Chez Prune
- Café Pinson
Nanashi

BRUNCHS

19 Le Quai
17 Joe Allen
16 Mama Shelter Rest.
- Auberge Flora
Colorova

BURGERS

20 Breakfast in America
- Big Fernand
Blend
La Maison Mère
Le Camion Qui Fume

CHEFS VEDETTES

28 Pierre Gagnaire
Guy Savoy
Alain Ducasse
27 L'Atelier de Joël Robuchon
- La Dame de Pic

CROISSANTS ET CAFÉ

24 Ladurée
22 Angelina
20 Thoumieux
19 Le Grand Café
14 Les Éditeurs

DÉGUSTATION DE VINS

22 Il Vino
Bistrot du Sommelier
21 Le 114 Faubourg
17 L'Écluse
- Goust

DESIGN

19 Rest. Pershing
L'Opéra Rest.
17 Buddha Bar
16 Kong
- Ciel de Paris

DÎNERS EN SOLO

26 La Table d'Eugène
25 La Petite Sirène▽
Les Papilles
Les Petites Sorcières
Au Bourguignon du Marais

ENFANTS

27 Grom▽
26 Berthillon
19 Café de la Paix
18 Café de la Jatte
15 Drugstore Publicis

OUVERTS TARD

24 Les Cocottes
23 Le 39V
L'Abeille
Dans les Landes▽
22 Pierre au Palais Royal

REPAS D'AFFAIRES

29 Taillevent
25 Benkay
Dessirier
L'Astor
21 Agapes

RESTAURANTS D'HÔTEL

28 Le Cinq (George V)
Alain Ducasse (Plaza Athénée)
Le Meurice Rest. (Meurice)
27 L'Atelier de Joël Robuchon (Pont Royal)
Épicure (Bristol)

ROMANTIQUES

28 Le Grand Véfour
Le Meurice Rest.
27 Lasserre
21 1728
20 Cristal Room

SALONS BELLE ÉPOQUE

20 Gallopin
19 Bofinger
Le Train Bleu
18 Bouillon Racine
16 Rest. du Musée d'Orsay

SOUPE À L'OIGNON

19 Au Pied de Cochon
Le Grand Café
Café de la Paix
18 La Coupole
- Terroir Parisien

SPECTACLES

25 Fakhr el Dine
Chez Cécile▽
23 Annapurna
20 Maxim's
Bel Canto

VÉGÉTARIENS

24 Bob's Kitchen▽
23 Macéo
Mon Vieil Ami
- Café Pinson
Nanashi

VINTAGE CHIC

24 Ladurée
15 Derrière
14 Andy Wahloo
- Le Square Gardette
Pan

TOPS PAR ARRONDISSEMENT

1er

28 Le Grand Véfour
Le Meurice Rest.
27 Spring
Carré des Feuillants
26 Yam'Tcha

2e

27 Passage 53
26 Frenchie
24 Pur'
Liza
Le Gavroche

3e

- 28 Pramil
- 24 L'Ami Louis
- 23 Le Petit Marché
- Au Bascou
- Le Hangar

4e

- 27 L'Ambroisie
- 26 Berthillon
- 25 Isami
- Au Bourguignon du Marais
- 24 L'Ostéria

5e

- 26 La Truffière
- 25 Les Papilles
- La Tour d'Argent
- Le Petit Pontoise
- 24 L'Agrume

6e

- 27 Le Comptoir du Relais
- 26 Relais Louis XIII
- Huîtrerie Régis
- Hélène Darroze
- 25 La Maison du Jardin

7e

- 27 L'Atelier Joël Robuchon
- J-F Piège
- L'Arpège
- 26 Le Divellec
- 25 Les Fables de la Fontaine

8e

- 29 Taillevent
- 28 Pierre Gagnaire
- Le Cinq
- Alain Ducasse
- 27 Lasserre

9e

- 24 Ladurée
- 23 Casa Olympe
- 22 Rose Bakery
- Au Petit Riche
- 21 Pizza di Loretta

10e

- 24 Chez Michel
- 20 Le Verre Volé
- 19 Brasserie Julien
- 18 Terminus Nord
- 15 Chez Prune

11e

- 25 Septime
- Rino
- L'Écailler du Bistrot
- 24 L'Auberge Pyrénées Cévennes
- 23 Le Villaret

12e

- 26 Le Quincy
- 25 Au Trou Gascon
- 24 La Gazzetta
- L'Ébauchoir
- 22 Rose Bakery

13e

- 24 L'Auberge du 15
- 23 L'Avant Goût
- Au Petit Marguery
- 22 Les Cailloux
- Lao Lane Xang

14e

- 28 Le Duc
- 26 Le Severo
- 25 Les Petites Sorcières
- La Régalade
- 23 La Cagouille

15e

- 26 Le Grand Venise
- Le Quinzième
- 25 Le Beurre Noisette
- Benkay
- 24 Le Troquet

16e

- 28 L'Astrance
- 27 Hiramatsu
- 26 Le Pré Catelan
- 25 Fakhr el Dine
- Relais d'Auteuil

17e

- 28 Guy Savoy
- 27 Michel Rostang
- 24 Sormani
- Dessirier
- Caïus

18e

- 27 Guilo-Guilo
- 26 La Table d'Eugène
- Chamarré Montmartre
- 21 Café Burq
- Sale e Pepe

19e & 20e

- 24 Le Baratin
- 23 Au Bœuf Couronné
- 22 Les Allobroges
- Lao Siam
- Au Cochon de Lait

Les Bons Plans

1. Le Bar à Soupes
2. L'As du Fallafel
3. Breakfast in America
4. Le Bambou
5. Crêperie Josselin
6. Paris-Hanoï
7. Mariage Frères
8. Pizza di Loretta
9. Les Pates Vivantes
10. Angelina
11. China Town Olympiades
12. Café des Deux Moulins
13. Bread & Roses
14. Ladurée
15. L'Etoile Marocaine
16. Higuma
17. Chartier
18. Café Charbon
19. Al Taglio
20. La Bellevilloise
21. À La Marguerite
22. Café de l'Industrie
23. Le Baron Rouge
24. Rose Bakery
25. Chieng Mai
26. Rosa Bonheur
27. Les Enfants Rouges
28. Au Cochon de Lait
29. Andy Wahloo
30. Breizh Café
31. Lao Lane Xang
32. Le Cosi
33. Tricotin
34. Le Bistrot du Peintre
35. Mandarin de Neuilly
36. ...Comme Cochons
37. Le Maharajah
38. À l'Affiche
39. À Toutes Vapeurs
40. À l'Ami Pierre

D'AUTRES BONNES ADRESSES

Les Affranchis
Albion
L'Atlas
À la Biche au Bois
Le Bistrot d'Henri
Le Buisson Ardent
Café Constant
Les Cailloux
La Cantine des Tontons
Chatomat
Chez Paul
Chez Marianne
Cinq Mars
Les Cocottes
Dans les Landes
Les Fines Gueules
Le Flore en l'Île
La Fourchette du Printemps
Le Galopin
Le Grand Bistro 17ème
La Grille St-Germain
Le Hangar
Jeanne A
Lao Siam
Lescure
Lilane
Mémère Paulette
Le Mesturet
Le Pantruche
Les Papilles
Au Passage
Le Petit Cheval de Manège
Philou
Le Pré Verre
Le P'tit Troquet
La Régalade
La Régalade Saint-Honoré
Temps des Cerises
Le Verre Bouteille
Vins des Pyrénées

AUTRES LISTES UTILES*

PLANS DE LOCALISATION

* Ces listes comprennent des adresses non classées dans les tops en raison du faible nombre de votes reçus.

Catégories Spéciales

Nos listes comprennent les tops dans chaque catégorie avec les noms, les emplacements et les scores Cuisine. Les offres des restaurants à adresses multiples peuvent varier en fonction des sites.

AU BORD DE L'EAU

Le Quai | **7e**	19
Brass./Ile St-Louis | **4e**	19
Quai-Quai | **1er**	18
Le Chalet/Iles | **16e**	18
La Guinguette/Neuilly | **Neuilly**	18
L'Écluse | **6e**	17
Chez Gégène | **Joinville**	16
Chez Prune | **10e**	15
Quai Ouest | **St-Cloud**	14
Chez Marie-Louise | **10e**	-

AU COIN DU FEU

Le Pré Catelan | **16e**	26
La Truffière | **5e**	26
Petrelle | **9e**	25
Gaya | **7e**	24
La Grande Cascade | **16e**	24
L'Atelier Maître Albert | **5e**	23
Maison Blanche | **8e**	23
Le Petit Châtelet | **5e**	22
La Romantica | **Clichy**	22
Au Père Lapin | **Suresnes**	22
Pavillon Montsouris | **14e**	22
La Ferme St-Simon | **7e**	21
Miroir | **18e**	21
La Fontaine Gaillon | **2e**	21
1728 | **8e**	21
Maison/Amérique Latine | **7e**	21
La Villa Corse | **16e**	21
Flottes O.Trement | **1er**	21
Bon | **16e**	21
Yugaraj | **6e**	20
Robert et Louise | **3e**	20
L'Européen | **12e**	20
Cristal Room | **16e**	20
Le Coupe-Chou | **5e**	20
Le Petit Victor Hugo | **16e**	19
La Fermette Marbeuf 1900 | **8e**	19
L'Île | **Issy-les-Moul.**	19
Le Grand Bistro | **16e**	19
Le Montalembert | **7e**	19
Le Chalet/Iles | **16e**	18
Costes | **1er**	18
Ralph's | **6e**	17
Quai Ouest | **St-Cloud**	14
Nos Ancêtres les Gaulois | **4e**	13
Le Dodin/Mark Singer | **17e**	-
Frédéric Simonin | **17e**	-

BONS PLANS SÉNIORS

Taillevent | **8e**	29
Pierre Gagnaire | **8e**	28
Guy Savoy | **17e**	28
Le Grand Véfour | **1er**	28
Le Cinq | **8e**	28
Alain Ducasse/Plaza Athénée | **8e**	28
Le Duc | **14e**	28
Le Meurice Rest. | **1er**	28
Lasserre | **8e**	27
L'Ambroisie | **4e**	27
Apicius | **8e**	27
Épicure | **8e**	27
Les Ambassadeurs | **8e**	27
Les Fougères | **17e**	27
Michel Rostang | **17e**	27
L'Arpège | **7e**	27
Carré/Feuillants | **1er**	27
Senderens | **8e**	26
Le Pré Catelan | **16e**	26
Le Divellec | **7e**	26
Relais Louis XIII | **6e**	26
Hélène Darroze | **6e**	26
Jean | **9e**	26
Pavillon Ledoyen | **8e**	25
Le Relais Plaza | **8e**	25
Le Clos/Gourmets | **7e**	25
Au Trou Gascon | **12e**	25
Le Florimond | **7e**	25
La Tour/Argent | **5e**	25
Joséphine "Chez Dumonet" | **6e**	25
Laurent | **8e**	25
Chez Michel | **10e**	24
Ladurée | **multi.**	24
Le Hide | **17e**	24
Dessirier | **17e**	24
Gaya | **7e**	24
Le 144 Petrossian | **7e**	24
L'Ami Louis | **3e**	24

L'Astor | **8e** 24
Moissonnier | **5e** 24
La Grande Cascade | **16e** 24
L'Auberge Pyrénées Cévennes | **11e** 24
Le Vernet | **8e** 24
Le Gavroche | **2e** 24
Le Jules Verne | **7e** 23
Au Bon Accueil | **7e** 23
Macéo | **1er** 23
Tante Louise | **8e** 23
Itinéraires | **5e** 23
Chez Denise - La Tour/Montlhéry | **1er** 23
La Marée | **8e** 23
Au Petit Marguery | **13e** 23
La Cagouille | **14e** 23
Au Bœuf Couronné | **19e** 23
Le Sarladais | **8e** 23
Les Bouquinistes | **6e** 23
Goumard | **1er** 23
Graindorge | **17e** 23
Chez Georges | **2e** 23
Mémère Paulette | **2e** 23
Benoît | **4e** 23
Caves Pétrissans | **17e** 23
Drouant | **2e** 23
Chez la Vieille | **1er** 23
Copenhague | **8e** 23
Le Chardenoux | **11e** 23
Pierre/Palais Royal | **1er** 22
L'Huîtrier | **17e** 22
Les Allobroges | **20e** 22
L'Auberge Bressane | **7e** 22
Le Dôme | **14e** 22
Aux Lyonnais | **2e** 22
Le Pichet/Paris | **8e** 22
Le Soufflé | **1er** 22
Garnier | **8e** 22
Chez Georges | **17e** 22
La Fontaine/Mars | **7e** 22
L'Escargot Montorgueil | **1er** 22
Sébillon | **Neuilly** 22
Ambassade/Auvergne | **3e** 22
Au Petit Riche | **9e** 22
Tante Marguerite | **7e** 22
Le Voltaire | **7e** 22
Bistro 121 | **15e** 22
Chez André | **8e** 22
La Ferme St-Simon | **7e** 21
Le Bistro/Deux Théâtres | **9e** 21
Allard | **6e** 21
Vin sur Vin | **7e** 21
A&M Rest. | **16e** 21
Bistrot/Côté Flaubert | **17e** 21
Rest./Marché | **15e** 21
Le Languedoc | **5e** 21
Thoumieux | **7e** 20
La Maison Courtine | **14e** 20
Gallopin | **2e** 20
Aux Crus/Bourgogne | **2e** 20
Chez Géraud | **16e** 20
Les Jardins/Bagatelle | **16e** 20
Le Petit Niçois | **7e** 20
Aux Charpentiers | **6e** 20
La Closerie/Lilas | **6e** 20
Au Moulin/Vent | **5e** 20
Le Fouquet's | **8e** 20
Marty | **5e** 20
Brass. Julien | **10e** 19
L'Épi/Or | **1er** 19
Le Roi/Pot-au-Feu | **9e** 19
Le Bon Saint Pourçain | **6e** 19
Bofinger | **4e** 19
L'Assiette | **14e** 19
Chez René | **5e** 19
La Fermette Marbeuf 1900 | **8e** 19
Le Train Bleu | **12e** 19
Brass. Flo | **10e** 19
Le Grand Colbert | **2e** 19
Brass./Ile St-Louis | **4e** 19
Chez Fred | **17e** 19
Au Pied/Cochon | **1er** 19
Le Grand Bistro | **17e** 19
Le Ballon/Ternes | **17e** 19
Brass. Balzar | **5e** 18
Aux Fins Gourmets | **7e** 18
Bel Canto | **multi.** 18
Brass. Lipp | **6e** 18
Terminus Nord | **10e** 18
La Marlotte | **6e** 18
Aux Deux Canards | **10e** 18
La Coupole | **14e** 18
Brass. Mollard | **8e** 18
Bouillon Racine | **6e** 18
La Gauloise | **15e** 18
À la Petite Chaise | **7e** 18
Le Petit Rétro | **16e** 18
Vagenende | **6e** 17
Le Petit Lutetia | **6e** 17

- Les Deux Magots | **6e** 17
- Café Marly | **1er** 17
- Café/Flore | **6e** 16
- Saudade | **1er** 16
- Chez Gégène | **Joinville** 16
- Polidor | **6e** 15
- Le Flandrin | **16e** 15

BRUNCHS

- Mariage Frères | **6e** 23
- Blue Elephant | **11e** 23
- Rose Bakery | **multi.** 22
- Angelina | **1er** 22
- Market | **8e** 22
- Findi | **8e** 21
- Bon | **16e** 21
- Flora Danica | **8e** 21
- Chai 33 | **12e** 20
- Breakfast in America | **multi.** 20
- Wepler | **18e** 20
- Le 404 | **3e** 20
- Rest. Pershing | **8e** 19
- Le Quai | **7e** 19
- Alcazar | **6e** 18
- Le Fumoir | **1er** 18
- Café/Jatte | **Neuilly** 18
- La Bellevilloise | **20e** 17
- Joe Allen | **1er** 17
- Le Flore en l'Île | **4e** 17
- Café/Industrie | **11e** 17
- Café/Musique | **19e** 17
- Café Étienne Marcel | **2e** 17
- Café Charbon | **11e** 16
- Zebra Square | **16e** 16
- Mama Shelter Rest. | **20e** 16
- Café Beaubourg | **4e** 15
- Chez Prune | **10e** 15
- Les Éditeurs | **6e** 14
- N Auberge Flora | **11e** -
- N Café Pinson | **3e** -
- N Colorova | **6e** -

BUFFETS

(Vérifier la disponibilité)

- L'Astor | **8e** 24
- Blue Elephant | **11e** 23
- Chéri Bibi | **18e** 20
- Le Quai | **7e** 19
- Café/Paix | **9e** 19
- La Gare | **16e** 18
- Mama Shelter Rest. | **20e** 16
- Rosa Bonheur | **19e** 16
- Le Floréal | **10e** -
- Reuan Thai | **11e** -

CAVES REMARQUABLES

- Taillevent | **8e** 29
- Pierre Gagnaire | **8e** 28
- Guy Savoy | **17e** 28
- Le Grand Véfour | **1er** 28
- Le Cinq | **8e** 28
- Alain Ducasse/Plaza Athénée | **8e** 28
- Le Meurice Rest. | **1er** 28
- Lasserre | **8e** 27
- L'Ambroisie | **4e** 27
- L'Atelier/Joël Robuchon | **7e** 27
- Épicure | **8e** 27
- Les Ambassadeurs | **8e** 27
- Michel Rostang | **17e** 27
- Carré/Feuillants | **1er** 27
- Senderens | **8e** 26
- Le Divellec | **7e** 26
- Relais Louis XIII | **6e** 26
- Hélène Darroze | **6e** 26
- Pavillon Ledoyen | **8e** 25
- Au Trou Gascon | **12e** 25
- Stella Maris | **8e** 25
- La Tour/Argent | **5e** 25
- Joséphine "Chez Dumonet" | **6e** 25
- Au Bourguignon/Marais | **4e** 25
- Laurent | **8e** 25
- Dessirier | **17e** 24
- Le 144 Petrossian | **7e** 24
- La Grande Cascade | **16e** 24
- Le Vernet | **8e** 24
- L'Agapé | **17e** 24
- Le 39V | **8e** 23
- Le Jules Verne | **7e** 23
- Macéo | **1er** 23
- La Marée | **8e** 23
- Au Petit Marguery | **13e** 23
- La Cagouille | **14e** 23
- Bistro/Vieux Chêne | **11e** 23
- Le Cornichon | **14e** 23
- Fogón | **6e** 23
- Les 110/Taillevent | **8e** 23
- Le Café Lenôtre | **8e** 23
- Caves Pétrissans | **17e** 23
- Drouant | **2e** 23
- La Cave Schmidt | **15e** 23
- Il Vino | **7e** 22

- Pierre/Palais Royal | **1er** 22
- L'Enoteca | **4e** 22
- Bistrot/Sommelier | **8e** 22
- Tante Marguerite | **7e** 22
- Les Enfants Rouges | **3e** 22
- Le Bistrot Paul Bert | **11e** 21
- La Ferme St-Simon | **7e** 21
- Legrand Filles et Fils | **2e** 21
- Vin sur Vin | **7e** 21
- Fish La Boissonnerie | **6e** 21
- Le 114 Faubourg | **8e** 21
- Le Tir-Bouchon | **2e** 21
- Bistro Volnay | **2e** 21
- La Crèmerie | **6e** 21
- Café Burq | **18e** 21
- Minipalais | **8e** 21
- Le Comptoir Marguery | **13e** 21
- Racines | **2e** 20
- Yugaraj | **6e** 20
- Les Fines Gueules | **1er** 20
- Chai 33 | **12e** 20
- Chez Géraud | **16e** 20
- Maxim's | **8e** 20
- Quedubon | **19e** 18
- L'Écluse | **multi.** 17
- Saudade | **1er** 16
- Albion | **10e** –
- Le Coupe Gorge | **4e** –
- N Goust | **2e** –
- Jeanne A | **11e** –
- Verjus | **1er** –

CÉLIBATAIRES

- Frenchie | **2e** 26
- L'Astor | **8e** 24
- La Maison/Truffe | **8e** 24
- Le Chateaubriand | **11e** 23
- Pinxo | **1er** 23
- Le Café Lenôtre | **8e** 23
- La Cave Schmidt | **15e** 23
- Amici Miei | **11e** 22
- Rose Bakery | **3e** 22
- L'Enoteca | **4e** 22
- Angelina | **1er** 22
- Le Dauphin | **11e** 22
- Le Cherche Midi | **6e** 22
- Les Enfants Rouges | **3e** 22
- Le Bistro/Deux Théâtres | **9e** 21
- A&M Rest. | **16e** 21
- L'Absinthe | **1er** 21
- Ferdi | **1er** 21
- La Grille St-Germain | **6e** 21
- Cinq Mars | **7e** 21
- Bistrot/Côté Flaubert | **17e** 21
- Café Burq | **18e** 21
- Bon | **16e** 21
- La Closerie/Lilas | **6e** 20
- Café Louis Philippe | **4e** 20
- Les Comédiens | **9e** 19
- Le Rubis | **1er** 19
- Café/Paix | **9e** 19
- Emporio Armani Caffè | **6e** 19
- Brass. Balzar | **5e** 18
- Le Baron Rouge | **12e** 18
- Le Café/Esplanade | **7e** 18
- Bel Canto | **4e** 18
- Le Fumoir | **1er** 18
- Bistrot/Vins Mélac | **11e** 18
- Café/Jatte | **Neuilly** 18
- Costes | **1er** 18
- Buddha Bar | **8e** 17
- Le Murat | **16e** 17
- Joe Allen | **1er** 17
- Bar/Théâtres | **8e** 17
- Les Deux Magots | **6e** 17
- Café Marly | **1er** 17
- Café Étienne Marcel | **2e** 17
- Café/Flore | **6e** 16
- Mama Shelter Rest. | **20e** 16
- Kong | **1er** 16
- Chez Gégène | **Joinville** 16
- Café Beaubourg | **4e** 15
- Clown Bar | **11e** 15
- Café Ruc | **1er** 15
- Braisenville | **9e** –
- Le Café/Passage | **11e** –
- Caffè Burlot | **8e** –

DÎNERS EN SOLO

(Ailleurs que dans les hôtels)

- La Table/Eugène | **18e** 26
- Jean | **9e** 26
- Fakhr el Dine | **16e** 25
- La Petite Sirène/Copenhague | **9e** 25
- Isami | **4e** 25
- Les Papilles | **5e** 25
- Les Petites Sorcières/ Ghislaine Arabian | **14e** 25
- Joséphine "Chez Dumonet" | **6e** 25
- Le Petit Pergolèse | **16e** 25
- La Cantine/Troquet | **14e** 25
- Au Bourguignon/Marais | **4e** 25

- Ladurée | **multi.** 24
- Les Cocottes | **7e** 24
- Le Gaigne | **4e** 24
- Azabu | **6e** 24
- Itinéraires | **5e** 23
- L'As/Fallafel | **4e** 23
- Au Petit Marguery | **13e** 23
- Bistro/Vieux Chêne | **11e** 23
- Chez Georges | **2e** 23
- Le Café Lenôtre | **8e** 23
- Chez la Vieille | **1er** 23
- Le Buisson Ardent | **5e** 22
- Tan Dinh | **7e** 22
- Rose Bakery | **multi.** 22
- À l'Affiche | **8e** 22
- La Poule/Pot | **1er** 22
- Le P'tit Troquet | **7e** 22
- L'Escargot Montorgueil | **1er** 22
- Au Petit Riche | **9e** 22
- Les Enfants Rouges | **3e** 22
- La Table/Hédiard | **8e** 22
- Chez Marcel | **6e** 21
- Vin et Marée | **multi.** 21
- Legrand Filles et Fils | **2e** 21
- Les Pates Vivantes | **9e** 21
- Vin sur Vin | **7e** 21
- Fish La Boissonnerie | **6e** 21
- Ferdi | **1er** 21
- Le Bar/Huîtres | **multi.** 21
- L'Aimant/Sud | **13e** 21
- Le Languedoc | **5e** 21
- Le Petit Marius | **8e** 20
- Racines | **2e** 20
- Les Fines Gueules | **1er** 20
- Le Congrès Maillot | **17e** 20
- Breakfast in America | **multi.** 20
- Aux Charpentiers | **6e** 20
- Wepler | **18e** 20
- La Closerie/Lilas | **6e** 20
- Au Moulin/Vent | **5e** 20
- Marty | **5e** 20
- L'Épi/Or | **1er** 19
- Le Roi/Pot-au-Feu | **9e** 19
- Chez Marianne | **4e** 19
- L'Assiette | **14e** 19
- Chez Jenny | **3e** 19
- Ma Bourgogne | **4e** 19
- Brass./Ile St-Louis | **4e** 19
- Emporio Armani Caffè | **6e** 19
- Le Ballon/Ternes | **17e** 19
- Le Suffren | **15e** 18
- Aux Fins Gourmets | **7e** 18
- Le Bistrot/Peintre | **11e** 18
- Terminus Nord | **10e** 18
- Coffee Parisien | **multi.** 18
- Alcazar | **6e** 18
- Perraudin | **5e** 18
- Le Fumoir | **1er** 18
- Aux Deux Canards | **10e** 18
- La Coupole | **14e** 18
- Bouillon Racine | **6e** 18
- La Gauloise | **15e** 18
- Bistrot/Vins Mélac | **11e** 18
- À la Petite Chaise | **7e** 18
- Le Petit Rétro | **16e** 18
- Vagenende | **6e** 17
- L'Écluse | **multi.** 17
- Georgette | **9e** 17
- Le Nemrod | **6e** 17
- Le Café/Commerce | **15e** 17
- Pères et Filles | **6e** 17
- Le Petit Lutetia | **6e** 17
- Joe Allen | **1er** 17
- Bar/Théâtres | **8e** 17
- Café/Industrie | **11e** 17
- Les Deux Magots | **6e** 17
- Café Marly | **1er** 17
- Café/Flore | **6e** 16
- Café Salle Pleyel | **8e** 16
- Le Mauzac | **5e** 15
- Polidor | **6e** 15
- Café Beaubourg | **4e** 15
- Chartier | **9e** 15
- Les Affranchis | **9e** –
- Au Clocher/Montmartre | **18e** –
- Big Fernand | **9e** –
- Le Café/Passage | **11e** –
- Le Cotte Rôti | **12e** –
- Gyoza Bar | **2e** –
- La Mousson | **1er** –

DÎNERS-DANSANTS

- Maxim's | **8e** 20
- La Coupole | **14e** 18
- Chez Gégène | **Joinville** 16

ENFANTS

(Pour changer des fast-foods; *menu enfants)

- L'Atelier/Joël Robuchon | **7e** 27
- La Petite Sirène/Copenhague | **9e** 25

Restaurant	Note
Ladurée | **8e**	24
Drouant | **2e**	23
Anahuacalli* | **5e**	23
La Rôtisserie/Beaujolais | **5e**	22
À l'Affiche* | **8e**	22
Le Relais/Entrecôte | **6e**	22
Sébillon* | **Neuilly**	22
Le Bistrot/Dôme | **14e**	22
Pavillon Montsouris* | **14e**	22
Tang | **16e**	22
Bistro 121 | **15e**	22
J'Go* | **9e**	21
Le Bar/Huîtres* | **multi.**	21
L'Atlas* | **5e**	21
Le Languedoc | **5e**	21
La Rôtisserie/Face | **6e**	20
Chai 33* | **12e**	20
Le Congrès Maillot* | **17e**	20
L'Auberge Dab* | **16e**	20
Le Trumilou | **4e**	20
Le Bistrot/André* | **15e**	20
Le Bistrot/Vignes* | **16e**	20
La Petite Cour | **6e**	20
Breakfast in America | **multi.**	20
Wepler* | **18e**	20
Le Fouquet's* | **8e**	20
Rest./Palais Royal | **1er**	20
Le Vaudeville* | **2e**	20
Brass. Julien* | **10e**	19
Brass. Lutetia* | **6e**	19
Bofinger* | **4e**	19
Brass./Louvre* | **1er**	19
Le Train Bleu* | **12e**	19
Chez Jenny* | **3e**	19
Au Pied/Cochon | **1er**	19
Le Grand Bistro* | **7e**	19
Café/Paix* | **9e**	19
La Rotonde* | **6e**	19
Terminus Nord* | **10e**	18
Alcazar* | **6e**	18
La Coupole* | **14e**	18
La Gare* | **16e**	18
Brass. Mollard* | **8e**	18
La Gauloise* | **15e**	18
Le Chalet/Iles* | **16e**	18
Vagenende* | **6e**	17
Le Procope | **6e**	17
Café/Musique | **19e**	17
Rest. Musée/Orsay* | **7e**	16
Quai Ouest | **St-Cloud**	14
Chez Flottes* | **1er**	–
Le Square Gardette* | **11e**	–

EN PLEIN AIR

Restaurant	Note
Le Cinq | **8e**	28
Alain Ducasse/Plaza Athénée | **8e**	28
Épicure | **8e**	27
Le Pré Catelan | **16e**	26
La Terrasse Mirabeau | **16e**	26
Les Fables/Fontaine | **7e**	25
Le Clos/Gourmets | **7e**	25
Le Florimond | **7e**	25
Le Petit Pontoise | **5e**	25
Chez Ly | **17e**	25
Au Bourguignon/Marais | **4e**	25
Laurent | **8e**	25
Marius | **16e**	25
Chez Michel | **10e**	24
Le Troquet | **15e**	24
Le Cambodge | **10e**	24
La Grande Cascade | **16e**	24
Chez Les Anges | **7e**	24
L'Ebauchoir | **12e**	24
Au Bon Accueil | **7e**	23
Chez Vong | **1er**	23
Le Réminet | **5e**	23
Le Petit Marché | **3e**	23
Au Petit Marguery | **13e**	23
La Cagouille | **14e**	23
Le Temps/Temps | **11e**	23
Bistro/Vieux Chêne | **11e**	23
Marius et Janette | **8e**	23
Le Café Lenôtre | **8e**	23
Caves Pétrissans | **17e**	23
Le Relais/Venise | **17e**	23
Maison Blanche | **8e**	23
Copenhague | **8e**	23
Le Hangar | **3e**	23
Les Gourmets/Ternes | **8e**	23
L'AOC | **5e**	23
Le Buisson Ardent | **5e**	22
Les Cailloux | **13e**	22
Amici Miei | **11e**	22
La Cigale Récamier | **7e**	22
Chez Paul | **11e**	22
Mavrommatis | **5e**	22
Le Pichet/Paris | **8e**	22
Rest. Manufacture | **Issy-les-Moul.**	22
La Main/Or | **11e**	22
Thiou | **7e**	22
Antoine | **16e**	22

La Romantica | **Clichy** 22
Market | **8e** 22
Chez Paul | **13e** 22
Kaïten | **8e** 22
La Fontaine/Mars | **7e** 22
L'Opportun | **14e** 22
Le Stresa | **8e** 22
La Méditerranée | **6e** 22
Le Cherche Midi | **6e** 22
Pavillon Montsouris | **14e** 22
Al Dar | **multi.** 22
Chez André | **8e** 22
Le 16 Haussmann | **9e** 21
Findi | **8e** 21
Chez Marcel | **6e** 21
Mandarin/Neuilly | **Neuilly** 21
Legrand Filles et Fils | **2e** 21
Le Louchebem | **1er** 21
A&M Rest. | **16e** 21
L'Absinthe | **1er** 21
Khun Akorn | **11e** 21
La Fontaine Gaillon | **2e** 21
Le Stella | **16e** 21
Astier | **11e** 21
Le Coq | **16e** 21
La Grille St-Germain | **6e** 21
Maison/Amérique Latine | **7e** 21
Bistrot/Côté Flaubert | **17e** 21
Le Martel | **10e** 21
Da Rosa | **6e** 21
L'Auberge Aveyronnaise | **12e** 21
Chez Janou | **3e** 21
L'Aimant/Sud | **13e** 21
El Mansour | **8e** 21
La Rughetta | **18e** 21
Flora Danica | **8e** 21
L'Atlas | **5e** 21
Noura | **6e** 21
Le Père Claude | **15e** 21
La Boutarde | **Neuilly** 21
Chez Léna et Mimile | **5e** 21
Le Petit Marius | **8e** 20
Chai 33 | **12e** 20
Chez Bartolo | **6e** 20
L'Auberge Dab | **16e** 20
Le Trumilou | **4e** 20
Gallopin | **2e** 20
Aux Crus/Bourgogne | **2e** 20
Les Délices/Aphrodite | **5e** 20
Les Jardins/Bagatelle | **16e** 20
Le Moulin/Galette | **18e** 20
Le Parc aux Cerfs | **6e** 20
La Petite Cour | **6e** 20
Le 20/Bellechasse | **7e** 20
Aux Charpentiers | **6e** 20
Wepler | **18e** 20
La Closerie/Lilas | **6e** 20
Au Moulin/Vent | **5e** 20
Le Fouquet's | **8e** 20
Chez Savy | **8e** 20
Rest./Palais Royal | **1er** 20
Le Coupe-Chou | **5e** 20
Le Vaudeville | **2e** 20
Marty | **5e** 20
Chez Marianne | **4e** 19
Daru | **8e** 19
Le Bon Saint Pourçain | **6e** 19
Chez Omar | **3e** 19
Chez René | **5e** 19
Le Petit Victor Hugo | **16e** 19
Rest. Pershing | **8e** 19
Brass./Louvre | **1er** 19
Le Cosi | **5e** 19
L'Île | **Issy-les-Moul.** 19
Lescure | **1er** 19
Bistrot Vivienne | **2e** 19
Ma Bourgogne | **4e** 19
Brass./Ile St-Louis | **4e** 19
Le Grand Bistro | **multi.** 19
Le Montalembert | **7e** 19
Le Grand Café | **9e** 19
Café/Paix | **9e** 19
Le Square Trousseau | **12e** 19
La Rotonde | **6e** 19
Le Ballon/Ternes | **17e** 19
Chez Francis | **8e** 18
Le Café/Esplanade | **7e** 18
Le Suffren | **15e** 18
Aux Fins Gourmets | **7e** 18
Le Bistrot/Peintre | **11e** 18
La Marlotte | **6e** 18
Le Fumoir | **1er** 18
À La Cloche/Halles | **1er** 18
La Gare | **16e** 18
Pharamond | **1er** 18
La Gauloise | **15e** 18
Bistrot/Vins Mélac | **11e** 18
Au Chien/Fume | **1er** 18
Le Bistrot/Dames | **17e** 18
Café/Jatte | **Neuilly** 18

Le Chalet/Iles | **16e** 18
Costes | **1er** 18
Eugène | **8e** 18
La Guinguette/Neuilly | **Neuilly** 18
Vagenende | **6e** 17
Le Nemrod | **6e** 17
Pères et Filles | **6e** 17
Le Murat | **16e** 17
Georges | **4e** 17
Joe Allen | **1er** 17
Le Flore en l'Île | **4e** 17
Café/Industrie | **11e** 17
Les Deux Magots | **6e** 17
Café Marly | **1er** 17
Café/Musique | **19e** 17
Café Étienne Marcel | **2e** 17
Café Charbon | **11e** 16
Café/Flore | **6e** 16
Zebra Square | **16e** 16
Mama Shelter Rest. | **20e** 16
L'Avenue | **8e** 16
La Grande Armée | **16e** 16
Rosa Bonheur | **19e** 16
Chez Gégène | **Joinville** 16
Le Mauzac | **5e** 15
Café Beaubourg | **4e** 15
Clown Bar | **11e** 15
Le Flandrin | **16e** 15
Café Ruc | **1er** 15
Chez Prune | **10e** 15
Quai Ouest | **St-Cloud** 14
Les Éditeurs | **6e** 14
Le Saut/Loup | **1er** 13
Le Café/Passage | **11e** -
Camélia | **1er** -
Chantairelle | **5e** -
Chez Ramulaud | **11e** -
Muscade | **1er** -
Square Marcadet | **18e** -

FERMÉS JUILLET/AOÛT

Pierre Gagnaire | **8e** 28
Le Grand Véfour | **1er** 28
Le Duc | **14e** 28
L'Astrance | **16e** 28
Le Meurice Rest. | **1er** 28
Lasserre | **8e** 27
Apicius | **8e** 27
Les Ambassadeurs | **8e** 27
Les Fougères | **17e** 27
Hiramatsu | **16e** 27
Carré/Feuillants | **1er** 27
Caviar Kaspia | **8e** 26
La Table/Eugène | **18e** 26
Le Pré Catelan | **16e** 26
Boucherie Roulière | **6e** 26
Relais Louis XIII | **6e** 26
Le Grand Venise | **15e** 26
La Luna | **8e** 26
Huîtrerie Régis | **6e** 26
Le Severo | **14e** 26
Hélène Darroze | **6e** 26
Jean | **9e** 26
Yam'Tcha | **1er** 26
Pavillon Ledoyen | **8e** 25
Le Relais Plaza | **8e** 25
La Petite Sirène/Copenhague | **9e** 25
Le Clos/Gourmets | **7e** 25
Relais/Auteuil "Patrick Pignol" | **16e** 25
Au Trou Gascon | **12e** 25
Dominique Bouchet | **8e** 25
La Maison/Jardin | **6e** 25
Isami | **4e** 25
Chez L'Ami Jean | **7e** 25
Aida | **7e** 25
Le Florimond | **7e** 25
Lilane | **5e** 25
Rino | **11e** 25
La Régalade | **14e** 25
Le Petit Pergolèse | **16e** 25
Kai | **1er** 25
Au Bourguignon/Marais | **4e** 25
L'Écailler/Bistrot | **11e** 25
Marius | **16e** 25
La Table/Lancaster | **8e** 25
Caffé dei Cioppi | **11e** 25
Rest. Le Pergolèse | **16e** 25
Chez Michel | **10e** 24
L'Ostéria | **4e** 24
Le Baratin | **20e** 24
L'Agrume | **5e** 24
Auguste | **7e** 24
Bob's Kitchen | **3e** 24
L'Épi Dupin | **6e** 24
La Gazzetta | **12e** 24
L'Ami Louis | **3e** 24
Le Gaigne | **4e** 24
Chez Les Anges | **7e** 24
Rest./Tour | **15e** 24
L'Auberge Pyrénées Cévennes | **11e** 24

Le Palanquin | **6e** 24
Le Vernet | **8e** 24
Prunier | **16e** 24
L'Agapé | **17e** 24
Pétrus | **17e** 23
Jamin | **16e** 23
Le Grand Pan | **15e** 23
Macéo | **1er** 23
Paul Chêne | **16e** 23
Itinéraires | **5e** 23
21 | **6e** 23
Casa Olympe | **9e** 23
Bistro Poulbot | **18e** 23
Schmidt - L'Os/Moelle | **15e** 23
Le Temps/Temps | **11e** 23
6 New York | **16e** 23
Jadis | **15e** 23
L'Affriolé | **7e** 23
Fogón | **6e** 23
Pinxo | **1er** 23
Au Bascou | **3e** 23
Graindorge | **17e** 23
L'Écume Saint-Honoré | **1er** 23
La Fourchette/Printemps | **17e** 23
Lapérouse | **6e** 23
Philippe Excoffier | **7e** 23
Benoît | **4e** 23
Le Café Lenôtre | **8e** 23
Caves Pétrissans | **17e** 23
Kim Anh | **15e** 23
La Régalade Saint-Honoré | **1er** 23
Mon Vieil Ami | **4e** 23
Le Relais/Venise | **17e** 23
Maison Blanche | **8e** 23
L'Épigramme | **6e** 23
Copenhague | **8e** 23
Le Hangar | **3e** 23
Les Gourmets/Ternes | **8e** 23
À la Pomponette | **18e** 23
L'AOC | **5e** 23
Bistrot/Passage | **17e** 23
35° Ouest | **7e** 22
Le Rech | **17e** 22
Pierre/Palais Royal | **1er** 22
L'Huîtrier | **17e** 22
Rose Bakery | **9e** 22
Café Le Moderne | **2e** 22
Les Allobroges | **20e** 22
L'Enoteca | **4e** 22
Chieng Mai | **5e** 22
À l'Ami Pierre | **11e** 22
Aux Lyonnais | **2e** 22
Le Pichet/Paris | **8e** 22
Rest. Manufacture | **Issy-les-Moul.** 22
Le Sot l'y Laisse | **11e** 22
Le Soufflé | **1er** 22
Le Relais/Entrecôte | **multi.** 22
Ribouldingue | **5e** 22
Saturne | **2e** 22
Antoine | **16e** 22
Le P'tit Troquet | **7e** 22
L'Opportun | **14e** 22
Bistrot/Sommelier | **8e** 22
Il Barone | **14e** 22
Al Taglio | **11e** 22
Crêperie Josselin | **14e** 22
La Boulangerie | **20e** 22
Tang | **16e** 22
Le Bistrot Paul Bert | **11e** 21
Agapes | **5e** 21
Chez Marcel | **6e** 21
Les Pates Vivantes | **9e** 21
Aux Deux Amis | **11e** 21
J'Go | **9e** 21
La Table Lauriston | **16e** 21
La Boule Rouge | **9e** 21
Bellini | **16e** 21
Chez Grenouille | **9e** 21
Philou | **10e** 21
A&M Rest. | **16e** 21
Miroir | **18e** 21
La Fontaine Gaillon | **2e** 21
L'Entredgeu | **17e** 21
Pizza Chic | **6e** 21
1728 | **8e** 21
Cinq Mars | **7e** 21
Bistrot/Côté Flaubert | **17e** 21
Le Martel | **10e** 21
L'Auberge Aveyronnaise | **12e** 21
La Crèmerie | **6e** 21
La Grille | **10e** 21
Firmin le Barbier | **7e** 21
Flottes O.Trement | **1er** 21
Chez Nénesse | **3e** 21
Bistrot/Université | **7e** 21
Racines | **2e** 20
Yugaraj | **6e** 20
L'Accolade | **17e** 20
La Maison Courtine | **14e** 20
Café/Musées | **3e** 20

Le Bistrot/Vignes | **16e** 20
Chez Géraud | **16e** 20
L'Entêtée | **14e** 20
Le Parc aux Cerfs | **6e** 20
La Ferrandaise | **6e** 20
Au Moulin/Vent | **5e** 20
Chez Savy | **8e** 20
Marty | **5e** 20
L'Épi/Or | **1er** 19
Le Bistrot/Paris | **7e** 19
Daru | **8e** 19
Anahi | **3e** 19
Chez René | **5e** 19
Le Petit Victor Hugo | **16e** 19
Caffé Toscano | **7e** 19
Moustache | **6e** 19
Les Botanistes | **7e** 19
Lescure | **1er** 19
Bel Canto | **multi.** 18
Quai-Quai | **1er** 18
Bistrot/Vins Mélac | **11e** 18
Eugène | **8e** 18
Le Petit Rétro | **16e** 18
Georgette | **9e** 17
Bar/Théâtres | **8e** 17
Le Petit St. Benoît | **6e** 16
Nos Ancêtres les Gaulois | **4e** 13
Les Affranchis | **9e** -
Albion | **10e** -
Atao | **17e** -
Le Bien Décidé | **6e** -
La Cantine/Quentin | **10e** -
Chen Soleil/Est | **15e** -
Chez Marie-Louise | **10e** -
Cibus | **1er** -
Cobéa | **14e** -
Comme/Savonnières | **6e** -
Le Concert/Cuisine | **15e** -
Le Cottage Marcadet | **18e** -
Crudus | **1er** -
Desvouges | **5e** -
Le Dodin/Mark Singer | **17e** -
L'Écaille/Fontaine | **2e** -
Frédéric Simonin | **17e** -
Le Jeu/Quilles | **14e** -
Mai Do | **6e** -
MBC | **17e** -
Muscade | **1er** -
L'Office | **9e** -
L'Ogre | **16e** -
Le Perron | **7e** -
Le Saotico | **2e** -
Suave | **13e** -
Verjus | **1er** -
Le Versance | **2e** -

GRANDES TOQUES

Yannick Alléno
Le Meurice Rest. | **1er** 28
Le Dali | **1er** -
Terroir Parisien | **5e** -
Ghislaine Arabian
Les Petites Sorcières/Ghislaine Arabian | **14e** 25
Pascal Barbot
L'Astrance | **16e** 28
Eric Briffard
Le Cinq | **8e** 28
Yves Camdeborde
Le Comptoir/Relais | **6e** 27
Sven Chartier
Saturne | **2e** 22
Christian Constant
Le Violon/Ingres | **7e** 25
Les Cocottes | **7e** 24
Café Constant | **7e** 24
Hélène Darroze
Hélène Darroze | **6e** 26
Bruno Doucet
La Régalade | **14e** 25
La Régalade Saint-Honoré | **1er** 23
Alain Ducasse
Alain Ducasse/Plaza Athénée | **8e** 28
Le Relais Plaza | **8e** 25
Le Jules Verne | **7e** 23
Benoît | **4e** 23
Le Rech | **17e** 22
Aux Lyonnais | **2e** 22
Alain Dutournier
Carré/Feuillants | **1er** 27
Au Trou Gascon | **12e** 25
Pinxo | **1er** 23
Gilles Epié
Citrus Étoile | **8e** 24
Eric Frechon
Épicure | **8e** 27
Minipalais | **8e** 21
Pierre Gagnaire
Pierre Gagnaire | **8e** 28
Gaya | **7e** 24

Antoine Heerah
- Chamarré Montmartre | **18e** 26
- Le Moulin/Galette | **18e** 20
- Au Clocher/Montmartre | **18e** -

Hiroyuki Hiramatsu
- Hiramatsu | **16e** 27

William Ledeuil
- Ze Kitchen Galerie | **6e** 25
- KGB | **6e** 23

Cyril Lignac
- Le Quinzième | **15e** 26
- Le Chardenoux | **11e** 23
- Chardenoux/Prés | **6e** 21

Guy Martin
- Le Grand Véfour | **1er** 28
- Cristal Room | **16e** 20
- N Guy Martin Italia | **6e** -

Thierry Marx
- Sur Mesure | **1er** -

Paul Minchelli
- 21 | **6e** 23

Jean-Louis Nomicos
- Les Tablettes/Jean-Louis Nomicos | **16e** 28

Bernard Pacaud
- L'Ambroisie | **4e** 27

Alain Passard
- L'Arpège | **7e** 27

Anne-Sophie Pic
- N La Dame/Pic | **1er** -

Jean-François Piège
- Jean-François Piège | **7e** 27
- Thoumieux | **7e** 20

Joël Robuchon
- L'Atelier/Joël Robuchon | **multi.** 27

Daniel Rose
- Spring | **1er** 27

Michel Rostang
- Michel Rostang | **17e** 27
- Dessirier | **17e** 24
- Bistrot/Côté Flaubert | **17e** 21

Guy Savoy
- Guy Savoy | **17e** 28
- Le Chiberta | **8e** 24
- Les Bouquinistes | **6e** 23
- L'Atelier Maître Albert | **5e** 23

Alain Senderens
- Senderens | **8e** 26
- Mama Shelter Rest. | **20e** 16

Alain Solivérès
- Taillevent | **8e** 29

Christian Le Squer
- Pavillon Ledoyen | **8e** 25

Romain Tischenko
- Le Galopin | **10e** -

Michel Troisgros
- La Table/Lancaster | **8e** 25

Jean-Pierre Vigato
- Apicius | **8e** 27

Jean-Georges Vongerichten
- Market | **8e** 22

Antoine Westermann
- Drouant | **2e** 23
- Mon Vieil Ami | **4e** 23
- Le Coq Rico | **18e** -

LIEUX DE MÉMOIRE

(Année d'ouverture; *date de construction)

- 1407 | Auberge Nicolas Flamel* | **3e** 21
- 1582 | Spring* | **1er** 27
- 1582 | La Tour/Argent | **5e** 25
- 1629 | Rest./Palais Royal* | **1er** 20
- 1680 | À la Petite Chaise | **7e** 18
- 1686 | Le Procope | **6e** 17
- 1728 | 1728* | **8e** 21
- 1758 | Les Ambassadeurs* | **8e** 27
- 1766 | Lapérouse | **6e** 23
- 1784 | Le Grand Véfour | **1er** 28
- 1792 | Pavillon Ledoyen | **8e** 25
- 1800 | Chardenoux/Prés* | **6e** 21
- 1807 | Ma Bourgogne | **4e** 19
- 1832 | L'Escargot Montorgueil | **1er** 22
- 1832 | Pharamond | **1er** 18
- 1842 | Laurent* | **8e** 25
- 1845 | Polidor | **6e** 15
- 1850 | Akrame* | **16e** 23
- 1854 | Au Petit Riche | **9e** 22
- 1856 | Aux Charpentiers | **6e** 20
- 1862 | Café/Paix | **9e** 19
- 1864 | Bofinger | **4e** 19
- 1870 | Le Bistro/Gastronomes* | **5e** 23
- 1870 | Perraudin | **5e** 18
- 1870 | Le Zimmer | **1er** 18
- 1872 | Goumard | **1er** 23
- 1876 | Gallopin | **2e** 20
- 1879 | Le Grand Café | **9e** 19
- 1880 | Macéo | **1er** 23
- 1880 | Legrand Filles et Fils* | **2e** 21
- 1880 | L'Épi/Or | **1er** 19
- 1881 | Café Terminus | **8e** 19
- 1885 | Les Deux Magots | **6e** 17

1889 | Le Jules Verne* | **7e** 23
1889 | Pavillon Montsouris | **14e** 22
1890 | Aux Lyonnais* | **2e** 22
1890 | Le Languedoc* | **5e** 21
1892 | Le Gavroche | **2e** 24
1892 | L'Abeille* | **16e** 23
1892 | Wepler | **18e** 20
1893 | Maxim's | **8e** 20
1896 | Shang Palace* | **16e** 24
1899 | Le Fouquet's | **8e** 20
1900 | La Table/Eugène* | **18e** 26
1900 | La Grande Cascade | **16e** 24
1900 | Bistro/Vieux Chêne* | **11e** 23
1900 | Le Café Lenôtre* | **8e** 23
1900 | Café Louis Philippe | **4e** 20
1900 | La Fermette Marbeuf 1900 | **8e** 19
1900 | Rest. Paul | **1er** 18
1900 | La Gauloise | **15e** 18
1901 | Le Train Bleu | **12e** 19
1901 | Le Petit St. Benoît | **6e** 16
1904 | Rest. Manufacture* | **Issy-les-Moul.** 22
1904 | Le Petit Rétro | **16e** 18
1904 | Vagenende | **6e** 17
1905 | Le Pré Catelan | **16e** 26
1908 | La Fontaine/Mars | **7e** 22
1908 | Aux Fins Gourmets | **7e** 18
1909 | À la Pomponette | **18e** 23
1911 | La Rotonde | **6e** 19
1913 | Marty | **5e** 20
1913 | Le Zeyer | **14e** 19
1914 | Sébillon | **Neuilly** 22
1915 | Le Petit Lutetia | **6e** 17
1918 | Au Petit Marguery | **13e** 23
1919 | Lescure | **1er** 19
1920 | Mémère Paulette | **2e** 23
1920 | Chez Julien | **4e** 21
1920 | Rest. Amour* | **9e** 15
1920 | Le Petit Niçois | **7e** 20
1923 | Thoumieux | **7e** 20
1924 | L'Ami Louis | **3e** 24
1925 | Le Grand Venise | **15e** 26
1925 | Prunier | **16e** 24
1925 | Le Rech | **17e** 22
1925 | Le 114 Faubourg | **8e** 21
1925 | Terminus Nord | **10e** 18
1927 | Caviar Kaspia | **8e** 26
1929 | Tante Louise | **8e** 23
1930 | Le Bélisaire* | **15e** 23
1930 | Garnier | **8e** 22
1930 | Allard | **6e** 21
1930 | Le Trumilou | **4e** 20
1935 | La Poule/Pot | **1er** 22
1935 | Le Grand Colbert | **2e** 19
1936 | Le Relais Plaza | **8e** 25
1939 | Le Voltaire | **7e** 22
1940 | Le Flandrin | **16e** 15
1942 | Lasserre | **8e** 27
1943 | La Méditerranée | **6e** 22
1946 | Taillevent | **8e** 29
1946 | Au Moulin/Vent | **5e** 20
1947 | Au Pied/Cochon | **1er** 19
1948 | Marius et Janette | **8e** 23
1948 | Le Rubis | **1er** 19
1950 | La Terrasse Mirabeau* | **16e** 26
1950 | La Mascotte | **18e** 20
1951 | Le Petit Châtelet | **5e** 22
1955 | Flora Danica | **8e** 21
1956 | La Maison/Caviar | **8e** 25
1956 | Robert et Louise | **3e** 20
1959 | Paul Chêne | **16e** 23
1959 | Le Relais/Venise | **17e** 23
1960 | La Truffière | **5e** 26
1960 | Le Flore en l'Île | **4e** 17
1960 | La Bonne Franquette | **18e** -
1961 | Relais Louis XIII | **6e** 26
1961 | Pierre/Palais Royal | **1er** 22
1961 | Le Soufflé | **1er** 22
1962 | Moissonnier | **5e** 24
1962 | Les Gourmets/Ternes | **8e** 23
1962 | Tong Yen | **8e** 22

LIVRAISON

Berthillon | **4e** 26
Fakhr el Dine | **16e** 25
Ladurée | **multi.** 24
Bob's Kitchen | **3e** 24
Liza | **2e** 24
Le Vernet | **8e** 24
La Marée | **8e** 23
Le Comptoir/Mers | **4e** 23
L'Affriolé | **7e** 23
Graindorge | **17e** 23
Kifune | **17e** 23
Kim Anh | **15e** 23
Le Maharajah | **5e** 23
Anahuacalli | **5e** 23
L'Huîtrier | **17e** 22
Thiou | **8e** 22
Al Taglio | **11e** 22
Le Duc/Richelieu | **12e** 22

Bistro 121 | **15e** 22
La Ferme St-Simon | **7e** 21
Findi | **8e** 21
Legrand Filles et Fils | **2e** 21
Diep | **8e** 21
Philou | **10e** 21
L'Atlas | **5e** 21
Silk et Spice | **2e** 21
Caffé Toscano | **7e** 19
Coffee Parisien | **multi.** 18
Le Mesturet | **2e** 16
Atao | **17e** –
Kiku | **9e** –
La Mousson | **1er** –
Ravi | **7e** –

MENUS GASTRONOMIQUES

Taillevent | **8e** 29
Guy Savoy | **17e** 28
Le Grand Véfour | **1er** 28
Le Cinq | **8e** 28
Alain Ducasse/Plaza Athénée | **8e** 28
L'Astrance | **16e** 28
Le Meurice Rest. | **1er** 28
Les Tablettes/Jean-Louis Nomicos | **16e** 28
Lasserre | **8e** 27
Apicius | **8e** 27
Épicure | **8e** 27
Les Ambassadeurs | **8e** 27
Passage 53 | **2e** 27
Les Fougères | **17e** 27
Hiramatsu | **16e** 27
Jean-François Piège | **7e** 27
Michel Rostang | **17e** 27
L'Arpège | **7e** 27
Carré/Feuillants | **1er** 27
La Table/Eugène | **18e** 26
Le Pré Catelan | **16e** 26
La Terrasse Mirabeau | **16e** 26
Relais Louis XIII | **6e** 26
Le Quinzième | **15e** 26
Hélène Darroze | **6e** 26
La Truffière | **5e** 26
Jean | **9e** 26
Yam'Tcha | **1er** 26
Chamarré Montmartre | **18e** 26
Pavillon Ledoyen | **8e** 25
Les Fables/Fontaine | **7e** 25
Relais/Auteuil "Patrick Pignol" | **16e** 25
Dominique Bouchet | **8e** 25
Stella Maris | **8e** 25
Le Beurre Noisette | **15e** 25
Chez L'Ami Jean | **7e** 25
Agapé Substance | **6e** 25
Aida | **7e** 25
Le Violon/Ingres | **7e** 25
Laurent | **8e** 25
La Table/Lancaster | **8e** 25
Rest. Le Pergolèse | **16e** 25
Chez Michel | **10e** 24
Kinugawa | **1er** 24
L'Agrume | **5e** 24
Pur' | **2e** 24
Le Troquet | **15e** 24
Le 144 Petrossian | **7e** 24
La Gazzetta | **12e** 24
Le Chiberta | **8e** 24
L'Astor | **8e** 24
Liza | **2e** 24
Le Gaigne | **4e** 24
D'Chez Eux | **7e** 24
La Grande Cascade | **16e** 24
Chez Les Anges | **7e** 24
Le Vernet | **8e** 24
Prunier | **16e** 24
L'Agapé | **17e** 24
L'Avant Goût | **13e** 23
Orient-Extrême | **6e** 23
Le Jules Verne | **7e** 23
Le Céladon | **2e** 23
Itinéraires | **5e** 23
Le Réminet | **5e** 23
Au Petit Marguery | **13e** 23
Passiflore | **16e** 23
Schmidt - L'Os/Moelle | **15e** 23
Jadis | **15e** 23
KGB | **6e** 23
Fogón | **6e** 23
Akrame | **16e** 23
Lapérouse | **6e** 23
Kim Anh | **15e** 23
Maison Blanche | **8e** 23
Chez la Vieille | **1er** 23
Blue Elephant | **11e** 23
Copenhague | **8e** 23
Il Vino | **7e** 22
Café Le Moderne | **2e** 22
Les Allobroges | **20e** 22
Chieng Mai | **5e** 22

La Romantica | **Clichy** 22
Bistrot/Sommelier | **8e** 22
Le 16 Haussmann | **9e** 21
Agapes | **5e** 21
Miroir | **18e** 21
Le Bar/Huîtres | **3e** 21
Bistrot/Côté Flaubert | **17e** 21
Bistro Volnay | **2e** 21
Auberge Nicolas Flamel | **3e** 21
Flottes O.Trement | **1er** 21
Noura | **16e** 21
Cristal Room | **16e** 20
Le Moulin/Galette | **18e** 20
La Ferrandaise | **6e** 20
Chez Marianne | **4e** 19
La Fermette Marbeuf 1900 | **8e** 19
Le Train Bleu | **12e** 19
Buddha Bar | **8e** 17
Bizan | **2e** –
Les Cartes Postales | **1er** –
Chen Soleil/Est | **15e** –
Le Concert/Cuisine | **15e** –
Les Coulisses | **9e** –
Frédéric Simonin | **17e** –
Le Galopin | **10e** –
MBC | **17e** –
Le Saotico | **2e** –
Sur Mesure | **1er** –
Le Tintilou | **11e** –
Verjus | **1er** –

NOUVEAUTÉS

Abri | **10e** –
L'Atelier Rodier | **9e** –
Auberge Flora | **11e** –
Bistrotters | **14e** –
Le Bistro Urbain | **10e** –
Bones | **11e** –
Boucherie/Provinces | **12e** –
La Buvette | **11e** –
Café Pinson | **3e** –
Camélia | **1er** –
Chez Aline | **11e** –
Ciel/Paris | **15e** –
58 Qualité St. | **5e** –
Colorova | **6e** –
La Dame/Pic | **1er** –
Felicity Lemon | **20e** –
Goust | **2e** –
Guy Martin Italia | **6e** –
Il Brigante | **18e** –
L'Îlot | **3e** –
Ma Cocotte | **St-Ouen** –
Miss Ko | **8e** –
Noglu | **2e** –
Pan | **10e** –
Pascade | **2e** –
Pierre Sang/Oberkampf | **11e** –
La Régalade Conservatoire | **9e** –
Le Richer | **9e** –
Roseval | **20e** –
Le Sergent Recruteur | **4e** –
Le 6 Paul Bert | **11e** –
Vivant Table | **10e** –

OUVERTS LE DIMANCHE

Pierre Gagnaire | **8e** 28
Le Cinq | **8e** 28
Pramil | **3e** 28
Les Tablettes/Jean-Louis Nomicos | **16e** 28
L'Atelier/Joël Robuchon | **multi.** 27
Le Comptoir/Relais | **6e** 27
Guilo-Guilo | **18e** 27
Épicure | **8e** 27
Senderens | **8e** 26
Boucherie Roulière | **6e** 26
L'Etoile Marocaine | **8e** 26
Huîtrerie Régis | **6e** 26
Jean | **9e** 26
Berthillon | **4e** 26
Chamarré Montmartre | **18e** 26
Fakhr el Dine | **16e** 25
Le Relais Plaza | **8e** 25
Les Fables/Fontaine | **7e** 25
Relais/Auteuil "Patrick Pignol" | **16e** 25
Aida | **7e** 25
Benkay | **15e** 25
Foujita | **1er** 25
Ozo | **4e** 25
Le Violon/Ingres | **7e** 25
Le Petit Pontoise | **5e** 25
La Cantine/Troquet | **15e** 25
Chez Ly | **multi.** 25
La Table/Lancaster | **8e** 25
La Maison/Caviar | **8e** 25
Ladurée | **multi.** 24
Les Cocottes | **7e** 24
Dessirier | **17e** 24
Pur' | **2e** 24
Bob's Kitchen | **3e** 24

Christophe | 5e 24
L'Ami Louis | 3e 24
Liza | 2e 24
Café Constant | 7e 24
D'Chez Eux | 7e 24
Shang Palace | 16e 24
La Grande Cascade | 16e 24
Azabu | 6e 24
Mariage Frères | **multi.** 23
Pétrus | 17e 23
L'Abeille | 16e 23
Le Jules Verne | 7e 23
Le Réminet | 5e 23
Le Petit Marché | 3e 23
La Marée | 8e 23
L'As/Fallafel | 4e 23
Au Petit Marguery | 13e 23
La Cagouille | 14e 23
Le Comptoir/Mers | 4e 23
Schmidt - L'Os/Moelle | 15e 23
Au Bœuf Couronné | 19e 23
Goumard | 1er 23
Marius et Janette | 8e 23
Fogón | 6e 23
Pinxo | 6e 23
Le Bistro/Gastronomes | 5e 23
L'Oriental | 9e 23
Les 110/Taillevent | 8e 23
Au Coin/Gourmets | 5e 23
Philippe Excoffier | 7e 23
L'Ardoise | 1er 23
Benoît | 4e 23
Le Café Lenôtre | 8e 23
Dans les Landes | 5e 23
L'Atelier Maître Albert | 5e 23
Kim Anh | 15e 23
Drouant | 2e 23
Le Maharajah | 5e 23
Mon Vieil Ami | 4e 23
Le Relais/Venise | 17e 23
Maison Blanche | 8e 23
Casa Bini | 6e 23
La Cave Schmidt | 15e 23
Blue Elephant | 11e 23
Copenhague | 8e 23
Paris-Hanoï | 11e 23
Anahuacalli | 5e 23
À La Marguerite | 1er 23
À la Pomponette | 18e 23
Le Chardenoux | 11e 23
Royal Madeleine | 8e 23
Les Cailloux | 13e 22
La Rôtisserie/Beaujolais | 5e 22
Bibimbap | 5e 22
L'Huîtrier | 17e 22
Tsé-Yang | 16e 22
Le Petit Châtelet | 5e 22
Maison/Aubrac | 8e 22
Rose Bakery | **multi.** 22
L'Enoteca | 4e 22
Chez Paul | 11e 22
Tsukizi | 6e 22
Mavrommatis | 5e 22
Lao Siam | 19e 22
L'Auberge Bressane | 7e 22
Lao Lane Xang | 13e 22
Le Dôme | 14e 22
Angelina | 1er 22
La Cuisine | 8e 22
Le Relais/Entrecôte | **multi.** 22
Thiou | 8e 22
Le Bambou | 13e 22
Garnier | 8e 22
Mirama | 5e 22
Tong Yen | 8e 22
Antoine | 16e 22
Chez Georges | 17e 22
La Poule/Pot | 1er 22
Market | 8e 22
Au Père Lapin | **Suresnes** 22
Chez Paul | 13e 22
Le Timgad | 17e 22
La Fontaine/Mars | 7e 22
L'Escargot Montorgueil | 1er 22
L'Assaggio | 1er 22
Sébillon | **Neuilly** 22
Le Bistrot/Dôme | 14e 22
Ambassade/Auvergne | 3e 22
Au Petit Riche | 9e 22
Le Bistrot/Henri | 6e 22
Pizza di Loretta | 9e 22
Al Taglio | 11e 22
La Méditerranée | 6e 22
Crêperie Josselin | 14e 22
Breizh Café | 3e 22
Le Cherche Midi | 6e 22
L'Ébouillanté | 4e 22
La Marée Passy | 16e 22
Pavillon Montsouris | 14e 22
Al Dar | **multi.** 22

Bistro 121 | **15e** 22
Chez André | **8e** 22
Findi | **8e** 21
Vin et Marée | **multi.** 21
Le Bistro/Deux Théâtres | **9e** 21
Le Christine | **6e** 21
Allard | **6e** 21
Les Pates Vivantes | **5e** 21
J'Go | **6e** 21
Chez Julien | **4e** 21
Diep | **8e** 21
Fish La Boissonnerie | **6e** 21
Charlot - Roi/Coquillages | **9e** 21
Le 114 Faubourg | **8e** 21
Khun Akorn | **11e** 21
Ferdi | **1er** 21
Pizza Chic | **6e** 21
Le Stella | **16e** 21
Le Coq | **16e** 21
La Grille St-Germain | **6e** 21
Le Bar/Huîtres | **multi.** 21
Le Tir-Bouchon | **2e** 21
Da Rosa | **multi.** 21
L'Auberge Aveyronnaise | **12e** 21
La Crèmerie | **6e** 21
Mori Venice Bar | **2e** 21
Minipalais | **8e** 21
Chez Janou | **3e** 21
Firmin le Barbier | **7e** 21
Bon | **16e** 21
La Rughetta | **18e** 21
Chardenoux/Prés | **6e** 21
Les Ombres | **7e** 21
Flora Danica | **8e** 21
L'Atlas | **5e** 21
Le Comptoir Marguery | **13e** 21
Le Languedoc | **5e** 21
Noura | **multi.** 21
Le Père Claude | **15e** 21
Chez Léna et Mimile | **5e** 21
Silk et Spice | **2e** 21
Le Petit Marius | **8e** 20
Yugaraj | **6e** 20
Les Fines Gueules | **1er** 20
L'Îlot Vache | **4e** 20
Cul/Poule | **9e** 20
Robert et Louise | **3e** 20
Chez Françoise | **7e** 20
Chai 33 | **12e** 20
Le Congrès Maillot | **17e** 20
Le Grand Louvre | **1er** 20
L'Auberge Dab | **16e** 20
Thoumieux | **7e** 20
Higuma | **1er** 20
Le Trumilou | **4e** 20
L'Européen | **12e** 20
Café/Musées | **3e** 20
Domaine/Lintillac | **multi.** 20
Gallopin | **2e** 20
La Bastide Odéon | **6e** 20
Le Bistrot/Vignes | **16e** 20
China Town Olympiades | **13e** 20
Les Délices/Aphrodite | **5e** 20
Glou | **3e** 20
Les Jardins/Bagatelle | **16e** 20
La Mascotte | **18e** 20
Le Moulin/Galette | **18e** 20
Le Parc aux Cerfs | **6e** 20
La Petite Cour | **6e** 20
Le Petit Niçois | **7e** 20
Le Verre Volé | **10e** 20
Breakfast in America | **multi.** 20
Aux Charpentiers | **6e** 20
Wepler | **18e** 20
Le 404 | **3e** 20
Hôtel Costes | **1er** 20
La Closerie/Lilas | **6e** 20
Le Fouquet's | **8e** 20
Rest./Palais Royal | **1er** 20
Le Coupe-Chou | **5e** 20
Café Louis Philippe | **4e** 20
Le Vaudeville | **2e** 20
Marty | **5e** 20
Brass. Julien | **10e** 19
Chez Marianne | **4e** 19
Les Philosophes | **4e** 19
Brass. Lutetia | **6e** 19
Anahi | **3e** 19
Bofinger | **4e** 19
L'Assiette | **14e** 19
Chez Omar | **3e** 19
Le Petit Victor Hugo | **16e** 19
Rest. Pershing | **8e** 19
Brass./Louvre | **1er** 19
La Fermette Marbeuf 1900 | **8e** 19
L'Île | **Issy-les-Moul.** 19
Bistrot/7ème | **7e** 19
Le Petit Zinc | **6e** 19
Le Quai | **7e** 19
Les Botanistes | **7e** 19

Le Dôme/Marais | **4e** 19
Le Pavillon/Lac | **19e** 19
Le Train Bleu | **12e** 19
Brass. Flo | **10e** 19
Le Grand Colbert | **2e** 19
Tricotin | **13e** 19
Chez Jenny | **3e** 19
Le Zeyer | **14e** 19
Bistrot Vivienne | **2e** 19
Ma Bourgogne | **4e** 19
Brass./Ile St-Louis | **4e** 19
Au Pied/Cochon | **1er** 19
Le Grand Bistro | **multi.** 19
Le Montalembert | **7e** 19
Le Grand Café | **9e** 19
L'Opéra Rest. | **9e** 19
Café/Paix | **9e** 19
Le Square Trousseau | **12e** 19
Emporio Armani Caffè | **6e** 19
La Rotonde | **6e** 19
Le Ballon/Ternes | **17e** 19
Montparnasse 1900 | **6e** 19
Nouveau Village Tao-Tao | **13e** 19
Café Rouge | **3e** 19
Brass. Balzar | **5e** 18
Brass. La Lorraine | **8e** 18
Chez Francis | **8e** 18
Le Baron Rouge | **12e** 18
Le Café/Esplanade | **7e** 18
Le Suffren | **15e** 18
Aux Fins Gourmets | **7e** 18
Bel Canto | **4e** 18
Brass. Lipp | **6e** 18
Le Bistrot/Peintre | **11e** 18
Terminus Nord | **10e** 18
Coffee Parisien | **multi.** 18
Alcazar | **6e** 18
La Marlotte | **6e** 18
Perraudin | **5e** 18
Rest. Paul | **1er** 18
Le Fumoir | **1er** 18
Café/Alma | **7e** 18
La Coupole | **14e** 18
La Gare | **16e** 18
Brass. Mollard | **8e** 18
Bouillon Racine | **6e** 18
La Gauloise | **15e** 18
Le Zimmer | **1er** 18
À la Petite Chaise | **7e** 18
Au Chien/Fume | **1er** 18
Le Bistrot/Dames | **17e** 18
Café/Jatte | **Neuilly** 18
Le Chalet/Iles | **16e** 18
Costes | **1er** 18
La Guinguette/Neuilly | **Neuilly** 18
Vagenende | **6e** 17
L'Écluse | **multi.** 17
La Société | **6e** 17
Vins/Pyrénées | **4e** 17
Le Nemrod | **6e** 17
Buddha Bar | **8e** 17
Le Café/Commerce | **15e** 17
Le Procope | **6e** 17
Au Père Fouettard | **1er** 17
Pères et Filles | **6e** 17
Le Murat | **16e** 17
La Bellevilloise | **20e** 17
Le Petit Lutetia | **6e** 17
Georges | **4e** 17
Joe Allen | **1er** 17
Bar/Théâtres | **8e** 17
Jaja | **4e** 17
Le Flore en l'Île | **4e** 17
Café/Industrie | **11e** 17
Les Deux Magots | **6e** 17
Ralph's | **6e** 17
Café/Musique | **19e** 17
Davé | **1er** 17
Café Étienne Marcel | **2e** 17
Café Charbon | **11e** 16
Café/Flore | **6e** 16
Zebra Square | **16e** 16
Rest. Musée/Orsay | **7e** 16
Le Mesturet | **2e** 16
Mama Shelter Rest. | **20e** 16
L'Avenue | **8e** 16
Kong | **1er** 16
La Grande Armée | **16e** 16
Rosa Bonheur | **19e** 16
Chez Gégène | **Joinville** 16
Rest. Amour | **9e** 15
Polidor | **6e** 15
Café Beaubourg | **4e** 15
Le Flandrin | **16e** 15
Drugstore Publicis | **8e** 15
Café/Deux Moulins | **18e** 15
Chartier | **9e** 15
Café Ruc | **1er** 15
Derrière | **3e** 15
Chez Prune | **10e** 15

Quai Ouest | **St-Cloud** 14
Les Éditeurs | **6e** 14
Le Saut/Loup | **1er** 13
Nos Ancêtres les Gaulois | **4e** 13
Arola | **2e** -
Atao | **17e** -
N Auberge Flora | **11e** -
Au Clocher/Montmartre | **18e** -
Ballon et Coquillages | **17e** -
Beef Club | **1er** -
Blend | **2e** -
La Bonne Franquette | **18e** -
Caffè Burlot | **8e** -
Camélia | **1er** -
Le Camion Qui Fume | **Emplacements divers** -
Candelaria | **3e** -
La Cantine/Quentin | **10e** -
Chatomat | **20e** -
Chez Flottes | **1er** -
La Compagnie/Bretagne | **6e** -
Le Coq Rico | **18e** -
Le Coupe Gorge | **4e** -
Le Dali | **1er** -
N Felicity Lemon | **20e** -
Le Floréal | **10e** -
Hotel/Nord | **10e** -
Jeanne A | **11e** -
N Ma Cocotte | **St-Ouen** -
Mai Do | **6e** -
La Maison Mère | **9e** -
N Miss Ko | **8e** -
Muscade | **1er** -
Nanashi | **multi.** -
Ravi | **7e** -
N La Régalade Conservatoire | **9e** -
Reuan Thai | **11e** -
N Le Richer | **9e** -
Sassotondo | **11e** -
Shan Goût | **12e** -
Le Square Gardette | **11e** -
Terroir Parisien | **5e** -
Yoom | **9e** -

OUVERTS TARD

(Heures de fermeture en semaine)

L'Atelier/Joël Robuchon | 0h | **multi.** 27
Caviar Kaspia | 1h | **8e** 26
Chez L'Ami Jean | 0h | **7e** 25
Aida | 0h | **7e** 25
Ozo | variable | **4e** 25
La Maison/Caviar | 1h | **8e** 25
Le Gavroche | 1h | **2e** 24
Le Petit Marché | 0h | **3e** 23
Au Bœuf Couronné | 0h | **19e** 23
Goumard | 0h | **1er** 23
Fogón | 0h | **6e** 23
Blue Elephant | 0h | **11e** 23
À la Pomponette | 0h | **18e** 23
Il Vino | 0h | **7e** 22
Maison/Aubrac | 24 hr/24 | **8e** 22
Chez Paul | 0h | **11e** 22
À l'Ami Pierre | 0h | **11e** 22
Tong Yen | 0h15 | **8e** 22
La Poule/Pot | 5h | **1er** 22
Chez Paul | 0h | **13e** 22
Kaïten | 0h | **8e** 22
Sébillon | 0h | **Neuilly** 22
Au Petit Riche | 0h15 | **9e** 22
Le Duc/Richelieu | 0h | **12e** 22
Al Dar | 0h | **multi.** 22
Chez André | 1h | **8e** 22
Le Bistro/Deux Théâtres | 0h30 | **9e** 21
Le Christine | 0h | **6e** 21
J'Go | variable | **multi.** 21
Diep | 0h30 | **8e** 21
Charlot - Roi/Coquillages | variable | **9e** 21
L'Acajou | 0h30 | **16e** 21
Le Coq | 0h | **16e** 21
La Grille St-Germain | 0h30 | **6e** 21
1728 | 0h | **8e** 21
Le Bar/Huîtres | variable | **multi.** 21
Café Burq | 0h | **18e** 21
Chez Janou | 0h | **3e** 21
Les Bacchantes | 0h30 | **9e** 21
Noura | 0h | **16e** 21
Le Petit Marius | 0h | **8e** 20
Chez Françoise | 0h | **7e** 20
Le Congrès Maillot | 2h | **17e** 20
L'Auberge Dab | 2h | **16e** 20
Thoumieux | 0h | **7e** 20
L'Européen | 1h | **12e** 20
Gallopin | 0h | **2e** 20
À La Cloche/Or | variable | **9e** 20
Chéri Bibi | 0h | **18e** 20
China Town Olympiades | 1h | **13e** 20
La Mascotte | 0h | **18e** 20
Wepler | 1h | **18e** 20
Le 404 | 0h | **3e** 20

Hôtel Costes | 24 hr/24 | **1er** 20
Café Louis Philippe | 0h | **4e** 20
Le Vaudeville | 1h | **2e** 20
Brass. Julien | 1h | **10e** 19
Les Philosophes | 1h30 | **4e** 19
Anahi | 0h | **3e** 19
Bofinger | 0h30 | **4e** 19
Le Verre Bouteille | 4h | **17e** 19
Le Petit Zinc | 0h | **6e** 19
Le Dôme/Marais | 2h | **4e** 19
Brass. Flo | 0h30 | **10e** 19
Le Grand Colbert | 1h | **2e** 19
Chez Jenny | 0h | **3e** 19
Le Zeyer | 0h30 | **14e** 19
Ma Bourgogne | 1h | **4e** 19
Au Pied/Cochon | 24 hr/24 | **1er** 19
Le Grand Café | 24 hr/24 | **9e** 19
L'Opéra Rest. | 0h | **9e** 19
Le Square Trousseau | 2h | **12e** 19
Emporio Armani Caffè | 0h | **6e** 19
La Rotonde | 1h | **6e** 19
Le Ballon/Ternes | 0h | **17e** 19
Montparnasse 1900 | 0h | **6e** 19
Brass. La Lorraine | 1h | **8e** 18
Chez Francis | 0h30 | **8e** 18
Le Café/Esplanade | 0h45 | **7e** 18
Le Suffren | 0h | **15e** 18
Brass. Lipp | 1h | **6e** 18
Le Bistrot/Peintre | 0h | **11e** 18
Terminus Nord | 1h | **10e** 18
Zinc-Zinc | 23h45 | **Neuilly** 18
Café/Alma | 1h30 | **7e** 18
La Coupole | 1h30 | **14e** 18
Brass. Mollard | 0h30 | **8e** 18
Le Zimmer | 1h | **1er** 18
Au Chien/Fume | 1h | **1er** 18
Le Bistrot/Dames | 2h | **17e** 18
Costes | 24 hr/24 | **1er** 18
Vagenende | 1h | **6e** 17
L'Écluse | 1h | **multi.** 17
La Société | 2h | **6e** 17
Buddha Bar | 0h30 | **8e** 17
Le Café/Commerce | 0h | **15e** 17
Le Procope | 1h | **6e** 17
Au Père Fouettard | 2h | **1er** 17
Le Murat | 0h | **16e** 17
Joe Allen | 0h30 | **1er** 17
Bar/Théâtres | 1h | **8e** 17
Le Flore en l'Île | 2h | **4e** 17
Café/Industrie | 0h | **11e** 17
Les Deux Magots | 1h | **6e** 17
Café Marly | 2h | **1er** 17
Café/Musique | variable | **19e** 17
Café Étienne Marcel | 0h | **2e** 17
Café Charbon | 0h | **11e** 16
Café/Flore | 1h30 | **6e** 16
Mama Shelter Rest. | 0h | **20e** 16
L'Avenue | 1h | **8e** 16
Kong | 0h30 | **1er** 16
La Grande Armée | 1h | **16e** 16
Rest. Amour | 23h30 | **9e** 15
Polidor | 0h30 | **6e** 15
Café Beaubourg | 0h | **4e** 15
Drugstore Publicis | 2h | **8e** 15
Café/Deux Moulins | 1h | **18e** 15
Café Ruc | 1h | **1er** 15
Chez Prune | 1h | **10e** 15
Andy Wahloo | 0h | **3e** 14
Les Éditeurs | 2h | **6e** 14
Beef Club | 0h | **1er** -
Le Café/Passage | 1h | **11e** -
Le Camion Qui Fume | 0h | **Emplacements divers** -
Chez Flottes | 0h30 | **1er** -
Comme/Savonnières | 0h | **6e** -
Le Coupe Gorge | 0h | **4e** -
Le Floréal | 2h | **10e** -
N Goust | 0h | **2e** -
Hotel/Nord | 0h | **10e** -
N Ma Cocotte | 24 hr/24 | **St-Ouen** -
La Maison Mère | 2h | **9e** -
N Miss Ko | 2h | **8e** -
Nanashi | 0h | **multi.** -

PAS DE CLIMATISATION

Cristal/Sel | **15e** 27
La Terrasse Mirabeau | **16e** 26
Huîtrerie Régis | **6e** 26
Yam'Tcha | **1er** 26
Lilane | **5e** 25
Petrelle | **9e** 25
Les Petites Sorcières/ Ghislaine Arabian | **14e** 25
Joséphine "Chez Dumonet" | **6e** 25
La Cantine/Troquet | **14e** 25
Le Timbre | **6e** 25
Marius | **16e** 25
Caffé dei Cioppi | **11e** 25
Chez Michel | **10e** 24

Restaurant	Note
Le Baratin | **20e**	24
L'Agrume | **5e**	24
Le Troquet | **15e**	24
Christophe | **5e**	24
L'Épi Dupin | **6e**	24
L'Ami Louis | **3e**	24
Moissonnier | **5e**	24
La Grande Cascade | **16e**	24
Le Grand Pan | **15e**	23
Le Petit Marché | **3e**	23
La Cagouille | **14e**	23
Schmidt - L'Os/Moelle | **15e**	23
La Cerisaie | **14e**	23
Le Temps/Temps | **11e**	23
Bistro/Vieux Chêne | **11e**	23
Jadis | **15e**	23
Au Bascou | **3e**	23
Graindorge | **17e**	23
Au Coin/Gourmets | **5e**	23
L'Écume Saint-Honoré | **1er**	23
La Fourchette/Printemps | **17e**	23
Mémère Paulette | **2e**	23
Les Zygomates | **12e**	23
Philippe Excoffier | **7e**	23
Caves Pétrissans | **17e**	23
Mon Vieil Ami | **4e**	23
Le Relais/Venise | **17e**	23
L'Épigramme | **6e**	23
Les Gourmets/Ternes | **8e**	23
Anahuacalli | **5e**	23
À la Pomponette | **18e**	23
L'AOC | **5e**	23
Le Chardenoux | **11e**	23
El Palenque | **5e**	22
Les Cailloux | **13e**	22
Le Bouchon et L'Assiette | **17e**	22
Le Petit Châtelet | **5e**	22
Rose Bakery | **3e**	22
Chez Paul | **11e**	22
À la Biche/Bois | **12e**	22
Tsukizi | **6e**	22
À l'Ami Pierre | **11e**	22
Angelina | **1er**	22
Le Sot l'y Laisse | **11e**	22
Chez Georges | **17e**	22
La Romantica | **Clichy**	22
Chez Paul | **13e**	22
Le P'tit Troquet | **7e**	22
Il Barone | **14e**	22
Le Bistrot/Henri | **6e**	22
Al Taglio | **11e**	22
Breizh Café | **3e**	22
Le Duc/Richelieu | **12e**	22
L'Ébouillanté | **4e**	22
La Marée Passy | **16e**	22
Pavillon Montsouris | **14e**	22
Agapes | **5e**	21
Chez Marcel | **6e**	21
Vin et Marée | **16e**	21
Le Louchebem | **1er**	21
Aux Deux Amis | **11e**	21
Chez Julien | **4e**	21
Chez Grenouille | **9e**	21
Philou | **10e**	21
A&M Rest. | **16e**	21
Miroir | **18e**	21
Khun Akorn | **11e**	21
Ferdi | **1er**	21
Pizza Chic | **6e**	21
Maison/Amérique Latine | **7e**	21
Le Bar/Huîtres | **17e**	21
Le Martel | **10e**	21
Auberge Nicolas Flamel | **3e**	21
La Crèmerie | **6e**	21
La Grille | **10e**	21
Café Burq | **18e**	21
Sale e Pepe | **18e**	21
L'Aimant/Sud | **13e**	21
La Rughetta | **18e**	21
Chez Nénesse | **3e**	21
Rest./Marché | **15e**	21
Bistrot/Université | **7e**	21
La Boutarde | **Neuilly**	21
Le Petit Marius | **8e**	20
Racines | **2e**	20
L'Accolade | **17e**	20
Les Fines Gueules | **1er**	20
Robert et Louise | **3e**	20
Chez Françoise | **7e**	20
Aux Crus/Bourgogne | **2e**	20
Le Bistrot/André | **15e**	20
Chéri Bibi | **18e**	20
Chez Géraud | **16e**	20
Les Jardins/Bagatelle | **16e**	20
La Mascotte | **18e**	20
Le Petit Niçois | **7e**	20
Le Verre Volé | **10e**	20
Breakfast in America | **5e**	20
La Closerie/Lilas | **6e**	20
Willi's Wine Bar | **1er**	20

- Au Moulin/Vent | **5e** 20
- Rest./Palais Royal | **1er** 20
- Café Louis Philippe | **4e** 20
- Le Vaudeville | **2e** 20
- L'Épi/Or | **1er** 19
- Le Roi/Pot-au-Feu | **9e** 19
- Chez Marianne | **4e** 19
- Le Bistrot/Paris | **7e** 19
- Le Bon Saint Pourçain | **6e** 19
- L'Assiette | **14e** 19
- Chez Omar | **3e** 19
- Chez René | **5e** 19
- Moustache | **6e** 19
- L'Île | **Issy-les-Moul.** 19
- Les Botanistes | **7e** 19
- Le Pavillon/Lac | **19e** 19
- Le Scheffer | **16e** 19
- Le Train Bleu | **12e** 19
- Bistrot Vivienne | **2e** 19
- Comme Cochons | **12e** 19
- Ma Bourgogne | **4e** 19
- Brass./Ile St-Louis | **4e** 19
- Le Montalembert | **7e** 19
- Le Square Trousseau | **12e** 19
- Quedubon | **19e** 18
- Le Temps/Cerises | **13e** 18
- Aux Fins Gourmets | **7e** 18
- La Marlotte | **6e** 18
- Quai-Quai | **1er** 18
- Rest. Paul | **1er** 18
- Zinc-Zinc | **Neuilly** 18
- À La Cloche/Halles | **1er** 18
- Pharamond | **1er** 18
- La Gauloise | **15e** 18
- Le Bistrot/Dames | **17e** 18
- Le Chalet/Iles | **16e** 18
- La Guinguette/Neuilly | **Neuilly** 18
- L'Écluse | **multi.** 17
- Georgette | **9e** 17
- Pères et Filles | **6e** 17
- Le Petit Lutetia | **6e** 17
- Le Flore en l'Île | **4e** 17
- La Cantine/Tontons | **15e** 17
- Le Repaire/Cartouche | **11e** 17
- Café Charbon | **11e** 16
- Le Petit St. Benoît | **6e** 16
- Rest. Amour | **9e** 15
- Le Mauzac | **5e** 15
- Café Beaubourg | **4e** 15
- Clown Bar | **11e** 15
- Le Flandrin | **16e** 15
- Café/Deux Moulins | **18e** 15
- Juveniles | **1er** 15
- Chez Prune | **10e** 15
- Café Cartouche | **12e** -
- Chantairelle | **5e** -
- Chez Marie-Louise | **10e** -
- Cibus | **1er** -
- Le Cotte Rôti | **12e** -
- Le Coupe Gorge | **4e** -
- Crudus | **1er** -
- Desvouges | **5e** -
- La Mousson | **1er** -
- Square Marcadet | **18e** -

PETITS DÉJEUNERS

(Voir aussi Restaurants d'Hôtel)

- Ladurée | **multi.** 24
- Le Café Lenôtre | **8e** 23
- Rose Bakery | **multi.** 22
- Le Dôme | **14e** 22
- Angelina | **1er** 22
- La Main/Or | **11e** 22
- Noura | **16e** 21
- Le Congrès Maillot | **17e** 20
- La Mascotte | **18e** 20
- Breakfast in America | **multi.** 20
- Le Fouquet's | **8e** 20
- Tricotin | **13e** 19
- Le Zeyer | **14e** 19
- Ma Bourgogne | **4e** 19
- Le Grand Café | **9e** 19
- La Rotonde | **6e** 19
- Brass. Balzar | **5e** 18
- Brass. La Lorraine | **8e** 18
- Le Café/Esplanade | **7e** 18
- Le Suffren | **15e** 18
- Terminus Nord | **10e** 18
- Zinc-Zinc | **Neuilly** 18
- La Coupole | **14e** 18
- À La Cloche/Halles | **1er** 18
- Le Nemrod | **6e** 17
- Le Murat | **16e** 17
- Bar/Théâtres | **8e** 17
- Le Flore en l'Île | **4e** 17
- Les Deux Magots | **6e** 17
- Café Marly | **1er** 17
- Café/Musique | **19e** 17
- Café/Flore | **6e** 16
- L'Avenue | **8e** 16
- La Grande Armée | **16e** 16

- Café Beaubourg | **4e** 15
- Le Flandrin | **16e** 15
- Brass. Printemps | **9e** 15
- Café Ruc | **1er** 15
- Chez Prune | **10e** 15
- Les Éditeurs | **6e** 14
- N Noglu | **2e** –

POUR NOTES DE FRAIS

- Taillevent | **8e** 29
- Pierre Gagnaire | **8e** 28
- Guy Savoy | **17e** 28
- Le Grand Véfour | **1er** 28
- Le Duc | **14e** 28
- Les Tablettes/Jean-Louis Nomicos | **16e** 28
- Lasserre | **8e** 27
- L'Ambroisie | **4e** 27
- L'Atelier/Joël Robuchon | **7e** 27
- Les Fougères | **17e** 27
- Michel Rostang | **17e** 27
- L'Arpège | **7e** 27
- Carré/Feuillants | **1er** 27
- Caviar Kaspia | **8e** 26
- Senderens | **8e** 26
- Le Pré Catelan | **16e** 26
- La Terrasse Mirabeau | **16e** 26
- Le Divellec | **7e** 26
- Relais Louis XIII | **6e** 26
- Hélène Darroze | **6e** 26
- Chamarré Montmartre | **18e** 26
- Pavillon Ledoyen | **8e** 25
- Le Relais Plaza | **8e** 25
- Etc... | **16e** 25
- Au Trou Gascon | **12e** 25
- Dominique Bouchet | **8e** 25
- Stella Maris | **8e** 25
- La Tour/Argent | **5e** 25
- Joséphine "Chez Dumonet" | **6e** 25
- Laurent | **8e** 25
- Marius | **16e** 25
- La Table/Lancaster | **8e** 25
- Dessirier | **17e** 24
- Gaya | **7e** 24
- Auguste | **7e** 24
- Le Chiberta | **8e** 24
- L'Ami Louis | **3e** 24
- Shang Palace | **16e** 24
- Chez Les Anges | **7e** 24
- L'Agapé | **17e** 24
- Pétrus | **17e** 23
- Le 39V | **8e** 23
- L'Abeille | **16e** 23
- Le Jules Verne | **7e** 23
- La Marée | **8e** 23
- Goumard | **1er** 23
- Benoît | **4e** 23
- Kifune | **17e** 23
- Drouant | **2e** 23
- Maison Blanche | **8e** 23
- Copenhague | **8e** 23
- Il Vino | **7e** 22
- Pierre/Palais Royal | **1er** 22
- Le Dôme | **14e** 22
- Garnier | **8e** 22
- L'Assaggio | **1er** 22
- Tante Marguerite | **7e** 22
- La Ferme St-Simon | **7e** 21
- Mansouria | **11e** 21
- Flora Danica | **8e** 21
- Maxim's | **8e** 20
- Le Fouquet's | **8e** 20
- L'Assiette | **14e** 19
- Camélia | **1er** –
- Chen Soleil/Est | **15e** –
- Le Dodin/Mark Singer | **17e** –
- Frédéric Simonin | **17e** –
- Sur Mesure | **1er** –

PRENDRE UN VERRE

- Frenchie | **2e** 26
- Au Bourguignon/Marais | **4e** 25
- Ladurée | **multi.** 24
- Bob's Kitchen | **3e** 24
- Le Gavroche | **2e** 24
- Le Café Lenôtre | **8e** 23
- La Cave Schmidt | **15e** 23
- L'Enoteca | **4e** 22
- Le Dôme | **14e** 22
- Le Dauphin | **11e** 22
- Les Enfants Rouges | **3e** 22
- Le Bistrot Paul Bert | **11e** 21
- Legrand Filles et Fils | **2e** 21
- Aux Deux Amis | **11e** 21
- Vin sur Vin | **7e** 21
- Fish La Boissonnerie | **6e** 21
- Ferdi | **1er** 21
- Le Coq | **16e** 21
- Café Burq | **18e** 21
- Minipalais | **8e** 21
- Aux Bons Crus | **1er** 21
- Flottes O.Trement | **1er** 21

Racines | 2e	20
Les Fines Gueules | 1er	20
Breakfast in America | 5e	20
Wepler | 18e	20
La Closerie/Lilas | 6e	20
Willi's Wine Bar | 1er	20
Le Fouquet's | 8e	20
Rest./Palais Royal | 1er	20
Le Rubis | 1er	19
Ma Bourgogne | 4e	19
Brass. Balzar | 5e	18
Le Baron Rouge | 12e	18
Le Café/Esplanade | 7e	18
Le Suffren | 15e	18
Le Bistrot/Peintre | 11e	18
Alcazar | 6e	18
Le Fumoir | 1er	18
La Coupole | 14e	18
À La Cloche/Halles | 1er	18
Bistrot/Vins Mélac | 11e	18
Café/Jatte | **Neuilly**	18
L'Écluse | **multi.**	17
Le Nemrod | 6e	17
Buddha Bar | 8e	17
Bar/Théâtres | 8e	17
Café/Industrie | 11e	17
Les Deux Magots | 6e	17
Café Marly | 1er	17
Café/Musique | 19e	17
Café Charbon | 11e	16
Café/Flore | 6e	16
Zebra Square | 16e	16
Mama Shelter Rest. | 20e	16
La Grande Armée | 16e	16
Le Mauzac | 5e	15
Café Beaubourg | 4e	15
Clown Bar | 11e	15
Café Ruc | 1er	15
Juveniles | 1er	15
Au Passage | 11e	–
Beef Club | 1er	–
Le Café/Passage | 11e	–
N La Dame/Pic | 1er	–
Hotel/Nord | 10e	–
Verjus | 1er	–

REPAS D'AFFAIRES

Pierre Gagnaire | 8e	28
Guy Savoy | 17e	28
Le Duc | 14e	28
L'Astrance | 16e	28
Le Meurice Rest. | 1er	28
Les Tablettes/Jean-Louis Nomicos | 16e	28
Épicure | 8e	27
Les Fougères | 17e	27
La Terrasse Mirabeau | 16e	26
Le Divellec | 7e	26
Relais Louis XIII | 6e	26
Hélène Darroze | 6e	26
Chamarré Montmartre | 18e	26
Le Clos/Gourmets | 7e	25
Etc... | 16e	25
Au Trou Gascon | 12e	25
Dominique Bouchet | 8e	25
Stella Maris | 8e	25
Le Petit Pergolèse | 16e	25
Marius | 16e	25
La Table/Lancaster | 8e	25
Sormani | 17e	24
Dessirier | 17e	24
Pur' | 2e	24
Gaya | 7e	24
Auguste | 7e	24
Le 144 Petrossian | 7e	24
Le Chiberta | 8e	24
L'Ami Louis | 3e	24
La Maison/Truffe | 8e	24
Chez Les Anges | 7e	24
L'Agapé | 17e	24
Pétrus | 17e	23
Le 39V | 8e	23
Jamin | 16e	23
Le Jules Verne | 7e	23
Le Céladon | 2e	23
Macéo | 1er	23
Tante Louise | 8e	23
Itinéraires | 5e	23
La Marée | 8e	23
Au Petit Marguery | 13e	23
Au Bœuf Couronné | 19e	23
Goumard | 1er	23
Marius et Janette | 8e	23
Graindorge | 17e	23
Lapérouse | 6e	23
Caves Pétrissans | 17e	23
Izakaya Issé | 1er	23
Drouant | 2e	23
Maison Blanche | 8e	23
Copenhague | 8e	23
35° Ouest | 7e	22

Il Vino | 7e 22
Pierre/Palais Royal | 1er 22
Tan Dinh | 7e 22
Le Dôme | 14e 22
Le Pichet/Paris | 8e 22
À l'Affiche | 8e 22
Sébillon | **Neuilly** 22
Le Stresa | 8e 22
Le Voltaire | 7e 22
Chez André | 8e 22
Le 16 Haussmann | 9e 21
Vin et Marée | **multi.** 21
La Table Lauriston | 16e 21
Le 114 Faubourg | 8e 21
Bistro Volnay | 2e 21
Mori Venice Bar | 2e 21
Flora Danica | 8e 21
Le Fouquet's | 8e 20
Chez Savy | 8e 20
Le Vaudeville | 2e 20
Marty | 5e 20
Rest. Pershing | 8e 19
Le Dôme/Marais | 4e 19
Le Train Bleu | 12e 19
Le Grand Bistro | 17e 19
Le Montalembert | 7e 19
Le Café/Esplanade | 7e 18
Costes | 1er 18
Vagenende | 6e 17
Arola | 2e –
Camélia | 1er –
Le Dali | 1er –
Le Dodin/Mark Singer | 17e –
Frédéric Simonin | 17e –
N Roseval | 20e –
Le Versance | 2e –

RESTAURANTS D'HÔTEL

Ambassador, Hôtel
Le 16 Haussmann | 9e 21
Amour
Rest. Amour | 9e 15
Astor
L'Astor | 8e 24
Bristol
Épicure | 8e 27
Le 114 Faubourg | 8e 21
Castille
L'Assaggio | 1er 22
Concorde St-Lazare
Café Terminus | 8e 19
Costes
Hôtel Costes | 1er 20
Costes | 1er 18
Crillon
Les Ambassadeurs | 8e 27
El Dorado
Le Bistrot/Dames | 17e 18
Four Seasons George V
Le Cinq | 8e 28
Hôtel de Nell
N La Régalade Conservatoire | 9e –
InterContinental Le Grand
Café/Paix | 9e 19
Lancaster
La Table/Lancaster | 8e 25
Louvre
Brass./Louvre | 1er 19
Lutetia
Brass. Lutetia | 6e 19
Maison de la Mutualité
Terroir Parisien | 5e –
Maison Rouge
Rose Bakery | 12e 22
Mama Shelter
Mama Shelter Rest. | 20e 16
Mandarin Oriental
Camélia | 1er –
Sur Mesure | 1er –
Meurice
Le Meurice Rest. | 1er 28
Le Dali | 1er –
Montalembert
Le Montalembert | 7e 19
Novotel Tour Eiffel
Benkay | 15e 25
Park Hyatt Paris-Vendôme
Pur' | 2e 24
Pershing Hall, Hôtel
Rest. Pershing | 8e 19
Plaza Athénée
Alain Ducasse/Plaza Athénée | 8e 28
Le Relais Plaza | 8e 25
Pont Royal
L'Atelier/Joël Robuchon | 7e 27
Relais Saint-Germain
Le Comptoir/Relais | 6e 27

CATÉGORIES SPÉCIALES

Renaissance Paris Vendôme
- Pinxo | 1er 23

Royal Monceau
- La Cuisine | 8e 22

Shangri-La
- Shang Palace | 16e 24
- L'Abeille | 16e 23

Square
- Zebra Square | 16e 16

Thoumieux
- Jean-François Piège | 7e 27
- Thoumieux | 7e 20

Vernet
- Le Vernet | 8e 24

Westminster
- Le Céladon | 2e 23

W Paris Opéra
- Arola | 2e –

RÉVÉLATIONS

(Bonne cuisine, mais pas très connus)

Kei | 1er 28
Les Tablettes/Jean-Louis Nomicos | 16e 28
Grom | 6e 27
Les Fougères | 17e 27
Cristal/Sel | 15e 27
Sola | 5e 27
Boucherie Roulière | 6e 26
La Terrasse Mirabeau | 16e 26
La Luna | 8e 26
Jean | 9e 26
La Petite Sirène/Copenhague | 9e 25
Shu | 6e 25
Etc... | 16e 25
Lilane | 5e 25
Ozo | 4e 25
Petrelle | 9e 25
La Cantine/Troquet | multi. 25
Chez Ly | multi. 25
Kai | 1er 25
Chez Cécile | 8e 25
Caffé dei Cioppi | 11e 25
Rest. Le Pergolèse | 16e 25
Le Hide | 17e 24
Le Cambodge | 10e 24
Bob's Kitchen | 3e 24
Christophe | 5e 24
Le Pantruche | 9e 24
Moissonnier | 5e 24
Shang Palace | 16e 24
Le Palanquin | 6e 24
Le Vernet | 8e 24
Le Grand Pan | 15e 23
Stéphane Martin | 15e 23
Bistro Poulbot | 18e 23
Claude Colliot | 4e 23
Le Comptoir/Mers | 4e 23
Le Cornichon | 14e 23
Le Bélisaire | 15e 23
Le Bistro/Gastronomes | 5e 23
La Famille | 18e 23
Graindorge | 17e 23
I Golosi | 9e 23
L'Oriental | 9e 23
L'Écume Saint-Honoré | 1er 23
Mémère Paulette | 2e 23
Les Zygomates | 12e 23
Dans les Landes | 5e 23
Kifune | 17e 23
Kim Anh | 15e 23
Chez la Vieille | 1er 23
À la Pomponette | 18e 23
Royal Madeleine | 8e 23
Bibimbap | 5e 22
Le Bouchon et L'Assiette | 17e 22
Le Petit Châtelet | 5e 22
Tsukizi | 6e 22
La Cuisine | 8e 22
Oum el Banine | 16e 22
Le Pichet/Paris | 8e 22
Le Sot l'y Laisse | 11e 22
La Main/Or | 11e 22
L'Hédoniste | 2e 22
L'Assaggio | 1er 22
L'Opportun | 14e 22
Yen | 6e 22
Le Duc/Richelieu | 12e 22
L'Ébouillanté | 4e 22

ROMANTIQUES

Guy Savoy | 17e 28
Le Grand Véfour | 1er 28
Alain Ducasse/Plaza Athénée | 8e 28
L'Astrance | 16e 28
Le Meurice Rest. | 1er 28
Lasserre | 8e 27
L'Ambroisie | 4e 27
Guilo-Guilo | 18e 27
Épicure | 8e 27
Les Ambassadeurs | 8e 27
L'Arpège | 7e 27

Caviar Kaspia | **8e** 26
Le Pré Catelan | **16e** 26
Relais Louis XIII | **6e** 26
Chamarré Montmartre | **18e** 26
Fakhr el Dine | **16e** 25
Pavillon Ledoyen | **8e** 25
Au Trou Gascon | **12e** 25
Stella Maris | **8e** 25
Petrelle | **9e** 25
La Tour/Argent | **5e** 25
Joséphine "Chez Dumonet" | **6e** 25
Laurent | **8e** 25
Ladurée | **multi.** 24
Sormani | **17e** 24
Le 144 Petrossian | **7e** 24
L'Astor | **8e** 24
La Grande Cascade | **16e** 24
Le Vernet | **8e** 24
Le Gavroche | **2e** 24
Mariage Frères | **multi.** 23
Le 39V | **8e** 23
L'Abeille | **16e** 23
Le Jules Verne | **7e** 23
Macéo | **1er** 23
Casa Olympe | **9e** 23
Bistro Poulbot | **18e** 23
Les Bouquinistes | **6e** 23
Lapérouse | **6e** 23
Le Café Lenôtre | **8e** 23
Maison Blanche | **8e** 23
Blue Elephant | **11e** 23
Le Chardenoux | **11e** 23
Tan Dinh | **7e** 22
Le Dôme | **14e** 22
Angelina | **1er** 22
La Romantica | **Clichy** 22
Le Timgad | **17e** 22
La Fontaine/Mars | **7e** 22
La Méditerranée | **6e** 22
Pavillon Montsouris | **14e** 22
Allard | **6e** 21
Chez Julien | **4e** 21
Le Coq | **16e** 21
1728 | **8e** 21
Maison/Amérique Latine | **7e** 21
Mansouria | **11e** 21
El Mansour | **8e** 21
La Rughetta | **18e** 21
Flora Danica | **8e** 21
Aux Crus/Bourgogne | **2e** 20
Cristal Room | **16e** 20
Les Délices/Aphrodite | **5e** 20
Les Jardins/Bagatelle | **16e** 20
Le Moulin/Galette | **18e** 20
Maxim's | **8e** 20
La Closerie/Lilas | **6e** 20
Le Coupe-Chou | **5e** 20
Café Louis Philippe | **4e** 20
Marty | **5e** 20
Brass. Julien | **10e** 19
L'Épi/Or | **1er** 19
Le Pavillon/Lac | **19e** 19
Le Train Bleu | **12e** 19
Brass. Flo | **10e** 19
Ma Bourgogne | **4e** 19
Le Square Trousseau | **12e** 19
Montparnasse 1900 | **6e** 19
Rest. Paul | **1er** 18
La Coupole | **14e** 18
Bouillon Racine | **6e** 18
Le Chalet/Iles | **16e** 18
Costes | **1er** 18
Georges | **4e** 17
Les Deux Magots | **6e** 17
Café Marly | **1er** 17
Café/Flore | **6e** 16
Le Cottage Marcadet | **18e** –
N La Dame/Pic | **1er** –
Muscade | **1er** –
N Roseval | **20e** –
Le Versance | **2e** –

SPÉCIALISTES DES DESSERTS

Lasserre | **8e** 27
Grom | **6e** 27
Épicure | **8e** 27
Le Pré Catelan | **16e** 26
Jean | **9e** 26
Berthillon | **4e** 26
Kai | **1er** 25
Ladurée | **multi.** 24
Mariage Frères | **multi.** 23
Le Café Lenôtre | **8e** 23
Bread & Roses | **multi.** 22
Angelina | **1er** 22
Le Soufflé | **1er** 22
Ambassade/Auvergne | **3e** 22
Crêperie Josselin | **14e** 22
L'Ébouillanté | **4e** 22
Chez Janou | **3e** 21

L'Assiette | **14e** 19
Le Flore en l'Île | **4e** 17
[N] Café Pinson | **3e** –
[N] Colorova | **6e** –

SPECTACLES

(Se renseigner pour les jours et les heures)

Lasserre | pianiste | **8e** 27
Fakhr el Dine | musique en live | **16e** 25
Chez Cécile | jazz | **8e** 25
Annapurna | cithare | **8e** 23
Chez Françoise | musique en live | **7e** 20
Maxim's | piano/chanteur | **8e** 20
Bel Canto | opéra | **multi.** 18
Alcazar | variable | **6e** 18
Café Charbon | concerts | **11e** 16
Zebra Square | DJ | **16e** 16
L'Avenue | DJ | **8e** 16
Saudade | fado | **1er** 16
Chez Gégène | danse | **Joinville** 16
Quai Ouest | clown | **St-Cloud** 14
Nos Ancêtres les Gaulois | guitar/chanteur | **4e** 13

STATIONNEMENT

(V=voiturier, *= parking offert)

Taillevent | V | **8e** 29
Pierre Gagnaire | V | **8e** 28
Guy Savoy | V | **17e** 28
Le Grand Véfour | V | **1er** 28
Alain Ducasse/Plaza Athénée | V | **8e** 28
Le Meurice Rest. | V | **1er** 28
Les Tablettes/Jean-Louis Nomicos | V | **16e** 28
Lasserre | V | **8e** 27
L'Ambroisie | V | **4e** 27
Apicius | V | **8e** 27
Épicure | V | **8e** 27
Les Ambassadeurs | V | **8e** 27
Hiramatsu | V | **16e** 27
Jean-François Piège | V | **7e** 27
Michel Rostang | V | **17e** 27
Carré/Feuillants | V | **1er** 27
Caviar Kaspia | V | **8e** 26
Senderens | V | **8e** 26
Le Pré Catelan | V | **16e** 26
La Terrasse Mirabeau | V | **16e** 26
Le Divellec | V | **7e** 26
Relais Louis XIII | V | **6e** 26
Le Grand Venise | V | **15e** 26
La Luna | V | **8e** 26
Le Quinzième | V | **15e** 26
Hélène Darroze | V | **6e** 26
Jean | V | **9e** 26
Chamarré Montmartre | V | **18e** 26
Fakhr el Dine | V | **16e** 25
Le Relais Plaza | V | **8e** 25
La Petite Sirène/Copenhague* | **9e** 25
Relais/Auteuil "Patrick Pignol" | V | **16e** 25
Benkay | V | **15e** 25
La Tour/Argent | V | **5e** 25
Le Petit Pergolèse | V | **16e** 25
L'Écailler/Bistrot | V | **11e** 25
Laurent | V | **8e** 25
Marius | V | **16e** 25
La Table/Lancaster | V | **8e** 25
La Maison/Caviar | V | **8e** 25
Sormani | V | **17e** 24
Dessirier | V | **17e** 24
Pur' | V | **2e** 24
Le Chiberta | V | **8e** 24
L'Astor | V | **8e** 24
Liza | V | **2e** 24
Shang Palace | V | **16e** 24
La Grande Cascade | V | **16e** 24
Chez Les Anges | V | **7e** 24
Citrus Étoile | V | **8e** 24
Le Vernet | V | **8e** 24
Prunier | V | **16e** 24
L'Agapé | V | **17e** 24
Pétrus | V | **17e** 23
Le 39V | V | **8e** 23
L'Abeille | V | **16e** 23
Jamin | V | **16e** 23
Le Jules Verne | V | **7e** 23
Le Céladon | V | **2e** 23
Chez Vong | V | **1er** 23
Paul Chêne | V | **16e** 23
Le Villaret | V | **11e** 23
Itinéraires | V | **5e** 23
Le Réminet | V | **5e** 23
La Marée | V | **8e** 23
Au Petit Marguery | V | **13e** 23
Au Bœuf Couronné | V | **19e** 23
Les Bouquinistes | V | **6e** 23
Goumard | V | **1er** 23
6 New York | V | **16e** 23

Marius et Janette | V | **8e** 23
KGB | V | **6e** 23
Les 110/Taillevent | V | **8e** 23
Lapérouse | V | **6e** 23
Le Café Lenôtre | V | **8e** 23
Caves Pétrissans | V | **17e** 23
Kim Anh | V | **15e** 23
Drouant | V | **2e** 23
Maison Blanche | V | **8e** 23
Blue Elephant* | **11e** 23
Copenhague | V | **8e** 23
Les Gourmets/Ternes | V | **8e** 23
Le Rech | V | **17e** 22
Pierre/Palais Royal | V | **1er** 22
Le Bouchon et L'Assiette | V | **17e** 22
L'Auberge Bressane | V | **7e** 22
Lao Lane Xang | V | **13e** 22
Aux Lyonnais | V | **2e** 22
Le Pichet/Paris | V | **8e** 22
Thiou | V | **7e** 22
Tong Yen | V | **8e** 22
Antoine | V | **16e** 22
Chez Georges | V | **17e** 22
La Romantica | V | **Clichy** 22
Market | V | **8e** 22
Le Timgad | V | **17e** 22
L'Assaggio | V | **1er** 22
Sébillon | V | **Neuilly** 22
Au Petit Riche* | **9e** 22
La Méditerranée | V | **6e** 22
La Marée Passy | V | **16e** 22
Pavillon Montsouris | V | **14e** 22
Tang | V | **16e** 22
Al Dar | V | **5e** 22
Bistro 121 | V | **15e** 22
La Table/Hédiard | V | **8e** 22
Le 16 Haussmann | V | **9e** 21
Findi | V | **8e** 21
Vin et Marée | V | **multi.** 21
Diep | V | **8e** 21
A&M Rest. | V | **16e** 21
Le 114 Faubourg | V | **8e** 21
Miroir | V | **18e** 21
La Fontaine Gaillon | V | **2e** 21
Le Stella | V | **16e** 21
1728 | V | **8e** 21
Le Bar/Huîtres | V | **17e** 21
Bistrot/Côté Flaubert | V | **17e** 21
Minipalais | V | **8e** 21
La Villa Corse | V | **15e** 21
Flottes O.Trement | V | **1er** 21
Bon | V | **16e** 21
El Mansour | V | **8e** 21
Chardenoux/Prés | V | **6e** 21
Flora Danica | V | **8e** 21
Le Comptoir Marguery | V | **13e** 21
La Boutarde | V | **Neuilly** 21
Le Petit Marius | V | **8e** 20
La Rôtisserie/Face | V | **6e** 20
Chez Françoise | V | **7e** 20
Le Congrès Maillot | V | **17e** 20
La Maison Courtine | V | **14e** 20
Gallopin | V | **2e** 20
La Bastide Odéon | V | **6e** 20
Cristal Room | V | **16e** 20
Maxim's | V | **8e** 20
La Closerie/Lilas | V | **6e** 20
La Ferrandaise | V | **6e** 20
Au Moulin/Vent | V | **5e** 20
Le Fouquet's | V | **8e** 20
Marty | V | **5e** 20
Brass. Julien | V | **10e** 19
Le Bistrot/Paris | V | **7e** 19
Le Petit Victor Hugo | V | **16e** 19
Rest. Pershing | V | **8e** 19
L'Île | V | **Issy-les-Moul.** 19
Café Terminus | V | **8e** 19
Le Dôme/Marais | V | **4e** 19
Brass. Flo | V | **10e** 19
Le Grand Colbert | V | **2e** 19
Chez Jenny | V | **3e** 19
Chez Fred | V | **17e** 19
Le Montalembert | V | **7e** 19
Brass. La Lorraine | V | **8e** 18
Le Café/Esplanade | V | **7e** 18
La Gare | V | **16e** 18
Pharamond | V | **1er** 18
Café/Jatte | V | **Neuilly** 18
Le Chalet/Iles | V | **16e** 18
Costes | V | **1er** 18
La Guinguette/Neuilly | V | **Neuilly** 18
Buddha Bar | V | **8e** 17
Le Café/Commerce | V | **15e** 17
Le Murat | V | **16e** 17
La Cantine/Tontons | V | **15e** 17
Ralph's | V | **6e** 17
Zebra Square | V | **16e** 16
Mama Shelter Rest. | V | **20e** 16
L'Avenue | V | **8e** 16
Kong | V | **1er** 16

La Grande Armée | V | **16e** 16
Le Flandrin | V | **16e** 15
Derrière | V | **3e** 15
Quai Ouest | V | **St-Cloud** 14
Le Saut/Loup | V | **1er** 13
L'Affable | V | **7e** -
Arola | V | **2e** -
Chen Soleil/Est | V | **15e** -
Comme/Savonnières | V | **6e** -
Le Dodin/Mark Singer | V | **17e** -
L'Écaille/Fontaine | V | **2e** -
Frédéric Simonin | V | **17e** -

SUR LE POUCE

Frenchie | **2e** 26
La Petite Sirène/Copenhague | **9e** 25
Shu | **6e** 25
Les Papilles | **5e** 25
La Maison/Caviar | **8e** 25
Les Cocottes | **7e** 24
Bob's Kitchen | **3e** 24
Mariage Frères | **multi.** 23
L'As/Fallafel | **4e** 23
Pinxo | **1er** 23
Dans les Landes | **5e** 23
La Cave Schmidt | **15e** 23
Rose Bakery | **9e** 22
Tsukizi | **6e** 22
Garnier | **8e** 22
Mirama | **5e** 22
Crêperie Josselin | **14e** 22
Breizh Café | **3e** 22
Le Duc/Richelieu | **12e** 22
L'Ébouillanté | **4e** 22
La Table/Hédiard | **8e** 22
Les Pates Vivantes | **multi.** 21
Vin sur Vin | **7e** 21
Ferdi | **1er** 21
Pizza Chic | **6e** 21
Da Rosa | **6e** 21
La Crèmerie | **6e** 21
Minipalais | **8e** 21
Aux Bons Crus | **1er** 21
Noura | **multi.** 21
Les Fines Gueules | **1er** 20
Cul/Poule | **9e** 20
Le Congrès Maillot | **17e** 20
Breakfast in America | **multi.** 20
Chez Marianne | **4e** 19
Le Rubis | **1er** 19
Ma Bourgogne | **4e** 19
Emporio Armani Caffè | **6e** 19
Quedubon | **19e** 18
Le Baron Rouge | **12e** 18
Coffee Parisien | **multi.** 18
Le Fumoir | **1er** 18
À La Cloche/Halles | **1er** 18
Bistrot/Vins Mélac | **11e** 18
L'Écluse | **multi.** 17
Le Nemrod | **6e** 17
Buddha Bar | **8e** 17
Le Café/Commerce | **15e** 17
Le Murat | **16e** 17
Joe Allen | **1er** 17
Bar/Théâtres | **8e** 17
Les Deux Magots | **6e** 17
Café/Flore | **6e** 16
Rest. Musée/Orsay | **7e** 16
Le Mesturet | **2e** 16
Mama Shelter Rest. | **20e** 16
Le Mauzac | **5e** 15
Café Beaubourg | **4e** 15
Clown Bar | **11e** 15
Brass. Printemps | **9e** 15
Juveniles | **1er** 15
Au Clocher/Montmartre | **18e** -
Big Fernand | **9e** -
Blend | **2e** -
Le Camion Qui Fume | **Emplacements divers** -
N La Dame/Pic | **1er** -
Le Floréal | **10e** -
Gyoza Bar | **2e** -
La Maison Mère | **9e** -
Verjus | **1er** -
Yoom | **multi.** -

TENDANCE

L'Astrance | **16e** 28
Spring | **1er** 27
Le Comptoir/Relais | **6e** 27
Guilo-Guilo | **18e** 27
Le Quinzième | **15e** 26
Frenchie | **2e** 26
Le Relais Plaza | **8e** 25
Septime | **11e** 25
Agapé Substance | **6e** 25
Aida | **7e** 25
Rino | **11e** 25
Ze Kitchen Galerie | **6e** 25
La Table/Lancaster | **8e** 25
Ladurée | **multi.** 24

Sormani | **17e** 24
Les Cocottes | **7e** 24
Le 144 Petrossian | **7e** 24
La Gazzetta | **12e** 24
L'Ami Louis | **3e** 24
Chez Les Anges | **7e** 24
L'Agapé | **17e** 24
Chez Vong | **1er** 23
Le Grand Pan | **15e** 23
Le Chateaubriand | **11e** 23
KGB | **6e** 23
La Famille | **18e** 23
Les 110/Taillevent | **8e** 23
Maison Blanche | **8e** 23
Le Hangar | **3e** 23
Les Cailloux | **13e** 22
Maison/Aubrac | **8e** 22
Rose Bakery | **multi.** 22
Chez Paul | **11e** 22
Chieng Mai | **5e** 22
Angelina | **1er** 22
Rest. Manufacture | **Issy-les-Moul.** 22
À l'Affiche | **8e** 22
Ribouldingue | **5e** 22
Tong Yen | **8e** 22
Saturne | **2e** 22
Market | **8e** 22
La Fontaine/Mars | **7e** 22
Le Dauphin | **11e** 22
Le Stresa | **8e** 22
Le Voltaire | **7e** 22
Le Cherche Midi | **6e** 22
Les Enfants Rouges | **3e** 22
Le 16 Haussmann | **9e** 21
Legrand Filles et Fils | **2e** 21
Aux Deux Amis | **11e** 21
Chez Julien | **4e** 21
Fish La Boissonnerie | **6e** 21
Miroir | **18e** 21
Ferdi | **1er** 21
Pizza Chic | **6e** 21
Le Martel | **10e** 21
Mori Venice Bar | **2e** 21
Minipalais | **8e** 21
Bon | **16e** 21
La Rughetta | **18e** 21
Racines | **2e** 20
Cul/Poule | **9e** 20
Café/Musées | **3e** 20
Chéri Bibi | **18e** 20
Cristal Room | **16e** 20
Le 404 | **3e** 20
Le Fouquet's | **8e** 20
Anahi | **3e** 19
Chez Omar | **3e** 19
L'Île | **Issy-les-Moul.** 19
Le Pavillon/Lac | **19e** 19
Comme Cochons | **12e** 19
Le Café/Esplanade | **7e** 18
Alcazar | **6e** 18
Quai-Quai | **1er** 18
Le Fumoir | **1er** 18
La Gare | **16e** 18
Costes | **1er** 18
Buddha Bar | **8e** 17
Georges | **4e** 17
Ralph's | **6e** 17
Café Étienne Marcel | **2e** 17
Café Charbon | **11e** 16
Café/Flore | **6e** 16
Mama Shelter Rest. | **20e** 16
L'Avenue | **8e** 16
Kong | **1er** 16
La Grande Armée | **16e** 16
Café Beaubourg | **4e** 15
Derrière | **3e** 15
Chez Prune | **10e** 15
Andy Wahloo | **3e** 14
L'Affable | **7e** -
Au Passage | **11e** -
Braisenville | **9e** -
Le Café/Passage | **11e** -
Caffè Burlot | **8e** -
La Cantine/Quentin | **10e** -
Chez Ramulaud | **11e** -
Crudus | **1er** -
L'Entrée/Artistes | **11e** -
N Ma Cocotte | **St-Ouen** -
La Maison Mère | **9e** -
N Miss Ko | **8e** -
N Roseval | **20e** -
Le Square Gardette | **11e** -
Verjus | **1er** -

TÊTE-À-TÊTE TRANQUILLE

Pierre Gagnaire | **8e** 28
L'Astrance | **16e** 28
Spring | **1er** 27
L'Atelier/Joël Robuchon | **7e** 27
Les Fougères | **17e** 27

Caviar Kaspia | **8e** 26
Jean | **9e** 26
La Petite Sirène/Copenhague | **9e** 25
Le Clos/Gourmets | **7e** 25
Au Trou Gascon | **12e** 25
Stella Maris | **8e** 25
Isami | **4e** 25
Lilane | **5e** 25
Joséphine "Chez Dumonet" | **6e** 25
La Table/Lancaster | **8e** 25
Ladurée | **multi.** 24
Dessirier | **17e** 24
Gaya | **7e** 24
Le 144 Petrossian | **7e** 24
Le Chiberta | **8e** 24
Chez Les Anges | **7e** 24
L'Auberge Pyrénées Cévennes | **11e** 24
Mariage Frères | **multi.** 23
Le 39V | **8e** 23
Le Jules Verne | **7e** 23
Macéo | **1er** 23
Tante Louise | **8e** 23
Itinéraires | **5e** 23
La Marée | **8e** 23
Au Petit Marguery | **13e** 23
Bistro Poulbot | **18e** 23
Le Sarladais | **8e** 23
Goumard | **1er** 23
Graindorge | **17e** 23
La Fourchette/Printemps | **17e** 23
Lapérouse | **6e** 23
Benoît | **4e** 23
Le Café Lenôtre | **8e** 23
Maison Blanche | **8e** 23
L'Épigramme | **6e** 23
Copenhague | **8e** 23
Le Chardenoux | **11e** 23
Pierre/Palais Royal | **1er** 22
Tan Dinh | **7e** 22
Le Bouchon et L'Assiette | **17e** 22
L'Huîtrier | **17e** 22
Tsé-Yang | **16e** 22
La Cigale Récamier | **7e** 22
Les Allobroges | **20e** 22
Le Sot l'y Laisse | **11e** 22
À l'Affiche | **8e** 22
Le Soufflé | **1er** 22
Thiou | **7e** 22
Garnier | **8e** 22
Saturne | **2e** 22
La Fontaine/Mars | **7e** 22
Le P'tit Troquet | **7e** 22
L'Escargot Montorgueil | **1er** 22
L'Assaggio | **1er** 22
Sébillon | **Neuilly** 22
Ambassade/Auvergne | **3e** 22
Le Stresa | **8e** 22
Le Bistrot/Henri | **6e** 22
La Méditerranée | **6e** 22
L'Ébouillanté | **4e** 22
Les Enfants Rouges | **3e** 22
Le 16 Haussmann | **9e** 21
Legrand Filles et Fils | **2e** 21
Vin sur Vin | **7e** 21
Bellini | **16e** 21
Bistrot/Côté Flaubert | **17e** 21
Da Rosa | **6e** 21
Bistro Volnay | **2e** 21
Mansouria | **11e** 21
Minipalais | **8e** 21
Firmin le Barbier | **7e** 21
Flottes O.Trement | **1er** 21
L'Aimant/Sud | **13e** 21
El Mansour | **8e** 21
Flora Danica | **8e** 21
Rest./Marché | **15e** 21
La Boutarde | **Neuilly** 21
Les Fines Gueules | **1er** 20
Gallopin | **2e** 20
Aux Crus/Bourgogne | **2e** 20
Chez Géraud | **16e** 20
Les Délices/Aphrodite | **5e** 20
Le Moulin/Galette | **18e** 20
Aux Charpentiers | **6e** 20
La Closerie/Lilas | **6e** 20
Rest./Palais Royal | **1er** 20
Le Coupe-Chou | **5e** 20
Café Louis Philippe | **4e** 20
Marty | **5e** 20
Brass. Julien | **10e** 19
L'Épi/Or | **1er** 19
Le Roi/Pot-au-Feu | **9e** 19
Daru | **8e** 19
Le Bon Saint Pourçain | **6e** 19
L'Assiette | **14e** 19
Chez René | **5e** 19
Brass. Flo | **10e** 19
Le Montalembert | **7e** 19
Aux Fins Gourmets | **7e** 18

Brass. Lipp | 6e 18
Le Bistrot/Peintre | 11e 18
La Marlotte | 6e 18
Quai-Quai | 1er 18
La Coupole | 14e 18
Brass. Mollard | 8e 18
Bouillon Racine | 6e 18
À la Petite Chaise | 7e 18
Costes | 1er 18
Le Petit Rétro | 16e 18
Georgette | 9e 17
Pères et Filles | 6e 17
Le Petit Lutetia | 6e 17
Le Flore en l'Île | 4e 17
Café/Industrie | 11e 17
Le Repaire/Cartouche | 11e 17
Les Deux Magots | 6e 17
Café Marly | 1er 17
Saudade | 1er 16
Polidor | 6e 15
Le Saut/Loup | 1er 13
Les Affranchis | 9e -
Atao | 17e -
Au Clocher/Montmartre | 18e -
Bizan | 2e -
Le Café/Passage | 11e -
Camélia | 1er -
Les Cartes Postales | 1er -
Chatomat | 20e -
Le Concert/Cuisine | 15e -
Le Dali | 1er -
N La Dame/Pic | 1er -
Desvouges | 5e -
L'Écaille/Fontaine | 2e -
Muscade | 1er -
Neva | 8e -
Le Saotico | 2e -

LE TOUT PARIS

Taillevent | 8e 29
Pierre Gagnaire | 8e 28
Guy Savoy | 17e 28
Le Grand Véfour | 1er 28
Alain Ducasse/Plaza Athénée | 8e 28
Le Duc | 14e 28
Le Meurice Rest. | 1er 28
Les Tablettes/Jean-Louis Nomicos | 16e 28
Lasserre | 8e 27
L'Ambroisie | 4e 27
L'Atelier/Joël Robuchon | 7e 27
Apicius | 8e 27
Épicure | 8e 27
Les Ambassadeurs | 8e 27
Michel Rostang | 17e 27
L'Arpège | 7e 27
Carré/Feuillants | 1er 27
Caviar Kaspia | 8e 26
Senderens | 8e 26
Le Pré Catelan | 16e 26
La Terrasse Mirabeau | 16e 26
Le Divellec | 7e 26
Le Quincy | 12e 26
Pavillon Ledoyen | 8e 25
Le Relais Plaza | 8e 25
Le Clos/Gourmets | 7e 25
Etc... | 16e 25
Relais/Auteuil "Patrick Pignol" | 16e 25
Stella Maris | 8e 25
Le Violon/Ingres | 7e 25
La Tour/Argent | 5e 25
Joséphine "Chez Dumonet" | 6e 25
Laurent | 8e 25
Marius | 16e 25
La Table/Lancaster | 8e 25
Ladurée | 8e 24
Sormani | 17e 24
Dessirier | 17e 24
Gaya | 7e 24
Le Chiberta | 8e 24
Shang Palace | 16e 24
La Grande Cascade | 16e 24
Chez Les Anges | 7e 24
Le Vernet | 8e 24
Prunier | 16e 24
L'Agapé | 17e 24
Pétrus | 17e 23
Le 39V | 8e 23
L'Abeille | 16e 23
Le Jules Verne | 7e 23
Le Céladon | 2e 23
Paul Chêne | 16e 23
Itinéraires | 5e 23
La Marée | 8e 23
Au Petit Marguery | 13e 23
Goumard | 1er 23
Marius et Janette | 8e 23
Benoît | 4e 23
Caves Pétrissans | 17e 23
Izakaya Issé | 1er 23
Maison Blanche | 8e 23

Copenhague | **8e** 23
Il Vino | **7e** 22
Pierre/Palais Royal | **1er** 22
Tan Dinh | **7e** 22
Tsé-Yang | **16e** 22
La Cigale Récamier | **7e** 22
L'Auberge Bressane | **7e** 22
Le Dôme | **14e** 22
Le Pichet/Paris | **8e** 22
Tong Yen | **8e** 22
Market | **8e** 22
Sébillon | **Neuilly** 22
Le Stresa | **8e** 22
Tante Marguerite | **7e** 22
Le Bistrot/Henri | **6e** 22
Le Voltaire | **7e** 22
Le Cherche Midi | **6e** 22
Pavillon Montsouris | **14e** 22
La Ferme St-Simon | **7e** 21
Mori Venice Bar | **2e** 21
Bistrot/Université | **7e** 21
Le Petit Marius | **8e** 20
Cristal Room | **16e** 20
La Closerie/Lilas | **6e** 20
Le Fouquet's | **8e** 20
Marty | **5e** 20
Le Bistrot/Paris | **7e** 19
Le Montalembert | **7e** 19
Brass. Balzar | **5e** 18
Brass. Lipp | **6e** 18
La Gare | **16e** 18
Costes | **1er** 18
La Société | **6e** 17
Georges | **4e** 17
Bar/Théâtres | **8e** 17
Ralph's | **6e** 17
Café/Flore | **6e** 16
Le Flandrin | **16e** 15
L'Affable | **7e** -
Chen Soleil/Est | **15e** -
Frédéric Simonin | **17e** -
Le Perron | **7e** -

VESTE EXIGÉE

(* Cravate exigée aussi)

Taillevent | **8e** 29
Guy Savoy | **17e** 28
Le Cinq | **8e** 28
Alain Ducasse/Plaza Athénée | **8e** 28
L'Astrance | **16e** 28
Le Meurice Rest. | **1er** 28
Lasserre | **8e** 27
L'Ambroisie* | **4e** 27
Épicure | **8e** 27
Michel Rostang | **17e** 27
Carré/Feuillants* | **1er** 27
Relais Louis XIII | **6e** 26
La Tour/Argent | **5e** 25
L'Abeille | **16e** 23
Lapérouse | **6e** 23
Maxim's | **8e** 20

VOIR ET ÊTRE VU

Taillevent | **8e** 29
Pierre Gagnaire | **8e** 28
Guy Savoy | **17e** 28
Le Grand Véfour | **1er** 28
Le Cinq | **8e** 28
Alain Ducasse/Plaza Athénée | **8e** 28
Le Duc | **14e** 28
L'Astrance | **16e** 28
Lasserre | **8e** 27
L'Atelier/Joël Robuchon | **7e** 27
Épicure | **8e** 27
L'Arpège | **7e** 27
Senderens | **8e** 26
Le Pré Catelan | **16e** 26
La Terrasse Mirabeau | **16e** 26
Le Divellec | **7e** 26
Le Quinzième | **15e** 26
Pavillon Ledoyen | **8e** 25
Le Relais Plaza | **8e** 25
Etc... | **16e** 25
Petrelle | **9e** 25
La Tour/Argent | **5e** 25
Joséphine "Chez Dumonet" | **6e** 25
La Table/Lancaster | **8e** 25
Sormani | **17e** 24
Le 144 Petrossian | **7e** 24
L'Ami Louis | **3e** 24
L'Astor | **8e** 24
Chez Les Anges | **7e** 24
Prunier | **16e** 24
Itinéraires | **5e** 23
Le Chateaubriand | **11e** 23
Benoît | **4e** 23
Drouant | **2e** 23
Maison Blanche | **8e** 23
Tan Dinh | **7e** 22
Le Dôme | **14e** 22

Thiou | **7e** 22
Tong Yen | **8e** 22
Saturne | **2e** 22
Market | **8e** 22
Le Stresa | **8e** 22
La Méditerranée | **6e** 22
Le Voltaire | **7e** 22
La Ferme St-Simon | **7e** 21
L'Absinthe | **1er** 21
Cinq Mars | **7e** 21
Bistro Volnay | **2e** 21
Minipalais | **8e** 21
Les Ombres | **7e** 21
Cul/Poule | **9e** 20
Le Fouquet's | **8e** 20
Anahi | **3e** 19
Chez Omar | **3e** 19
Le Pavillon/Lac | **19e** 19
L'Opéra Rest. | **9e** 19
Le Square Trousseau | **12e** 19
Brass. Balzar | **5e** 18
Le Café/Esplanade | **7e** 18
Brass. Lipp | **6e** 18
La Gare | **16e** 18
La Gauloise | **15e** 18
Costes | **1er** 18
La Société | **6e** 17
Georges | **4e** 17
Les Deux Magots | **6e** 17
Ralph's | **6e** 17
Café Étienne Marcel | **2e** 17
Café/Flore | **6e** 16
Mama Shelter Rest. | **20e** 16
L'Avenue | **8e** 16
Kong | **1er** 16
La Grande Armée | **16e** 16
Café Beaubourg | **4e** 15
Le Flandrin | **16e** 15
Derrière | **3e** 15
Le Saut/Loup | **1er** 13
L'Affable | **7e** -
Camélia | **1er** -
Le Dali | **1er** -
[N] La Dame/Pic | **1er** -

VUES SUPERBES

Le Grand Véfour | **1er** 28
Le Cinq | **8e** 28
Lasserre | **8e** 27
Épicure | **8e** 27
Sola | **5e** 27
Caviar Kaspia | **8e** 26
Le Pré Catelan | **16e** 26
La Terrasse Mirabeau | **16e** 26
Le Divellec | **7e** 26
Chamarré Montmartre | **18e** 26
Pavillon Ledoyen | **8e** 25
Les Fables/Fontaine | **7e** 25
Le Clos/Gourmets | **7e** 25
Isami | **4e** 25
Benkay | **15e** 25
La Tour/Argent | **5e** 25
Le Petit Pergolèse | **16e** 25
Au Bourguignon/Marais | **4e** 25
Laurent | **8e** 25
La Table/Lancaster | **8e** 25
Ladurée | **8e** 24
D'Chez Eux | **7e** 24
La Grande Cascade | **16e** 24
Le 39V | **8e** 23
Jamin | **16e** 23
Le Jules Verne | **7e** 23
Au Bon Accueil | **7e** 23
Au Petit Marguery | **13e** 23
La Cagouille | **14e** 23
Les Bouquinistes | **6e** 23
Le Bélisaire | **15e** 23
Le Bistro/Gastronomes | **5e** 23
Lapérouse | **6e** 23
Le Café Lenôtre | **8e** 23
Maison Blanche | **8e** 23
Copenhague | **8e** 23
Amici Miei | **11e** 22
Le Petit Châtelet | **5e** 22
Maison/Aubrac | **8e** 22
Angelina | **1er** 22
La Main/Or | **11e** 22
Thiou | **7e** 22
Antoine | **16e** 22
La Romantica | **Clichy** 22
Market | **8e** 22
Au Père Lapin | **Suresnes** 22
Chez Paul | **13e** 22
La Fontaine/Mars | **7e** 22
Sébillon | **Neuilly** 22
La Méditerranée | **6e** 22
Pavillon Montsouris | **14e** 22
La Table/Hédiard | **8e** 22
Agapes | **5e** 21
Vin et Marée | **1er** 21

Legrand Filles et Fils | **2e** 21
Le Louchebem | **1er** 21
Chez Julien | **4e** 21
L'Absinthe | **1er** 21
Khun Akorn | **11e** 21
La Fontaine Gaillon | **2e** 21
Le Coq | **16e** 21
Maison/Amérique Latine | **7e** 21
Minipalais | **8e** 21
Firmin le Barbier | **7e** 21
Les Ombres | **7e** 21
Flora Danica | **8e** 21
Chez Léna et Mimile | **5e** 21
Racines | **2e** 20
Les Fines Gueules | **1er** 20
Le Trumilou | **4e** 20
À La Cloche/Or | **9e** 20
Les Jardins/Bagatelle | **16e** 20
Le Moulin/Galette | **18e** 20
Le Parc aux Cerfs | **6e** 20
La Petite Cour | **6e** 20
Wepler | **18e** 20
Le Fouquet's | **8e** 20
Rest./Palais Royal | **1er** 20
Café Louis Philippe | **4e** 20
Le Vaudeville | **2e** 20
Brass./Louvre | **1er** 19
L'Île | **Issy-les-Moul.** 19
Bistrot/7ème | **7e** 19
Le Quai | **7e** 19
Le Train Bleu | **12e** 19
Bistrot Vivienne | **2e** 19
Ma Bourgogne | **4e** 19
Brass./Ile St-Louis | **4e** 19
Chez Fred | **17e** 19
Au Pied/Cochon | **1er** 19
Le Grand Bistro | **7e** 19
Le Montalembert | **7e** 19
Le Grand Café | **9e** 19
Le Square Trousseau | **12e** 19
La Rotonde | **6e** 19
Café Rouge | **3e** 19
Chez Francis | **8e** 18
Le Café/Esplanade | **7e** 18
Le Suffren | **15e** 18
Aux Fins Gourmets | **7e** 18
Bel Canto | **4e** 18
Quai-Quai | **1er** 18
Rest. Paul | **1er** 18
Le Fumoir | **1er** 18
Aux Deux Canards | **10e** 18
À La Cloche/Halles | **1er** 18
La Gare | **16e** 18
Pharamond | **1er** 18
Au Chien/Fume | **1er** 18
Café/Jatte | **Neuilly** 18
Le Chalet/Iles | **16e** 18
La Guinguette/Neuilly | **Neuilly** 18
L'Écluse | **6e** 17
Georges | **4e** 17
Le Flore en l'Île | **4e** 17
La Cantine/Tontons | **15e** 17
Café Marly | **1er** 17
Café/Musique | **19e** 17
Café/Flore | **6e** 16
L'Avenue | **8e** 16
Kong | **1er** 16
La Grande Armée | **16e** 16
Rosa Bonheur | **19e** 16
Chez Gégène | **Joinville** 16
Rest. Amour | **9e** 15
Café Beaubourg | **4e** 15
Café/Deux Moulins | **18e** 15
Chez Prune | **10e** 15
Quai Ouest | **St-Cloud** 14
Le Saut/Loup | **1er** 13
L'Affable | **7e** -
Les Affranchis | **9e** -
Arola | **2e** -
La Cantine/Quentin | **10e** -
Chantairelle | **5e** -
Chez Marie-Louise | **10e** -
N Ciel/Paris | **15e** -
Le Galopin | **10e** -
Muscade | **1er** -
L'Ogre | **16e** -
Le Saotico | **2e** -
Square Marcadet | **18e** -

Cuisines Françaises

Comprend les noms, les emplacements et les scores Cuisine.

BARS À VINS

Au Bourguignon/Marais	4e	25
Le Baratin	20e	24
Dans les Landes	5e	23
Caves Pétrissans	17e	23
La Cave Schmidt	15e	23
L'Enoteca	4e	22
À l'Ami Pierre	11e	22
Bistrot/Sommelier	8e	22
Legrand Filles et Fils	2e	21
La Crèmerie	6e	21
Café Burq	18e	21
Aux Bons Crus	1er	21
Les Bacchantes	9e	21
Racines	2e	20
Les Fines Gueules	1er	20
Chai 33	12e	20
Willi's Wine Bar	1er	20
Le Verre Bouteille	17e	19
Le Rubis	1er	19
Comme Cochons	12e	19
Quedubon	19e	18
Le Baron Rouge	12e	18
À La Cloche/Halles	1er	18
Bistrot/Vins Mélac	11e	18
L'Écluse	multi.	17
Jaja	4e	17
Le Mauzac	5e	15
Clown Bar	11e	15
Juveniles	1er	15
Albion	10e	-
Au Passage	11e	-
Le Bien Décidé	6e	-
N Bones	11e	-
N La Buvette	11e	-
Le Café/Passage	11e	-
La Cantine/Quentin	10e	-
Crudus	1er	-
L'Entrée/Artistes	11e	-
Le Jeu/Quilles	14e	-
N Le Richer	9e	-
Verjus	1er	-
Youpi et Voilà	10e	-

BISTROTS

Pramil	3e	28
Le Comptoir/Relais	6e	27
Boucherie Roulière	6e	26
La Terrasse Mirabeau	16e	26
Le Quincy	12e	26
Frenchie	2e	26
Septime	11e	25
La Maison/Jardin	6e	25
Le Beurre Noisette	15e	25
Chez L'Ami Jean	7e	25
Le Violon/Ingres	7e	25
Le Petit Pontoise	5e	25
La Régalade	14e	25
Joséphine "Chez Dumonet"	6e	25
Le Petit Pergolèse	16e	25
La Cantine/Troquet	14e	25
Le Timbre	6e	25
Le Hide	17e	24
Christophe	5e	24
L'Épi Dupin	6e	24
L'Ami Louis	3e	24
Le Pantruche	9e	24
Café Constant	7e	24
D'Chez Eux	7e	24
Moissonnier	5e	24
L'Ebauchoir	12e	24
Le Gavroche	2e	24
Au Bon Accueil	7e	23
Le Grand Pan	15e	23
Le Villaret	11e	23
Chez Denise - La Tour/Montlhéry	1er	23
Le Petit Marché	3e	23
Au Petit Marguery	13e	23
Bistro Poulbot	18e	23
La Cerisaie	14e	23
Le Temps/Temps	11e	23
Bistro/Vieux Chêne	11e	23
Jadis	15e	23
L'Affriolé	7e	23
Le Bélisaire	15e	23
Le Bistro/Gastronomes	5e	23
Chez Georges	2e	23
La Fourchette/Printemps	17e	23
Mémère Paulette	2e	23
Les Zygomates	12e	23
L'Ardoise	1er	23
Benoît	4e	23
L'Atelier Maître Albert	5e	23
La Régalade Saint-Honoré	1er	23

Restaurant	Arrondissement	Rating
Mon Vieil Ami	**4e**	23
Chez la Vieille	**1er**	23
L'Épigramme	**6e**	23
Le Hangar	**3e**	23
Les Gourmets/Ternes	**8e**	23
À la Pomponette	**18e**	23
L'AOC	**5e**	23
Bistrot/Passage	**17e**	23
Le Chardenoux	**11e**	23
Le Buisson Ardent	**5e**	22
La Rôtisserie/Beaujolais	**5e**	22
Le Bouchon et L'Assiette	**17e**	22
Café Le Moderne	**2e**	22
Chez Paul	**11e**	22
À la Biche/Bois	**12e**	22
Aux Lyonnais	**2e**	22
Le Sot l'y Laisse	**11e**	22
À l'Affiche	**8e**	22
L'Hédoniste	**2e**	22
Au Cochon/Lait	**19e**	22
Antoine	**16e**	22
La Poule/Pot	**1er**	22
Au Père Lapin	**Suresnes**	22
Chez Paul	**13e**	22
La Fontaine/Mars	**7e**	22
Le P'tit Troquet	**7e**	22
L'Escargot Montorgueil	**1er**	22
L'Opportun	**14e**	22
Le Bistrot/Dôme	**14e**	22
Au Petit Riche	**9e**	22
Le Bistrot/Henri	**6e**	22
La Boulangerie	**20e**	22
Le Duc/Richelieu	**12e**	22
Les Enfants Rouges	**3e**	22
Bistro 121	**15e**	22
Chez André	**8e**	22
Le Bistrot Paul Bert	**11e**	21
Chez Marcel	**6e**	21
Le Bistro/Deux Théâtres	**9e**	21
Allard	**6e**	21
Aux Deux Amis	**11e**	21
Chez Julien	**4e**	21
Chez Grenouille	**9e**	21
Philou	**10e**	21
L'Absinthe	**1er**	21
Miroir	**18e**	21
L'Entredgeu	**17e**	21
Astier	**11e**	21
La Grille St-Germain	**6e**	21
Cinq Mars	**7e**	21
Bistrot/Côté Flaubert	**17e**	21
Bistro Volnay	**2e**	21
La Crèmerie	**6e**	21
La Grille	**10e**	21
Firmin le Barbier	**7e**	21
Chardenoux/Prés	**6e**	21
Rest./Marché	**15e**	21
Bistrot/Université	**7e**	21
Le Comptoir Marguery	**13e**	21
La Boutarde	**Neuilly**	21
Chez Léna et Mimile	**5e**	21
La Rôtisserie/Face	**6e**	20
L'Accolade	**17e**	20
Cul/Poule	**9e**	20
Robert et Louise	**3e**	20
Le Trumilou	**4e**	20
Café/Musées	**3e**	20
À La Cloche/Or	**9e**	20
Aux Crus/Bourgogne	**2e**	20
La Bastide Odéon	**6e**	20
Le Bistrot/André	**15e**	20
Le Bistrot/Vignes	**16e**	20
Chéri Bibi	**18e**	20
L'Entêtée	**14e**	20
Glou	**3e**	20
Le Parc aux Cerfs	**6e**	20
Le Verre Volé	**10e**	20
Le 20/Bellechasse	**7e**	20
Aux Charpentiers	**6e**	20
La Ferrandaise	**6e**	20
Au Moulin/Vent	**5e**	20
Chez Savy	**8e**	20
Café Louis Philippe	**4e**	20
L'Épi/Or	**1er**	19
Le Roi/Pot-au-Feu	**9e**	19
Le Bistrot/Paris	**7e**	19
Les Philosophes	**4e**	19
L'Assiette	**14e**	19
Chez René	**5e**	19
Moustache	**6e**	19
À Toutes Vapeurs	**8e**	19
Bistrot/7ème	**7e**	19
Le Petit Zinc	**6e**	19
Les Botanistes	**7e**	19
Lescure	**1er**	19
Le Scheffer	**16e**	19
Bistrot Vivienne	**2e**	19
Comme Cochons	**12e**	19
Chez Fred	**17e**	19
Le Grand Bistro	**multi.**	19
Le Square Trousseau	**12e**	19

Restaurant	Score
Quedubon | **19e**	18
Le Temps/Cerises | **13e**	18
Aux Fins Gourmets | **7e**	18
Le Bistrot/Peintre | **11e**	18
La Marlotte | **6e**	18
Perraudin | **5e**	18
Quai-Quai | **1er**	18
Rest. Paul | **1er**	18
Zinc-Zinc | **Neuilly**	18
Le Bistrot/Dames | **17e**	18
Le Petit Rétro | **16e**	18
Georgette | **9e**	17
Le Café/Commerce | **15e**	17
Au Père Fouettard | **1er**	17
Pères et Filles | **6e**	17
Bar/Théâtres | **8e**	17
Jaja | **4e**	17
Café/Industrie | **11e**	17
Le Repaire/Cartouche | **11e**	17
Le Mesturet | **2e**	16
Rest. Amour | **9e**	15
Le Mauzac | **5e**	15
Polidor | **6e**	15
Café/Deux Moulins | **18e**	15
Café Ruc | **1er**	15
L'Affable | **7e**	-
Les Affranchis | **9e**	-
N L'Atelier Rodier | **9e**	-
Au Clocher/Montmartre | **18e**	-
Les Bistronomes | **1er**	-
N Bistrotters | **14e**	-
N Le Bistro Urbain | **10e**	-
N Bones | **11e**	-
La Bonne Franquette | **18e**	-
Bourgogne Sud | **9e**	-
N La Buvette | **11e**	-
Café Cartouche | **12e**	-
N Café Pinson | **3e**	-
Le Casse-Noix | **15e**	-
Chez Marie-Louise | **10e**	-
Chez Ramulaud | **11e**	-
N 58 Qualité St. | **5e**	-
Comme/Savonnières | **6e**	-
Le Coq Rico | **18e**	-
Le Cotte Rôti | **12e**	-
Les Coulisses | **9e**	-
Le Coupe Gorge | **4e**	-
Desvouges | **5e**	-
N Felicity Lemon | **20e**	-
Le Floréal | **10e**	-
Le Galopin | **10e**	-
Hotel/Nord | **10e**	-
Jeanne A | **11e**	-
N Ma Cocotte | **St-Ouen**	-
La Maison Mère | **9e**	-
Neva | **8e**	-
N Noglu | **2e**	-
L'Ogre | **16e**	-
N Pan | **10e**	-
Le Petit Cheval/Manège | **11e**	-
Pottoka | **7e**	-
Racines 2 | **1er**	-
N La Régalade Conservatoire | **9e**	-
N Le Richer | **9e**	-
N Le 6 Paul Bert | **11e**	-
Terroir Parisien | **5e**	-
N Vivant Table | **10e**	-

BRASSERIES

Restaurant	Score
Le Comptoir/Relais | **6e**	27
Le Relais Plaza | **8e**	25
Dessirier | **17e**	24
Chez Les Anges | **7e**	24
Pétrus | **17e**	23
Les 110/Taillevent | **8e**	23
Le Dôme | **14e**	22
Au Cochon/Lait | **19e**	22
Garnier | **8e**	22
Chez Georges | **17e**	22
Sébillon | **Neuilly**	22
Charlot - Roi/Coquillages | **9e**	21
Le Stella | **16e**	21
Le Coq | **16e**	21
Le Congrès Maillot | **17e**	20
L'Auberge Dab | **16e**	20
L'Européen | **12e**	20
Gallopin | **2e**	20
La Mascotte | **18e**	20
Wepler | **18e**	20
La Closerie/Lilas | **6e**	20
Le Vaudeville | **2e**	20
Marty | **5e**	20
Brass. Julien | **10e**	19
Brass. Lutetia | **6e**	19
Bofinger | **4e**	19
Brass./Louvre | **1er**	19
Café Terminus | **8e**	19
Brass. Flo | **10e**	19
Le Grand Colbert | **2e**	19
Chez Jenny | **3e**	19
Le Zeyer | **14e**	19
Brass./Ile St-Louis | **4e**	19

Au Pied/Cochon | **1er** 19
Le Grand Café | **9e** 19
La Rotonde | **6e** 19
Le Ballon/Ternes | **17e** 19
Brass. Balzar | **5e** 18
Brass. La Lorraine | **8e** 18
Chez Francis | **8e** 18
Le Suffren | **15e** 18
Brass. Lipp | **6e** 18
Terminus Nord | **10e** 18
La Coupole | **14e** 18
Brass. Mollard | **8e** 18
Le Zimmer | **1er** 18
Au Chien/Fume | **1er** 18
Vagenende | **6e** 17
Le Nemrod | **6e** 17
Le Murat | **16e** 17
La Bellevilloise | **20e** 17
Le Petit Lutetia | **6e** 17
Café/Musique | **19e** 17
Mama Shelter Rest. | **20e** 16
Rosa Bonheur | **19e** 16
Le Flandrin | **16e** 15
Drugstore Publicis | **8e** 15
Quai Ouest | **St-Cloud** 14
Les Éditeurs | **6e** 14
Chez Flottes | **1er** –
Zinc | **2e** –

CLASSIQUE

Michel Rostang | **17e** 27
La Truffière | **5e** 26
Les Papilles | **5e** 25
Joséphine "Chez Dumonet" | **6e** 25
Chez Cécile | **8e** 25
Ladurée | **multi.** 24
Le Hide | **17e** 24
Auguste | **7e** 24
L'Ami Louis | **3e** 24
L'Astor | **8e** 24
L'Auberge/15 | **13e** 24
La Maison/Truffe | **8e** 24
Rest./Tour | **15e** 24
Citrus Étoile | **8e** 24
Le Jules Verne | **7e** 23
Au Bon Accueil | **7e** 23
Le Céladon | **2e** 23
Macéo | **1er** 23
Paul Chêne | **16e** 23
Stéphane Martin | **15e** 23
Tante Louise | **8e** 23
Le Villaret | **11e** 23
Chez Denise - La Tour/Montlhéry | **1er** 23
Bistro Poulbot | **18e** 23
Passiflore | **16e** 23
Schmidt - L'Os/Moelle | **15e** 23
Au Bœuf Couronné | **19e** 23
Le Cornichon | **14e** 23
Jadis | **15e** 23
Mémère Paulette | **2e** 23
Les Zygomates | **12e** 23
Philippe Excoffier | **7e** 23
Caves Pétrissans | **17e** 23
Drouant | **2e** 23
Le Hangar | **3e** 23
À La Marguerite | **1er** 23
Royal Madeleine | **8e** 23
Le Buisson Ardent | **5e** 22
Pierre/Palais Royal | **1er** 22
Le Petit Châtelet | **5e** 22
La Cigale Récamier | **7e** 22
Maison/Aubrac | **8e** 22
Les Allobroges | **20e** 22
À la Biche/Bois | **12e** 22
À l'Ami Pierre | **11e** 22
L'Auberge Bressane | **7e** 22
Le Soufflé | **1er** 22
Ribouldingue | **5e** 22
Sébillon | **Neuilly** 22
Au Petit Riche | **9e** 22
Tante Marguerite | **7e** 22
Le Bistrot/Henri | **6e** 22
La Méditerranée | **6e** 22
Le Voltaire | **7e** 22
L'Ébouillanté | **4e** 22
Pavillon Montsouris | **14e** 22
La Ferme St-Simon | **7e** 21
Agapes | **5e** 21
Le Christine | **6e** 21
Allard | **6e** 21
La Table Lauriston | **16e** 21
Le 70 | **16e** 21
Philou | **10e** 21
A&M Rest. | **16e** 21
Le 114 Faubourg | **8e** 21
Miroir | **18e** 21
L'Acajou | **16e** 21
La Fontaine Gaillon | **2e** 21
Maison/Amérique Latine | **7e** 21
Bistrot/Côté Flaubert | **17e** 21
Le Martel | **10e** 21
Le Tir-Bouchon | **2e** 21

Da Rosa | **6e** 21
Auberge Nicolas Flamel | **3e** 21
La Grille | **10e** 21
Firmin le Barbier | **7e** 21
L'Aimant/Sud | **13e** 21
Chez Nénesse | **3e** 21
Flora Danica | **8e** 21
Les Bacchantes | **9e** 21
Le Père Claude | **15e** 21
La Boutarde | **Neuilly** 21
Chez Léna et Mimile | **5e** 21
L'Îlot Vache | **4e** 20
Chez Françoise | **7e** 20
Chai 33 | **12e** 20
Le Grand Louvre | **1er** 20
À La Cloche/Or | **9e** 20
Le Bistrot/André | **15e** 20
Chéri Bibi | **18e** 20
Chez Géraud | **16e** 20
Les Jardins/Bagatelle | **16e** 20
Le Moulin/Galette | **18e** 20
Maxim's | **8e** 20
La Closerie/Lilas | **6e** 20
Le Fouquet's | **8e** 20
Rest./Palais Royal | **1er** 20
Le Coupe-Chou | **5e** 20
Les Comédiens | **9e** 19
Le Bon Saint Pourçain | **6e** 19
Le Petit Victor Hugo | **16e** 19
La Fermette Marbeuf 1900 | **8e** 19
L'Île | **Issy-les-Moul.** 19
Le Rubis | **1er** 19
Le Petit Zinc | **6e** 19
Café Terminus | **8e** 19
Le Pavillon/Lac | **19e** 19
Le Train Bleu | **12e** 19
Le Grand Bistro | **multi.** 19
Café/Paix | **9e** 19
Montparnasse 1900 | **6e** 19
Café Rouge | **3e** 19
Quedubon | **19e** 18
Le Temps/Cerises | **13e** 18
Le Café/Esplanade | **7e** 18
Bel Canto | **multi.** 18
La Marlotte | **6e** 18
Quai-Quai | **1er** 18
Rest. Paul | **1er** 18
Aux Deux Canards | **10e** 18
La Gare | **16e** 18
Pharamond | **1er** 18
Bouillon Racine | **6e** 18
La Gauloise | **15e** 18
À la Petite Chaise | **7e** 18
Le Chalet/Iles | **16e** 18
La Guinguette/Neuilly | **Neuilly** 18
Le Petit Rétro | **16e** 18
L'Écluse | **multi.** 17
La Société | **6e** 17
Vins/Pyrénées | **4e** 17
Le Procope | **6e** 17
Pères et Filles | **6e** 17
Le Flore en l'Île | **4e** 17
La Cantine/Tontons | **15e** 17
Les Deux Magots | **6e** 17
Café Marly | **1er** 17
Café Charbon | **11e** 16
Café/Flore | **6e** 16
Zebra Square | **16e** 16
Le Petit St. Benoît | **6e** 16
Rest. Musée/Orsay | **7e** 16
La Grande Armée | **16e** 16
Chez Gégène | **Joinville** 16
Café Beaubourg | **4e** 15
Brass. Printemps | **9e** 15
Café/Deux Moulins | **18e** 15
Chartier | **9e** 15
Derrière | **3e** 15
Nos Ancêtres les Gaulois | **4e** 13
N Auberge Flora | **11e** -
Café Cartouche | **12e** -
Comme/Savonnières | **6e** -
Le Dali | **1er** -
N Goust | **2e** -
Jeanne A | **11e** -
N Le Sergent Recruteur | **4e** -
Square Marcadet | **18e** -
Le Versance | **2e** -

CONTEMPORAINE

Kei | **1er** 28
Pramil | **3e** 28
Spring | **1er** 27
Les Fougères | **17e** 27
Hiramatsu | **16e** 27
Cristal/Sel | **15e** 27
Jean-François Piège | **7e** 27
Sola | **5e** 27
Senderens | **8e** 26
La Table/Eugène | **18e** 26
Le Quinzième | **15e** 26
Hélène Darroze | **6e** 26
Jean | **9e** 26

Restaurant	Arr.	Score
Yam'Tcha	**1er**	26
Chamarré Montmartre	**18e**	26
Le Clos/Gourmets	**7e**	25
Etc...	**16e**	25
Septime	**11e**	25
Stella Maris	**8e**	25
Agapé Substance	**6e**	25
Le Florimond	**7e**	25
Lilane	**5e**	25
Ozo	**4e**	25
Petrelle	**9e**	25
Rino	**11e**	25
Le Petit Pergolèse	**16e**	25
Les Cocottes	**7e**	24
L'Agrume	**5e**	24
Pur'	**2e**	24
Le Troquet	**15e**	24
La Gazzetta	**12e**	24
Le Chiberta	**8e**	24
Le Gaigne	**4e**	24
Caïus	**17e**	24
Citrus Étoile	**8e**	24
L'Agapé	**17e**	24
L'Avant Goût	**13e**	23
Le 39V	**8e**	23
Jamin	**16e**	23
Macéo	**1er**	23
Itinéraires	**5e**	23
Le Réminet	**5e**	23
Le Pré Verre	**5e**	23
Le Petit Marché	**3e**	23
Casa Olympe	**9e**	23
Le Chateaubriand	**11e**	23
Claude Colliot	**4e**	23
Les Bouquinistes	**6e**	23
6 New York	**16e**	23
Jadis	**15e**	23
Pinxo	**multi.**	23
La Famille	**18e**	23
Akrame	**16e**	23
Le Café Lenôtre	**8e**	23
Maison Blanche	**8e**	23
Il Vino	**7e**	22
Rest. Manufacture	**Issy-les-Moul.**	22
Saturne	**2e**	22
La Table/Hédiard	**8e**	22
Le 16 Haussmann	**9e**	21
Agapes	**5e**	21
Vin sur Vin	**7e**	21
Fish La Boissonnerie	**6e**	21
1728	**8e**	21
Minipalais	**8e**	21
Flottes O.Trement	**1er**	21
Les Ombres	**7e**	21
L'Accolade	**17e**	20
Thoumieux	**7e**	20
La Maison Courtine	**14e**	20
Cristal Room	**16e**	20
La Petite Cour	**6e**	20
Hôtel Costes	**1er**	20
Rest. Pershing	**8e**	19
L'Île	**Issy-les-Moul.**	19
Le Quai	**7e**	19
Le Dôme/Marais	**4e**	19
Le Pavillon/Lac	**19e**	19
Le Montalembert	**7e**	19
L'Opéra Rest.	**9e**	19
Le Café/Esplanade	**7e**	18
L'Aromatik	**9e**	18
Alcazar	**6e**	18
Café/Alma	**7e**	18
Café Marly	**1er**	17
Café/Musique	**19e**	17
Mama Shelter Rest.	**20e**	16
L'Avenue	**8e**	16
Café Salle Pleyel	**8e**	16
Le Saut/Loup	**1er**	13
Arola	**2e**	-
N Bistrotters	**14e**	-
Camélia	**1er**	-
Les Cartes Postales	**1er**	-
N Ciel/Paris	**15e**	-
Cobéa	**14e**	-
Le Concert/Cuisine	**15e**	-
Le Cottage Marcadet	**18e**	-
N La Dame/Pic	**1er**	-
Le Dodin/Mark Singer	**17e**	-
Frédéric Simonin	**17e**	-
L'Instant d'Or	**8e**	-
N Ma Cocotte	**St-Ouen**	-
MBC	**17e**	-
N Miss Ko	**8e**	-
L'Office	**9e**	-
N Pascade	**2e**	-
N Pierre Sang/Oberkampf	**11e**	-
Qui Plume la Lune	**11e**	-
N Roseval	**20e**	-
Le Saotico	**2e**	-
Square Marcadet	**18e**	-
Le Tintilou	**11e**	-
Le Versance	**2e**	-

FRUITS DE MER

Le Duc | **14e** 28
Huîtrerie Régis | **6e** 26
L'Écailler/Bistrot | **11e** 25
Marius | **16e** 25
La Marée | **8e** 23
Marius et Janette | **8e** 23
L'Écume Saint-Honoré | **1er** 23
Le Rech | **17e** 22
L'Huîtrier | **17e** 22
Le Dôme | **14e** 22
Le Pichet/Paris | **8e** 22
Garnier | **8e** 22
Charlot - Roi/Coquillages | **9e** 21
Le Stella | **16e** 21
Le Bar/Huîtres | **multi.** 21
Marty | **5e** 20
Le Grand Café | **9e** 19
Le Ballon/Ternes | **17e** 19
Ballon et Coquillages | **17e** -
L'Écaille/Fontaine | **2e** -

HAUTE CUISINE

Taillevent | **8e** 29
Pierre Gagnaire | **8e** 28
Guy Savoy | **17e** 28
Le Grand Véfour | **1er** 28
Le Cinq | **8e** 28
Alain Ducasse/Plaza Athénée | **8e** 28
L'Astrance | **16e** 28
Le Meurice Rest. | **1er** 28
Les Tablettes/Jean-Louis Nomicos | **16e** 28
Lasserre | **8e** 27
L'Ambroisie | **4e** 27
L'Atelier/Joël Robuchon | **multi.** 27
Apicius | **8e** 27
Épicure | **8e** 27
Les Ambassadeurs | **8e** 27
Passage 53 | **2e** 27
Hiramatsu | **16e** 27
Jean-François Piège | **7e** 27
L'Arpège | **7e** 27
Carré/Feuillants | **1er** 27
Le Pré Catelan | **16e** 26
Relais Louis XIII | **6e** 26
Pavillon Ledoyen | **8e** 25
Relais/Auteuil "Patrick Pignol" | **16e** 25
Dominique Bouchet | **8e** 25
La Tour/Argent | **5e** 25
Laurent | **8e** 25
La Table/Lancaster | **8e** 25
Rest. Le Pergolèse | **16e** 25
La Grande Cascade | **16e** 24
Le Vernet | **8e** 24
L'Abeille | **16e** 23
Lapérouse | **6e** 23
La Cuisine | **8e** 22
L'Acajou | **16e** 21
Frédéric Simonin | **17e** -
Sur Mesure | **1er** -

POISSON

Le Duc | **14e** 28
Le Divellec | **7e** 26
La Luna | **8e** 26
Les Fables/Fontaine | **7e** 25
L'Écailler/Bistrot | **11e** 25
Marius | **16e** 25
Dessirier | **17e** 24
Gaya | **7e** 24
Le 144 Petrossian | **7e** 24
Prunier | **multi.** 24
Pétrus | **17e** 23
21 | **6e** 23
La Marée | **8e** 23
La Cagouille | **14e** 23
Le Comptoir/Mers | **4e** 23
Le Sarladais | **8e** 23
Goumard | **1er** 23
Marius et Janette | **8e** 23
L'Écume Saint-Honoré | **1er** 23
35° Ouest | **7e** 22
Le Rech | **17e** 22
L'Huîtrier | **17e** 22
Le Dôme | **14e** 22
Le Pichet/Paris | **8e** 22
Garnier | **8e** 22
Antoine | **16e** 22
Le Bistrot/Dôme | **14e** 22
La Méditerranée | **6e** 22
La Marée Passy | **16e** 22
Vin et Marée | **multi.** 21
Fish La Boissonnerie | **6e** 21
La Fontaine Gaillon | **2e** 21
Le Stella | **16e** 21
Le Bar/Huîtres | **multi.** 21
Le Petit Marius | **8e** 20
L'Européen | **12e** 20
Le Crabe Marteau | **17e** 20
La Mascotte | **18e** 20
Wepler | **18e** 20

Marty | 5e 20
Brass. Lutetia | 6e 19
Le Grand Café | 9e 19
Terminus Nord | 10e 18
La Coupole | 14e 18
Atao | 17e -
Ballon et Coquillages | 17e -
L'Écaille/Fontaine | 2e -

RÉGIONALE

ALSACIENNE/JURA

Bofinger | 4e 19
Chez Jenny | 3e 19

AUVERGNATE

Ambassade/Auvergne | 3e 22
La Lozère | 6e 21
La Mascotte | 18e 20
Bistrot/Vins Mélac | 11e 18
Chantairelle | 5e -

AVEYRONNAISE

Maison/Aubrac | 8e 22
Ambassade/Auvergne | 3e 22
Au Cochon/Lait | 19e 22
L'Auberge Aveyronnaise | 12e 21
Chez Savy | 8e 20

BASQUE

Chez L'Ami Jean | 7e 25
La Cantine/Troquet | 14e 25
Le Troquet | 15e 24
Au Bascou | 3e 23
Pottoka | 7e -

BRETONNE

Chez Michel | 10e 24
Crêperie Josselin | 14e 22
Breizh Café | 3e 22
Le Crabe Marteau | 17e 20
Atao | 17e -
La Compagnie/Bretagne | 6e -

BOURGUIGNONNE

Tante Louise | 8e 23
Le Comptoir Marguery | 13e 21
Ma Bourgogne | 4e 19

CORSE

La Main/Or | 11e 22
La Villa Corse | multi. 21
Le Cosi | 5e 19

LYONNAISE

Moissonnier | 5e 24
L'Auberge Pyrénées Cévennes | 11e 24
Benoît | 4e 23
Aux Lyonnais | 2e 22
L'Opportun | 14e 22
Le Duc/Richelieu | 12e 22
Chez Marcel | 6e 21
Chez René | 5e 19

NORMANDE

Les Petites Sorcières/ Ghislaine Arabian | 14e 25
Graindorge | 17e 23
Pharamond | 1er 18

PROVENÇALE

Marius | 16e 25
Casa Olympe | 9e 23
Chez Janou | 3e 21
La Bastide Odéon | 6e 20
Le Petit Niçois | 7e 20
Café Louis Philippe | 4e 20

SUD-OUEST

Hélène Darroze | 6e 26
Au Trou Gascon | 12e 25
D'Chez Eux | 7e 24
L'Auberge Pyrénées Cévennes | 11e 24
Le Sarladais | 8e 23
La Cerisaie | 14e 23
La Fontaine/Mars | 7e 22
J'Go | multi. 21
Le Languedoc | 5e 21
Domaine/Lintillac | multi. 20
L'Assiette | 14e 19
Lescure | 1er 19
Aux Fins Gourmets | 7e 18
Le Mesturet | 2e 16
Rosa Bonheur | 19e 16

SALONS DE THÉ

Ladurée | multi. 24
Mariage Frères | 1er 23
Angelina | 1er 22
Ⓝ Colorova | 6e -
Muscade | 1er -

VIANDE

(Voir aussi Viande dans Autres Cuisines)

Boucherie Roulière | 6e 26
Le Severo | 14e 26
Au Bœuf Couronné | 19e 23
Le Relais/Venise | 17e 23
Les Gourmets/Ternes | 8e 23
Le Relais/Entrecôte | multi. 22
Le Louchebem | 1er 21
Beef Club | 1er -
Ⓝ Boucherie/Provinces | 12e -

Autres Cuisines

Comprend les noms, les emplacements et les scores Cuisine.

AFRICAINE

Chamarré Montmartre | **18e** 26

AMÉRICAINE

Bob's Kitchen | **3e** 24
Breakfast in America | **multi.** 20
Coffee Parisien | **multi.** 18
Joe Allen | **1er** 17
Ralph's | **6e** 17
Blend | **2e** –
Le Camion Qui Fume | **Emplacements divers** –
Le Floréal | **10e** –
La Maison Mère | **9e** –
Verjus | **1er** –

ARGENTINE

El Palenque | **5e** 22
Anahi | **3e** 19

ASIATIQUE

Yam'Tcha | **1er** 26
Passiflore | **16e** 23
Buddha Bar | **8e** 17
N Miss Ko | **8e** –
Yoom | **6e** –

BARS À NOUILLES

Les Pates Vivantes | **9e** 21
Higuma | **1er** 20

BELGE

Graindorge | **17e** 23

BIO

(Voir aussi Végétarienne)
N Café Pinson | **3e** –
N Noglu | **2e** –

BOULANGERIES

Rose Bakery | **multi.** 22
Bread & Roses | **multi.** 22
N Chez Aline | **11e** –

BRITANNIQUE

Bread & Roses | **multi.** 22
Rose Bakery | **multi.** 22

CAMBODGIENNE

Le Cambodge | **10e** 24
Au Coin/Gourmets | **multi.** 23
La Mousson | **1er** –

CAVIAR

Caviar Kaspia | **8e** 26
La Maison/Caviar | **8e** 25
Le 144 Petrossian | **7e** 24
Prunier | **multi.** 24

CHINOISE

(* dim sum)
Chez Ly | **multi.** 25
Shang Palace | **16e** 24
Chez Vong | **1er** 23
Tsé-Yang | **16e** 22
Mirama | **5e** 22
Tong Yen | **8e** 22
Tang | **16e** 22
Mandarin/Neuilly | **Neuilly** 21
Les Pates Vivantes | **multi.** 21
Diep | **8e** 21
China Town Olympiades | **13e** 20
Tricotin | **13e** 19
Nouveau Village Tao-Tao | **13e** 19
Davé | **1er** 17
Chen Soleil/Est | **15e** –
Shan Goût | **12e** –
Yoom* | **9e** –

CORÉENNE

Bibimbap | **5e** 22

DANOISE

La Petite Sirène/Copenhague | **9e** 25
Copenhague | **8e** 23
Flora Danica | **8e** 21

DESSERT

Grom | **6e** 27
Berthillon | **4e** 26
Ladurée | **8e** 24
Mariage Frères | **multi.** 23
Le Café Lenôtre | **8e** 23
Angelina | **1er** 22
Breizh Café | **3e** 22
Le Soufflé | **1er** 22

ÉCLECTIQUE

Le Relais Plaza | **8e** 25
Ze Kitchen Galerie | **6e** 25
KGB | **6e** 23
Market | **8e** 22
Ferdi | **1er** 21
Da Rosa | **1er** 21
Rest. Pershing | **8e** 19
Café Rouge | **3e** 19
Le Fumoir | **1er** 18
Costes | **1er** 18

- Eugène | **8e** — 18
- Georges | **4e** — 17
- Café Étienne Marcel | **2e** — 17
- Kong | **1er** — 16
- Chez Prune | **10e** — 15
- Braisenville | **9e** — -
- Muscade | **1er** — -
- Nanashi | **multi.** — -

ESPAGNOLE

(* tapas)

- Bellota-Bellota* | **7e** — 24
- Fogón* | **6e** — 23
- Arola* | **2e** — -

EUROPE DE L'EST

- Chez Marianne | **4e** — 19

GLACES

- Grom | **6e** — 27
- Berthillon | **4e** — 26

GRECQUE

- Mavrommatis | **5e** — 22
- Les Délices/Aphrodite | **5e** — 20

HAMBURGERS

- Coffee Parisien | **multi.** — 18
- Joe Allen | **1er** — 17
- Ralph's | **6e** — 17
- Blend | **2e** — -
- Le Camion Qui Fume | **Emplacements divers** — -
- La Maison Mère | **9e** — -

INDIENNE

- Annapurna | **8e** — 23
- Le Maharajah | **5e** — 23
- Yugaraj | **6e** — 20
- Ravi | **7e** — -

ISRAÉLIENNE

- L'As/Fallafel | **4e** — 23

ITALIENNE

(N=Nord; S=Sud)

- Le Grand Venise | **15e** — 26
- Caffé dei Cioppi | **11e** — 25
- Sormani | **17e** — 24
- L'Ostéria | **4e** — 24
- Bistro Poulbot | **18e** — 23
- I Golosi | **9e** — 23
- Casa Bini | N | **6e** — 23
- Les Cailloux | **13e** — 22
- Amici Miei | **11e** — 22
- L'Enoteca | **4e** — 22
- La Romantica | **Clichy** — 22
- L'Assaggio | **1er** — 22
- Il Barone | **14e** — 22
- Le Stresa | **8e** — 22
- Pizza di Loretta | S | **9e** — 22
- Al Taglio | **11e** — 22
- Le Cherche Midi | **6e** — 22
- Findi | **8e** — 21
- Bellini | **16e** — 21
- Pizza Chic | **6e** — 21
- Mori Venice Bar | N | **2e** — 21
- Sale e Pepe | S | **18e** — 21
- La Rughetta | **18e** — 21
- Chez Bartolo | **6e** — 20
- La Briciola | S | **3e** — 19
- Caffé Toscano | **7e** — 19
- Emporio Armani Caffè | N | **6e** — 19
- Café/Jatte | **Neuilly** — 18
- Zebra Square | **16e** — 16
- Caffè Burlot | **8e** — -
- Cibus | **1er** — -
- Crudus | **1er** — -
- [N] Guy Martin Italia | **6e** — -
- [N] Il Brigante | **18e** — -
- Le Perron | S | **7e** — -
- Sassotondo | N | **11e** — -

JAPONAISE

(* sushis)

- Guilo-Guilo | **18e** — 27
- Sola | **5e** — 27
- Shu | **6e** — 25
- Isami* | **4e** — 25
- Aida | **7e** — 25
- Benkay* | **15e** — 25
- Foujita* | **1er** — 25
- Kai | **1er** — 25
- Kinugawa* | **1er** — 24
- Azabu | **6e** — 24
- Orient-Extrême* | **6e** — 23
- Izakaya Issé* | **1er** — 23
- Kifune* | **17e** — 23
- Tsukizi* | **6e** — 22
- Kaïten* | **8e** — 22
- Yen | **6e** — 22
- Higuma | **1er** — 20
- Bizan* | **2e** — -
- Les Cartes Postales | **1er** — -
- Le Concert/Cuisine | **15e** — -
- Kiku* | **9e** — -
- Nanashi | **multi.** — -

LAOTIENNE

- Lao Lane Xang | **13e** — 22

LIBANAISE

Fakhr el Dine | **16e** 25
Liza | **2e** 24
Al Dar | **multi.** 22
Noura | **multi.** 21

MAROCAINE

L'Etoile Marocaine | **8e** 26
L'Oriental | **9e** 23
Oum el Banine | **16e** 22
Le Timgad | **17e** 22
Le Martel | **10e** 21
Mansouria | **11e** 21
El Mansour | **8e** 21
L'Atlas | **5e** 21
Le 404 | **3e** 20
Chez Omar | **3e** 19
Andy Wahloo | **3e** 14

MAURICIENNE

Chamarré Montmartre | **18e** 26

MÉDITERRANÉENNE

À l'Ami Pierre | **11e** 22

MEXICAINE

Anahuacalli | **5e** 23
Candelaria | **3e** -

MOYEN-ORIENTALE

Chez Marianne | **4e** 19

NORD-AFRICAINE

La Boule Rouge | **9e** 21

PETITES ASSIETTES

(Voir aussi spécialiste des tapas espagnols)

Au Passage | Bar à Vin/Bistrot | **11e** -
Braisenville | Eclectique | **9e** -

PIZZAS

Amici Miei | **11e** 22
Pizza di Loretta | **9e** 22
Al Taglio | **11e** 22
Pizza Chic | **6e** 21
Sale e Pepe | **18e** 21
La Rughetta | **18e** 21
Chez Bartolo | **6e** 20
La Briciola | **3e** 19
Mama Shelter Rest. | **20e** 16

POISSON

Copenhague | **8e** 23
Le Suffren | **15e** 18

PORTUGAISE

Saudade | **1er** 16

RUSSE

Caviar Kaspia | **8e** 26
La Maison/Caviar | **8e** 25
Daru | **8e** 19

SANDWICHERIES

N Abri | **10e** -

SOUPE

Le Bar/Soupes | **11e** 21

THAÏLANDAISE

Chez Ly | **multi.** 25
Blue Elephant | **11e** 23
Chieng Mai | **5e** 22
Lao Siam | **19e** 22
Lao Lane Xang | **13e** 22
Thiou | **multi.** 22
Diep | **8e** 21
Khun Akorn | **11e** 21
Bon | **16e** 21
Silk et Spice | **2e** 21
Tricotin | **13e** 19
Nouveau Village Tao-Tao | **13e** 19
Reuan Thai | **11e** -

VÉGÉTARIENNE

Bob's Kitchen | **3e** 24
Mon Vieil Ami | **4e** 23
Le Bar/Soupes | **11e** 21

VIANDE

(Voir aussi Viande dans Cuisines Françaises)

El Palenque | **5e** 22
Anahi | **3e** 19
N Boucherie/Provinces | **12e** -

VIETNAMIENNE

Le Palanquin | **6e** 24
Au Coin/Gourmets | **multi.** 23
Kim Anh | **15e** 23
Paris-Hanoï | **11e** 23
Tan Dinh | **7e** 22
Lao Lane Xang | **13e** 22
Le Bambou | **13e** 22
Diep | **8e** 21
Lac-Hong | **16e** 21
Tricotin | **13e** 19
Davé | **1er** 17
Mai Do | **6e** -
Suave | **13e** -

Emplacements

Comprend les noms, les cuisines et les scores Cuisine.

Paris

1er ARRONDISSEMENT

Le Grand Véfour | *Haute Cuisine* 28
Kei | *Contemporaine* 28
Le Meurice Rest. | *Haute Cuisine* 28
Spring | *Contemporaine* 27
Carré/Feuillants | *Haute Cuisine* 27
Yam'Tcha | *Asiatique/Contemporaine* 26
Foujita | *Japonaise* 25
Kai | *Japonaise* 25
Kinugawa | *Japonaise* 24
Mariage Frères | *Dessert/Salon de Thé* 23
Chez Vong | *Chinoise* 23
Macéo | *Classique/Contemporaine* 23
Chez Denise - La Tour/Montlhéry | *Bistrot* 23
Goumard | *Poisson* 23
Pinxo | *Contemporaine* 23
Au Coin/Gourmets | *Cambodgienne/Vietnamienne* 23
L'Écume Saint-Honoré | *Fruits de Mer* 23
L'Ardoise | *Bistrot* 23
Izakaya Issé | *Japonaise* 23
La Régalade Saint-Honoré | *Bistrot* 23
Chez la Vieille | *Bistrot* 23
À La Marguerite | *Bar à Vin/Bistrot* 23
Pierre/Palais Royal | *Contemporaine* 22
Angelina | *Salon de Thé* 22
Le Soufflé | *Classique* 22
La Poule/Pot | *Bistrot* 22
L'Escargot Montorgueil | *Bistrot* 22
L'Assaggio | *Italienne* 22
Vin et Marée | *Poisson* 21
Le Louchebem | *Viande* 21
L'Absinthe | *Bistrot* 21
Ferdi | *Eclectique* 21
Da Rosa | *Bar à Vin/Eclectique* 21
Aux Bons Crus | *Bar à Vin/Bistrot* 21
Flottes O.Trement | *Contemporaine* 21
Les Fines Gueules | *Bar à Vin/Bistrot* 20
Le Grand Louvre | *Classique* 20
Higuma | *Japonaise* 20
Hôtel Costes | *Contemporaine* 20
Willi's Wine Bar | *Bar à Vin/Bistrot* 20
Rest./Palais Royal | *Classique* 20
L'Épi/Or | *Bistrot* 19
Brass./Louvre | *Brasserie* 19
Le Rubis | *Bar à Vin/Bistrot* 19
Lescure | *Sud-Ouest* 19
Au Pied/Cochon | *Brasserie* 19
Quai-Quai | *Bistrot* 18
Rest. Paul | *Bistrot* 18
Le Fumoir | *Eclectique* 18
À La Cloche/Halles | *Bar à Vin/Bistrot* 18
Pharamond | *Classique* 18
Le Zimmer | *Brasserie* 18
Au Chien/Fume | *Brasserie* 18
Costes | *Eclectique* 18
L'Écluse | *Bar à Vin/Bistrot* 17
Au Père Fouettard | *Bistrot* 17
Joe Allen | *Américaine* 17
Café Marly | *Classique/Contemporaine* 17
Davé | *Chinoise/Vietnamienne* 17
Kong | *Eclectique* 16
Saudade | *Portugaise* 16
Café Ruc | *Bistrot* 15
Juveniles | *Bar à Vin/Bistrot* 15
Le Saut/Loup | *Contemporaine* 13
Beef Club | *Viande* -
Les Bistronomes | *Bistrot* -
Camélia | *Contemporaine* -
Les Cartes Postales | *Contemporaine/Japonaise* -
Chez Flottes | *Brasserie* -
Cibus | *Italienne* -
Crudus | *Bar à Vin/Italienne* -
Le Dali | *Classique* -
N La Dame/Pic | *Contemporaine* -
La Mousson | *Cambodgienne* -
Muscade | *Eclectique/Salon de Thé* -
Racines 2 | *Bistrot* -
Sur Mesure | *Haute Cuisine* -
Verjus | *Américaine/Bar à Vin* -

2e ARRONDISSEMENT

Passage 53 | *Haute Cuisine* 27
Frenchie | *Bistrot* 26

Pur' | *Contemporaine* 24
Liza | *Libanaise* 24
Le Gavroche | *Bistrot* 24
Le Céladon | *Classique* 23
Chez Georges | *Bistrot* 23
Mémère Paulette | *Bistrot* 23
Drouant | *Classique* 23
Café Le Moderne | *Bistrot* 22
Aux Lyonnais | *Lyonnaise* 22
L'Hédoniste | *Bistrot* 22
Saturne | *Contemporaine* 22
Legrand Filles et Fils | *Bar à Vin/Bistrot* 21
La Fontaine Gaillon | *Classique* 21
Le Tir-Bouchon | *Classique* 21
Bistro Volnay | *Bistrot* 21
Mori Venice Bar | *Italienne* 21
Noura | *Libanaise* 21
Silk et Spice | *Thaïlandaise* 21
Racines | *Bar à Vin/Bistrot* 20
Domaine/Lintillac | *Sud-Ouest* 20
Gallopin | *Brasserie* 20
Aux Crus/Bourgogne | *Bistrot* 20
Le Vaudeville | *Brasserie* 20
Le Grand Colbert | *Brasserie* 19
Bistrot Vivienne | *Bistrot* 19
Café Étienne Marcel | *Classique* 17
Le Mesturet | *Sud-Ouest* 16
Arola | *Contemporaine/Espagnole* -
Bizan | *Japonaise* -
Blend | *Hamburgers* -
L'Écaille/Fontaine | *Fruits de Mer* -
N Goust | *Classique* -
Gyoza Bar | *Japonaise* -
N Noglu | *Néobistrot* -
N Pascade | *Contemporaine* -
Le Saotico | *Contemporaine* -
Le Versance | *Classique/Contemporaine* -
Zinc | *Brasserie* -

3ᵉ ARRONDISSEMENT

Pramil | *Bistrot* 28
Bob's Kitchen | *Végétarienne* 24
L'Ami Louis | *Bistrot* 24
Le Petit Marché | *Contemporaine* 23
Au Bascou | *Basque* 23
Le Hangar | *Classique* 23
Rose Bakery | *Boulangerie/Britannique* 22
Ambassade/Auvergne | *Auvergnate* 22
Breizh Café | *Bretonne* 22
Les Enfants Rouges | *Bistrot* 22
Le Bar/Huîtres | *Poisson* 21
Auberge Nicolas Flamel | *Classique* 21
Chez Janou | *Provençale* 21
Chez Nénesse | *Classique* 21
Robert et Louise | *Bistrot* 20
Café/Musées | *Bistrot* 20
Glou | *Bistrot* 20
Le 404 | *Marocaine* 20
Anahi | *Argentine/Viande* 19
Chez Omar | *Marocaine* 19
La Briciola | *Pizza* 19
Chez Jenny | *Alsacienne* 19
Café Rouge | *Classique/Eclectique* 19
Derrière | *Contemporaine* 15
Andy Wahloo | *Marocaine* 14
N Café Pinson | *Néobistrot* -
Candelaria | *Mexicaine* -
N L'Îlot | *Poisson* -
Nanashi | *Eclectique* -

4ᵉ ARRONDISSEMENT

L'Ambroisie | *Haute Cuisine* 27
Berthillon | *Dessert* 26
Isami | *Japonaise* 25
Ozo | *Contemporaine* 25
Au Bourguignon/Marais | *Bar à Vin/Bistrot* 25
L'Ostéria | *Italienne* 24
Le Gaigne | *Contemporaine* 24
Mariage Frères | *Dessert/Salon de Thé* 23
L'As/Fallafel | *Israélienne* 23
Claude Colliot | *Contemporaine* 23
Le Comptoir/Mers | *Poisson* 23
Benoît | *Lyonnaise* 23
Mon Vieil Ami | *Bistrot* 23
L'Enoteca | *Bar à Vin/Italienne* 22
L'Ébouillanté | *Classique/Salon de Thé* 22
Chez Julien | *Bistrot* 21
L'Îlot Vache | *Classique* 20
Le Trumilou | *Bistrot* 20
Breakfast in America | *Américaine* 20
Café Louis Philippe | *Provençale* 20
Chez Marianne | *Moyen-Orientale* 19
Les Philosophes | *Bistrot* 19
Bofinger | *Brasserie* 19

Le Dôme/Marais | *Contemporaine* 19
Ma Bourgogne | *Bourguignonne* 19
Brass./Ile St-Louis | *Brasserie* 19
Bel Canto | *Classique* 18
Vins/Pyrénées | *Classique* 17
Georges | *Eclectique* 17
Jaja | *Bistrot* 17
Le Flore en l'Île | *Classique* 17
Café Beaubourg | *Classique* 15
Nos Ancêtres les Gaulois | *Classique* 13
Le Coupe Gorge | *Bistrot* –
N Le Sergent Recruteur | *Classique* –

5ᵉ ARRONDISSEMENT

Sola | *Contemporaine/Japonaise* 27
La Truffière | *Classique* 26
Lilane | *Contemporaine* 25
Les Papilles | *Classique* 25
La Tour/Argent | *Haute Cuisine* 25
Le Petit Pontoise | *Bistrot* 25
L'Agrume | *Contemporaine* 24
Christophe | *Bistrot* 24
Moissonnier | *Lyonnaise* 24
Itinéraires | *Contemporaine* 23
Le Réminet | *Contemporaine* 23
Le Pré Verre | *Contemporaine* 23
Le Bistro/Gastronomes | *Bistrot* 23
Au Coin/Gourmets | *Cambodgienne/Vietnamienne* 23
Dans les Landes | *Sud-Ouest* 23
L'Atelier Maître Albert | *Bistrot* 23
Le Maharajah | *Indienne* 23
Anahuacalli | *Mexicaine* 23
L'AOC | *Bistrot* 23
El Palenque | *Argentine/Viande* 22
Le Buisson Ardent | *Bistrot* 22
La Rôtisserie/Beaujolais | *Bistrot* 22
Bibimbap | *Coréenne* 22
Le Petit Châtelet | *Classique* 22
Chieng Mai | *Thaïlandaise* 22
Mavrommatis | *Grecque* 22
Ribouldingue | *Classique* 22
Mirama | *Chinoise* 22
Al Dar | *Libanaise* 22
Agapes | *Classique/Contemporaine* 21
Les Pates Vivantes | *Chinoise* 21
Le Bar/Huîtres | *Poisson* 21
L'Atlas | *Marocaine* 21
Le Languedoc | *Sud-Ouest* 21
Chez Léna et Mimile | *Bistrot* 21
Les Délices/Aphrodite | *Grecque* 20
Breakfast in America | *Américaine* 20
Au Moulin/Vent | *Bistrot* 20
Le Coupe-Chou | *Classique* 20
Marty | *Brasserie* 20
Chez René | *Lyonnaise* 19
Le Cosi | *Corse* 19
Brass. Balzar | *Brasserie* 18
Perraudin | *Bistrot* 18
Le Mauzac | *Bar à Vin/Bistrot* 15
Chantairelle | *Auvergnate* –
N 58 Qualité St. | *Bistrot* –
Desvouges | *Bistrot* –
Terroir Parisien | *Bistrot* –

6ᵉ ARRONDISSEMENT

Grom | *Dessert* 27
Le Comptoir/Relais | *Bistrot/Brasserie* 27
Boucherie Roulière | *Bistrot* 26
Relais Louis XIII | *Haute Cuisine* 26
Huîtrerie Régis | *Fruits de Mer* 26
Hélène Darroze | *Contemporaine/Sud-Ouest* 26
Shu | *Japonaise* 25
La Maison/Jardin | *Bistrot* 25
Agapé Substance | *Contemporaine* 25
Ze Kitchen Galerie | *Eclectique* 25
Joséphine "Chez Dumonet" | *Bistrot* 25
Le Timbre | *Bistrot* 25
Ladurée | *Classique/Salon de Thé* 24
L'Épi Dupin | *Bistrot* 24
Azabu | *Japonaise* 24
Le Palanquin | *Vietnamienne* 24
Mariage Frères | *Dessert/Salon de Thé* 23
Orient-Extrême | *Japonaise* 23
21 | *Poisson* 23
Les Bouquinistes | *Contemporaine* 23
KGB | *Asiatique/Contemporaine* 23
Fogón | *Espagnole* 23
Pinxo | *Contemporaine* 23
Lapérouse | *Haute Cuisine* 23
Casa Bini | *Italienne* 23
L'Épigramme | *Bistrot* 23
Bread & Roses | *Boulangerie* 22
Tsukizi | *Japonaise* 22
Le Relais/Entrecôte | *Viande* 22

Yen | *Japonaise* 22
Le Bistrot/Henri | *Bistrot* 22
La Méditerranée | *Poisson* 22
Le Cherche Midi | *Italienne* 22
Chez Marcel | *Lyonnaise* 21
La Lozère | *Auvergnate* 21
Le Christine | *Classique* 21
Allard | *Bistrot* 21
J'Go | *Sud-Ouest* 21
Fish La Boissonnerie | *Contemporaine* 21
Pizza Chic | *Pizza* 21
La Grille St-Germain | *Bistrot* 21
Da Rosa | *Bar à Vin/Eclectique* 21
La Crèmerie | *Bar à Vin/Bistrot* 21
Chardenoux/Prés | *Bistrot* 21
Noura | *Libanaise* 21
La Rôtisserie/Face | *Bistrot* 20
Yugaraj | *Indienne* 20
Chez Bartolo | *Pizza* 20
La Bastide Odéon | *Provençale* 20
Le Parc aux Cerfs | *Bistrot* 20
La Petite Cour | *Contemporaine* 20
Aux Charpentiers | *Bistrot* 20
La Closerie/Lilas | *Classique* 20
La Ferrandaise | *Bistrot* 20
Brass. Lutetia | *Brasserie* 19
Le Bon Saint Pourçain | *Classique* 19
Moustache | *Bistrot* 19
Le Petit Zinc | *Bistrot* 19
Emporio Armani Caffè | *Italienne* 19
La Rotonde | *Brasserie* 19
Montparnasse 1900 | *Classique* 19
Brass. Lipp | *Brasserie* 18
Coffee Parisien | *Américaine* 18
Alcazar | *Contemporaine* 18
La Marlotte | *Bistrot* 18
Bouillon Racine | *Classique* 18
Vagenende | *Brasserie* 17
L'Écluse | *Bar à Vin/Bistrot* 17
La Société | *Classique* 17
Le Nemrod | *Brasserie* 17
Le Procope | *Classique* 17
Pères et Filles | *Bistrot* 17
Le Petit Lutetia | *Brasserie* 17
Les Deux Magots | *Classique* 17
Ralph's | *Américaine* 17
Café/Flore | *Classique* 16
Le Petit St. Benoît | *Classique* 16
Polidor | *Bistrot* 15
Les Éditeurs | *Brasserie* 14
Le Bien Décidé | *Bar à Vin/Bistrot* –
N Colorova | *Salon de Thé/Sandwichs* –
Comme/Savonnières | *Bistrot* –
La Compagnie/Bretagne | *Bretonne* –
N Guy Martin Italia | *Italienne* –
Mai Do | *Vietnamienne* –
Nanashi | *Eclectique* –
Yoom | *Asiatique* –

7e ARRONDISSEMENT

L'Atelier/Joël Robuchon | *Haute Cuisine* 27
Jean-François Piège | *Contemporaine/Haute Cuisine* 27
L'Arpège | *Haute Cuisine* 27
Le Divellec | *Poisson* 26
Les Fables/Fontaine | *Poisson* 25
Le Clos/Gourmets | *Contemporaine* 25
Chez L'Ami Jean | *Basque* 25
Aida | *Japonaise* 25
Le Florimond | *Classique* 25
Le Violon/Ingres | *Bistrot* 25
Les Cocottes | *Contemporaine* 24
Gaya | *Poisson* 24
Auguste | *Classique* 24
Le 144 Petrossian | *Poisson* 24
Café Constant | *Bistrot* 24
D'Chez Eux | *Sud-Ouest* 24
Chez Les Anges | *Brasserie* 24
Bellota-Bellota | *Espagnole* 24
Le Jules Verne | *Haute Cuisine* 23
Au Bon Accueil | *Bistrot* 23
L'Affriolé | *Bistrot* 23
Philippe Excoffier | *Classique* 23
35° Ouest | *Poisson* 22
Il Vino | *Contemporaine* 22
Tan Dinh | *Vietnamienne* 22
La Cigale Récamier | *Classique* 22
L'Auberge Bressane | *Classique* 22
Thiou | *Thaïlandaise* 22
La Fontaine/Mars | *Sud-Ouest* 22
Le P'tit Troquet | *Bistrot* 22
Tante Marguerite | *Classique* 22
Le Voltaire | *Classique* 22
La Ferme St-Simon | *Classique* 21
Vin et Marée | *Poisson* 21
Vin sur Vin | *Contemporaine* 21
Cinq Mars | *Bistrot* 21

Maison/Amérique Latine | *Classique* 21

Firmin le Barbier | *Bistrot* 21

Les Ombres | *Contemporaine* 21

Bistrot/Université | *Bistrot* 21

Chez Françoise | *Classique* 20

Thoumieux | *Contemporaine* 20

Domaine/Lintillac | *Sud-Ouest* 20

Le Petit Niçois | *Provençale* 20

Le 20/Bellechasse | *Bistrot* 20

Le Bistrot/Paris | *Bistrot* 19

Caffé Toscano | *Italienne* 19

Bistrot/7ème | *Bistrot* 19

Le Quai | *Contemporaine* 19

Les Botanistes | *Bistrot* 19

Le Grand Bistro | *Bistrot* 19

Le Montalembert | *Contemporaine* 19

Le Café/Esplanade | *Classique/Contemporaine* 18

Aux Fins Gourmets | *Sud-Ouest* 18

Café/Alma | *Contemporaine* 18

À la Petite Chaise | *Classique* 18

Rest. Musée/Orsay | *Classique* 16

L'Affable | *Bistrot* -

Le Perron | *Italienne* -

Pottoka | *Bistrot* -

Ravi | *Indienne* -

8e ARRONDISSEMENT

Taillevent | *Haute Cuisine* 29

Pierre Gagnaire | *Haute Cuisine* 28

Le Cinq | *Haute Cuisine* 28

Alain Ducasse/Plaza Athénée | *Haute Cuisine* 28

Lasserre | *Haute Cuisine* 27

L'Atelier/Joël Robuchon | *Haute Cuisine* 27

Apicius | *Haute Cuisine* 27

Épicure | *Haute Cuisine* 27

Les Ambassadeurs | *Haute Cuisine* 27

Caviar Kaspia | *Russe* 26

Senderens | *Contemporaine* 26

L'Etoile Marocaine | *Marocaine* 26

La Luna | *Poisson* 26

Pavillon Ledoyen | *Haute Cuisine* 25

Le Relais Plaza | *Brasserie/Eclectique* 25

Dominique Bouchet | *Haute Cuisine* 25

Stella Maris | *Classique* 25

Chez Cécile | *Classique* 25

Laurent | *Haute Cuisine* 25

La Table/Lancaster | *Haute Cuisine* 25

La Maison/Caviar | *Russe* 25

Ladurée | *Classique/Salon de Thé* 24

Le Chiberta | *Contemporaine* 24

L'Astor | *Classique* 24

La Maison/Truffe | *Classique* 24

Citrus Étoile | *Classique/Contemporaine* 24

Le Vernet | *Haute Cuisine* 24

Prunier | *Poisson* 24

Mariage Frères | *Dessert/Salon de Thé* 23

Le 39V | *Contemporaine* 23

Tante Louise | *Bourguignonne/Classique* 23

Annapurna | *Indienne* 23

La Marée | *Poisson* 23

Le Sarladais | *Sud-Ouest* 23

Marius et Janette | *Poisson* 23

Les 110/Taillevent | *Brasserie* 23

Le Café Lenôtre | *Contemporaine* 23

Maison Blanche | *Contemporaine* 23

Copenhague | *Danoise* 23

Les Gourmets/Ternes | *Bistrot* 23

Royal Madeleine | *Classique* 23

Maison/Aubrac | *Classique* 22

Bread & Roses | *Boulangerie* 22

La Cuisine | *Contemporaine* 22

Le Pichet/Paris | *Poisson* 22

À l'Affiche | *Bistrot* 22

Le Relais/Entrecôte | *Viande* 22

Thiou | *Thaïlandaise* 22

Garnier | *Brasserie* 22

Tong Yen | *Chinoise* 22

Market | *Eclectique* 22

Kaïten | *Japonaise* 22

Bistrot/Sommelier | *Bar à Vin/Bistrot* 22

Le Stresa | *Italienne* 22

La Table/Hédiard | *Contemporaine* 22

Chez André | *Bistrot* 22

Findi | *Italienne* 21

Diep | *Asiatique* 21

Le 114 Faubourg | *Classique* 21

1728 | *Contemporaine* 21

Minipalais | *Contemporaine* 21

El Mansour | *Marocaine* 21

Flora Danica | *Classique/Danoise* 21

Le Petit Marius | *Poisson* 20

Maxim's | *Classique* 20

Le Fouquet's | *Classique* 20

Chez Savy | *Aveyronnaise* 20

- Daru | *Russe* 19
- Rest. Pershing | *Contemporaine/Eclectique* 19
- À Toutes Vapeurs | *Bistrot* 19
- La Fermette Marbeuf 1900 | *Classique* 19
- Café Terminus | *Brasserie* 19
- Brass. La Lorraine | *Brasserie* 18
- Chez Francis | *Brasserie* 18
- Brass. Mollard | *Brasserie* 18
- Eugène | *Eclectique* 18
- L'Écluse | *Bar à Vin/Bistrot* 17
- Buddha Bar | *Asiatique* 17
- Bar/Théâtres | *Bistrot* 17
- L'Avenue | *Contemporaine* 16
- Café Salle Pleyel | *Contemporaine* 16
- Drugstore Publicis | *Brasserie* 15
- Caffè Burlot | *Italienne* -
- L'Instant d'Or | *Contemporaine* -
- N Miss Ko | *Asiatique/Contemporaine* -
- Neva | *Contemporaine* -

9e ARRONDISSEMENT

- Jean | *Contemporaine* 26
- La Petite Sirène/Copenhague | *Danoise* 25
- Petrelle | *Contemporaine* 25
- Ladurée | *Classique/Salon de Thé* 24
- Le Pantruche | *Bistrot* 24
- Casa Olympe | *Contemporaine/Provençale* 23
- I Golosi | *Italienne* 23
- L'Oriental | *Nord-Africaine* 23
- Rose Bakery | *Boulangerie/Britannique* 22
- Au Petit Riche | *Bistrot* 22
- Pizza di Loretta | *Pizza* 22
- Le 16 Haussmann | *Contemporaine* 21
- Le Bistro/Deux Théâtres | *Bistrot* 21
- Les Pates Vivantes | *Chinoise* 21
- J'Go | *Sud-Ouest* 21
- La Boule Rouge | *Nord-Africaine* 21
- Chez Grenouille | *Bistrot* 21
- Charlot - Roi/Coquillages | *Brasserie* 21
- Les Bacchantes | *Bar à Vin/Bistrot* 21
- Cul/Poule | *Bistrot* 20
- À La Cloche/Or | *Bistrot* 20
- Le Roi/Pot-au-Feu | *Bistrot* 19
- Les Comédiens | *Classique* 19
- Le Grand Café | *Brasserie* 19
- L'Opéra Rest. | *Contemporaine* 19
- Café/Paix | *Classique* 19
- L'Aromatik | *Contemporaine* 18
- Georgette | *Bistrot* 17
- Rest. Amour | *Contemporaine* 15
- Brass. Printemps | *Classique* 15
- Chartier | *Classique* 15
- Les Affranchis | *Bistrot* -
- N L'Atelier Rodier | *Bistrot* -
- Big Fernand | *Hamburgers* -
- Bourgogne Sud | *Bourguignonne* -
- Braisenville | *Eclectique* -
- Les Coulisses | *Bistrot* -
- Kiku | *Japonaise* -
- La Maison Mère | *Américaine/Bistrot* -
- L'Office | *Contemporaine* -
- N La Régalade Conservatoire | *Bistrot* -
- N Le Richer | *Bar à Vin/Bistrot* -
- Yoom | *Asiatique* -

10e ARRONDISSEMENT

- Chez Michel | *Bretonne* 24
- Le Cambodge | *Asiatique* 24
- Philou | *Bistrot* 21
- Le Martel | *Classique/Marocaine* 21
- La Grille | *Bistrot* 21
- Le Verre Volé | *Bistrot* 20
- Brass. Julien | *Brasserie* 19
- Brass. Flo | *Brasserie* 19
- Terminus Nord | *Brasserie* 18
- Aux Deux Canards | *Classique* 18
- Chez Prune | *Eclectique* 15
- N Abri | *Sandwichs* -
- Albion | *Bar à Vin/Bistrot* -
- N Le Bistro Urbain | *Bistrot* -
- La Cantine/Quentin | *Bar à Vin/Bistrot* -
- Chez Marie-Louise | *Bistrot* -
- Le Floréal | *Brasserie* -
- Le Galopin | *Bistrot* -
- Hotel/Nord | *Bistrot* -
- Nanashi | *Eclectique* -
- N Pan | *Bistrot* -
- N Vivant Table | *Bistrot* -
- Youpi et Voilà | *Bar à Vin* -

11e ARRONDISSEMENT

- Septime | *Bistrot* 25
- Rino | *Contemporaine* 25

L'Écailler/Bistrot | *Poisson* 25
Caffé dei Cioppi | *Italienne* 25
L'Auberge Pyrénées Cévennes | *Lyonnaise/Sud-Ouest* 24
Le Villaret | *Bistrot* 23
Le Chateaubriand | *Contemporaine* 23
Le Temps/Temps | *Bistrot* 23
Bistro/Vieux Chêne | *Bistrot* 23
Blue Elephant | *Thaïlandaise* 23
Paris-Hanoï | *Vietnamienne* 23
Le Chardenoux | *Bistrot* 23
Amici Miei | *Pizza* 22
Chez Paul | *Bistrot* 22
À l'Ami Pierre | *Méditerranéenne* 22
Le Sot l'y Laisse | *Bistrot* 22
La Main/Or | *Corse* 22
Le Dauphin | *Contemporaine* 22
Al Taglio | *Pizza* 22
Le Bistrot Paul Bert | *Bistrot* 21
Vin et Marée | *Poisson* 21
Aux Deux Amis | *Bar à Vin/Bistrot* 21
Le Bar/Soupes | *Soupe/Végétarienne* 21
Khun Akorn | *Thaïlandaise* 21
Astier | *Bistrot* 21
Mansouria | *Marocaine* 21
Le Bistrot/Peintre | *Bistrot* 18
Bistrot/Vins Mélac | *Bar à Vin/Bistrot* 18
Café/Industrie | *Bistrot* 17
Le Repaire/Cartouche | *Bistrot* 17
Café Charbon | *Brasserie* 16
Clown Bar | *Bar à Vin/Bistrot* 15
N Auberge Flora | *Classique* -
Au Passage | *Bar à Vin/Bistrot* -
N Bones | *Bar à Vin/Bistrot* -
N La Buvette | *Bar à Vin/Bistrot* -
Le Café/Passage | *Bar à Vin/Bistrot* -
N Chez Aline | *Boulangerie* -
Chez Ramulaud | *Bistrot* -
L'Entrée/Artistes | *Bar à Vin/Bistrot* -
Jeanne A | *Bistrot* -
Le Petit Cheval/Manège | *Bistrot* -
N Pierre Sang/Oberkampf | *Contemporaine* -
Qui Plume la Lune | *Contemporaine* -
Reuan Thai | *Thaïlandaise* -
Sassotondo | *Italienne* -
N Le 6 Paul Bert | *Bistrot* -
Le Square Gardette | *Bistrot* -
Le Tintilou | *Contemporaine* -

12e ARRONDISSEMENT

Le Quincy | *Bistrot* 26
Au Trou Gascon | *Sud-Ouest* 25
La Gazzetta | *Contemporaine* 24
L'Ebauchoir | *Bistrot* 24
Les Zygomates | *Bistrot* 23
Rose Bakery | *Boulangerie/Britannique* 22
À la Biche/Bois | *Bistrot* 22
Le Duc/Richelieu | *Lyonnaise* 22
L'Auberge Aveyronnaise | *Aveyronnaise* 21
Chai 33 | *Bar à Vin/Bistrot* 20
L'Européen | *Brasserie* 20
Le Train Bleu | *Classique* 19
Comme Cochons | *Bistrot* 19
Le Square Trousseau | *Bistrot* 19
Le Baron Rouge | *Bar à Vin/Bistrot* 18
N Boucherie/Provinces | *Viande* -
Café Cartouche | *Bistrot* -
Le Cotte Rôti | *Bistrot* -
Shan Goût | *Chinoise* -

13e ARRONDISSEMENT

L'Auberge/15 | *Classique* 24
L'Avant Goût | *Contemporaine* 23
Au Petit Marguery | *Bistrot* 23
Les Cailloux | *Italienne* 22
Lao Lane Xang | *Asiatique* 22
Le Bambou | *Vietnamienne* 22
Chez Paul | *Bistrot* 22
L'Aimant/Sud | *Classique* 21
Le Comptoir Marguery | *Bourguignonne* 21
China Town Olympiades | *Chinoise* 20
Tricotin | *Asiatique* 19
Nouveau Village Tao-Tao | *Chinoise/Thaïlandaise* 19
Le Temps/Cerises | *Bistrot* 18
Suave | *Vietnamienne* -

14e ARRONDISSEMENT

Le Duc | *Poisson* 28
Le Severo | *Viande* 26
Les Petites Sorcières/Ghislaine Arabian | *Nord* 25
La Régalade | *Bistrot* 25
La Cantine/Troquet | *Basque* 25
La Cagouille | *Poisson* 23
La Cerisaie | *Sud-Ouest* 23
Le Cornichon | *Bistrot* 23

Le Dôme | *Poisson* 22
L'Opportun | *Lyonnaise* 22
Le Bistrot/Dôme | *Poisson* 22
Il Barone | *Italienne* 22
Crêperie Josselin | *Boulangerie* 22
Pavillon Montsouris | *Classique* 22
Vin et Marée | *Poisson* 21
Le Bar/Huîtres | *Poisson* 21
La Maison Courtine | *Contemporaine* 20
L'Entêtée | *Bistrot* 20
L'Assiette | *Bistrot/Sud-Ouest* 19
Le Zeyer | *Brasserie* 19
La Coupole | *Brasserie* 18
N Bistrotters | *Bistrot/Contemporaine* -
Cobéa | *Contemporaine* -
Le Jeu/Quilles | *Bistrot* -

15e ARRONDISSEMENT

Cristal/Sel | *Contemporaine* 27
Le Grand Venise | *Italienne* 26
Le Quinzième | *Contemporaine* 26
Le Beurre Noisette | *Bistrot* 25
Benkay | *Japonaise* 25
La Cantine/Troquet | *Basque* 25
Le Troquet | *Basque/Contemporaine* 24
Rest./Tour | *Classique* 24
Le Grand Pan | *Bistrot* 23
Stéphane Martin | *Classique* 23
Schmidt - L'Os/Moelle | *Classique* 23
Jadis | *Bistrot* 23
Le Bélisaire | *Bistrot* 23
Kim Anh | *Vietnamienne* 23
La Cave Schmidt | *Bar à Vin/Bistrot* 23
Bistro 121 | *Bistrot* 22
La Villa Corse | *Corse* 21
Rest./Marché | *Bistrot* 21
Le Père Claude | *Classique* 21
Le Bistrot/André | *Bistrot* 20
Le Suffren | *Brasserie* 18
La Gauloise | *Classique* 18
Le Café/Commerce | *Bistrot* 17
La Cantine/Tontons | *Classique* 17
Le Casse-Noix | *Bistrot* -
Chen Soleil/Est | *Chinoise* -
N Ciel/Paris | *Contemporaine* -
Le Concert/Cuisine | *Contemporaine/Japonaise* -

16e ARRONDISSEMENT

L'Astrance | *Haute Cuisine* 28
Les Tablettes/Jean-Louis Nomicos | *Haute Cuisine* 28
Hiramatsu | *Contemporaine/Haute Cuisine* 27
Le Pré Catelan | *Haute Cuisine* 26
La Terrasse Mirabeau | *Bistrot* 26
Fakhr el Dine | *Libanaise* 25
Etc... | *Contemporaine* 25
Relais/Auteuil "Patrick Pignol" | *Haute Cuisine* 25
Le Petit Pergolèse | *Bistrot* 25
Marius | *Poisson/Provençale* 25
Rest. Le Pergolèse | *Haute Cuisine* 25
Shang Palace | *Chinoise* 24
La Grande Cascade | *Haute Cuisine* 24
Prunier | *Poisson* 24
L'Abeille | *Haute Cuisine* 23
Jamin | *Contemporaine* 23
Paul Chêne | *Classique* 23
Passiflore | *Asiatique/Classique* 23
6 New York | *Contemporaine* 23
Akrame | *Contemporaine* 23
Tsé-Yang | *Chinoise* 22
Oum el Banine | *Marocaine* 22
Antoine | *Contemporaine/Poisson* 22
La Marée Passy | *Poisson* 22
Tang | *Chinoise* 22
Al Dar | *Libanaise* 22
Vin et Marée | *Poisson* 21
Lac-Hong | *Vietnamienne* 21
La Table Lauriston | *Classique* 21
Le 70 | *Classique* 21
Bellini | *Italienne* 21
A&M Rest. | *Classique* 21
L'Acajou | *Classique/Haute Cuisine* 21
Le Stella | *Brasserie* 21
Le Coq | *Brasserie* 21
La Villa Corse | *Corse* 21
Bon | *Asiatique* 21
Noura | *Libanaise* 21
L'Auberge Dab | *Brasserie* 20
Le Bistrot/Vignes | *Bistrot* 20
Chez Géraud | *Classique* 20
Cristal Room | *Contemporaine* 20
Les Jardins/Bagatelle | *Classique* 20
Le Petit Victor Hugo | *Classique* 19
Le Scheffer | *Bistrot* 19
Le Grand Bistro | *Bistrot* 19
Coffee Parisien | *Américaine* 18

La Gare | *Classique* 18
Le Chalet/Iles | *Classique* 18
Le Petit Rétro | *Bistrot* 18
Le Murat | *Brasserie* 17
Zebra Square | *Classique/Italienne* 16
La Grande Armée | *Classique* 16
Le Flandrin | *Brasserie* 15
L'Ogre | *Bistrot* -

17ᵉ ARRONDISSEMENT

Guy Savoy | *Haute Cuisine* 28
Les Fougères | *Contemporaine* 27
Michel Rostang | *Classique* 27
Chez Ly | *Chinoise/Thaïlandaise* 25
Le Hide | *Bistrot* 24
Sormani | *Italienne* 24
Dessirier | *Brasserie/Poisson* 24
Caïus | *Contemporaine* 24
L'Agapé | *Contemporaine* 24
Pétrus | *Brasserie* 23
Au Petit Marguery | *Bistrot* 23
Graindorge | *Belge/Nord* 23
La Fourchette/Printemps | *Bistrot* 23
Caves Pétrissans | *Bar à Vin/Bistrot* 23
Kifune | *Japonaise* 23
Le Relais/Venise | *Viande* 23
Bistrot/Passage | *Bistrot* 23
Le Rech | *Poisson* 22
Le Bouchon et L'Assiette | *Bistrot* 22
L'Huîtrier | *Poisson* 22
Chez Georges | *Brasserie* 22
Le Timgad | *Marocaine* 22
L'Entredgeu | *Bistrot* 21
Le Bar/Huîtres | *Poisson* 21
Bistrot/Côté Flaubert | *Bistrot* 21
L'Accolade | *Bistrot* 20
Le Congrès Maillot | *Brasserie* 20
Le Crabe Marteau | *Bretonne/Poisson* 20
Le Verre Bouteille | *Bar à Vin/Bistrot* 19
Chez Fred | *Bistrot* 19
Le Grand Bistro | *Bistrot* 19
Le Ballon/Ternes | *Brasserie* 19
Le Bistrot/Dames | *Bistrot* 18
L'Écluse | *Bar à Vin/Bistrot* 17
Atao | *Bretonne/Poisson* -
Ballon et Coquillages | *Poisson* -
Le Dodin/Mark Singer | *Contemporaine* -
Frédéric Simonin | *Contemporaine/Haute Cuisine* -
MBC | *Contemporaine* -

18ᵉ ARRONDISSEMENT

Guilo-Guilo | *Asiatique* 27
La Table/Eugène | *Contemporaine* 26
Chamarré Montmartre | *Contemporaine/Mauricienne* 26
Bistro Poulbot | *Bistrot* 23
La Famille | *Contemporaine* 23
À la Pomponette | *Bistrot* 23
Miroir | *Bistrot* 21
Café Burq | *Bar à Vin/Bistrot* 21
Sale e Pepe | *Italienne* 21
La Rughetta | *Italienne* 21
Chéri Bibi | *Bistrot* 20
La Mascotte | *Auvergnate* 20
Le Moulin/Galette | *Classique* 20
Wepler | *Brasserie* 20
Café/Deux Moulins | *Bistrot* 15
Au Clocher/Montmartre | *Bistrot* -
La Bonne Franquette | *Bistrot* -
Le Coq Rico | *Bistrot* -
Le Cottage Marcadet | *Contemporaine* -
N Il Brigante | *Italienne* -
Square Marcadet | *Classique/Contemporaine* -

19ᵉ ARRONDISSEMENT

Au Bœuf Couronné | *Classique* 23
Lao Siam | *Thaïlandaise* 22
Au Cochon/Lait | *Aveyronnaise* 22
Le Pavillon/Lac | *Classique/Contemporaine* 19
Quedubon | *Bar à Vin/Bistrot* 18
Café/Musique | *Brasserie/Contemporaine* 17
Rosa Bonheur | *Sud-Ouest* 16

20ᵉ ARRONDISSEMENT

Le Baratin | *Bar à Vin/Bistrot* 24
Les Allobroges | *Classique* 22
La Boulangerie | *Bistrot* 22
La Bellevilloise | *Brasserie* 17
Mama Shelter Rest. | *Brasserie* 16
Chatomat | *Contemporaine* -
N Felicity Lemon | *Bistrot* -
N Roseval | *Contemporaine* -

EMPLACEMENTS DIVERS

Le Camion Qui Fume | *Hamburgers* -

Environs de Paris

CLICHY

La Romantica | *Italienne* 22

ISSY-LES-MOULINEAUX

Rest. Manufacture | *Contemporaine* 22
L'Île | *Classique/Contemporaine* 19

JOINVILLE-LE-PONT

Chez Gégène | *Classique* 16

NEUILLY-SUR-SEINE

Chez Ly | *Chinoise/Thaïlandaise* 25
Sébillon | *Brasserie* 22
Mandarin/Neuilly | *Chinoise* 21
La Boutarde | *Bistrot* 21
Bel Canto | *Classique* 18
Coffee Parisien | *Américaine* 18
Zinc-Zinc | *Bistrot* 18
Café/Jatte | *Italienne* 18
La Guinguette/Neuilly | *Classique* 18

SAINT-CLOUD

Quai Ouest | *Eclectique* 14

SAINT-OUEN

N Ma Cocotte | *Néobistrot* -

SURESNES

Au Père Lapin | *Bistrot* 22

1er ARRONDISSEMENT

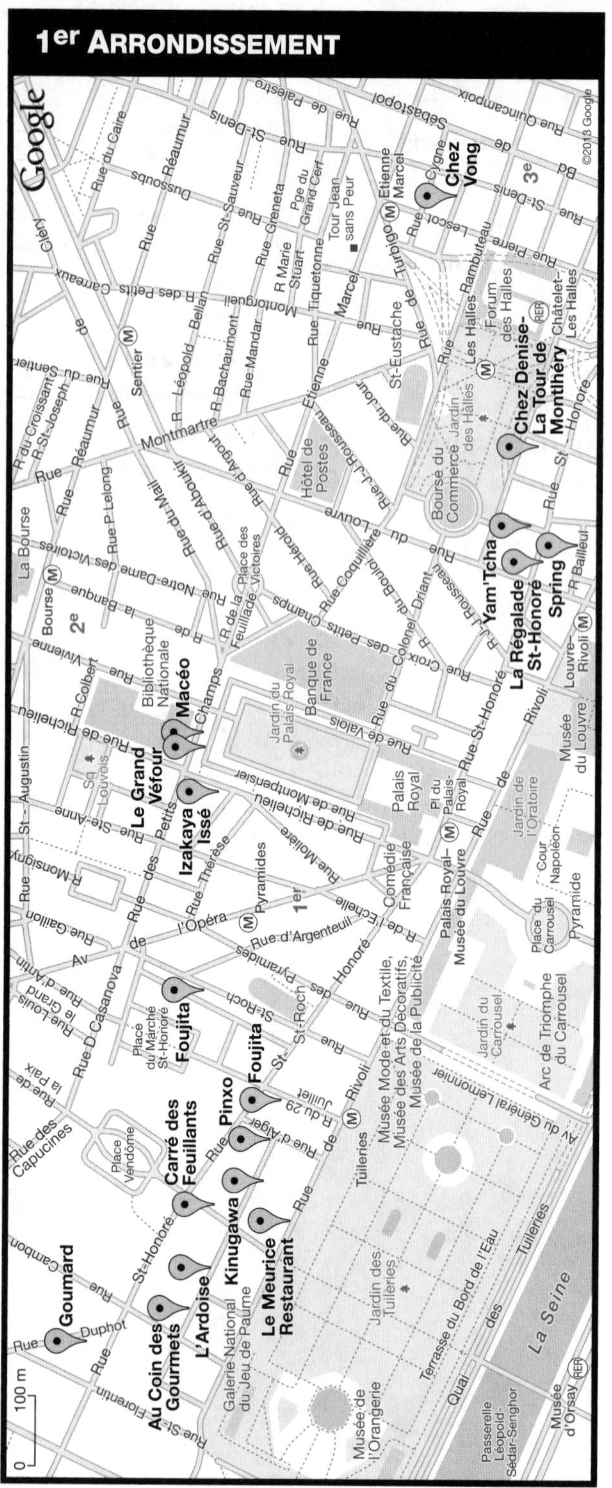

Goumard
Au Coin des Gourmets
L'Ardoise
Kinugawa
Le Meurice Restaurant
Carré des Feuillants
Pinxo
Foujita
Foujita
Izakaya Issé
Le Grand Véfour
Macéo
Yam'Tcha
La Régalade St-Honoré
Spring
Chez Denise-La Tour de Montlhéry
Chez Vong
1er
2e
3e
Place Vendôme
Jardin des Tuileries
Musée de l'Orangerie
Galerie National du Jeu de Paume
Musée Mode et du Textile, Musée des Arts Décoratifs, Musée de la Publicité
Arc de Triomphe du Carrousel
Jardin du Carrousel
Place du Carrousel
Pyramide
Cour Napoléon
Musée du Louvre
Jardin de l'Oratoire
Palais Royal
Jardin du Palais Royal
Banque de France
Comédie Française
Bibliothèque Nationale
Place des Victoires
Hôtel de Postes
Bourse du Commerce
Jardin des Halles
Forum des Halles
Tour Jean sans Peur
La Seine
Terrasse du Bord de l'Eau
Passerelle Léopold-Sédar-Senghor
Musée d'Orsay
Tuileries
Pyramides
Palais Royal–Musée du Louvre
Louvre–Rivoli
Châtelet–Les Halles
Les Halles
Étienne Marcel
Sentier
Bourse
Rue de Rivoli
Rue St-Honoré
Av de l'Opéra
Rue Montmartre
Rue du Louvre
Rue Étienne Marcel
Bd de Sébastopol
Rue St-Denis
Rue de Richelieu
Rue des Petits Champs
Rue Réaumur
©2013 Google

2e Arrondissement

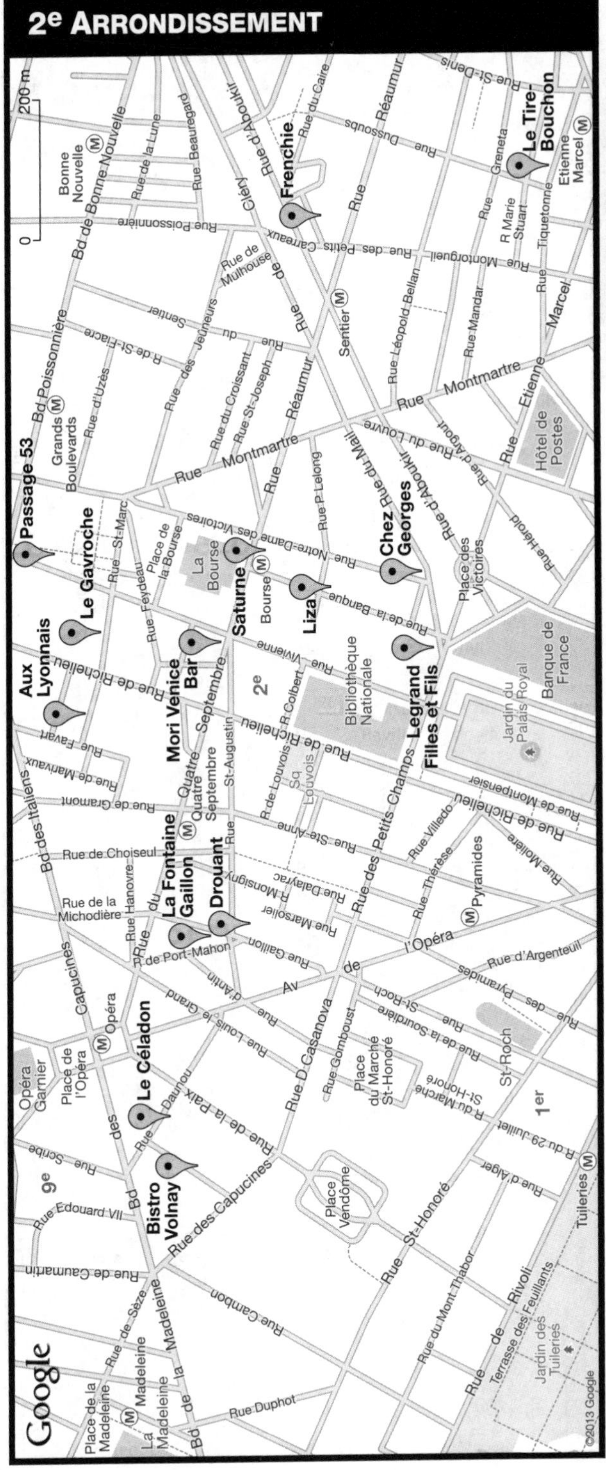

0
200 m
Frenchie
Le Tire-Bouchon
Passage 53
Le Gavroche
Aux Lyonnais
Mori Venice Bar
Saturne
Liza
Chez Georges
Legrand Filles et Fils
La Fontaine Gaillon
Drouant
Le Céladon
Bistro Volnay
Bonne Nouvelle
Grands Boulevards
Sentier
Bourse
La Bourse
Place de la Bourse
Bibliothèque Nationale
2e
Sq Louvois
Quatre Septembre
Pyramides
Opéra
Opéra Garnier
Place de l'Opéra
Place du Marché St-Honoré
Place Vendôme
Jardin du Palais Royal
Banque de France
Place des Victoires
Hôtel de Postes
Etienne Marcel
Madeleine
Place de la Madeleine
La Madeleine
Tuileries
Jardin des Tuileries
Terrasse des Feuillants
1er
9e
Bd de Bonne Nouvelle
Bd Poissonnière
Bd des Italiens
Bd des Capucines
Bd de la Madeleine
Rue Poissonnière
Rue Réaumur
Rue Montmartre
Rue de Cléry
Rue d'Aboukir
Rue du Caire
Rue St-Denis
Rue Dussoubs
Rue Greneta
Rue Tiquetonne
Rue Montorgueil
Rue Etienne Marcel
Rue des Petits Carreaux
Rue du Sentier
Rue de Mulhouse
Rue des Jeûneurs
Rue du Croissant
Rue St-Joseph
Rue Notre-Dame des Victoires
Rue Vivienne
Rue de la Banque
Rue du Mail
Rue du Louvre
Rue de Richelieu
Rue Colbert
Rue des Petits-Champs
Rue Ste-Anne
Rue de Choiseul
Rue de la Michodière
Rue Gaillon
Rue de Port-Mahon
Av de l'Opéra
Rue St-Roch
Rue des Pyramides
Rue d'Argenteuil
Rue de la Paix
Rue Daunou
Rue Louis le Grand
Rue Scribe
Rue Edouard-VII
Rue de Caumartin
Rue de Sèze
Rue Duphot
Rue Cambon
Rue St-Honoré
Rue du Mont-Thabor
Rue de Rivoli
Rue D.-Casanova
Rue Gomboust
Rue du 29 Juillet
Rue d'Alger
Rue de Montpensier
Rue Molière
Rue Thérèse
Rue Villedo
Rue de Gramont
Rue de Marivaux
Rue Favart
Rue Feydeau
Rue St-Marc
Rue d'Uzès
Rue Beauregard
Rue de la Lune
Rue Mandar
Rue Léopold-Bellan
Rue P.-Lelong
Rue Hérold
Rue d'Argout
Rue Hanovre
Rue Monsigny
Rue Dalayrac
Rue Marsollier
Rue St-Augustin
Rue d'Antin
Rue de la Sourdière
R de Louvois
R Marie Stuart
Google
©2013 Google

3e Arrondissement

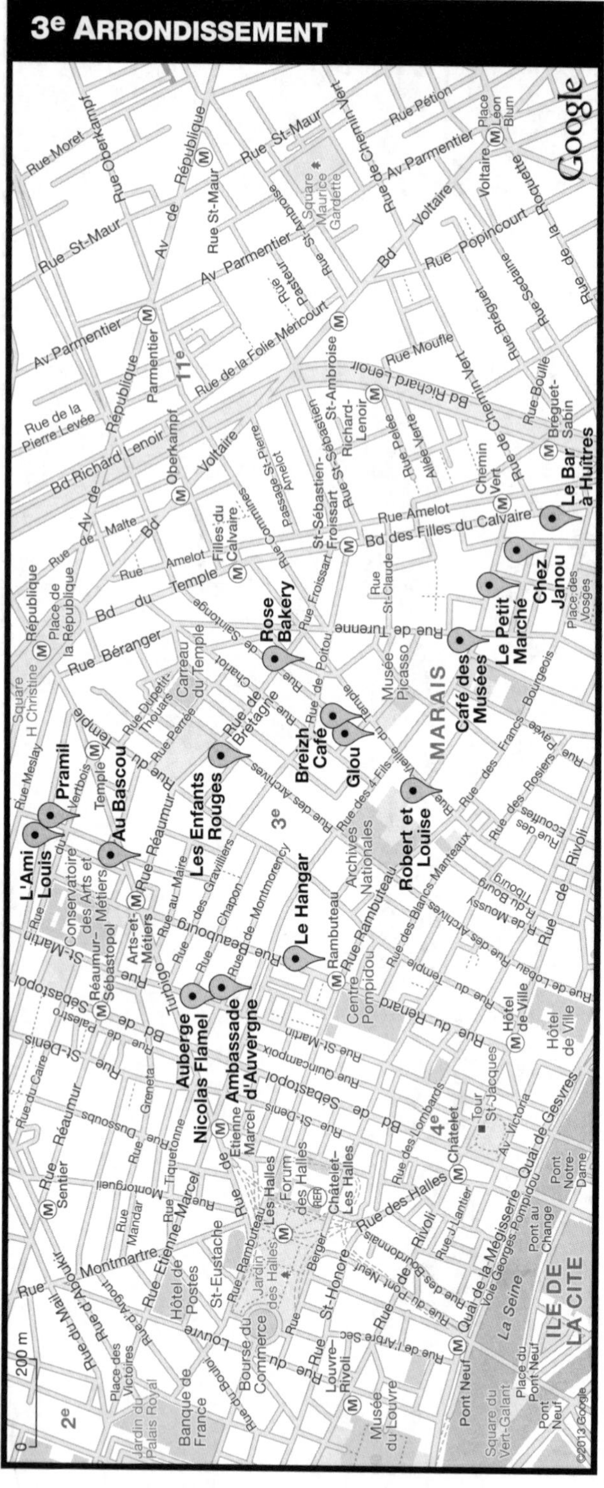

L'Ami Louis
Pramil
Au Bascou
Les Enfants Rouges
Auberge Nicolas Flamel
Ambassade d'Auvergne
Le Hangar
Rose Bakery
Breizh Café
Glou
Robert et Louise
Café des Musées
Le Petit Marché
Chez Janou
Le Bar à Huîtres
MARAIS
3e
4e
11e
2e
ILE DE LA CITE
La Seine
200 m
Google
©2013 Google

4e Arrondissement

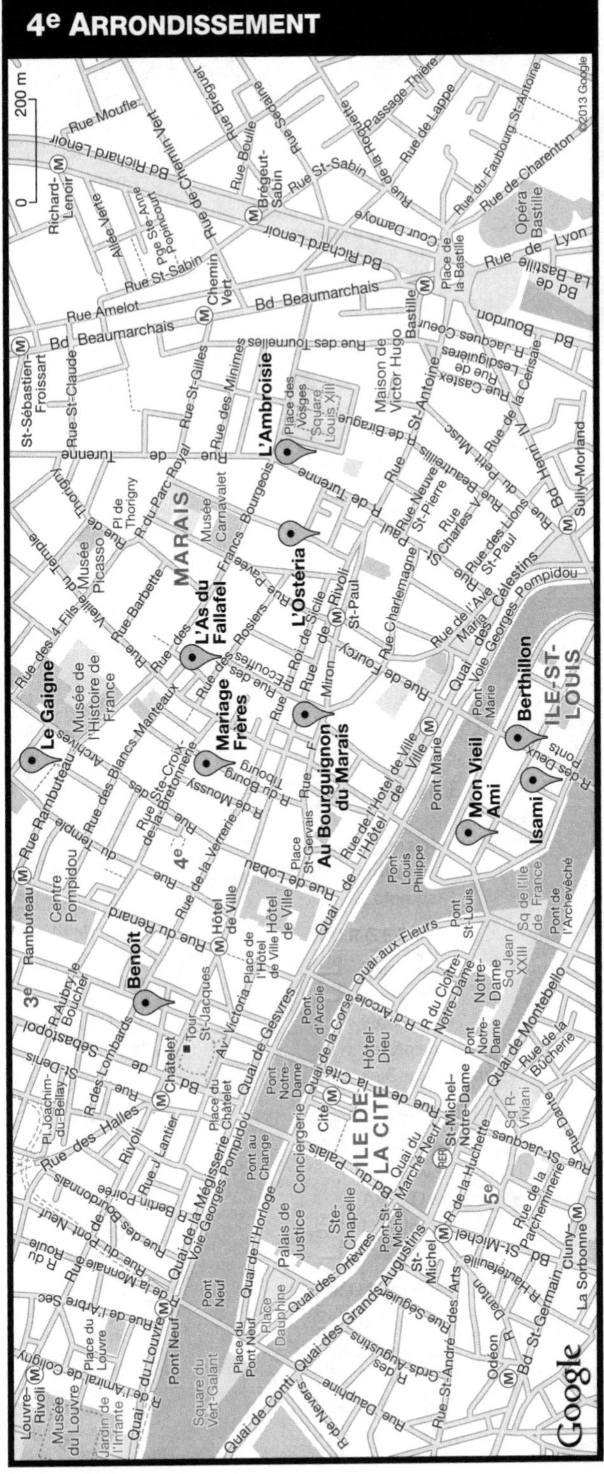

Le Gaigne
L'As du Fallafel
Mariage Frères
L'Ostéria
L'Ambroisie
Au Bourguignon du Marais
Benoît
Mon Vieil Ami
Isami
Berthillon
MARAIS
ILE DE LA CITE
ILE-ST-LOUIS
4e
3e
5e
Musée Picasso
Musée Carnavalet
Musée de l'Histoire de France
Centre Pompidou
Hôtel de Ville
Place des Vosges
Maison de Victor Hugo
Place de la Bastille
Opéra Bastille
Notre-Dame
Hôtel-Dieu
Conciergerie
Ste-Chapelle
Palais de Justice
Pont Neuf
Square du Vert-Galant
Musée du Louvre
Bd Beaumarchais
Bd Richard Lenoir
Rue de Rivoli
Rue St-Antoine
Quai de la Mégisserie
Voie Georges Pompidou
Bd St-Germain
Bd St-Michel
Bd de Sébastopol
Rue Rambuteau
Rue des Rosiers
Rue des Francs Bourgeois
Rue Vieille du Temple
Rue de Turenne
200 m
Google
©2013 Google

5e Arrondissement

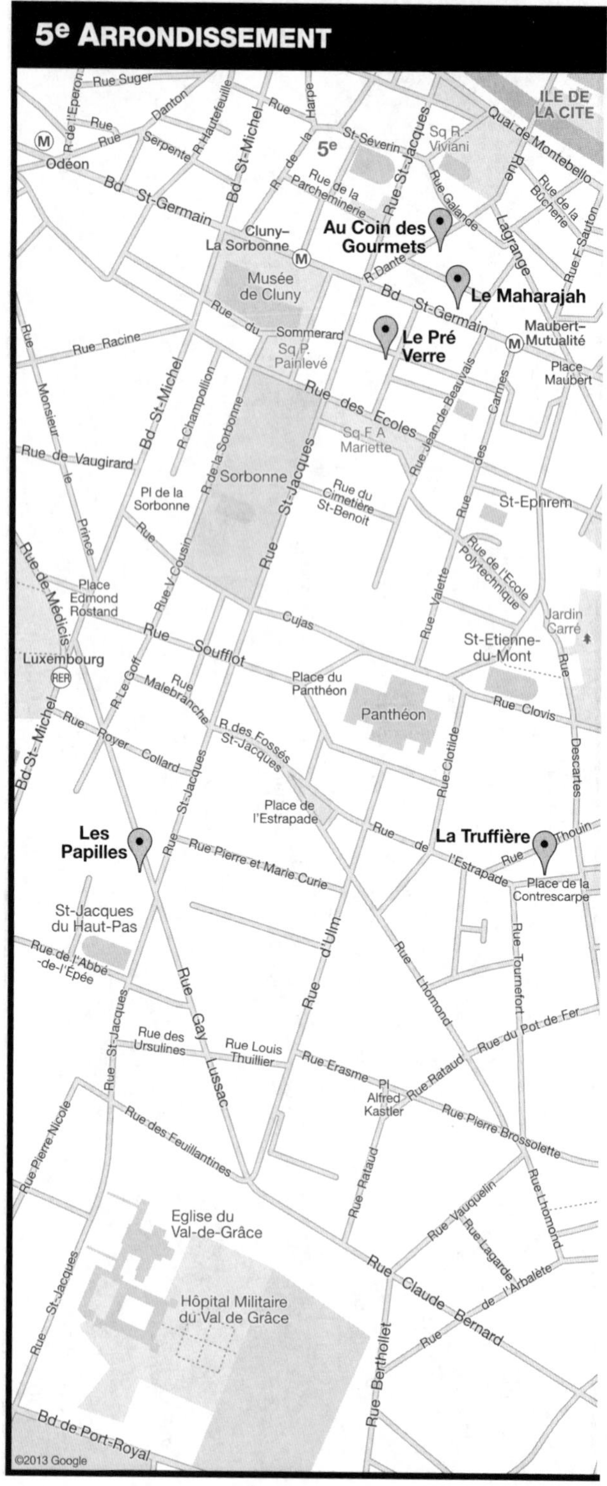

Au Coin des Gourmets
Le Maharajah
Le Pré Verre
Les Papilles
La Truffière
Ile de la Cité
5e
Odéon
Cluny–La Sorbonne
Maubert–Mutualité
Luxembourg
Musée de Cluny
Sorbonne
Panthéon
St-Etienne-du-Mont
St-Ephrem
St-Jacques du Haut-Pas
Eglise du Val-de-Grâce
Hôpital Militaire du Val de Grâce
Place Maubert
Place du Panthéon
Place de l'Estrapade
Place de la Contrescarpe
Place Edmond Rostand
Pl de la Sorbonne
Pl Alfred Kastler
Sq R. Viviani
Sq P. Painlevé
Sq F A Mariette
Jardin Carré
Quai de Montebello
Bd St-Germain
Bd St-Michel
Bd de Port-Royal
Rue St-Jacques
Rue des Ecoles
Rue Soufflot
Rue Gay Lussac
Rue d'Ulm
Rue Claude Bernard
Rue Descartes
Rue Clovis
Rue Lhomond
Rue Mouffetard
Rue de Vaugirard
Rue Monsieur le Prince
Rue de Médicis
Rue Racine
Rue Royer Collard
Rue Pierre et Marie Curie
Rue des Feuillantines
Rue des Ursulines
Rue Louis Thuillier
Rue Erasme
Rue Rataud
Rue Pierre Brossolette
Rue du Pot de Fer
Rue Tournefort
Rue Berthollet
Rue Vauquelin
Rue Lagarde
Rue de l'Arbalète
Rue Pierre Nicole
Rue de l'Abbé-de-l'Epée
Rue Malebranche
Rue Le Goff
Rue V. Cousin
R. Champollion
R. de la Sorbonne
R. des Fossés St-Jacques
Rue du Cimetière St-Benoit
Rue de l'Ecole Polytechnique
Rue Valette
Rue Clotilde
Rue Cujas
Rue de l'Estrapade
Rue Thouin
Rue du Sommerard
Rue Jean-de-Beauvais
Rue des Carmes
Rue Lagrange
Rue Galande
Rue de la Parcheminerie
R. Dante
Rue de la Bûcherie
Rue F. Sauton
Rue St-Séverin
Rue de la Harpe
Rue Hautefeuille
Rue Serpente
Rue Danton
Rue Suger
R. de l'Eperon
©2013 Google

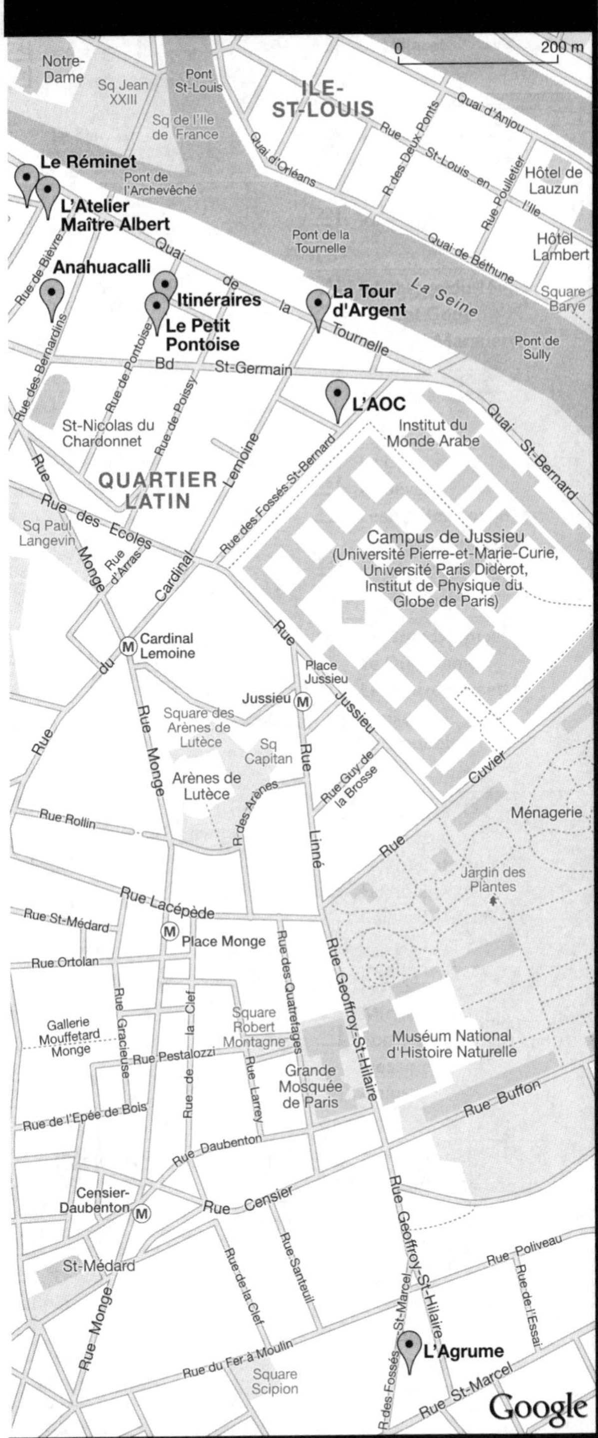

Notre-Dame
Sq Jean XXIII
Pont St-Louis
ILE-ST-LOUIS
Sq de l'Ile de France
Le Réminet
Pont de l'Archevêché
L'Atelier Maître Albert
Anahuacalli
Itinéraires
Le Petit Pontoise
La Tour d'Argent
L'AOC
Quai d'Anjou
Quai d'Orléans
Rue des Deux Ponts
Rue St-Louis en l'Ile
Rue Poulletier
Hôtel de Lauzun
Hôtel Lambert
Quai de Béthune
Pont de la Tournelle
La Seine
Square Barye
Pont de Sully
Quai de la Tournelle
Bd St-Germain
Rue de Bièvre
Rue des Bernardins
Rue de Pontoise
Rue de Poissy
St-Nicolas du Chardonnet
QUARTIER LATIN
Institut du Monde Arabe
Quai St-Bernard
Rue des Fossés St-Bernard
Rue Cardinal Lemoine
Rue des Ecoles
Sq Paul Langevin
Rue Monge
Rue d'Arras
Campus de Jussieu (Université Pierre-et-Marie-Curie, Université Paris Diderot, Institut de Physique du Globe de Paris)
Cardinal Lemoine
Rue du Cardinal Lemoine
Rue Jussieu
Place Jussieu
Jussieu
Square des Arènes de Lutèce
Sq Capitan
Arènes de Lutèce
Rue Linné
Rue Guy de la Brosse
Rue Cuvier
Ménagerie
Rue Rollin
R. des Arènes
Jardin des Plantes
Rue Lacépède
Rue St-Médard
Place Monge
Rue Ortolan
Rue des Quatrefages
Rue Geoffroy-St-Hilaire
Gallerie Mouffetard Monge
Rue Gracieuse
Rue de la Clef
Square Robert Montagne
Muséum National d'Histoire Naturelle
Rue Pestalozzi
Rue Larrey
Grande Mosquée de Paris
Rue Buffon
Rue de l'Epée de Bois
Rue Daubenton
Censier-Daubenton
Rue Censier
Rue Santeuil
Rue Poliveau
Rue de l'Essai
St-Médard
Rue St-Marcel
L'Agrume
Rue du Fer à Moulin
Square Scipion
R. des Fossés St-Marcel
Google
0
200 m

PLANS

6e Arrondissement

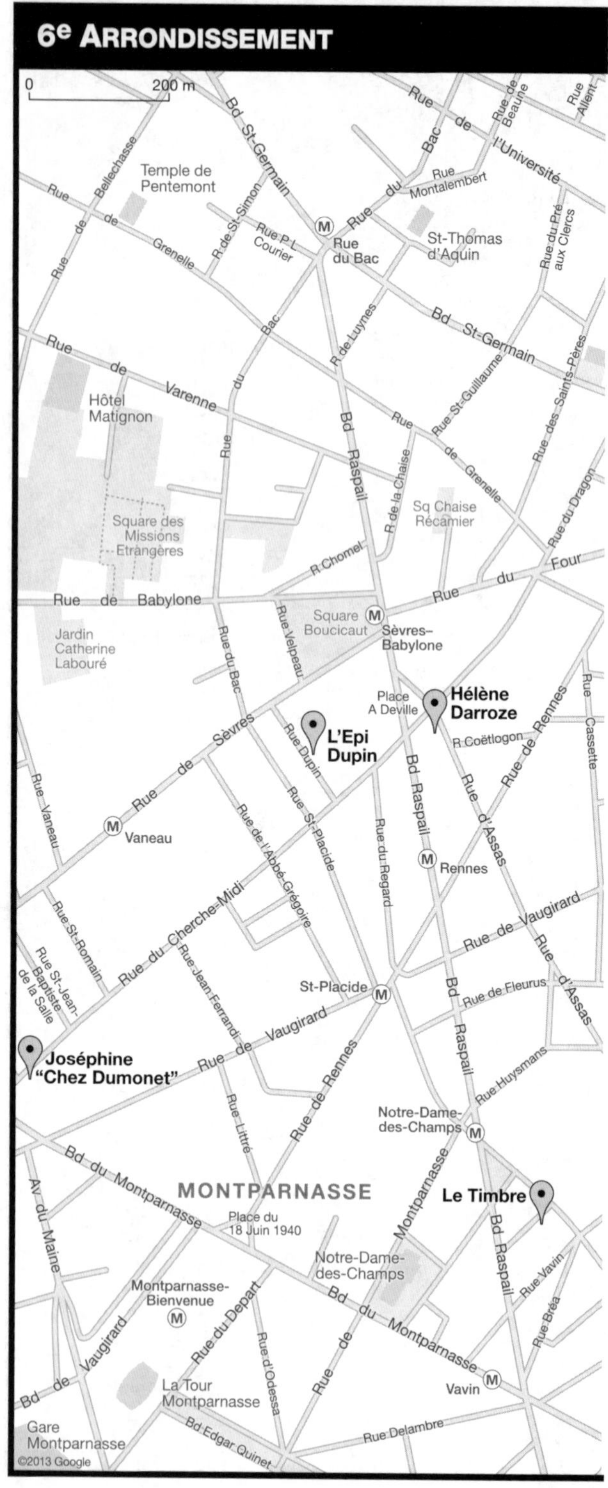
0
200 m
Temple de Pentemont
Hôtel Matignon
Square des Missions Etrangères
Jardin Catherine Labouré
Square Boucicaut
Sèvres-Babylone
St-Thomas d'Aquin
Sq Chaise Récamier
Place A Deville
Hélène Darroze
L'Epi Dupin
Vaneau
Rennes
St-Placide
Joséphine "Chez Dumonet"
Notre-Dame-des-Champs
Le Timbre
MONTPARNASSE
Place du 18 Juin 1940
Montparnasse-Bienvenue
La Tour Montparnasse
Gare Montparnasse
Vavin
Rue du Bac
Bd St-Germain
Rue de Grenelle
Rue de Varenne
Rue de Babylone
Rue de Sèvres
Rue du Four
Bd Raspail
Rue du Cherche-Midi
Rue de Vaugirard
Rue de Rennes
Rue d'Assas
Rue de Fleurus
Bd du Montparnasse
Rue du Départ
Rue d'Odessa
Bd Edgar Quinet
Rue Delambre
Av du Maine
©2013 Google

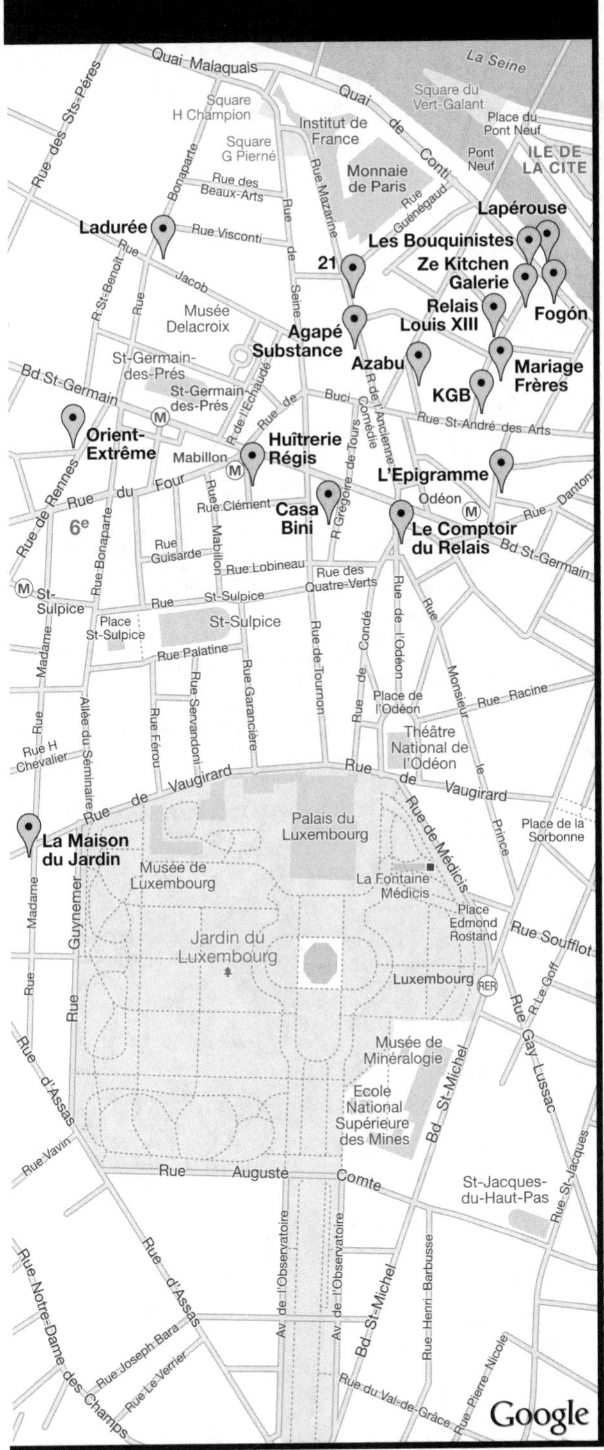

Ladurée
21
Les Bouquinistes
Lapérouse
Ze Kitchen Galerie
Fogón
Relais Louis XIII
Agapé Substance
Azabu
Mariage Frères
KGB
Orient-Extrême
Huîtrerie Régis
L'Epigramme
Casa Bini
Le Comptoir du Relais
La Maison du Jardin
Institut de France
Monnaie de Paris
Musée Delacroix
St-Germain-des-Prés
St-Sulpice
Palais du Luxembourg
Jardin du Luxembourg
Musée de Luxembourg
Théâtre National de l'Odéon
Google

PLANS

7e ARRONDISSEMENT

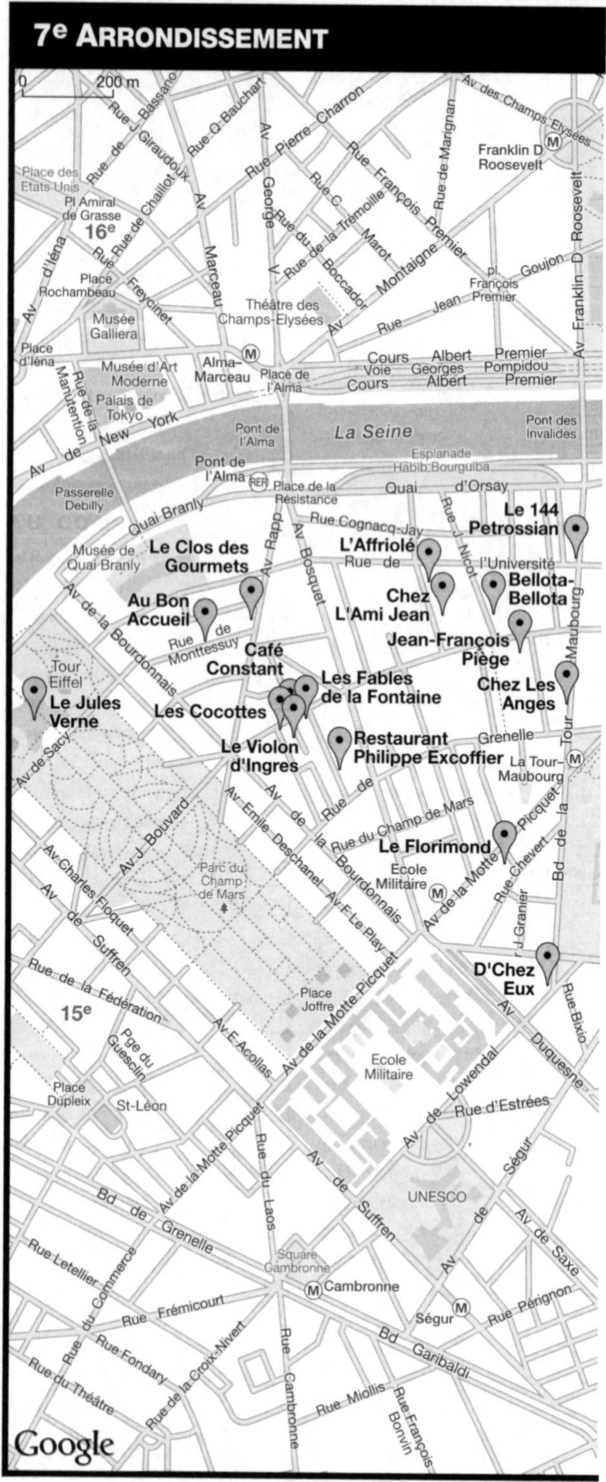

0
200 m
Le 144 Petrossian
L'Affriolé
Le Clos des Gourmets
Bellota-Bellota
Chez L'Ami Jean
Au Bon Accueil
Jean-François Piège
Café Constant
Les Fables de la Fontaine
Chez Les Anges
Le Jules Verne
Les Cocottes
Le Violon d'Ingres
Restaurant Philippe Excoffier
Le Florimond
D'Chez Eux
La Seine
Tour Eiffel
Parc du Champ de Mars
Ecole Militaire
UNESCO
Musée de Quai Branly
Musée Galliera
Musée d'Art Moderne
Palais de Tokyo
Théâtre des Champs-Elysées
Franklin D Roosevelt
Alma-Marceau
Place de l'Alma
Pont de l'Alma
Pont des Invalides
Esplanade Habib Bourguiba
Quai d'Orsay
Quai Branly
Passerelle Debilly
Place de la Résistance
Rue de l'Université
Grenelle
La Tour-Maubourg
Place Joffre
Place Dupleix
St-Léon
Square Cambronne
Cambronne
Ségur
16e
15e
Av des Champs Elysées
Rue François Premier
Av Montaigne
Cours Albert Premier
Av de New York
Av Rapp
Av Bosquet
Bd de la Tour Maubourg
Av de la Motte Picquet
Av de Suffren
Av de Lowendal
Av de Saxe
Av de Ségur
Bd de Grenelle
Bd Garibaldi
Google

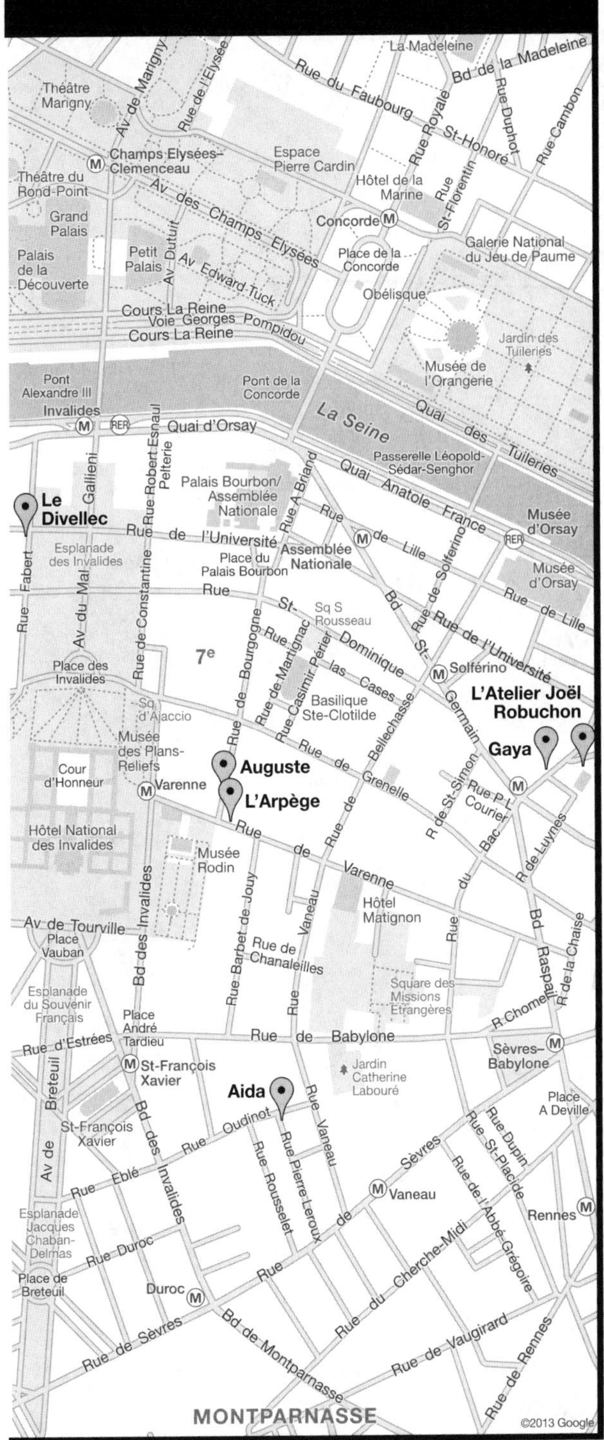
Le Divellec
L'Atelier Joël Robuchon
Gaya
Auguste
L'Arpège
Aida
7e
MONTPARNASSE
©2013 Google

8e Arrondissement

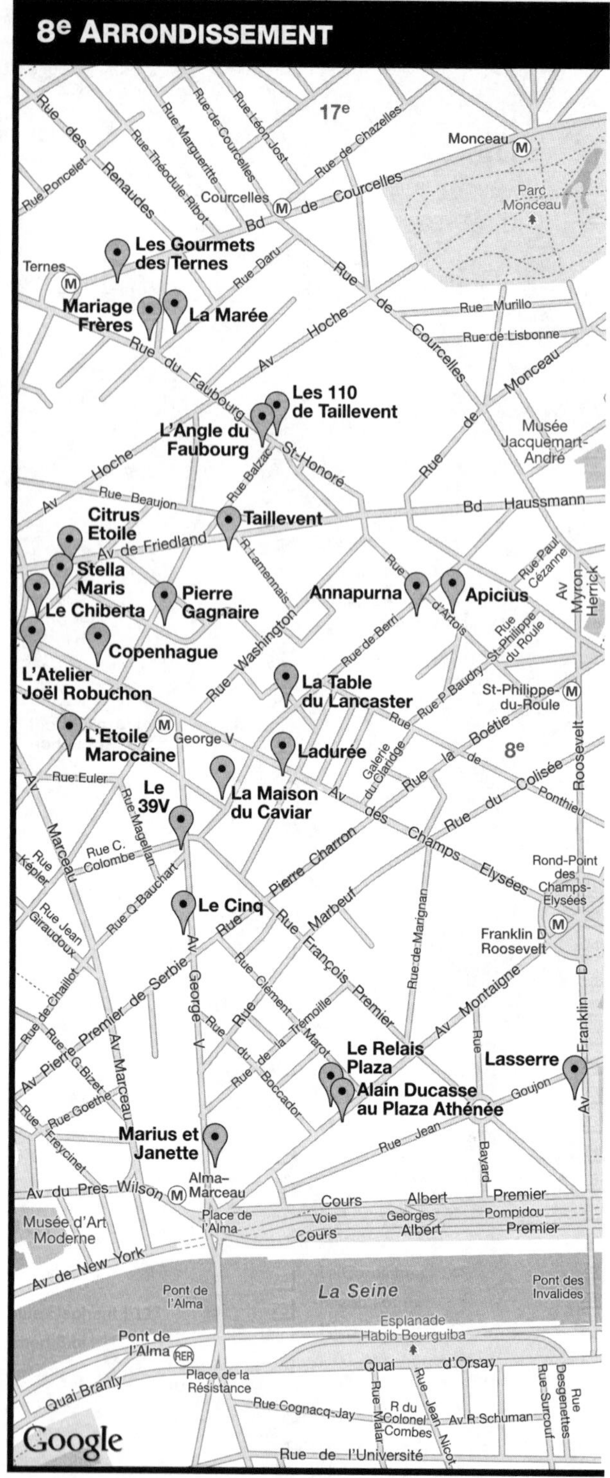

17e
Monceau
Parc Monceau
Courcelles
Bd de Courcelles
Ternes
Les Gourmets des Ternes
Mariage Frères
La Marée
Rue du Faubourg St-Honoré
Av Hoche
Rue de Courcelles
Rue Murillo
Rue de Lisbonne
Rue de Monceau
Les 110 de Taillevent
L'Angle du Faubourg
Musée Jacquemart-André
Bd Haussmann
Citrus Etoile
Taillevent
Av de Friedland
Stella Maris
Le Chiberta
Pierre Gagnaire
Annapurna
Apicius
Av Myron Herrick
Copenhague
L'Atelier Joël Robuchon
Rue Washington
La Table du Lancaster
St-Philippe-du-Roule
L'Etoile Marocaine
George V
Ladurée
8e
La Maison du Caviar
Le 39V
Av des Champs Elysées
Rue du Colisée
Rond-Point des Champs-Elysées
Le Cinq
Rue Pierre Charron
Rue Marbeuf
Rue François Premier
Franklin D Roosevelt
Av Roosevelt
Av George V
Av Montaigne
Av Marceau
Av Pierre Premier de Serbie
Le Relais Plaza
Alain Ducasse au Plaza Athénée
Lasserre
Av Franklin D Roosevelt
Marius et Janette
Alma-Marceau
Av du Pres Wilson
Place de l'Alma
Cours Albert Premier
Voie Georges Pompidou
Musée d'Art Moderne
Av de New York
La Seine
Pont de l'Alma
Pont des Invalides
Esplanade Habib Bourguiba
Quai d'Orsay
Place de la Résistance
Quai Branly
Rue Cognacq-Jay
Av R Schuman
Rue de l'Université
Google

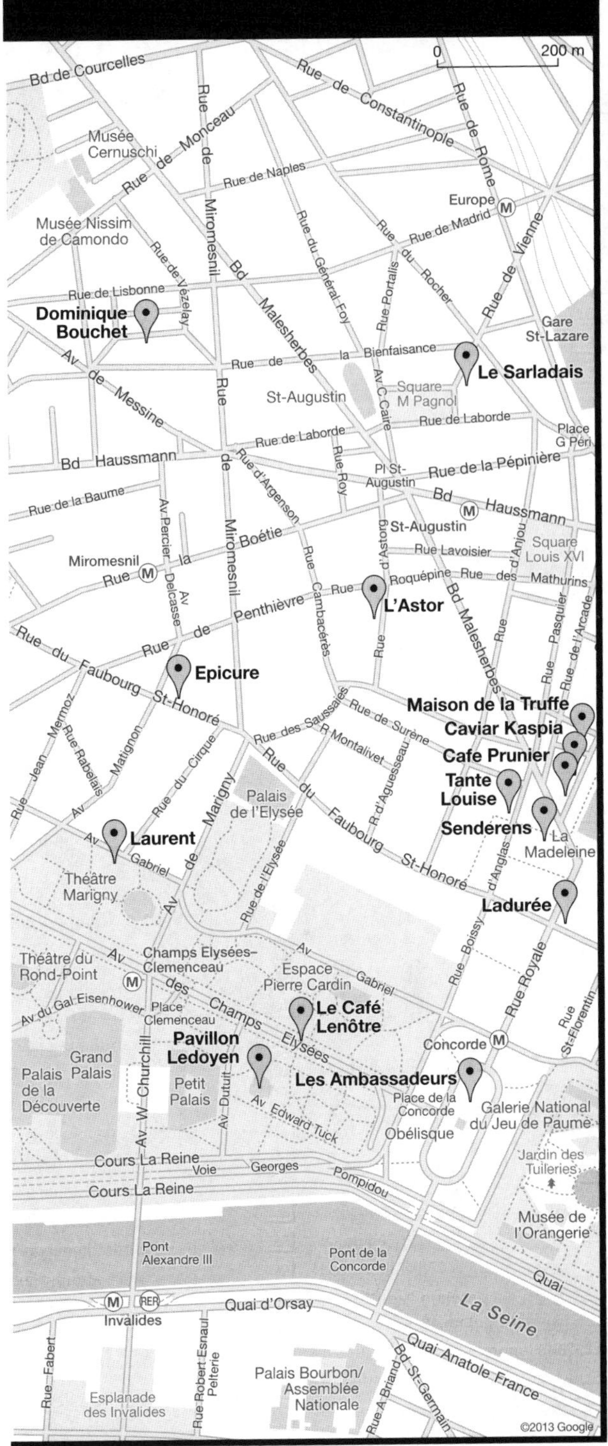
Dominique Bouchet
Le Sarladais
L'Astor
Epicure
Maison de la Truffe
Caviar Kaspia
Cafe Prunier
Tante Louise
Senderens
Laurent
Ladurée
Le Café Lenôtre
Pavillon Ledoyen
Les Ambassadeurs
©2013 Google

RÉPERTOIRE ALPHABÉTIQUE

	CUISINE	DÉCOR	SERVICE	PRIX

L'Abeille *Haute Cuisine* | 23 | 21 | 21 | 96€ |

16e | Shangri-La Hotel | 10 av d'Iéna (Iéna) | 01 53 67 19 90 | www.shangri-la.com

La table gastronomique du Shangri-La Hotel, dans le 16e chic, met en valeur la haute cuisine "raffinée" du chef Philippe Labbé ; la "superbe" salle à manger conçue par architecte d'intérieur Pierre-Yves Rochon dans des tons abeille, le symbole napoléonien (petit clin d'œil au premier propriétaire de cet hôtel particulier, le petit-neveu de Bonaparte), va de pair avec un service professionnel et des "prix élevés".

N **Abri** W *Sandwichs* | - | - | - | PC |

10e | 92 rue du Faubourg-Poissonnière (Poissonnière) | 01 83 97 00 00

On se presse dans le 10e pour goûter le déjà fameux sandwich gigantesque (pain de mie grillé, omelette, fromage, porc, sauce) les lundi et samedi et la version asiatique que propose le chef japonais d'une cuisine gastronomique française à des prix abordables ; ce tout petit espace de style industriel, avec cuisine ouverte, s'anime le soir avec cinq plats au menu dégustation. P.S. vu son succès et la taille de la salle, réservations conseillées.

L'Absinthe ☒ *Bistrot* | 21 | 20 | 20 | 52€ |

1er | 24 pl du Marché St-Honoré (Pyramides/Tuileries) | 01 49 26 90 04 | www.michelrostang.com

Les accros du shopping viennent chez Caroline Rostang, en face du marché Saint-Honoré, pour refaire le plein d'énergie et profiter du "bon rapport qualité-prix" de cet établissement "bien tenu" et de sa cuisine "traditionnelle" bistrotière "avec des pointes de branchitude" ; les uns aiment la "chaude ambiance", style loft, tandis que les autres préfèrent "s'asseoir dehors" sur la "terrasse agréable" où l'on peut "voir les gens passer".

L'Acajou ☒ *Classique/Haute Cuisine* | 21 | 20 | 19 | 48€ |

16e | 35 bis rue Jean-de-la-Fontaine (Jasmin) | 01 42 88 04 47 | www.l-acajou.com

Ce petit endroit du 16e élabore une cuisine française respectant le produit, des plats "bien concoctés" avec un "joli" choix de légumes et des desserts "savoureux" où certains goûts sont "surprenants" et "originaux" ; le cadre est "moderne" et "branché" (décoration noire) et si certains trouvent que l'addition est un peu "chère" compte tenu des portions "pas très copieuses", le service est "agréable" et on peut "féliciter" le chef. P.S. fermé samedi midi et dimanche.

L'Accolade ☒ L *Bistrot* | 20 | 20 | 20 | 42€ |

17e | 23 rue Guillaume Tell (Pereire) | 01 42 67 12 67 | www.laccolade.com

Un bistrot à la "cuisine évoluée" dans un menu "varié" à prix modéré et qui "suit les saisons", tenu par un duo mari et femme dans ce petit recoin du 17e ; c'est "bruyant" dans un décor "plutôt frugal" où on est "un peu serré", mais cela reste néanmoins "charmant", grâce au service "agréable". P.S. le prix-fixe est "vraiment intéressant".

	CUISINE	DÉCOR	SERVICE	PRIX

A&M Restaurant ☒ *Classique* | 21 | 19 | 20 | 50€

16e | 136 bd Murat (Porte de St-Cloud) | 01 45 27 39 60 | www.am-restaurant.com

Une "super affaire" plutôt rare dans le 16e, ce bistrot "de quartier" (petit frère d'Apicius) est considéré comme ayant une "cuisine imaginative sur un répertoire classique" avec "un rapport qualité-prix exceptionnel" ; le service "charmant" réchauffe l'intérieur simple et épuré : on peut également s'asseoir en terrasse aux beaux jours. P.S. fermé samedi midi et dimanche.

L'Affable ☒ *Bistrot* | - | - | - | C

7e | 10 rue de St-Simon (Rue du Bac/Solférino) | 01 42 22 01 60 | www.laffable.fr

La grande bourgeoisie se retrouve épaule (en cachemire) contre épaule sur les banquettes rouges de ce bistrot chic où les touches culinaires du moment - sauces mousseuses, épices exotiques - influencent les plats classiques d'un ancien chef d'Apicius ; c'est très 7e, y compris les prix, mais le menu déjeuner est plutôt honnête.

Les Affranchis ☒☒ *Bistrot* | - | - | - | M

9e | 5 rue Henri Monnier (St-Georges) | 01 45 26 26 30 | www.restaurantlesaffranchis.fr

Des trouvailles chinées dans les marchés aux puces remplissent ce bistrot de quartier près de Pigalle, où des classiques comme la terrine de campagne, le foie de veau et les œufs cocotte sont mitonnés au goût du jour ; les habitués trouvent les prix raisonnables, sinon pas tout à fait rétro.

L'Affriolé ☒☒ *Bistrot* | 23 | 17 | 21 | 46€

7e | 17 rue Malar (Invalides/La Tour-Maubourg) | 01 44 18 31 33

La "cuisine créative" est "toujours différente et toujours bonne" dans ce bistrot "animé" du 7e même si l'arrivée du nouveau chef n'est pas reflétée dans la note Cuisine dont les prix modérés sont "une valeur sûre" ; le service "aimable" confère une ambiance "sympa" à l'espace "contemporain", mais attention, sa "petite taille et sa popularité" font que réserver est "un must". P.S. fermé du samedi au lundi.

L'Agapé ☒ *Contemporaine* | 24 | 19 | 22 | 86€

17e | 51 rue Jouffroy d'Abbans (Wagram) | 01 42 27 20 18 | www.agape-paris.fr

Le sémillant Laurent Lapaire pilote cette table "de haut niveau" dans le 17e, reconnue pour ses plats "inventifs" utilisant des produits d'exception préparés par un nouveau chef (qui reste fidèle à l'identité du lieu avec la même cuisine) ; "les jeunes couples français" aiment le service "chaleureux" et les tons feutrés "actuels" de la salle à manger, même si c'est "un peu cher".

Agapes ☒☒ *Classique/Contemporaine* | 21 | 19 | 21 | 39€

5e | 47 bis rue Poliveau (St-Marcel) | 01 43 31 69 20 | www.restaurant-agapes.com

Niché dans une rue calme du 5e, cet endroit aux airs "d'auberge de campagne" sert une "bonne" cuisine française "recherchée sans être prétentieuse" et propose une carte des vins "éclectique", à "prix pas trop élevés" ; le personnel "discret" est "attentif aux demandes particulières", ce qui aide à rendre l'ensemble "agréable" à "partager en famille ou entre amis". P.S. fermé en août.

Agapé Substance *Contemporaine* 25 | 18 | 22 | 102€

6e | 66 rue Mazarine (Odéon) | 01 43 29 33 83 | www.agapesubstance.com

"La cuisine est théâtrale" dans ce lieu ultramoderne "excitant" de Saint-Germain où le nouveau jeune chef reste dans la ligne d'exploration culinaire de son prédécesseur (ce changement n'apparaît pas encore dans la note Cuisine) avec une cuisine "intellectuelle" servie dans une série de petites assiettes (mystérieusement décrites seulement par leur ingrédient principal) et réalisée en bout de la grande table commune - où l'on peut très bien "se faire de nouveaux amis" tout en consultant la carte des vins sur iPad ; par contre, il faut s'attendre à des "prix outrageux", à "des tabourets instables sans dossiers" et à des toilettes robotisées à la japonaise.

L'Agrume *Contemporaine* 24 | 16 | 21 | 51€

5e | 15 rue des Fossés St-Marcel (St-Marcel) | 01 43 31 86 48

"Il faut réserver très longtemps à l'avance" pour obtenir une table dans le "paradis culinaire" du chef Franck Marchesi-Grandi au fin fond du 5e : ses créations "remarquables, personnelles" et le "tour de magie/leçon culinaire" dans la cuisine ouverte détournent l'attention d'un décor minimaliste "affligeant" ; la femme du chef, Karine Perrin, dirige la "gentille" équipe, et les prix (pas chers) font de l'endroit "une affaire imbattable" à noter "sur le carnet d'adresses de tous les foodistas". P.S. fermé du dimanche au mardi.

Aida *Japonaise* 25 | 20 | 24 | 160€

7e | 1 rue Pierre Leroux (Duroc/Vaneau) | 01 43 06 14 18 | www.aidaparis.com

"Le spectacle est magnifique" au comptoir de ce bijou japonais minimaliste dans le 7e : les menus "omakase goûteux" sont préparés avec des "ingrédients de très bonne qualité", épaulés par une "impeccable" carte des vins axée sur les bourgognes ; de plus un service "méticuleux" justifie les "prix élevés". P.S. au dîner seulement.

L'Aimant du Sud *Classique* ∇ 21 | 19 | 21 | 42€

13e | 40 bd Arago (Les Gobelins) | 01 47 07 33 57

Le terroir du Sud chante sur l'ardoise de cette adresse de quartier "relax" des Gobelins ; les habitués apprécient son "accueil chaleureux" et la liste de vins du Pays basque, "peu connus mais excellents", sans parler de son "bon rapport qualité-prix". P.S. fermé samedi midi et dimanche.

Akrame *Contemporaine* 23 | 20 | 20 | 68€

16e | 19 rue Lauriston (Charles de Gaulle-Étoile) | 01 40 67 11 16 | www.akrame.com

L'étoile culinaire montante, Akrame Benallal, applique une technique ultramoderne à des "produits superbes" pour des créations "parfaitement réalisées" à cette table moderne du 16e (ses anciens maîtres sont Pierre Gagnaire et Ferran Adrià) ; on y trouve un "agréable" décor noir et blanc épuré et un service "aimable", mais les menus dégustation imposés au quotidien font que la "vraie surprise se trouve dans l'assiette".

À la Biche au Bois *Bistrot* 22 | 15 | 21 | 41€

12e | 45 av Ledru-Rollin (Gare de Lyon) | 01 43 43 34 38

"Si vous aimez le gibier" en saison, alors "bondissez immédiatement" (avec une réservation) dans ce bistrot traditionnel "de quartier" près de la gare de Lyon, pour des "portions copieuses" d'une cuisine "à l'ancienne", mise en valeur par un "accueil chaleureux", avec un "bon rapport qualité-prix" : surtout le menu à prix fixe ; on est "un peu serré" dans la "petite" salle "rustique", mais "cela encourage la convivialité". P.S. fermé le week-end et lundi midi.

À la Cloche des Halles *Bar à Vin/Bistrot* ∇ 18 | 14 | 20 | 30€

1er | 28 rue Coquillière (Les Halles/Louvre-Rivoli) | 01 42 36 93 89

Le grand marché des Halles a disparu depuis longtemps, mais la cloche qui en sonnait l'ouverture et la fermeture surmonte toujours ce "vénérable" bistrot-bar à vin, où il fait bon venir "pour un verre de beaujolais", "du fromage et de la charcuterie", ou un déjeuner tout "simple" au comptoir ; on y retrouve une "typique ambiance parisienne", à des prix nostalgiques eux aussi.

À la Cloche d'Or *Bistrot* 20 | 19 | 19 | 35€

9e | 3 rue Mansart (Blanche/Pigalle) | 01 48 74 48 88 | www.alaclochedor.com

Dans le quartier des théâtres et des lieux de spectacle, cette "auberge" "au cœur de Pigalle" sert une cuisine française "traditionnelle" "généreuse" préparée à partir de produits de saison à un "bon rapport qualité-prix" ; l'accueil est "chaleureux" et "sans chichis" dans un cadre "simple" et "rétro", "préservé des bruits de la rue", pendant que le service est assuré dans la "bonne humeur" jusqu'à 3 heures du matin (vendredi et samedi).

À l'Affiche *Bistrot* 22 | 19 | 19 | 32€

8e | 48 rue de Moscou (Rome) | 01 45 22 02 20

Sous ses airs de "petit bistrot de quartier", cette table "familiale" du 8e sert une cuisine française "savoureuse" et "inventive", remarquée pour ses entrecôtes et sa carte des vins "complète" à des prix "abordables" ; un accueil "sympathique", un service "rapide", ainsi qu'une ambiance "conviviale" attendent les clients dans une petite salle "cosy" recouverte d'affiches de cinéma (comme le suggère son nom). P.S. fermé samedi midi et dimanche.

Alain Ducasse au Plaza Athénée *Haute Cuisine* 28 | 27 | 28 | 195€

8e | Plaza Athénée | 25 av Montaigne (Alma Marceau/ Franklin D. Roosevelt) | 01 53 67 65 00 | www.alain-ducasse.com

"Si le paradis arrive à la moitié de cette perfection, cela vaut le coup d'être sage", affirment ceux qui ont fait le pélerinage au "temple de la haute cuisine" d'Alain Ducasse dans l'enceinte du Plaza Athénée, où les clients sont éblouis par une succession de "merveilles" servies par une équipe "au-delà du fabuleux" qui sait mettre à l'aise les convives dans cette "superbe" salle à manger (où la veste est obligatoire) ; c'est une expérience "incroyable", une manière parfaite de rendre hommage à "votre riche tante à héritage qui vient de vous léguer sa fortune". P.S. les réservations sont obligatoires.

À la Marguerite *Bar à Vin/Bistrot* 23 | 20 | 18 | 28€

1er | 49 rue Berger (Louvre-Rivoli) | 01 40 28 00 00 | www.alamarguerite.com

"Jolie" présentation et "souci du détail et des ingrédients" caractérisent cette cuisine de bistrot, servie en salle ou en terrasse dans un lieu "agréable" au cœur des Halles (il existe aussi une cave au sous-sol qui accueille des groupes de jazz) ; avec son personnel "avenant" et ses prix peu élevés, il peut être "un endroit parfait pour une réunion" ou "un moment entre amis".

À l'Ami Pierre ◐ ☒ *Méditerranéenne* 22 | 19 | 20 | 34€

11e | 5 rue de la Main-d'Or (Ledru-Rollin) | 01 47 00 17 35 | www.ami-pierre.com

Pour déguster une cuisine du terroir "copieuse" et "simple" et "boire du vin au comptoir, entouré d'habitués", venez dans ce "vrai bistrot du Paris des faubourgs" dans le 11e, où le patron est "sympa" et le service "agréable" ; l'ambiance est "conviviale" dans ce cadre "intemporel" à la déco "rustique" et au moment de payer l'addition ("le rapport qualité-prix est correct"), le calva est offert.

À la Petite Chaise *Classique* 18 | 18 | 20 | 44€

7e | 36 rue de Grenelle (Rue du Bac) | 01 42 22 13 35 | www.alapetitechaise.fr

"Charmant et parfaitement situé" dans le 7e à deux pas du boulevard Raspail, cet endroit historique (qui date du XVIIe siècle et revendique le titre de plus vieux restaurant de Paris) est assez "pittoresque" et "mignon" pour plaire ceux qui le fréquentent ; la plupart sont assez satisfaits de sa cuisine classique "préparée honnêtement", de son service "gentil et efficace" et de ses prix très gentils aussi.

À la Pomponette ◐ *Bistrot* ▽ 23 | 21 | 17 | 38€

18e | 42 rue Lepic (Abbesses/Blanche) | 01 46 06 08 36 | www.pomponnette-montmartre.com

Ça n'est "ni raffiné ni chic", mais cela ne dérange pas les fans de ce vieux bistrot montmartrois avec ses nappes en vichy, tenu par la même famille depuis 1909 ; "les mangeurs et buveurs sérieux" le tiennent "en haute estime" pour ses "succulents plats français longuement mitonnés" servis "en portions généreuses", à des "prix justes" par une équipe rude mais sympa.

Albion 🅆 *Bar à Vin/Bistrot* - | - | - | C

10e | 80 rue du Faubourg Poissonnière (Poissonnière) | 01 42 46 02 44 | www.restaurantalbion.com

Le nom est anglo-saxon et les patrons font partie du Commonwealth (deux anciens de Fish la Boissonnerie), et le menu à prix moyen de ce bistrot-caviste du 10e est dans l'esprit australien-néo-zélandais contemporain ; la clientèle franglaise a rapidement colonisé le grand espace décoré simplement avec plancher et bar en zinc.

Alcazar ◐ *Contemporaine* 18 | 22 | 18 | 58€

6e | 62 rue Mazarine (Odéon) | 01 53 10 19 99 | www.alcazar.fr

"L'atmosphère est meilleure que la cuisine" dans la tanière "ténébreuse" du Terence Conran, le roi du design, une adresse à Saint-Germain à la fois "bruyante", "branchée" (peut-être même "trop branchée"), mais ce "lieu de rencontre" années 90 attire encore "la jeunesse dorée" ; la cuisine bistronomique est jugée de "moyenne" à "bonne" et le service inégal, mais certains soirs la musique live et le bar de la mezzanine incitent à sortir les euros.

Al Dar ◐ *Libanaise* 22 | 16 | 19 | 43€

5e | 8 rue Frédéric Sauton (Maubert-Mutualité) | 01 43 25 17 15
16e | 93 av Raymond Poincaré (Victor Hugo) | 01 45 00 96 64
www.aldar.fr

Des mezzés "succulents" et d'autres options "de bonne qualité" à prix modérés attendent les convives dans ces deux libanais "traditionnels" des 5e et 16e ; dans un décor "simple", le service "amical" est parfois "bousculé", ce qui incite certains à considérer que la vente à emporter est leur "meilleur atout".

Allard ◐ *Bistrot* 21 | 20 | 20 | 64€

6e | 41 rue St-André-des-Arts (Odéon) | 01 43 26 48 23 | www.restaurant-allard.com

"Rien ne change jamais" et c'est "ainsi que cela doit être" dans cette adresse "au charme vieillot" dans un coin "hors du temps" de Saint-Germain, où la cuisine de bistrot "typiquement" française ("on vient ici pour le canard aux olives") est servie par une équipe "compétente" à une clientèle "affairée", souvent "touristique" ; c'est un peu cher et "légèrement défraîchi", mais voici une expérience "authentique qui "mérite une réservation".

Les Allobroges ☑☑ *Classique* 22 | 19 | 21 | 49€

20e | 71 rue des Grands-Champs (Buzenval/Maraîchers) | 01 43 73 40 00 | www.lesallobroges.com

"Bonne adresse" perdue dans le 20e, cette table classique relativement "abordable" a toujours ses fans, avec un menu saisonnier de "bonne qualité" servi dans une salle "feutrée" aux tonalités jaune pâle ; si l'on y ajoute un accueil "chaleureux", cela "vaut le déplacement" dans ce coin de Paris franchement "pas branché". P.S. fermé dimanche et lundi.

Al Taglio *Pizza* 22 | 16 | 19 | 26€

11e | 2 bis rue Neuve Popincourt (Oberkampf/Parmentier) | 01 43 38 12 00 | www.altaglio.fr

Cette "bonne" pizzeria d'Oberkampf applique la méthode romaine, en de grandes parts rectangulaires au poids avec plus de 30 variétés différentes qui changent tous les jours ; l'endroit a beaucoup de succès auprès des jeunes branchés du quartier et des familles, qui apprécient les serveurs "joyeux" et les additions "raisonnables".

	CUISINE	DÉCOR	SERVICE	PRIX

Ambassade d'Auvergne *Auvergnate* 22 | 18 | 21 | 49€

3e | 22 rue du Grenier St-Lazare (Rambuteau) | 01 42 72 31 22 | www.ambassade-auvergne.com

"On y va pour l'aligot" – "un vrai bonheur" – et l'on reste pour déguster "l'énorme" mousse au chocolat dans ce "vieux bistrot de confiance" de Beaubourg, qui sert des plats auvergnats "copieux" à des prix moyens ; un service "zélé" règne sur une enfilade de pièces "rustiques" genre "pavillon de chasse", qui malgré leur côté un peu "démodé" ont conservé un "charme de carte postale".

Les Ambassadeurs ☑☑ *Haute Cuisine* 27 | 28 | 28 | 170€

8e | Hôtel de Crillon | 10 pl de la Concorde (Concorde) | 01 44 71 16 16 | www.crillon.com

"Le summum du luxe" attend les visiteurs huppés de l'hôtel de Crillon, place de la Concorde, qui pourront déguster la "sublime" cuisine gastronomique et se sentir "comme Louis XV" grâce à un service "proche de la béquée" ("on n'a jamais vu autant de serveurs") ; on s'extasie devant les "incroyables millésimes" de la carte des vins tout autant que sur la "ravissante" salle XVIIIe "aux miroirs dorés", où il vaut mieux se munir de "deux cartes de crédit" – vous "pourriez en avoir besoin". P.S. la veste est fortement conseillée ; dîner seulement ; fermé dimanche et lundi.

L'Ambroisie ☑☑ *Haute Cuisine* 27 | 26 | 26 | 184€

4e | 9 pl des Vosges (Bastille/St-Paul) | 01 42 78 51 45 | www.ambroisie-paris.com

Cette "grande dame" de la gastronomie, "toujours parmi les meilleures" est "installée discrètement" sur la place des Vosges et propose des "plats de saison exquis" dans un cadre "élégant" et intime évoquant le Paris du XVIIe siècle ; il est "difficile" d'obtenir une réservation et les prix sont "somptuaires", surtout pour les vins "étonnants", mais on devrait se laisser "gâter" au moins "une fois dans sa vie" par le personnel "empressé". P.S. veste et cravate obligatoires.

Amici Miei ☑☑ *Pizza* 22 | 19 | 20 | 38€

11e | 44 rue St-Sabin (Bréguet-Sabin/Chemin-Vert) | 01 42 71 82 62 | www.amicimieiparis.com

Dans cette maison italienne du 11e, les pizzas, les "vraies" pâtes d'Italie et les spécialités sardes sont "copieuses" et "délicieuses", sans oublier la "belle" carte des vins, le tout "pour un prix moyen" dans un cadre "convivial" avec cuisine "ouverte" et pierres apparentes ; il peut y avoir "de l'attente" (il n'est pas possible de réserver), mais le service est "efficace". P.S. fermé dimanche et lundi.

L'Ami Louis ☑ *Bistrot* 24 | 16 | 19 | 108€

3e | 32 rue du Vertbois (Arts et Métiers/Temple) | 01 48 87 77 48

"Un poulet rôti légendaire", du foie gras "incroyable" et des portions "gargantuesques" attire des noms "connus" dans ce "mythique" bistrot "d'avant-guerre" du 3e, "bien usé" mais "confortable comme une paire de pantoufles" ; le service est plutôt du genre "parisien brusque" et réserver peut s'avérer "impossible", mais cela "vaut" les prix "exorbitants". P.S. fermé lundi et mardi.

CUISINE | DÉCOR | SERVICE | PRIX

Anahi ◐ *Argentine/Viande* 19 | 17 | 18 | 59€
3e | 49 rue Volta (Arts et Métiers/Temple) | 01 48 87 88 24
Les "branchés" fréquentent cette enclave argentine dans le 3e, ouverte seulement le soir, qui sert une "succulente" viande de bœuf à des noctambules pas trop regardants sur les additions "élevées" et le décor décalé (genre "vieille boucherie") apprécié pour son côté "inhabituel", où l'on peut "rencontrer des mannequins" et autres fashionistas du quartier.

Anahuacalli ◐ *Mexicaine* 23 | 17 | 21 | 43€
5e | 30 rue des Bernardins (Maubert-Mutualité) | 01 43 26 10 20 | www.anahuacalli.fr
Un des rares "vrais mexicains" de la capitale ("ce n'est pas un Tex-Mex"), cette cantine au look "typique" dans le Quartier latin, avec des serveurs "aimables", propose une "authentique" cuisine de "grand-mère" et "d'excellents" cocktails à une maison "bondée", ce qui rend les "réservations obligatoires" ; c'est "un peu cher" pour des plats qu'on pourrait se faire "à la maison", "mais pour Paris..."

Andy Wahloo ◐ *Marocaine* 14 | 19 | 16 | 25€
3e | 69 rue des Gravilliers (Arts et Métiers) | 01 42 71 20 38 | www.andywahloo-bar.com
Les jeunes viennent pour la "jolie" terrasse intérieure avec ses balancelles, le point "intéressant" de ce lieu pop marocain "tendance" du 3e, car la déco "amusante" du bar "n'est pas exceptionnelle" ; le physionomiste à l'entrée est "peu commode" et pour certains c'est "un endroit pour faire la fête plus que pour déguster", mais on peut y grignoter des salades "agréables" ou des tartines "fraîches" pas chères en profitant du spectacle des DJ.

Angelina *Salon de Thé* 22 | 23 | 20 | 26€
1er | 226 rue de Rivoli (Concorde/Tuileries) | 01 42 60 82 00 | www.angelina-paris.fr
Un décor "Belle Époque" "chic" et "cosy" où savourer des pâtisseries "fines" et "originales" accompagnées d'un "Africain", le chocolat chaud "à l'ancienne" "à tomber", qui fait la réputation de cette "institution" située en face des Tuileries ; c'est "idéal pour un thé entre copines" (ou copains) ou un petit-déjeuner, un brunch ou un déjeuner abordable, mais "il ne faut pas se laisser décourager par la file d'attente" à l'extérieur car l'endroit est grand et le service "rapide".

Annapurna ◐ *Indienne* 23 | 21 | 20 | 62€
8e | 32 rue de Berri (George V/St-Philippe-du-Roule) | 01 45 63 91 62 | www.restaurant-annapurna.com
"De merveilleuses odeurs" "d'épices et encore d'épices" sont un bon indicateur des "saveurs" qui vous attendent dans cet "excellent" indien près des Champs-Élysées, réputé pour être le plus ancien de la capitale ; certains le trouvent "cher", mais son style "club" colonial, le service "agréable" et un "joueur de sitar" justifient la dépense. P.S. au dîner seulement.

	CUISINE	DÉCOR	SERVICE	PRIX

Antoine ◐ *Contemporaine/Poisson* 22 | 18 | 22 | 71€

16ᵉ | 10 av de New York (Alma Marceau) | 01 40 70 19 28 | www.antoine-paris.fr

Les "magnifiques plats de poisson" servis par un équipage "charmant" et une "incroyable vue de la Tour Eiffel" font de ce bistrot élégant et lumineux du 16e (tout près du Triangle d'or), un bon endroit pour "impressionner en douceur" à l'occasion d'une "soirée romantique" ; c'est "très cher", "mais le poisson est très cher" en général, et ici, il est "remarquablement bon". P.S. l'arrivée du nouveau chef n'est pas reflétée dans la note Cuisine.

L'AOC ▨ ☑ *Bistrot* 23 | 19 | 22 | 47€

5ᵉ | 14 rue des Fossés St-Bernard (Cardinal Lemoine/Jussieu) | 01 43 54 22 52 | www.restoaoc.com

"Paradis pour carnivores", ce bistrot "rustique" du Quartier latin transporte les convives "en province" grâce à sa respectable cuisine de terroir "à l'ancienne", "simple", où les produits de "qualité" sont à l'honneur ; les "prix sont raisonnables" et le "charmant" couple de propriétaires donne l'impression d'une "vraie famille française".

Apicius W *Haute Cuisine* 27 | 25 | 26 | 149€

8ᵉ | 20 rue d'Artois (George V/St-Philippe-du-Roule) | 01 43 80 19 66 | www.restaurant-apicius.com

Le "maestro" Jean-Pierre Vigato atteint presque la "perfection" avec sa "sublime" cuisine gastronomique, mise en valeur par un service "intuitif" dans ce "joyau" du 8e ; malgré son emplacement en plein cœur de Paris, le cadre (un ancien hôtel particulier) est un "havre de paix" grâce à son "incroyable" cadre de verdure, parfait pour une "soirée romantique", "si vous en avez les moyens" – et une réservation "pas facile à obtenir".

L'Ardoise ☑ *Bistrot* 23 | 16 | 20 | 48€

1ᵉʳ | 28 rue du Mont-Thabor (Concorde/Tuileries) | 01 42 96 28 18 | www.lardoise-paris.com

"Bien situé" près des Tuileries, ce "petit écrin" révèle des plats de bistrot "copieux et riches", considérés comme une "super affaire" dans ce "quartier huppé" ; "c'est rempli de touristes" et le décor est plutôt "ordinaire", mais le service est "charmant" et "le fait d'ouvrir le dimanche soir est un atout majeur". P.S. fermé dimanche midi.

Arola *Contemporaine/Espagnole* - | - | - | C

2ᵉ | W Paris Opéra | 4 rue Meyerbeer (Opéra) | 01 77 48 94 94 | www.restaurant-arola.fr

La star Sergi Arola (qui a fait ses classes avec Ferran Adrià et Pierre Gagnaire) a planté le drapeau de la cuisine espagnole à l'hôtel W près de l'Opéra Garnier, où il propose des tapas à partager (chères) appelées *'pica pica' platillos,* interprétation ibérique créative de classiques français ; une musique très club sonorise la salle à manger blanche et rouge, rencontre de l'ancien et du nouveau (moulures et parquet, lignes courbes et LED), qui offre une vue renversante de l'Opéra quand on est assis à la bonne table.

	CUISINE	DÉCOR	SERVICE	PRIX

L'Aromatik ☒ *Contemporaine* ▽ 18 | 19 | 19 | 41€

9ᵉ | 7 rue Jean-Baptiste Pigalle (Trinité) | 01 48 74 62 27 | www.laromatik.com

Si la salle à manger Art déco "agréable" est "rétro", la cuisine, elle, est contemporaine dans cette adresse du bas Pigalle où des influences diverses donnent des résultats "originaux", parfois "inégaux" ; néanmoins, les prix sont modérés et l'accueil "chaleureux" dans cette ancienne cantine de Josephine Baker. P.S. fermé samedi midi.

L'Arpège ☒ *Haute Cuisine* 27 | 23 | 26 | 192€

7ᵉ | 84 rue de Varenne (Varenne) | 01 47 05 09 06 | www.alain-passard.com

"Les amoureux de légumes font le pélerinage" vers ce coin du 7e à la décoration "d'une sobre élégance" (veste obligatoire) pour savourer la haute cuisine "raffinée" d'Alain Passard, dont la "créativité" avec des produits "en direct du jardin" démontre comment de simples ingrédients "peuvent être élevés" au "niveau du grand art" ; c'est "horriblement cher", il faut réserver, mais le service est "impeccable" et la carte des vins "formidable".

L'As du Fallafel ◐ *Israélienne* 23 | 8 | 15 | 14€

4ᵉ | 34 rue des Rosiers (St-Paul) | 01 48 87 63 60

"Rien n'est comparable" aux "irrésistibles" sandwichs falafels, "dégoulinants", servis par une équipe "d'une efficacité redoutable", à déguster dans la "rue" plutôt qu'à l'intérieur "spartiate" de cette "institution" du Marais ; même si elles paraissent "sans fin", les "queues sont là pour une bonne raison". P.S. fermé vendredi au coucher du soleil et samedi.

L'Assaggio ☒ *Italienne* ▽ 22 | 21 | 22 | 56€

1ᵉʳ | Hôtel Castille | 33-37 rue Cambon (Concorde/Madeleine) | 01 44 58 45 67 | www.castille.com

Une "petite oasis loin de l'agitation de la ville" que cet hôtel Castille, où le luxe à l'italienne enchante une clientèle "élégante" qui ne renâcle pas à payer des prix élevés pour un plat de pâtes et d'autres spécialités transalpines "raffinées" proposées par une équipe "serviable" ; le patio décoré de fresques est d'une pure élégance florentine.

L'Assiette ☒ *Bistrot/Sud-Ouest* 19 | 17 | 20 | 56€

14ᵉ | 181 rue du Château (Gaîté/Mouton-Duvernet) | 01 43 22 64 86 | www.restaurant-lassiette.com

"La cuisine traditionnelle", "bien pensée" – du cassoulet aux quenelles en passant par des desserts "à mourir" – remplit bien les assiettes dans ce bistrot de Montparnasse "sans prétention" ; les additions sont "plus chères qu'on ne l'imagine", mais le décor à l'ancienne et les patrons "aimables" contribuent à une expérience "confortable" et "relaxante". P.S. fermé lundi et mardi.

Astier ☒ *Bistrot* 21 | 17 | 20 | 44€

11ᵉ | 44 rue Jean-Pierre Timbaud (Oberkampf/Parmentier) | 01 43 57 16 35 | www.restaurant-astier.com

"Si vous êtes un amoureux de fromage, voici le goût du paradis", disent les fondus qui se déplacent pour venir "au fin fond" d'Oberkampf, non pas tellement pour la "solide" cuisine de bistrot à des prix abordables que pour le plateau de fromages "extraordinaire" présenté en fin de repas ; le service "chaleureux" et l'ambiance parisienne "comme dans un film d'époque" (pensez "nappes à carreaux") compensent le fait que l'on "manque un peu de place".

L'Astor ▣ *Classique* 24 | 20 | 22 | 88€

8ᵉ | Hôtel Astor | 11 rue d'Astorg (St-Augustin) | 01 53 05 05 20 | www.hotel-astor.net

Une cuisine classique "très correcte", relevée par une infusion de saveurs maniées par Nicolas Clavier distingue cette table d'hôtel "élégante et raffinée" au style 1930 à Saint-Augustin ; les hommes d'affaires (veste conseillée) du quartier ne se soucient pas trop des prix chers et aiment s'y retrouver pour prendre un verre au bar.

L'Astrance ▣▣ *Haute Cuisine* 28 | 23 | 27 | 210€

16ᵉ | 4 rue Beethoven (Passy) | 01 40 50 84 40

Dans le 16e bourgeois, la cuisine gastronomique "moderne et élégante" de Pascal Barbot atteint le "sommet de la grâce" avec ses plats "imaginés et préparés de manière incroyable" et "parfaitement accompagnés" par "des vins bien choisis" ; c'est "horriblement cher" et la "petite" salle à manger (où les vestes sont obligatoires), avec ses tables au balcon "presque privées", n'est "pas aussi grandiose" que certains le souhaiteraient, mais le "génie" du chef, mêlé au service "infaillible" aboutit à un "miracle de perfection" (même si obtenir une "réservation impossible" serait un miracle en soi). P.S. fermé du samedi au lundi.

Atao ▣ *Bretonne/Poisson* - | - | - | C

17ᵉ | 86 rue Lemercier (Brochant/La Fourche) | 01 46 27 81 12

Une styliste née dans une famille d'ostréiculteurs honore son héritage en faisant voyager les produits de la mer bretons (crus ou cuits) dans cette adresse blanche et bleue des Batignolles, où vous pourrez commencer par des huîtres et finir par une crêpe au beurre, le tout servi avec une fierté filiale ; c'est pas donné, mais cela vous coûtera toujours moins cher qu'un aller-retour en TGV à Brest.

L'Atelier de Joël Robuchon ◐ *Haute Cuisine* 27 | 23 | 24 | 116€

7ᵉ | Hôtel Pont Royal | 5 rue de Montalembert (Rue du Bac) | 01 42 22 56 56 | www.joel-robuchon.net

8ᵉ | Publicis Drugstore | 133 av des Champs-Élysées (Charles de Gaulle-Étoile/George V) | 01 47 23 75 75 | www.joel-robuchon.com

"Chaque nouveau plat est une explosion pour les papilles" dans ce duo "chic et détendu" de Joël Robuchon à Saint-Germain et à l'Étoile (tous deux notés n° 1 comme les destinations les plus populaires à Paris) connu pour offrir "la meilleure nourriture de comptoir de la planète" – les convives perchés sur des tabourets "observent les cuisiniers" tout en se délectant d'une cuisine gastronomique "artistique" épaulée par des vins "en parfaite osmose" et un service "cultivé" ; les deux endroits sont "raffinés", "modernes" et "branchés" ("il y a même quelques tables" dans le 8e) et, si l'on paie fort cher, c'est pour un "super show" et un "super" repas. P.S. pas de réservations aux heures de pointe.

L'Atelier Maître Albert ◐ *Bistrot* 23 | 23 | 23 | 63€

5e | 1 rue Maître-Albert (Maubert-Mutualité) | 01 56 81 30 01 | www.ateliermaitrealbert.com

"Ne songez pas à commander autre chose" que le "merveilleux poulet rôti" servi dans cette rôtisserie "chère", tenue par Guy Savoy dans le 5e, juste en face de Notre-Dame ; la clientèle est "branchée", le service est "agréable" et les murs en pierre apparente mélangent des accents "contemporains" à un effet "chic" mais "cosy" - "surtout si vous vous installez près de la cheminée".

N L'Atelier Rodier W L *Bistrot* - | - | - | M

9e | 17 rue Rodier (St-Georges) | 01 53 20 94 90 | www.atelier-rodier.com

Dans ce nouveau "bistronomique" pas prétentieux, un duo de chefs (l'un colombien, l'autre congolais) revisite la cuisine française avec des plats signature comme la joue de bœuf braisée, les ravioles de girolles et la tarte au citron, à prix moyen ; tout est servi dans un décor arty avec papier peint et pierres apparentes.

L'Atlas L *Marocaine* 21 | 20 | 20 | 43€

5e | 12 bd St-Germain (Maubert-Mutualité) | 01 46 33 86 98 | www.latlas.fr

"De bon tajines" et "des couscous corrects" sont au menu "authentique" de ce marocain de longue date du Quartier latin, qui honore son pays d'origine avec un "joli" cadre et des murs blancs sculptés évoquant davantage Fez que le 5e arrondissement ; un service "efficace", des prix "raisonnables" et des tables en terrasse sur le boulevard animé sont des atouts supplémentaires qui rendent la réservation nécessaire. P.S. pas de déjeuner le mardi.

À Toutes Vapeurs Ø *Bistrot* 19 | 18 | 18 | 30€

8e | 7 rue de l'Isly (St-Lazare) | 01 44 90 95 75

Le concept "original" de ce bistrot de Saint-Lazare, une cuisine "minute", de l'entrée au dessert, préparée à la vapeur pour préserver les vitamines, séduit les convives à la recherche d'une pause déjeuner "pas chère" tout en étant "diététique et légère" avec un "choix varié" et un service "rapide" ; une formule gagnante dans un cadre "discret", ce qui explique pourquoi le lieu "ne désemplit pas depuis des années". P.S. fermé le dimanche.

Au Bascou W *Basque* 23 | 17 | 21 | 44€

3e | 38 rue Réaumur (Arts et Métiers) | 01 42 72 69 25 | www.au-bascou.fr

Le nom est simple, mais la cuisine régionale est "imaginative" et "généreuse" dans cette "excellente" enclave basque du 3e ; les prix abordables, le décor bistrot sans prétention et le très bon service mettent les convives à l'aise, les incitant à "arriver tôt et repartir tard".

L'Auberge Aveyronnaise ◐ *Aveyronnaise* 21 | 17 | 18 | 35€

12e | 40 rue Gabriel Lamé (Cour St-Émilion) | 01 43 40 12 24 | www.auberge-aveyronnaise.fr

Des spécialités aveyronnaises et auvergnates authentiques sont servies dans cette auberge de Bercy : une cuisine "copieuse", qui inclut des viandes "de qualité" de la région "accompagnées d'aligot servi dans sa grosse marmite", tout à un prix "raisonnable" ; le cadre avec ses nappes à carreaux rouges est "agréable" et, avec le service "convivial", "ça vous donne envie de visiter l'Aveyron".

L'Auberge Bressane *Classique* 22 | 18 | 21 | 57€

7e | 16 av de La Motte-Piquet (École Militaire/La Tour-Maubourg) | 01 47 05 98 37 | www.auberge-bressane.fr

Des grands classiques "copieux", "roboratifs" et "généreux" - dont de nombreuses spécialités lyonnaises et bourguignonnes ("un soufflé au fromage exceptionnel") que l'on "trouve rarement à Paris" - attirent les gourmets ("surtout en hiver") à cette table relativement chère près des Invalides ; le décor années 50 tendance moyenâgeuse est "tout aussi à l'ancienne" que le service, tous deux fortement "appréciés par les nostalgiques d'une époque qu'ils n'ont pas connue". P.S. réserver est "un must".

L'Auberge Dab ◐ *Brasserie* 20 | 20 | 19 | 57€

16e | 161 av de Malakoff (Porte Maillot) | 01 45 00 32 22 | www.rest-gj.com

"L'absence de surprise" est "un art" dans cette "institution" "immuable" près de la porte Maillot - à commencer par le look de brasserie "typique" avec un menu "traditionnel", sinon "cher", offrant les grands classiques de la mer ; un service de "qualité" attire aussi les gens "huppés", "élégants" et parfois "connus" qui se retrouvent ici, ce qui rend les "réservations absolument nécessaires".

L'Auberge du 15 ☒☒ *Classique* 24 | 19 | 22 | 48€

13e | 15 rue de la Santé (Port Royal) | 01 47 07 07 45 | www.laubergedu15.com

Quelle "agréable surprise" disent les enquêteurs qui ont essayé cette adresse, qui malgré son nom se situe dans le 13e ; la cuisine "familiale" revisitée est bonne, tout comme les prix à l'ancienne, tandis que le décor rustique campagnard (bois, murs en pierre, rideaux à motifs) est "joli" et "calme".

N Auberge Flora *Classique* - | - | - | PC

11e | 44 bd Richard Lenoir (Bréguet-Sabin) | 01 47 00 52 77 | www.aubergeflora.fr

Flora est aux fourneaux de sa petite auberge de 21 chambres dans le quartier de la Bastille, sept jours sur sept ; la cuisine méditerranéenne est simple et abordable, du petit déjeuner au dîner en passant par le brunch du week-end et les tapas, dans ce nouveau gîte à l'univers particulier de bistrot chic.

Auberge Nicolas Flamel ☒ *Classique* 21 | 23 | 20 | 52€

3e | 51 rue de Montmorency (Arts et Métiers/Rambuteau) | 01 42 71 77 78 | www.auberge-nicolas-flamel.fr

Installée dans la plus ancienne maison de Paris (elle "existait avant que Colomb ne découvre l'Amérique"), cette table "magique" de Beaubourg fait voyager les convives au XVe siècle pour une "charmante" soirée "aux chandelles" dans un décor de poutres apparentes et de murs de pierre ; les plats français classiques "bien préparés" sont à prix modérés et le service est solide, mais cela vaut la peine de réserver une table surtout "pour partager l'expérience historique".

L'Auberge Pyrénées Cévennes ☒ *Lyonnaise/Sud-Ouest* 24 | 18 | 22 | 48€

11e | 106 rue de la Folie-Méricourt (République) | 01 43 57 33 78

"Les gros appétits" applaudissent à ce qu'ils disent être le "meilleur" cassoulet de Paris, servi chez ce spécialiste des cuisines du Sud-Ouest et de Lyon connu pour ses "grosses portions" et un "exceptionnel rapport qualité-prix" qui attire ses adeptes jusqu'au "fin fond" d'Oberkampf ; les aventuriers ont l'impression de "rentrer dans une maison de campagne" grâce au décor style "pavillon de chasse" avec un service "chaleureux" et "personnalisé". P.S. fermé samedi midi et dimanche.

Au Bœuf Couronné ◐ *Classique* 23 | 19 | 23 | 52€

19e | 188 av Jean Jaurès (Porte de Pantin) | 01 42 39 44 44 | www.bœuf-couronne.com

Les "carnivores" disent de ce palais de la viande au style "classique" du 19e qui "ne déçoit jamais" avec sa viande de bœuf "merveilleusement cuite" servie par des garçons "professionnels" de la "vieille école" qui sauront vous "donner toutes les provenances - jusqu'au nom de l'animal" ; les additions sont "un peu élevées" mais "pas excessives", et les habitués notent que "la meilleure affaire est le menu imposé", qui comprend un cocktail et une demi-bouteille de vin.

Au Bon Accueil ☒ *Bistrot* 23 | 19 | 22 | 52€

7e | 14 rue de Monttessuy (Alma Marceau/École Militaire) | 01 47 05 46 11 | www.aubonaccueilparis.com

"À l'ombre de la Tour Eiffel" - avec une "vue à tomber" depuis les tables en terrasse - ce petit bistrot "cosy" propose une version "novatrice" des grands classiques, "avec un point fort pour le gibier et le poisson" ; une "prépondérance de touristes" agace un peu les Parisiens, mais la plupart apprécient le "bon rapport qualité-prix" et "non seulement un bon accueil, mais un au revoir très aimable".

Au Bourguignon du Marais ☒☒ *Bar à Vin/Bistrot* 25 | 19 | 22 | 49€

4e | 52 rue François Miron (Pont-Marie/St-Paul) | 01 48 87 15 40

Une cuisine bourguignonne "traditionnelle de grande qualité" ("le fameux bœuf bourguignon") épaulée par des vins de la région "phénoménaux" place ce bistrot à vins "convivial" "un cran au-dessus de la plupart des restaurants du Marais, sans chic exagéré" ; le service professionnel et les prix modérés sont autant d'atouts supplémentaires ; alors installez-vous à une table en terrasse (chauffée) et "vous serez le roi du monde".

Au Chien qui Fume ◐ *Brasserie* 18 | 18 | 17 | 42€

1er | 33 rue du Pont-Neuf (Châtelet-Les Halles) | 01 42 36 07 42 | www.auchienquifume.com

Ses menus, sa décoration, son nom, tout a trait au chien dans cette brasserie "typiquement parisienne" des Halles, "bien placée" où l'on sert des assiettes de fruits de mer et de viande "copieuses" avec un "bon rapport qualité/prix" ; un personnel "avenant" vous "accueille" jusqu'à 2 heures du matin. P.S. terrasse "agréable l'été".

Au Clocher de Montmartre *Bistrot* - | - | - | PC

18e | 10 rue Lamarck (Château Rouge) | 01 42 64 90 23 | www.auclocherdemontmartre.fr

L'adresse montmartroise d'Antoine Heerah permet de déguster à toute heure des plats de bistrot - quiches savoureuses, salades et plus - à prix très doux dans un cadre qui en jette (sols à damier noir et blanc, toile de Jouy au mur et chaises turquoise) où les amateurs de design noteront les appliques Ingo Maurer et Marcel Wanders. P.S. fermé le week-end en hiver.

Au Cochon de Lait ☒ *Aveyronnaise* 22 | 19 | 20 | 30€

19e | 23 av Corentin-Cariou (Porte de la Villette) | 01 40 36 85 84

Dans cette brasserie du 19e, "on mange comme à la maison" en se régalant de plats "simples" et "copieux" (purée, côte de bœuf) pour un prix "modeste" ; le personnel est "charmant" et le service "rapide" et si de l'extérieur la devanture verte "ne paie pas de mine", cet endroit "sympa" s'est imposé comme la cantine de certains habitués.

Auguste 🅆 *Classique* 24 | 20 | 24 | 95€

7e | 54 rue de Bourgogne (Varenne) | 01 45 51 61 09 | www.restaurantauguste.fr

À l'élégante table du chef Gaël Orieux dans le 7e, "la passion est évidente" dans son interprétation "inventive" d'une cuisine classique et des plats marins "soigneusement préparés", d'origine bio pour la plupart ; l'espace rouge et blanc apporte une touche "intime" et le service "irréprochable" en font "une vraie trouvaille" à des "prix pas donnés", certes, mais "abordables", surtout au menu déjeuner.

Au Moulin à Vent ☒ *Bistrot* 20 | 16 | 20 | 59€

5e | 20 rue des Fossés St-Bernard (Cardinal Lemoine/Jussieu) | 01 43 54 99 37 | www.au-moulinavent.com

"D'énormes portions" de "bonne viande" (dont un "excellent chateaubriand") sont rapidement servis aux tables "serrées" de ce bistrot à l'ancienne, "toujours animé", ce qui explique son succès auprès des carnivores du Quartier latin qui apprécient aussi sa carte des vins à tendance beaujolaise ; effectivement, "c'est juste ce que l'on recherche à Paris", même si, question prix, ce n'est plus une affaire. P.S. fermé samedi midi et dimanche.

Au Passage ☒ *Bar à Vin/Bistrot* - | - | - | M

11e | 1 bis passage St-Sébastien (St-Sébastien-Froissart) | 01 43 55 07 52

Ici, les stars sont les superbes produits et les vins bio, mais le coût reste au ras du plancher dans ce bistrot à vins où l'on peut déguster de petites assiettes - charcuterie, burrata - ou voir plus grand avec des plats comme l'épaule d'agneau XL ; situé dans un passage (bien sûr) du 11e, ce lieu décalé s'apprécie une fois rempli de Parisiens cool - et il se remplit vite, donc mieux vaut réserver.

	CUISINE	DÉCOR	SERVICE	PRIX

Au Père Fouettard ◐ *Bistrot* 17 | 18 | 18 | 32€

1er | 9 rue Pierre-Lescot (Étienne Marcel) | 01 42 33 74 17 | www.brasserie-flottes.fr

"Bien placée" dans les Halles ("à l'abri des voitures"), cette brasserie possède un bonus "non négligeable en plein hiver", une "accueillante" terrasse extérieure "couverte" et "chauffée" ; le service "sympa" est "parfois long", mais la cuisine de brasserie typique "correcte sans chichi" s'enrichit d'une sélection de vins et on profite d'une formule déjeuner à bon prix. P.S. brunch le dimanche et service en continu jusqu'à 2 heures du matin.

Au Père Lapin *Bistrot* 22 | 19 | 20 | 40€

Suresnes | 10 rue du Calvaire | 01 45 06 72 89 | www.auperelapin.com

Ce bistrot "chic" et "moderne" sur les hauteurs de Suresnes propose une cuisine française "légère" et "raffinée", avec une carte "renouvelée régulièrement" aux prix un "peu élevés" ; les convives bénéficient d'un accueil "chaleureux" et d'un service "proche du client" dans l'intérieur "cosy" (cheminée en hiver) ou sur la "terrasse sous les arbres", qui offre une "belle" vue sur la Tour Eiffel au loin.

Au Petit Marguery Rive Gauche *Bistrot* 23 | 19 | 21 | 55€

13e | 9 bd de Port-Royal (Les Gobelins) | 01 43 31 58 59

Au Petit Marguery Rive Droite 🅆🄺 *Bistrot*

17e | 64 av des Ternes (Ternes) | 01 45 74 16 66
www.petitmarguery.com

Aux Gobelins et à Ternes, "ces vrais bistrots parisiens" comme on n'en fait plus sont "un must" de la "bonne" cuisine bourgeoise (surtout le "gibier" et les "viandes qui tiennent au corps"), autant appréciés pour leur service "sincère" et leur cadre "rétro" ; ce n'est "pas donné, mais cela vaut l'expérience" et c'est donc "toujours plein d'habitués et de touristes".

Au Petit Riche ◐ *Bistrot* 22 | 21 | 21 | 55€

9e | 25 rue Le Peletier (Le Peletier/Richelieu-Drouot) | 01 47 70 68 68 | www.restaurant-aupetitriche.com

"Bravo!" applaudissent ceux qui vont au théâtre et les autres "habitués", enchantés par le décor XIXe (cuivres, banquettes, miroirs) de ce "bistrot au style authentique" pas très éloigné de l'Opéra Garnier et de la salle des ventes Drouot - les plats "classiques bien préparés" reçoivent un bis ; "le service rapide" et les prix modérés en font aussi une adresse "pratique pour un déjeuner d'affaires".

Au Pied de Cochon ◐ *Brasserie* 19 | 20 | 18 | 54€

1er | 6 rue Coquillière (Châtelet-Les Halles) | 01 40 13 77 00 | www.pieddecochon.com

"Envoyez les pieds de cochon!" (et bien d'autres "parties de la bête") crient les "convives téméraires" qui glissent les "serviettes dans leurs cols" et "grognent de plaisir" devant les plats de porc, les "plateaux de fruits de mer élaborés" et la "meilleure soupe à l'oignon de Paris" - "de préférence rincée avec une bouteille de beaujolais" -

dans cette "grande et bruyante" brasserie "à l'ancienne" des Halles reprise par les Frères Blanc ; malgré les "touristes", on y retrouve une "atmosphère très parisienne", des garçons "vifs", des prix modérés et un service 24 heures sur 24.

Au Trou Gascon *Sud-Ouest* 25 | 18 | 23 | 81€

12e | 40 rue Taine (Daumesnil) | 01 43 44 34 26 | www.autrougascon.fr

Avec sa situation "excentrée" dans le 12e, on a "toujours l'impression de faire une trouvaille" en venant dans ce bistrot "classique hors du temps", surtout pour ceux qui aiment "les spécialités du Sud-Ouest" ("le meilleur cassoulet") et ne regardent pas à la "dépense" ; malgré une "rénovation il y a quelques années" dans un style plus contemporain, les jolies moulures Belle Époque ont survécu, tout comme le service "vieille école" "attentionné" et la "belle collection de vieux armagnacs".

Aux Bons Crus *Bar à Vin/Bistrot* ▽ 21 | 15 | 20 | 45€

1er | 7 rue des Petits-Champs (Bourse/Palais Royal-Musée du Louvre) | 01 42 60 06 45

"Jovial" est le terme approprié quand on parle de ce bar à vin "sans prétention" près du Palais-Royal, qui sert des plats bistrotiers "simples et copieux" et "avec l'accent du Sud-Ouest", ainsi que des assiettes de charcuterie ; "le bon rapport qualité-prix" et "l'hospitalité" compensent la faiblesse du décor.

Aux Charpentiers ◐ *Bistrot* 20 | 17 | 20 | 45€

6e | 10 rue Mabillon (Mabillon/St-Germain-des-Prés) | 01 43 26 30 05 | www.auxcharpentiers.fr

Ce bistrot "historique" de Saint-Germain, fondé par les Compagnons charpentiers en 1856, a su préserver cette filiation tout comme sa cuisine "solide" à "prix justes" ; le décor "à l'ancienne" est en parfaite harmonie avec la clientèle "d'âge mûr".

Aux Crus de Bourgogne *Bistrot* ▽ 20 | 21 | 21 | 38€

2e | 3 rue Bachaumont (Les Halles/Sentier) | 01 42 33 48 24 | www.auxcrusdebourgogne.com

Une "délicieuse cuisine traditionnelle" - surtout bourguignonne, avec les vins assortis - est au menu de ce bistrot aux gentils prix, "typiquement parisien" années 30 à Montorgueil, où les serveurs sont "toujours souriants" et "disponibles".

Aux Deux Amis *Bar à Vin/Bistrot* 21 | 18 | 21 | 50€

11e | 45 rue Oberkampf (Oberkampf) | 01 58 30 38 13

"De délicieuses tapas" aux "saveurs délicates" arrivent à des "prix raisonnables" dans ce bistrot-bar à vin relax d'Oberkampf, où les petites assiettes - et quelques plats du jour plus consistants - paraissent "beaucoup plus frais" que le décor de café des années 60 ; il n'en reste pas moins que c'est "branché", plein de bobos et de foodies qui se retrouvent autour du bar pour des soirées "bruyantes" arrosées de vins naturels ou d'autres boissons plus fortes.

CUISINE | DÉCOR | SERVICE | PRIX

Aux Deux Canards ☒ *Classique* — ▽ 18 | 18 | 18 | 50€

10e | 8 rue du Faubourg Poissonnière (Bonne Nouvelle) | 01 47 70 03 23 | www.lesdeuxcanards.com

Pour "l'accueil original" de son patron "passionné", qui aime raconter l'histoire "intéressante" du lieu (couvert d'ardoises anciennes), cette table française du 10e, où les recettes "maison" "gourmandes" sont préparées à partir de produits frais, "vaut le détour" ; même si c'est un peu "cher", l'ambiance est "sympa" et les habitués se retrouvent à cet endroit qui "a une âme".

Aux Fins Gourmets *Sud-Ouest* — ▽ 18 | 18 | 15 | 54€

7e | 213 bd St-Germain (Rue du Bac) | 01 42 22 06 57

Depuis son ouverture il y a un siècle, le "look n'a pas beaucoup changé" dans ce "bistrot typiquement parisien" de Saint-Germain-des-Prés, il a un charme patiné qui va de pair avec des plats du Sud-Ouest plutôt "basiques" ; les gourmets du quartier y viennent moins, peut-être à cause des prix élevés et du service qui mériterait un coup de vis.

Aux Lyonnais ☒☒ *Lyonnaise* — 22 | 19 | 20 | 61€

2e | 32 rue St-Marc (Opéra/Richelieu-Drouot) | 01 42 96 65 04 | www.auxlyonnais.com

"Il y a beaucoup de points positifs" dans ce bistrot d'Alain Ducasse en plein cœur du 2e, près de la Bourse : une cuisine lyonnaise "traditionnelle" et "sans prétention", un cadre "Belle Époque" "authentique", et un service qui tourne "comme une machine bien huilée" (même si certains convives se plaignent "qu'on vous pousse à manger vite") ; les prix sont plutôt élevés, mais beaucoup estiment que "c'est une petite folie qui vaut la peine". P.S. fermé samedi midi.

L'Avant Goût ☒☒ *Contemporaine* — 23 | 15 | 20 | 43€

13e | 26 rue Bobillot (Place d'Italie) | 01 53 80 24 00 | www.lavantgout.com

Les plats "novateurs" - dont le fameux pot-au-feu de cochon - mitonnés par le chef Christophe Beaufront attirent un fan club fidèle dans ce "lieu de rencontre" "sympa" de la Butte aux Cailles, d'autant qu'on y pratique un "excellent rapport qualité-prix" ; la salle "sans grand charme", "dépourvue de touristes" est donc "souvent remplie" de "gens du quartier" (petit conseil : "réserver").

L'Avenue ◐ *Contemporaine* — 16 | 20 | 15 | 63€

8e | 41 av Montaigne (Franklin D. Roosevelt) | 01 40 70 14 91 | www.avenue-restaurant.com

"Bloquez une table dehors" et "regardez les charmantes créatures" passer, de jour comme de nuit, devant ce pilier du Triangle d'or, une cantine chic fréquentée par la "clientèle couture" pour qui "voir et être vu semble être la devise" (même les serveurs "hautains" "vous laissent pantois tellement ils sont beaux gosses") ; la cuisine "internationale" à tendance contemporaine "moyenne" offre de "bons choix pour un régime" (après tout, c'est un "QG pour mannequins"), mais les prix "prohibitifs" risquent de vider votre portefeuille. P.S. les réservations sont à la mode.

	CUISINE	DÉCOR	SERVICE	PRIX

Azabu 🄺 *Japonaise* — 24 | 17 | 24 | 51€

6e | 3 rue André Mazet (Odéon) | 01 46 33 72 05

Un teppanyaki japonais - "aussi superbe qu'inventif" - vous attend dans ce "petit joyau" à prix modérés près de l'Odéon, au service "exemplaire" et au cadre "minimaliste" ; pour observer le cuisinier en action (même si "vos vêtements se souviendront aussi de certains plats") les adeptes préfèrent "manger au comptoir" tout en recommandant de tout faire passer avec les "bons sakés".

Les Bacchantes ◐ ☒ *Bar à Vin/Bistrot* — 21 | 17 | 21 | 46€

9e | 21 rue de Caumartin (Havre-Caumartin/Opéra) |
01 42 65 25 35 | www.lesbacchantes.fr

Des classiques français "bien préparés" (avec une "mention spéciale pour le bœuf") sont apportés par des serveurs "souriants" dans ce bar à vin-bistrot du 9e qui pratique des "prix raisonnables" ; les convives sont assis "presque les uns sur les autres" dans un espace exigu, "bruyant", plutôt spartiate, mais sa proximité avec l'Opéra Garnier, les horaires tardifs et la belle sélection de vins au verre en font un bon endroit d'après spectacle.

Le Ballon des Ternes ◐ *Brasserie* — 19 | 18 | 19 | 58€

17e | 103 av des Ternes (Porte Maillot) | 01 45 74 17 98 |
www.leballondesternes.fr

Considéré comme un "standard fiable", cette brasserie derrière la porte Maillot sert des plats "copieux" et "sincères" (dont de "merveilleux" fruits de mer) dans une "authentique" salle à manger "Belle Époque" ; si c'est "un peu cher par rapport à la qualité", le service "attentif" et "expéditif", et sa situation près du Palais des Congrès en font un endroit "pratique" pour un dîner d'affaires.

Ballon et Coquillages ◐ *Poisson* — - | - | - | M

17e | 71 bd Gouvion-St-Cyr (Porte Maillot) | 01 45 74 17 98

Avec seulement 14 tabourets autour du bar circulaire, les nouveaux venus disent qu'il est facile de devenir amis avec les "habitués" de cette "conviviale" adresse maritime du 17e (annexe du Ballon des Ternes) ; son style cabanon chic se marie très bien avec les huîtres, les langoustines et autres spécimens frétillants des plateaux de fruits de mer à prix abordables. P.S. on ne peut pas réserver.

Le Bambou 🄺 *Vietnamienne* — 22 | 15 | 14 | 17€

13e | 70 rue Bobillot (Tolbiac) | 01 45 70 91 75

Une cuisine traditionnelle "authentique" vous est servie dans ce "petit" vietnamien aux prix "abordables" du 13e, où l'on mange en "partageant sa table" ; "victime de son succès", il y a "la queue sur le trottoir" "chaque jour de la semaine" (réservations pour les groupes seulement) et si le personnel "ne déborde pas d'amabilité", le service est "rapide" : ici, "on mange, on paie et on s'en va".

Le Bar à Huîtres ◐ *Poisson* — 21 | 19 | 19 | 52€

3e | 33 bd Beaumarchais (Bastille) | 01 48 87 98 92
5e | 33 rue St-Jacques (Cluny La Sorbonne) | 01 44 07 27 37
14e | 112 bd du Montparnasse (Raspail/Vavin) | 01 43 20 71 01

	CUISINE	DÉCOR	SERVICE	PRIX

(suite)

Le Bar à Huîtres

17e | 69 av de Wagram (Ternes) | 01 43 80 63 54
www.lebarahuitres.com

S'il vous prend une envie "d'huîtres à gogo, de pain et de bon vin", choisissez parmi "l'une des quatre superbes" adresses de cette chaîne de spécialistes des fruits de mer de "bonne qualité", rachetée par Garry Dorr, "superbement servis" dans un cadre scintillant comme un aquarium avec miroirs et cascades ; les prix sont corrects, le service est "amical" et les "menus sur iPad apportent une touche amusante".

Le Bar à Soupes ☒ *Soupe/Végétarienne* 21 | 14 | 20 | 16€

11e | 33 rue de Charonne (Ledru-Rollin) | 01 43 57 53 79 |
www.lebarasoupes.com

Ce bar à soupes du 11e régale les amateurs de soupes "maison" "à la façon de nos grands-mères" (six soupes différentes tous les jours, "il y en a pour tous les goûts"), mais aussi avec des salades et des tartes "pas chères du tout" ; la devanture jaune citron cache un "petit" endroit "convivial" bénéficiant d'un service "rapide" et "sympa", et offre une alternative "intéressante" aux sandwicheries pour manger "diététique" (on peut aussi emporter).

Le Baratin ◐☒☒ *Bar à Vin/Bistrot* 24 | 17 | 21 | 40€

20e | 3 rue Jouye-Rouve (Belleville) | 01 43 49 39 70

Une "merveilleuse" cuisine "de famille" à des "prix incroyablement bas", alliée à une "sélection audacieuse de vins naturels" est au menu du bistrot à vins "sans prétentions" à Belleville ; la remise à neuf n'est pas reflétée dans la note Décor mais le service reste plutôt "sympa". P.S. au fait, les réservations sont "obligatoires".

Bar des Théâtres ◐ *Bistrot* 17 | 16 | 18 | 41€

8e | 44 rue Jean Goujon (Alma Marceau) | 01 47 23 34 63 |
www.bardestheatres.fr

Quoique réputé pour son "délicieux" steak tartare, plat phare d'une cuisine bistrotière "sérieuse" à prix modérés, ses détracteurs disent que cette institution du 8e semble "l'ombre d'elle-même" depuis qu'une partie de l'espace a été "amputée" de son accès sur l'avenue Montaigne, en face du théâtre des Champs-Élysées ; si les nostalgiques se contentent de "chérir les souvenirs", les fidèles disent que c'est toujours "parfaitement ciblé" pour un "dîner rapide" avant ou après le spectacle - après tout, la nouvelle entrée est à deux pas de là.

Le Baron Rouge ☒ *Bar à Vin/Bistrot* 18 | 20 | 21 | 28€

12e | 1 rue Théophile Roussel (Ledru-Rollin) | 01 43 43 14 32

"Il faut arriver tôt si l'on veut s'asseoir" (on ne peut pas réserver), ou alors rester debout devant les cageots ou les "tonneaux qui servent de tables", dans ce "lieu de rencontre animé après les heures de travail" près du marché d'Aligre, "pas cher" et "amical" "même quand c'est bondé" ; "les vins sont la priorité", mais c'est aussi "super pour une assiette de fromages ou de charcuteries avec les copains" et, en saison, les "huîtres fraîches" avec les clients qui se répandent "sur le trottoir".

	CUISINE	DÉCOR	SERVICE	PRIX

La Bastide Odéon *Provençale* — 20 | 17 | 18 | 56€

6e | 7 rue Corneille (Odéon) | 01 43 26 03 65 | www.bastide-odeon.com

Avec de nouveaux propriétaires depuis 2011, ce "confortable" classique près du jardin du Luxembourg est resté "très calé en dialecte" provençal, servant "aubergines, olives et poissons" qui vous "transportent" vers le sud de la France ; il faut réserver car il est "populaire" dans les circuits "touristiques", mais les habitués savent que le personnel "assidu" réussit "à séparer les francophones des anglophones" en les répartissant entre les salles "simples" et "ensoleillées".

Beef Club ◐ *Viande* — - | - | - | M

1er | 58 rue Jean-Jacques Rousseau (Les Halles) | 09 54 37 13 65 | www.eccbeefclub.com

Dans ce palais de la viande du 1er, le boucher star d'Asnières, Yves-Marie Le Bourdonnec, taille des tranches de bœuf d'une race exceptionnelle élevée outre-Manche par son homologue anglais Tim Wilson (de la mini-chaîne Ginger Pig à Londres) ; on trouve une ambiance club dans la salle aux briques apparentes et ceux qui veulent siroter quelque chose de fort peuvent descendre dans la partie bar, pilotée par le mixologiste Romée de Goriainoff (Experimental Cocktail Club).

Bel Canto *Classique* — 18 | 20 | 21 | 61€

4e | 72 quai de l'Hôtel de Ville (Hôtel-de-Ville/Pont-Marie) | 01 42 78 30 18
Neuilly-sur-Seine | 6 rue du Commandant Pilot (Les Sablons) | 01 47 47 19 94 ☒☒
www.lebelcanto.com

Des dîners alliant chant lyrique et cuisine française "simple", c'est ce que proposent ces deux adresses du 4e et de Neuilly, un concept "original" où le service est "millimétré" (entre chaque plat, les serveurs entonnent un air accompagnés au piano) ; l'accueil est "bon" dans ce cadre "atypique" évoquant l'opéra, et même si le prix est un peu "élevé", le dîner lyrique est "incontournable".

Le Bélisaire ☒ *Bistrot* — ▽ 23 | 17 | 22 | 46€

15e | 2 rue Marmontel (Convention/ Vaugirard) | 01 48 28 62 24 | www.lebelisaire.free.fr

"Tout est parfait dans ce petit coin du 15e", disent les clients qui ont découvert ce jeune bistrot et sa cuisine "traditionnelle", "superbement" préparée, en osmose avec son cadre à l'ancienne, style années 30 ; c'est "petit" et vite "un peu encombré, preuve d'un bon retour sur investissement". P.S. fermé samedi midi et dimanche.

La Bellevilloise *Brasserie* — 17 | 22 | 19 | 26€

20e | 19-21 rue Boyer (Pelleport) | 01 46 36 07 07 | www.labellevilloise.com

Le bar, la terrasse-jardin et le restaurant "fleuris" de ce lieu artistique "prisé" de Belleville permettent de découvrir une cuisine bistrot revisitée "goûteuse" et "légère", tout en profitant des expositions et des concerts, en particulier, le brunch jazz le dimanche "à ne pas rater" ; de plus, le service est "accueillant" et les prix "raisonnables", ce qui contribue à faire de cet endroit "incontournable" "une véritable oasis de calme en plein 20e".

	CUISINE	DÉCOR	SERVICE	PRIX

Bellini ☒ *Italienne* ▽ 21 | 19 | 21 | 61€

16e | 28 rue Le Sueur (Argentine) | 01 45 00 54 20 | www.restaurantbellini.com

Pour un "moment de dépaysement", les convives se délectent de la "cuisine de qualité" de cet italien du 16e dont les vins proviennent de l'autre côté des Alpes, mais dont la spécialité, une pasta au fromage flambée au cognac, a résolument l'accent français ; c'est pas donné, mais le service "amical" et l'ambiance "charmante" en font une expérience dans l'ensemble "agréable".

Bellota-Bellota ☒☒ *Espagnole* 24 | 17 | 18 | 36€

7e | 18 rue Jean-Nicot (La Tour-Maubourg) | 01 53 59 96 96 | www.bellota-bellota.com

Ce comptoir de dégustation espagnol du 7e sert des produits "nobles" "bien mis en valeur", accompagnés de vins espagnols, pour apprécier "tout le plaisir de déguster un véritable jambon ibérique" ; le service est "agréable" et l'ambiance "décontractée" entre ces murs rouges décorés de mosaïques, et bien que ce soit un peu "cher", il existe des formules tapas à un prix "intéressant". P.S. fermé en août.

Benkay *Japonaise* 25 | 21 | 25 | 99€

15e | Hôtel Novotel Tour Eiffel | 61 quai de Grenelle (Bir-Hakeim/ Charles Michels) | 01 40 58 21 26 | www.restaurant-benkay.com

Le vrai "bonheur" sont les sashimis servis dans cet "exceptionnel" hôtel japonais du 15e (le teppanyaki est "étonnant" aussi), mais les avis sont partagés en ce qui concerne le "décor années 70" : "très chic" ou "un peu passé" ; néanmoins, le "raffinement culinaire" mêlé à un "service impeccable" et une "merveilleuse vue" sur la Seine en font un lieu exceptionnel, bien que "cher". P.S. il faut réserver.

Benoît *Lyonnaise* 23 | 22 | 21 | 82€

4e | 20 rue St-Martin (Châtelet/Hôtel de Ville) | 01 42 72 25 76 | www.benoit-paris.com

Une "vraie icône", cette adresse centenaire du 4e "ravivée" par Alain Ducasse "reste tout à fait sûre" si l'on recherche une cuisine "bistronomique haut de gamme" axée sur les plats lyonnais servis par une équipe de "pros" ; les additions "de luxe" en surprennent plus d'un et certains rechignent à se retrouver exilés dans le "ghetto étranger" de la salle du fond - même si le "classique" décor cuivré y est partout comme une vraie carte postale.

Berthillon ☒ *Dessert* 26 | 18 | 18 | 15€

4e | 31 rue Saint-Louis-en-l'Île (Pont Marie) | 01 43 54 31 61 | www.berthillon.fr

On ne présente plus le "meilleur" glacier parisien sur l'Île St-Louis, réputé pour la qualité "artisanale" et la variété de ses glaces et sorbets (une trentaine de parfums "classiques" ou "inattendus") auxquels les gourmands réfléchissent en faisant la queue, cela "fait partie de l'expérience" ; le service est "efficace" mais parfois "impersonnel", l'attente peut être "longue" et le lieu est souvent "bondé", mais la balade dans le quartier, cornet en main, est "incontournable". P.S. fermé en août.

CUISINE | DÉCOR | SERVICE | PRIX

Le Beurre Noisette *Bistrot* 25 | 16 | 22 | 46€
15e | 68 rue Vasco de Gama (Lourmel/Porte de Versailles) | 01 48 56 82 49 | www.lebeurrenoisette.com
Les gourmets "avertis" disent que "cette perle du quartier" du chef-patron Thierry Blanqui, un bistrot au "fin fond" du 15e, "vaut le voyage" pour son menu "plein d'imagination" (et à prix "raisonnables") ; la salle étroite mais "accueillante" et un service "souriant" contribuent à l'atmosphère "animée" et "conviviale", surtout autour de la table commune.

Bibimbap *Coréenne* ▽ 22 | 18 | 20 | 20€
5e | 32 bd de l'Hôpital (St-Marcel) | 01 43 31 27 42 | www.bibimbap.fr
La spécialité de ce coréen du 5e, c'est le *bibimbap* traditionnel (marmite de riz, légumes frais, viande) et ses accompagnements "à profusion", une cuisine "délicieuse" et "saine" à un prix "raisonnable" ; les serveurs sont "à l'écoute" et le service "rapide", et si l'extérieur est "bruyant", "une fois la porte refermée, le boulevard s'oublie".

Le Bien Décidé *Bar à Vin/Bistrot* - | - | - | M
6e | 117 rue du Cherche Midi (Duroc/Falguière) | 01 45 48 39 28
Il n'y a pas grand chose à décider dans ce bistrot-bar à vin caché dans un coin tranquille du 6e, propriété de l'acteur (et vigneron) Gérard Depardieu : "le menu est court" mais les portions "généreuses", une cuisine simple à prix moyens servie par une équipe "sympa" dans ce "minuscule" espace vert et rose ; fait aussi boutique pour acheter une bouteille à emporter.

Big Fernand *Hamburgers*

- | - | - | PC
9e | 55 rue du Faubourg-Poissonnière (Cadet/Poissonnière) | 01 47 70 54 72 | www.bigfernand.com
La fraîcheur est la règle dans cet antre à burger du 9e, où vous pourrez commander à la carte ou composer votre repas au choix parmi plusieurs viandes (bœuf, poulet, agneau), fromages et condiments gourmets - avec des frites - et l'arroser d'un soda bio ; à manger dans le petit espace spartiate chic (pierres, ampoules nues) tout en admirant les moustachus en chemise à carreaux qui cuisent les viandes avec dextérité derrière le comptoir, ou à emporter.

Bistro au Vieux Chêne *Bistrot* 23 | 16 | 19 | 48€
11e | 7 rue du Dahomey (Faidherbe-Chaligny) | 01 43 71 67 69 | www.vieuxchene.fr
On "aimerait que tous les quartiers aient" une adresse comme celle-ci quand on se retrouve dans le 11e pour déguster sa cuisine de bistrot "simple" mais "superbe", à base de produits frais, dans cet "adorable" témoin du temps passé ("ce bar en zinc") ; somme toute, une "valeur sûre" avec des vibrations "sympas".

Bistro 121 *Bistrot* 22 | 17 | 21 | 57€
15e | 121 rue de la Convention (Boucicaut) | 01 45 57 52 90 | www.bistro121.fr
La cuisine "originale" est "bien réalisée" dans ce bistrot contemporain du 15e, avec sa salle blanche et grise ravivée de touches de couleur ;

un staff "amical" et des "prix honnêtes" font le bonheur des gens du quartier, qui le considèrent comme "une valeur sûre".

Le Bistro des Deux Théâtres ◐ *Bistrot* 21 | 20 | 21 | 40€

9e | 18 rue Blanche (Trinité) | 01 45 26 41 43 | www.bistrocie.fr

Les convives aiment le "menu varié" de "plats classiques" dans ce bistrot "convivial" du 9e, qui fait partie d'une chaîne offrant une formule à prix unique d'un "excellent rapport qualité-prix", boissons comprises ; les affiches anciennes et autres souvenirs de théâtre amuseront ceux qui "aiment le monde du spectacle", tandis que les horaires tardifs, plus un personnel "attentif", donnent l'impression à ceux qui viennent pour la première fois "d'être des habitués" parmi une clientèle "toujours intéressante".

Le Bistro des Gastronomes *Bistrot* ∇ 23 | 22 | 22 | 50€

5e | 10 rue du Cardinal Lemoine (Cardinal Lemoine/Jussieu) | 01 43 54 62 40 | www.bistrodesgastronomes.com

"Voilà une vraie affaire", se réjouissent les adeptes de ce "merveilleux" bistrot du 5e, où Cédric Lefèvre, le chef-patron, apporte son expérience du Bistrot Volnay pour réaliser un menu de classiques au goût du jour à un prix raisonnable ; l'équipe "amicale" marque aussi des points, même si les adeptes préféreraient garder l'adresse secrète puisqu'il est "assez difficile" d'obtenir une table dans la salle cosy avec son bar en étain.

Les Bistronomes ☒☒ *Bistrot* - | - | - | C

1er | 34 rue de Richelieu (Palais Royal-Musée du Louvre/Pyramides) | 01 42 60 59 66 | www.lesbistronomes.fr

Un chef "contemporain mais à base classique", ayant cuisiné sous les ordres d'Eric Frechon et de Michel Rostang, peaufine un menu "qui change de manière régulière" dans ce "merveilleux" bistrot plutôt cher près du Palais-Royal ; l'espace brun et taupe se veut "cosy" et "discret", mais le service est tout à fait professionnel grâce à un maître d'hôtel qui a le Ritz et le Crillon sur son CV. P.S. fermé samedi midi, dimanche et lundi.

Bistro Poulbot ☒☒ *Bistrot* ∇ 23 | 18 | 18 | 42€

18e | 39 rue Lamarck (Lamarck-Caulaincourt) | 01 46 06 86 00 | www.bistropoulbot.com

Après une "belle rénovation", ce bistrot montmartrois a pris l'accent italien grâce à son chef-patron, qui propose des plats comme la terrine de campagne à côté du carpaccio de courgettes (pas nécessairement reflété par notre score Cuisine) ; les œuvres de Francisque Poulbot sont toujours accrochées aux murs de la salle "cosy" à l'ancienne, et le service aussi modeste que les prix en fait un bon "choix" dans un quartier rempli de "pièges à touristes".

Bistrot à Vins Mélac ☒☒ *Bar à Vin/Bistrot* 18 | 19 | 19 | 41€

11e | 42 rue Léon Frot (Charonne) | 01 43 70 59 27 | www.melac.fr

"La plus belle moustache de Paris" - celle du "délicieux" patron, Jacques Mélac - accueille les visiteurs de ce bistrot à vins du 11e, connu pour ses plats du "terroir" auvergnat (à des prix "popus") ; l'équipe "sympa" se fait un plaisir de régaler les œnophiles avec un vin du Languedoc, et si l'intérieur "rustique" n'a "rien de très élégant", cela reste une tranche "authentique" du "vieux Paris".

Bistrot d'à Côté Flaubert *Bistrot* 21 | 18 | 19 | 61€

17ᵉ | 10 rue Gustave Flaubert (Pereire/Ternes) | 01 42 67 05 81

Un "accueil chaleureux" attend les clients de "cette petite cachette cosy" du 17e, qui propose une carte à tendance bouchon lyonnais et une "qualité à l'ancienne" ; le cadre est "charmant", avec ses murs couleur citrouille agrémentés d'une collection de barbotines, et si les additions sont un peu élevées, cela reste "du Michel Rostang à petit prix" comparé à son vaisseau amiral, juste au coin. P.S. fermé samedi midi, dimanche et lundi.

Le Bistrot d'André *Bistrot* 20 | 18 | 20 | 45€

15ᵉ | 232 rue St-Charles (Balard) | 01 45 57 89 14 | www.lebistrotdandre.fr

Nommé en hommage au fondateur de l'iconique marque d'automobiles, ce "super petit" bistrot face au parc André-Citroën dans le 15e propose à la fois une cuisine "moderne" et de grands "classiques" à des prix "attractifs" pour les déjeuners "d'affaires", tout en bénéficiant d'un service solide ; les mordus de voitures sont ravis d'être assis "là où les ouvriers" mangeaient et se délectent des souvenirs vintage aux murs ; il y a aussi "des tables agréables dehors".

Bistrot de l'Université *Bistrot* ∇ 21 | 16 | 22 | 31€

7ᵉ | 40 rue de l'Université (Rue du Bac) | 01 42 61 26 64

Les habitués, les étudiants et quelques écrivains viennent pour un café ou pour la cuisine française "classique" dans l'esprit bouchon lyonnais de ce "charmant" bistrot d'après-guerre du 7e ; avec sa décoration d'époque (moulures anciennes, grands miroirs), l'endroit est "calme", "intime" et "sans prétention", et en même temps on profite d'un service "sympathique" et des prix raisonnables. P.S. fermé le week-end et en août.

Le Bistrot de Paris *Bistrot* 19 | 19 | 20 | 52€

7ᵉ | 33 rue de Lille (Rue du Bac/St-Germain-des-Prés) | 01 42 61 16 83

"Un favori année après année" – autrefois QG pour intellos de la rive gauche, maintenant point de rencontre au déjeuner pour les politiciens du coin – ce "bistrot classique" du 7e maintient sa réputation avec une cuisine "honnête", "de confiance" à des prix abordables ; le service est "toujours amical", mais c'est le décor "classique" Belle Époque qui attire les touristes en masse pour faire l'expérience du "vrai Paris".

Le Bistrot des Dames *Bistrot* 18 | 23 | 17 | 34€

17ᵉ | Hôtel El Dorado | 18 rue des Dames (Place de Clichy) | 01 45 22 13 42 | www.eldoradohotel.fr

Le "jardin enchanté" de ce bistrot "typiquement parisien" des Batignolles offre à sa clientèle "de trentenaires bobos" du quartier "un petit coin de verdure tranquille" au milieu de la folie urbaine ; sa cuisine à prix réduits est "sans grande envergure" mais c'est "bien préparé" et servi par une équipe "sympa" – donc un "lieu estival parfait" où il vaut mieux "arriver tôt", car il n'y a pas de réservations pour les tables à l'extérieur.

Le Bistrot des Vignes *Bistrot* 20 | 18 | 20 | 41€

16e | 1 rue Jean Bologne (La Muette/Passy) | 01 45 27 76 64 | www.bistrotdesvignes.fr

De "bons" classiques, comme le poulet rôti et le confit de canard, sont servis à la table de ce bistrot "plaisant" du 16e, où "rien n'est inattendu sauf le prix" : "une vraie bonne affaire" ; le cadre contemporain mais "cosy" et un "excellent" service font de cet endroit un choix "pratique" quand on fait du shopping dans la rue de Passy voisine (surtout pour les parents, car il y a un menu enfants).

Le Bistrot d'Henri ◐ *Bistrot* 22 | 16 | 21 | 40€

6e | 16 rue Princesse (Mabillon/St-Germain-des-Prés) | 01 46 33 51 12 | www.bistrotdhenri.com

Ce bistrot "mignon", "relax" du 6e est "une des meilleures adresses de la capitale", disent les initiés, "satisfaits" par sa cuisine "familiale", "terre à terre" et son service "chaleureux" ; on est un peu "à l'étroit" sur les banquettes autour des tables en bois, mais la "foire d'empoigne" dans cet espace "minuscule" indique que "le coude-à-coude en vaut la peine", avec des additions à prix modérés.

Le Bistrot du Dôme *Poisson* 22 | 19 | 20 | 55€

14e | 1 rue Delambre (Vavin) | 01 43 35 32 00

"On peut difficilement faire mieux en matière de fraîcheur et de qualité" pour les "superbes" fruits de mer proposés dans ce "vieux bistrot parisien" ; l'équipage "efficace" à la manœuvre dans la salle "agréable", avec carrelages aux tons ocre et bleu piscine, donne de "bons conseils" sur la pêche du jour, et les "vins à prix raisonnables" sont "bien sélectionnés".

Bistrot du Passage ⊠ *Bistrot* 23 | 18 | 21 | 37€

17e | 14 passage Geffroy Didelot (Villiers) | 01 43 87 28 10 | www.bistrot-du-passage.com

Si l'on considère la "qualité et la quantité" proposées dans ce bistrot contemporain situé dans un passage piéton du 17e, c'est "une affaire imbattable", surtout "pour le quartier" ; le décor moderne rouge, noir et blanc est assez basique, mais bien tenu par une équipe "sympa", ce qui rend l'endroit "idéal" en "groupe" ou pour un "simple repas" entre amis.

Le Bistrot du Peintre ◐ *Bistrot* 18 | 22 | 20 | 31€

11e | 116 av Ledru-Rollin (Bastille/Ledru-Rollin) | 01 47 00 34 39 | www.bistrotdupeintre.com

"Un superbe décor 1900" style Art nouveau "d'origine", fait la joie des convives dans ce bistrot près de Bastille, où le menu "basique" de viande et de pommes de terre ("des entrées savoureuses", de "vraies" frites) offre un "super rapport qualité-prix" ; une équipe "sympa" s'assure que les convives sont "contents", que ce soit à l'intérieur ou sur la terrasse "agréable" même si parfois c'est un peu "gâché par le bruit" de la circulation.

	CUISINE	DÉCOR	SERVICE	PRIX
Bistrot du 7ème *Bistrot*	19	18	19	41€

7e | 56 bd de la Tour-Maubourg (La Tour-Maubourg) | 01 45 51 93 08 | www.bistrotdu7.com

Pour savourer une cuisine française "classique", dans un cadre "sympathique" donnant sur les Invalides, essayez ce bistrot du 7e, qui offre un "bon" rapport qualité-prix "surtout compte tenu de sa situation" ; l'équipe "courtoise" assure un service "efficace", sans presser les convives, qui peuvent aussi bien "manger rapidement le midi" que "prendre un peu de temps entre amis".

	CUISINE	DÉCOR	SERVICE	PRIX
Bistrot du Sommelier ☒ *Bar à Vin/Bistrot*	22	18	24	78€

8e | 97 bd Haussmann (St-Augustin) | 01 42 65 24 85 | www.bistrotdusommelier.com

Les œnophiles adorent "tester leurs connaissances en vins", encouragés par une équipe "enthousiaste" (les serveurs vous font "deviner le vin que vous venez de boire") : une "manière amusante" de découvrir de nouvelles étiquettes dans le bistrot à vins du sommelier Philippe Faure-Brac en plein cœur du 8e ; vu le cadre plutôt "simple" et une nourriture "fiable" mais peut-être "pas mémorable", ses détracteurs disent que le "rapport qualité-prix" n'est pas "formidable", mais les connaisseurs aiment venir ici pour des événements tels que les "merveilleuses" dégustations du vendredi avec les viticulteurs (il faut réserver).

	CUISINE	DÉCOR	SERVICE	PRIX
Le Bistrot Paul Bert ☒☒ *Bistrot*	21	17	19	48€

11e | 18 rue Paul Bert (Faidherbe-Chaligny) | 01 43 72 24 01

Situé dans un "coin excentré" du 11e, ce bistrot "bruyant" sert un menu "roboratif" à des prix moyens, "dont le bœuf est la star" ("les meilleurs steaks en ville" nous disent de nombreux fans), accompagné de vins "intéressants" ; le style ancien, qui donne l'impression d'avoir été choisi comme "pour un film", de même que les serveurs "bourrus", font de cet endroit "tout" ce que l'on "s'imagine d'un bistrot français".

	CUISINE	DÉCOR	SERVICE	PRIX
☒ **Bistrotters** ☒☒ *Bistrot/Contemporaine*	-	-	-	PC

14e | 9 rue Decrès (Plaisance) | 01 45 45 58 59 | www.bistrotters.com

Toute nouvelle table du 14e, ce bistrot 1900 remis au goût du jour offre une cuisine canaille, soignée et dans l'air du temps ; au menu, on offre foie gras maison, croustillant de poitrine de cochon, tarte aux deux citrons, tous à des prix parfaitement raisonnables. P.S. fermé dimanche et lundi.

	CUISINE	DÉCOR	SERVICE	PRIX
Bistrot Vivienne *Bistrot*	19	21	18	41€

2e | 4 rue des Petits-Champs (Bourse/Palais Royal-Musée du Louvre) | 01 49 27 00 50 | www.galerie-vivienne.com

Ce bistrot "caché" dans le "ravissant passage marchand" de la galerie Vivienne oscille entre un look "cosy" et "mignon", et un look "rétro" avec "une touche branchée", ce qui en fait l'endroit "parfait pour venir prendre un thé l'après-midi" ; "les prix raisonnables" sont au diapason de la "cuisine préparée simplement" et du service fiable. P.S. réserver, surtout à l'heure très prisée du déjeuner.

	CUISINE	DÉCOR	SERVICE	PRIX

N Le Bistro Urbain ☒ *Bistrot* | - | - | - | PC |

10e | 103 rue du Faubourg-Saint-Denis (Gare de l'Est) | 01 42 46 32 49
Situé dans le 10e en pleine effervescence bobo, ce bistrot moderne sert sur sa longue enfilade de tables des plats canailles et bien de chez nous, relevés d'une touche d'originalité - comme le magret de canard et purée de panais au chocolat blanc ; même s'il appartient à la nouvelle génération de lieux de rencontres urbaines chics, ses prix sont plus que raisonnables.

Bistro Volnay ☒ *Bistrot* | 21 | 18 | 20 | 58€ |

2e | 8 rue Volney (Opéra) | 01 42 61 06 65 | www.bistrovolnay.fr
Une cuisine de marché "soignée" à des prix élevés (ils servent du gibier en saison) est au menu de ce bistrot Art déco "moderne situé entre l'Opéra Garnier et la Madeleine ; la "superbe" carte des vins, dont de nombreux crus au verre, mérite une mention spéciale, tout comme la gestion d'un "grand professionnalisme" des deux patronnes.

Bizan ☒ *Japonaise* | - | - | - | C |

2e | 56 rue Ste-Anne (Quatre-Septembre) | 01 42 96 67 76
"Raffinement et tradition sont les deux mots d'ordre" de cette enclave japonaise "chère" dans le quartier du Petit Tokyo autour de la rue Sainte-Anne, avec des sushis de premier choix, de rares bentô et d'élégants dîners kaiseki ; le décor "zen" en "bois clair" avec des volets japonais et un service "discret" plaisent aux expatriés nippons et au milieu de la mode.

Blend *Hamburgers* | - | - | - | PC |

2e | 44 rue d'Argout (Étienne Marcel/Sentier) | 01 40 26 84 57 | www.blendhamburger.com
Les burgers gourmets du Sentier sont réalisés avec une viande fournie par le fameux boucher Yves-Marie Le Bourdonnec, rehaussés de condiments maison, dans d'excellents petits buns ; la jeune clientèle se serre avec joie sur les tabourets en bois de ce petit espace à la mode, ravie de payer des additions light (mais assez chères pour un burger).

Blue Elephant ◐ *Thaïlandaise* | 23 | 24 | 20 | 44€ |

11e | 43-45 rue de la Roquette (Bastille/Voltaire) | 01 47 00 42 00 | www.blueelephant.com
Un décor "à couper le souffle" avec sa végétation et son ruisseau confère une ambiance "dépaysante" et "zen" à ce thaïlandais de Bastille qui propose une cuisine "variée" et "relevée" à des prix "élevés", mais où le buffet du dimanche midi permet de déguster une multitude de plats ; le personnel est "discret" et "souriant" et les femmes repartent avec une orchidée, une attention "appréciée". P.S. possibilité de réserver en ligne.

Bob's Kitchen *Végétarienne* | ▽ 24 | 17 | 21 | 16€ |

3e | 74 rue des Gravilliers (Arts et Métiers) | 09 52 55 11 66 | www.bobsjuicebar.com
Ce végétarien du 3e propose une cuisine "bio" et "copieuse", inspirée de pays différents, dont des mélanges de légumes "parfumés", qui

"font du bien à votre corps" et à votre porte-monnaie ; tenu par l'Américain le "plus sympa de Paris" et géré par un personnel "souriant", cet endroit à la décoration "hyper simple" est une adresse qu'il faut "connaître". P.S. midi seulement 7 jours sur 7, et plats à emporter du lundi au vendredi de 15h à minuit.

Bofinger ◐ *Brasserie* 19 | 24 | 19 | 56€

4e | 7 rue de la Bastille (Bastille) | 01 42 72 87 82 | www.bofingerparis.com

"Non, vous n'êtes pas dans un (vieux) film MGM", même si le décor remontant à 1864 de cette brasserie de la Bastille est certainement "spectaculaire" - surtout la "ravissante coupole vitrée" - et si la cuisine alsacienne "n'inspire pas" au même degré, elle "ne déçoit pas non plus", donc touristes et résidents la considèrent toujours comme leur "endroit favori" pour les fruits de mer ; le vaste espace étant "souvent bondé", il vaut mieux réserver et faire confiance à l'équipe "rapide et amicale".

Bon *Asiatique* ▽ 21 | 24 | 18 | 54€

16e | 25 rue de la Pompe (La Muette) | 01 40 72 70 00 | www.restaurantbon.fr

Philippe Starck a conçu la décoration et les ambiances (vinothèque, salle cheminée, salon bibliothèque, fumoir, cave) de cet endroit "chic" du 16e, un cadre "frais" et "épuré" où "on respire et on s'entend parler" ; le chef "vous enchante" avec des saveurs asiatiques "innovantes" "aux accents fraîchement français", le service est "sympathique", les prix un peu "élevés" selon certains, mais l'ensemble est "envoûtant". P.S. voiturier.

N Bones ☒☒ *Bar à Vin/Bistrot* - | - | - | M

11e | 43 rue Godefroy Cavaignac (Voltaire) | 09 80 75 32 08

James Henry, chef australien du bistrot Au Passage, revient aux commandes de cette nouvelle adresse très branchée du 11e, à la fois bar et restaurant dans un décor brut ; la cuisine inventive à base de bons produits (le saucisson, le pain et le beurre sont maison) et une belle sélection de vins nature sont tous à prix modérés. P.S. le soir seulement, réservation conseillée.

La Bonne Franquette ☒ *Bistrot* - | - | - | M

18e | 2 rue des Saules (Abbesses) | 01 42 52 02 42 | www.labonnefranquette.com

"Remontez le temps" et imaginez les fantômes de Renoir, Monet, Van Gogh et autres pensionnaires de cette ancienne auberge de Montmartre, aujourd'hui transformée en un bistrot bien tenu, avec un menu abordable qui met en valeur des "produits du terroir" de "qualité" ; aux beaux jours, la terrasse "ombragée" est incontournable. P.S. fermé lundi et mardi en hiver.

Le Bon Saint Pourçain ☒⇏ *Classique* 19 | 15 | 20 | 42€

6e | 10 bis rue Servandoni (Odéon/St-Sulpice) | 01 43 54 93 63

Des classiques du "terroir" "amoureusement préparés" et servis par "un patron comme autrefois", à des prix "raisonnables", rendent ce "petit restaurant" derrière Saint-Sulpice très "populaire auprès des habitués du quartier", qui apprécient son côté "sans prétention" ; l'équipe père-fille accueille les clients "avec chaleur", mais pensez à prendre des espèces car l'ambiance "rive gauche à l'ancienne" veut aussi dire "pas de cartes de crédit".

Les Botanistes *Bistrot* ▽ 19 | 16 | 19 | 55€

7e | 11 bis rue Chomel (Sèvres-Babylone/St-Sulpice) | 01 45 49 04 54

Cet "agréable" bistrot de quartier du 7e, fréquenté par de nombreux éditeurs et des accros du shopping au Bon Marché, est apprécié pour ses prix modérés et sa cuisine "inventive", mais "bien française", concoctée par le chef-patron Jean-Baptiste Gay ; sa charmante épouse Virginie et le service "sympa" confèrent une touche joyeuse au décor typiquement bistrot - carrelage à damier rouge et beige.

N Boucherie Les Provinces *Viande* - | - | - | PC

12e | 20 rue d'Aligre (Ledru-Rollin) | 01 43 43 91 64

Dans cette boucherie artisanale voisine du marché d'Aligre, on peut désormais déguster sur place bavette, côtes de bœuf, d'agneau ou de porc, de bons morceaux cuits en direct, accompagnés de pommes de terre rissolées et d'un verre de vin rouge ; les prix sont modérés et la clientèle de quartier, ravie. P.S. pas de réservations.

Boucherie Roulière *Bistrot* ▽ 26 | 18 | 23 | 52€

6e | 24 rue des Canettes (St-Sulpice) | 01 43 26 25 70

On sert de la viande et du poisson de "toute première catégorie", "grillés très simplement" dans cette "merveilleuse rôtisserie" qui, malgré son emplacement central sur la rive gauche près de Saint-Sulpice, reste "méconnue" ; la salle étroite, "typiquement bistrot" "manque d'espace", mais le service "rapide", "agréable" et les additions abordables sont des atouts supplémentaires.

Le Bouchon et L'Assiette *Bistrot* ▽ 22 | 19 | 22 | 43€

17e | 127 rue Cardinet (Ternes/Villiers) | 01 42 27 83 93

Des prix "honnêtes", dont des vins "très abordables" au verre, sont l'attrait de ce petit bistrot "de confiance" dans la partie nord du 17e, qui sert des plats basques et français "toujours intéressants" ; la petite équipe professionnelle aide les convives à faire leur choix dans le menu saisonnier à l'ardoise, qui, avec quelques affiches vintage, est la seule décoration de cet intérieur gris très simple.

Bouillon Racine *Classique* 18 | 25 | 17 | 42€

6e | 3 rue Racine (Cluny La Sorbonne/Odéon) | 01 44 32 15 60 | www.bouillonracine.com

Entre le Carrefour de l'Odéon et la Sorbonne, dans cette brasserie sur deux niveaux agrémentée de "dorures" et de "miroirs", le "superbe décor Art nouveau" 1890 prend le dessus sur une nourriture "moyenne" et un service "médiocre", mais cela n'a aucune importance quand les prix sont raisonnables" et la bière "fantastique".

La Boulangerie *Bistrot* 22 | 18 | 19 | 39€

20e | 15 rue des Panoyaux (Ménilmontant) | 01 43 58 45 45

"Derrière son bar, un grand gaillard souriant" (le chef et patron associé) accueille les "habitués" et les autres dans son bistrot plutôt "folklorique" qui est installé dans une ancienne boulangerie "décalée" et "hors des sentiers battus" à Ménilmontant ; en prime, la cuisine bistronomique "agréable", parfois "inventive", reste à des prix très abordables.

La Boule Rouge ◐ ☒ *Nord-Africaine* 21 | 15 | 20 | 39€

9e | 1 rue de la Boule-Rouge (Grands Boulevards) | 01 47 70 43 90
"Le couscous le plus authentique de Paris" propose un voyage en Tunisie par le métro dans cette oasis de cuisine "familiale" nord-africaine du 9e ; le décor – dont une fresque au plafond réprésente une scène du désert franchement dépaysante – est en harmonie avec les additions "raisonnables" et le service "très bien".

Les Bouquinistes ☒ *Contemporaine* 23 | 21 | 22 | 74€

6e | 53 quai des Grands-Augustins (St-Michel) | 01 43 25 45 94 | www.lesbouquinistes.com
La "version abordable" (tout est relatif) de la cuisine bistronomique "sans prétention" de Guy Savoy est servie à cette table "chic" et "moderne" du 6e, à l'équipe "attentive mais pas envahissante" ; essayez d'ignorer les "touristes" et placez-vous "face aux fenêtres pour observer le défilé des voitures et des gens le long des quais de la Seine". P.S. fermé samedi midi et dimanche.

Bourgogne Sud W̸ L̸ *Bourguignonne* - | - | - | PC

9e | 14 rue de Clichy (Liège/Trinité-d'Estienne d'Orves) | 01 48 74 51 27 | www.bourgogne-sud.fr
Près du Casino de Paris, dans le quartier des théâtres, escargots, quenelles et autres délices de Bourgogne sont au menu à prix plancher du dernier-né de Gilles Breuil (ancien directeur du Petit Riche et du Procope) ; le décor simple est ravivé par des boiseries claires et de nombreux miroirs qui renvoient la lumière des baies vitrées.

La Boutarde ☒ *Bistrot* 21 | 17 | 20 | 52€

Neuilly-sur-Seine | 4 rue Boutard (Pont-de-Neuilly) | 01 47 45 34 55 | www.laboutarde.com
Cet "agréable" et "sympa" bistrot de Neuilly propose une carte "traditionnelle" de rôtisserie ; on est un peu "serrés" dans la salle à boiseries décorée de moulins à café anciens, mais, surtout au déjeuner, cela permet "d'écouter les conversations des gens de la pub" et autres cadres du quartier qui apprécient les menus abordables.

Braisenville ☒ *Éclectique* - | - | - | M

9e | 36 rue Condorcet (Anvers) | 09 50 91 21 74
À Pigalle, cet endroit unique à prix modérés propose des petites assiettes inspirées, souvent des grillades au charbon de bois ; devant le four visible, on s'asseoit sur un tabouret du comptoir ou des sièges grillagés Bertoia aux coussins orange de la salle contemporaine.

Brasserie Balzar ◐ *Brasserie* 18 | 20 | 19 | 50€

5e | 49 rue des Écoles (Cluny La Sorbonne/St-Michel) | 01 43 54 13 67 | www.brasseriebalzar.com
Cette brasserie parisienne "comme on les aime" ("miroirs fumés, détails en cuivre") près de la Sorbonne, offre une "solide nourriture"

française, "de la bonne bière" et un bon "poste d'observation" - "surtout des profs avec leurs étudiantes beaucoup plus jeunes qu'eux" ; c'est souvent "au coude à coude", mais les serveurs sont "amicaux" et "amusants", et les prix "corrects" (il faut profiter des menus souper).

Brasserie de l'Île St-Louis ◐ *Brasserie* 19 | 19 | 18 | 41€

4e | 55 quai de Bourbon (Cité/Pont-Marie) | 01 43 54 02 59 | www.labrasserie-isl.fr

Etant donné la "sublime" vue sur Notre-Dame depuis la "magnifique terrasse", on "s'attend à un attrape-touristes", mais cette brasserie alsacienne de l'île Saint-Louis est remplie "d'habitués et de visiteurs" qui considèrent sa "plaisante cuisine régionale" comme une "valeur" sûre ; si l'on ne peut pas s'installer dehors (mauvais temps, pas de réservations), l'ambiance intérieure offrira "une tranche du vieux Paris" - quoi qu'il en soit, on est "au bon endroit pour une promenade nocturne" le long de la Seine. P.S. fermé le mercredi.

Brasserie du Louvre *Brasserie* 19 | 21 | 20 | 49€

1er | Hôtel du Louvre | Pl André Malraux (Palais Royal-Musée du Louvre) | 01 44 58 37 21 | www.hoteldulouvre.com

Cette "élégante" brasserie d'hôtel, particulièrement "bien située" en face du Louvre, attire plus de louanges pour son ambiance ("cela vaut la peine rien que pour regarder les gens") que pour sa cuisine "raffinée" ; cependant, le service est "sympa" et les additions raisonnables - un "bon endroit pour les touristes".

Brasserie Flo ◐ *Brasserie* 19 | 21 | 18 | 51€

10e | 7 cour des Petites-Écuries (Château d'Eau) | 01 47 70 13 59 | www.flobrasseries.com

"Exactement ce qu'une brasserie devrait être" - "amusante, bruyante" et mousseuse de "bonne bière" - cet "archétype" du genre dans le 10e (sous la férule du groupe Flo) "confirme bien que vous êtes à Paris" par une atmosphère agrémentée de "tous ses miroirs et moulures" qui transportent les convives dans "une autre époque" ; la cuisine est "classique" et servie par une équipe "polie".

Brasserie Julien ◐ *Brasserie* 19 | 25 | 21 | 58€

10e | 16 rue du Faubourg St-Denis (Strasbourg-St-Denis) | 01 47 70 12 06 | www.flobrasseries.com

"Le décor est incroyable" dans ce "magnifique" "bastion Art nouveau", un "bijou" de brasserie "chère" du groupe Flo dans une partie un peu rude du 10e : "si seulement le quartier était meilleur" ; néanmoins, la plupart osent le voyage et s'accommodent du "bruit" à l'intérieur de l'immense salle ("en fait, cela rajoute de l'ambiance"), tout en appréciant la cuisine "correcte" servie par une "charmante" équipe. P.S. "les accros au chocolat" se délecteront des profiteroles.

Brasserie La Lorraine ◐ *Brasserie* 18 | 18 | 17 | 64€

8e | 2 pl des Ternes (Ternes) | 01 56 21 22 00 | www.brasserielalorraine.com

"De superbes plateaux de fruits de mer" sont le point fort de la carte brasserie "typique" proposée dans cette maison "classique" de la place des Ternes ; les remarques à propos du service sont mitigées ("pro" ou "prétentieux"), l'espace clair Art déco est "bruyant" et les prix sont "aussi hauts que les plafonds", mais les horaires tardifs en font l'endroit "parfait après un concert".

Brasserie Lipp ◐ *Brasserie* 18 | 21 | 17 | 56€

6e | 151 bd St-Germain (St-Germain-des-Prés) | 01 45 48 53 91 | www.brasserie-lipp.fr

"Tout le monde devrait aller au moins une fois" dans cette "brasserie vraiment typique" de Saint-Germain, qui attire à la fois les touristes et les habitués du quartier – "après tout, *Paris est une fête*" même si son "histoire" est "plus appétissante" que sa cuisine juste "correcte" mais à des prix au top ; attention de ne pas être placé en "Sibérie" au premier étage par des "garçons au caractère affirmé" (certains sont "aimables", d'autres "bougons").

Brasserie Lutetia *Brasserie* 19 | 20 | 20 | 64€

6e | Hôtel Lutetia | 23 rue de Sèvres (Sèvres-Babylone) | 01 49 54 46 76 | www.lutetia-paris.com

"Pratique" si "vous êtes descendus à l'hôtel Lutetia" ou faites du shopping au Bon Marché mais à part ça, la brasserie "connue pour ses fruits de mer" en service continu est, de l'avis général, jugée "bonne sans être remarquable" – et les prix, "élevés pour une brasserie" ; néanmoins, patrouillée par une équipe "aimable" et "serviable", la luxueuse salle tout en miroirs est "ravissante".

Brasserie Mollard ◐ *Brasserie* 18 | 23 | 17 | 58€

8e | 115 rue St-Lazare (St-Lazare) | 01 43 87 50 22 | www.mollard.fr

La "raison essentielle de se rendre" dans cette brasserie située près de la gare Saint-Lazare est son service non-stop et son "décor classé" avec ses "ravissantes mosaïques Art nouveau centenaires" (qui vient d'être renové, ce qui ne se reflète pas dans la note Décor) ; sa "légitimement fameuse" choucroute de la mer et ses spécialités de poissons "de haute qualité" justifient les prix "élevés", même si le service est à peine "acceptable".

Brasserie Printemps ☒ *Classique* 15 | 21 | 14 | 37€

9e | Printemps | 64 bd Haussmann (Auber/Havre-Caumartin) | 01 42 82 58 84 | www.printemps.com

La "superbe" coupole en vitrail datant de 1923 qui surplombe la salle à manger au style "urbain chic" est l'atout essentiel de cette classique cantine française à l'intérieur du magasin du Printemps ; c'est un endroit "pratique" et "abordable" pour "se reposer entre deux virées de shopping" grâce aux serveurs "rapides" ("si vous arrivez à les trouver"). P.S. dîner le jeudi seulement.

Bread & Roses ☒ *Boulangerie* 22 | 19 | 18 | 25€

6e | 7 rue de Fleurus (Notre-Dame-des-Champs) | 01 42 22 06 06

8e | 25 rue Boissy d'Anglas (Madeleine) | 01 47 42 40 00

www.breadandroses.fr

"Emoustillez vos papilles" avec de "délicieux" plats (tartes salées, salades, club sandwichs), des viennoiseries, des pâtisseries "classiques" et un "excellent" pain bio maison, dans ces deux "jolis" cafés-boutiques du 6e et du 8e, qui gardent un "esprit de boulangerie de quartier" ; le service est "agréable" et "souriant" et même si certains estiment que les prix sont "excessifs", dans l'ensemble, le coût est "raisonnable". P.S. terrasse pour les beaux jours.

Breakfast in America *Américaine* 20 | 21 | 18 | 19€

4e | 4 rue Mahler (St-Paul) | 01 42 72 40 21
5e | 17 rue des Écoles (Cardinal Lemoine/Jussieu) | 01 43 54 50 28
www.breakfast-in-america.com

Ce snack à l'américaine "typique" années 50 avec sa décoration en Formica et chrome, présent dans le 4e et le 5e, affiche une carte "variée" (hamburgers "succulents", pancakes "baignant dans le sirop", milkshakes "à tomber"), servies "avec le sourire" par des serveurs anglophones ; si ses files "d'attente", surtout pour le brunch du week-end, n'effraient pas, c'est l'endroit idéal pour "les budgets limités". P.S. pas de réservations.

Breizh Café ☑ *Bretonne* 22 | 16 | 20 | 29€

3e | 109 rue Vieille-du-Temple (Filles du Calvaire/St-Paul) | 01 42 72 13 77 | www.breizhcafe.com

"Vive la Bretagne!" crient les amateurs de crêpes et de galettes "inventives" - qui s'accompagnent d'un "incroyable assortiment de cidres" - dans cette "minuscule" cantine recouverte de boiseries en plein cœur du Marais ; l'ambiance "cool", les "prix sympas" et le service "charmant" font qu'il "vaut mieux réserver", mais même dans ce cas, on peut "attendre longtemps". P.S. fermé lundi et mardi.

La Briciola ☒ *Pizza* ▽ 19 | 12 | 18 | 30€

3e | 64 rue Charlot (Filles du Calvaire/République) | 01 42 77 34 10

C'est pas votre pizzeria typique "à carreaux vichy", disent les fans de cette enclave rétro-chic du nord du Marais, qui sert des pizzas "goûteuses" avec une "vraie qualité italienne" ; la clientèle, allant du couple bobo à la famille avec *bambini*, apprécie le service "rapide", mais il faut savoir que, "malheureusement", c'est "aussi cher que dans toutes les pizzerias parisiennes".

Buddha Bar ◐ *Asiatique* 17 | 24 | 16 | 52€

8e | 8 rue Boissy-d'Anglas (Concorde) | 01 53 05 90 00 | www.buddhabar.com

La renommée de ce "grand" lounge "branché" du 8e, où l'on sert des cocktails "délicieux" et une nourriture "inventive" "aux accents asiatiques", lui vient de son bouddha géant, qui trône au milieu de la salle ; avec la musique "jazzy/house" "au volume boîte de nuit", c'est un peu "bruyant", mais malgré les prix un peu "élevés", c'est rempli "de beau monde" venu pour "faire la fête" dans une décoration "travaillée" et une ambiance "zen".

Le Buisson Ardent ☒ *Bistrot* 22 | 19 | 23 | 43€

5e | 25 rue Jussieu (Jussieu) | 01 43 54 93 02 | www.lebuissonardent.fr

"Ça chauffe" dans ce "buisson ardent" du Quartier latin disent ses adeptes, qui insistent sur le fait que le menu bistrot "moderne" "devient plus ambitieux à chaque saison" et ils le considèrent comme "l'une des meilleures affaires de la capitale" ; on retrouve des vestiges des années 20 dans la salle aux tonalités vin-et-absinthe dont le côté "intime" n'est pas cassé par la "jeune équipe enthousiaste".

🄽 La Buvette ☑ *Bar à Vin/Bistrot* | - | - | - | PC |

11ᵉ | 67 rue Saint Maur (Rue St-Maur) | 09 83 56 94 11
L'un des derniers-nés des bars à vins branchés de la capitale est tenu par Camille, une jeune femme passionnée qui propose, pour accompagner sa sélection de crus, des petites rations – sardines de Galice, magret séché avec beurre à la vanille, ricotta à la confiture de coing maison ; dans le décor authentique modernisé de sa toute petite échoppe, on se régale midi et soir.

Café Beaubourg ◐ *Classique* | 15 | 17 | 12 | 27€ |

4ᵉ | 100 rue St-Martin (Châtelet-Les Halles/Rambuteau) | 01 48 87 63 96 | www.maisonthierrycostes.com
Ce café design, face à Beaubourg, propose une cuisine française "simple" et "classique" dans une décoration noire et blanche avec des murs en béton ciré (créée par l'architecte Christian de Portzamparc) ; malgré le service un peu "lent", sa grande terrasse "agréable" qui donne sur l'esplanade du musée (selon certains "vous payez la vue") attire les gens qui s'y "précipitent pour déjeuner" après une exposition. P.S. brunch tous les jours.

Café Burq ◐☒ *Bar à Vin/Bistrot* | 21 | 17 | 20 | 37€ |

18ᵉ | 6 rue Burq (Abbesses/Blanche) | 01 42 52 81 27
"Une ambiance hype" met ce "petit" bistrot à vins "cool" de Montmartre sur le parcours "branché", avec des plats "originaux" à prix moyens, comme le "must", un camembert rôti ; c'est "amusant" tard le soir quand les gens s'y entassent "comme des sardines" pour rencontrer des "amis" et profiter du "super bar".

Café Cartouche ☒ *Bistrot* | - | - | - | M |

12ᵉ | 4 rue de Bercy (Bercy/ Cour St-Émilion) | 01 40 19 09 95
Ce dérivé du fameux Repaire de Cartouche, "planqué" dans le quartier de Bercy, fait honneur aux anciens entrepôts à vins avec une cave "intéressante" mise en valeur par des classiques bristrotiers "soigneusement préparés" et à prix modérés ; il n'y a "pas de décor" à proprement parler, mais les serveurs sont "efficaces", et vous pourrez vous concentrer sur votre vis-à-vis en discutant des films présentés à la Cinémathèque conçue par Frank Gehry, un peu plus loin. P.S. fermé samedi midi et dimanche.

Café Charbon ◐ *Brasserie* | 16 | 21 | 18 | 25€ |

11ᵉ | 109 rue Oberkampf (Parmentier/Rue St-Maur) | 01 43 57 55 13 | www.lecafecharbon.com
La clientèle "éclectique" de cet "immense" café d'Oberkampf vient goûter une cuisine française "variée" dans un cadre Second Empire "original", témoin de son histoire (tour à tour, un théâtre, une laverie, un atelier), ou prendre part aux "conversations de comptoir" ; avec des prix "raisonnables" (surtout pour l'happy hour de 18h à 20h ou le brunch) et un service "convivial", on y profite de l'ambiance souvent "animée" "de l'est parisien". P.S. fermé 2 semaines en août.

	CUISINE	DÉCOR	SERVICE	PRIX

Café Constant *Bistrot* 24 | 16 | 21 | 47€

7e | 139 rue St-Dominique (École Militaire) | 01 47 53 73 34 | www.cafeconstant.com

Une "cuisine française faussement simple" mais "sublime" attire les fans du chef Christian Constant dans cette "charmante petite rue" près de la Tour Eiffel, où se trouve cet alter-ego du Violon d'Ingres, une "valeur sûre", "sans fioritures" ; certains disent que le décor est devenu un peu "miteux" et que les tables sont "les unes sur les autres", mais le service est "efficace", et c'est toujours "rempli de gens qui s'amusent". P.S. pas de réservations, il "faut arriver à 19h et faire la queue".

Café de Flore ◐ *Classique* 16 | 22 | 17 | 44€

6e | 172 bd St-Germain (St-Germain-des-Prés) | 01 45 48 55 26 | www.cafedeflore.fr

"Repaire des géants de la littérature" et des intellectuels comme Jean-Paul Sartre, cette "institution de la rive gauche" au style Art déco est aujourd'hui "prise d'assaut par les touristes" malgré une cuisine classique "moyenne" et "trop chère" (excepté les "merveilleuses" omelettes), servie par des garçons parfois "froids" et "irritables" ; mais les inconditionnels espèrent que "cela ne changera jamais", il suffit de "se détendre", déguster "le meilleur chocolat chaud au monde" et "regarder les frimeurs qui meurent d'envie d'être remarqués" - cela suffit à "faire ressortir le philosophe qui sommeille en vous". P.S. pas de réservations.

Café de la Jatte *Italienne* 18 | 21 | 18 | 51€

Neuilly-sur-Seine | 60 bd Vital-Bouhot (Pont-de-Levallois) | 01 47 45 04 20 | www.cafelajatte.com

"Bravo!" crient les "branchés" de Neuilly en étalant leur "bling-bling" dans cette "institution" "à la mode" de l'île de la Jatte, passant à un menu italien pas trop cher ; le reste est inchangé : brunch du dimanche parfait avec les enfants, des remarques mitigées sur le service, une terrasse "ravissante" et un "immense" dinosaure suspendu au-dessus de la gargantuesque salle à manger.

Café de l'Alma *Contemporaine* 18 | 17 | 17 | 41€

7e | 5 av Rapp (Alma Marceau) | 01 45 51 56 74 | www.cafe-de-l-alma.com

La cuisine "simple" "typiquement parisienne" de cette brasserie "de luxe" du 7e, près du musée du Quai Branly, est servie dans un cadre "confortable" et "élégant" (nappes en lin blanc) avec une ambiance "calme" ; quant au rapport qualité-prix, certains trouvent l'addition un peu "élevée", mais l'expérience est "qualitative" du début à la fin (vins de propriétaires, infusions de l'Herboristerie du Palais Royal). P.S. terrasse d'avril à octobre.

Café de la Musique ◐ *Brasserie/Contemporaine* 17 | 18 | 15 | 38€

19e | Cité de la Musique | 213 av Jean Jaurès (Porte de Pantin) | 01 48 03 15 91 | www.cite-musique.fr

Surtout "pratique" - juste en face du parc de la Villette, près de la médiathèque et du Zénith - cette grande cantine de la Cité de la

Musique n'est pas vraiment au diapason avec sa carte de brasserie "basique", "pas très excitante" et un service "pas du tout à la hauteur" ; néanmoins, les additions "honnêtes" invitent les mélomanes à s'installer sur la grande terrasse ou dans les confortables fauteuils en "velours" dans la salle contemporaine "cool".

Café de la Paix ◐ *Classique* 19 | 24 | 19 | 67€

9e | InterContinental Le Grand Hôtel | 12 bd des Capucines (Auber/Opéra) | 01 40 07 36 36 | www.cafedelapaix.fr

Le cadre doré Napoléon III est "spectaculaire" tout comme les "meilleurs" desserts servis chez cette grande dame dans l'enceinte du Grand Hôtel InterContinental ; mais pour une cuisine qui en général n'est "pas renversante", c'est "pas donné" si vous vous trouvez côté restaurant, mais les malins optent pour le café en terrasse, plus abordable et plus relax, avec sa vue sur "le défilé des passants" et l'Opéra Garnier.

Le Café de l'Esplanade ◐ *Classique/Contemporaine* 18 | 21 | 17 | 63€

7e | 52 rue Fabert (Invalides/La Tour-Maubourg) | 01 47 05 38 80

Une "superbe vue sur les Invalides" depuis la terrasse donne à ce fleuron de l'empire Costes un net avantage sur les autres ; et même si la cuisine "chère pour la qualité" et le service "snob" ne sont pas tout à fait à la hauteur du "plaisant" décor Empire, une belle clientèle vient dans cet endroit "cool" pour "voir et être vue". P.S. il vaut mieux réserver.

Café de l'Industrie ◐ *Bistrot* 17 | 20 | 16 | 24€

11e | 15-17 rue St-Sabin (Bastille/Bréguet-Sabin) | 01 47 00 13 53

Avec "ses vieux tableaux" et ses airs de "grande salle à manger de maison coloniale", cette brasserie parisienne "classique" de Bastille possède un charme "intemporel" ; les assiettes "généreuses" sont servies par un personnel "souriant", et si certains disent que c'est "un peu bruyant" aux heures de pointe, les autres viennent "manger à toute heure" dans cet endroit "idéal pour un dîner entre amis". P.S. réservations possibles à partir de six personnes.

Café des Deux Moulins *Bistrot* 15 | 18 | 15 | 20€

18e | 15 rue Lepic (Blanche) | 01 42 54 90 50

Rendu "mythique" par *Le Fabuleux Destin d'Amélie Poulain,* ce "petit" café montmartrois propose un "grand" choix de bières et une carte de brasserie "classique" à des prix abordables ; certains estiment que l'endroit, "victime de son succès", est devenu "touristique", mais son décor années 50 "convivial", sa terrasse pour "profiter de l'ambiance du quartier" et le service "sympathique" méritent qu'on l'essaie.

Café des Musées *Bistrot* 20 | 17 | 20 | 35€

3e | 49 rue de Turenne (Chemin-Vert/St-Paul) | 01 42 72 96 17 | www.cafedesmusees.fr

Des prix attractifs - le "menu du soir est une aubaine" - pour ce bistrot hype du Marais où les jeunes designers sont au coude à coude avec les visiteurs de musées (Picasso, juste à côté, etc.) ; "la bonne sélection des vins" et le service "amical" et familial" font que cette salle "spartiate", reste toujours "pleine et animée".

Le Café du Commerce ◐ *Bistrot* 17 | 21 | 17 | 35€

15e | 51 rue du Commerce (Émile Zola) | 01 45 75 03 27 | www.lecafeducommerce.com

"Un superbe décor" d'époque attire les historiens avertis dans ce bistrot du 15e, audacieusement construit en 1921 autour d'un "étonnant" atrium à plusieurs étages surmonté d'une verrière, à l'origine une cantine pour ouvriers de l'automobile ; les critiques estiment que la cuisine se repose "sur ses lauriers" et ils aimeraient un service "plus attentionné", mais la plupart s'accordent à dire que c'est une "fête pour les yeux" à prix "abordable". P.S. le toit en verre s'ouvre aux beaux jours.

Le Café du Passage ◐ ▨ *Bar à Vin/Bistrot* - | - | - | PC

11e | 12 rue de Charonne (Bastille/Ledru-Rollin) | 01 49 29 97 64

Des fauteuils cosy et une lumière tamisée donnent une "atmosphère confortable" à ce bistrot-bar à vin, genre appartement, installé dans un ancien atelier de meubles en plein milieu du quartier super branché à l'est de la Bastille ; c'est "un must pour goûter de nouveaux vins" (la carte en compte presque 400) et un paradis pour les maniaques de whisky (40 références) qui se sustentent avec des assiettes de fromage et de charcuterie entre deux tournées. P.S. ouvert seulement le soir jusqu'à 2 heures du matin.

Café Étienne Marcel ◐ *Classique* 17 | 17 | 15 | 28€

2e | 34 rue Étienne Marcel (Étienne Marcel) | 01 45 08 01 03

Un menu de brasserie "original" et des plats "sympathiques" vous attendent dans ce café "branchée" du 2e ("on y croise des créateurs et des amoureux de la mode") au style années 70 ; avec sa "grande" terrasse qui "vaut le détour" et ses prix "pas chers", l'endroit tendance est "bien placé" pour une "pause entre deux magasins" ou pour boire un verre "avant d'aller danser le soir". P.S. brunch tous les jours, réservations conseillées.

Café Le Moderne 🅆 *Bistrot* 22 | 20 | 22 | 47€

2e | 40 rue Notre-Dame-des-Victoires (Bourse) | 01 53 40 84 10

Cette cuisine "originale" et pleine "d'imagination épaulée par le vrai talent" de Frédéric Hubig est en parfaite osmose avec le décor "contemporain" et tamisé de ce bistrot "stylé" situé près de la Bourse ; l'équipe "amicale" et "l'un des meilleurs rapports qualité-prix de la capitale" couronnent ce jeune restaurateur.

Le Café Lenôtre *Contemporaine* 23 | 23 | 22 | 57€

8e | Pavillon Élysées | 10 av des Champs-Élysées (Champs-Élysées-Clemenceau) | 01 42 65 97 71 | www.lenotre.fr

La "parfaite récompense après une virée sur les Champs-Élysées" est de déguster un des desserts "exquis" ou un "délicieux" plat léger dans ce café huppé ; les prix sont "élevés", mais le service est "attentionné" et le "cadre sublime" dans ce pavillon construit pour l'Exposition universelle de 1900. P.S. fermé le week-end en hiver.

CUISINE | DÉCOR | SERVICE | PRIX

Café Louis Philippe *Provençale* 20 | 20 | 20 | 34€

4^e^ | 66 quai de l'Hôtel-de-Ville (Pont-Marie) | 01 42 72 29 42 | www.cafelouisphilippe.com

La cuisine française "traditionnelle" et "sans chichis", de cette brasserie parisienne "typique" du Marais s'accorde avec sa décoration "à l'ancienne" (1900) déclinée en deux ambiances, bistrot animé en bas, "romantique" à l'étage ; avec le service "agréable" et l'addition "raisonnable", on peut profiter de la vue sur l'île Saint-Louis et l'île de la Cité, une situation "idéale pour prendre un verre accompagné d'une assiette de charcuterie les soirs d'été".

Café Marly ◐ ☒ *Classique/Contemporaine* 17 | 24 | 16 | 52€

1er | 93 rue de Rivoli (Palais Royal-Musée du Louvre) | 01 49 26 06 60 | www.maisonthierrycostes.com

La "vue imprenable" sur la pyramide du Louvre d'I.M. Pei surpasse de loin les classiques "prévisibles" de la chaîne Costes qui restent à des prix modérés, dans ce café de style Empire qui permet de s'évader de "la foule de visiteurs" du musée ; et si le personnel semble "se soucier davantage de son look que du service", la plupart des clients se disent que le plaisir de "siroter du champagne" sous la "magnifique" colonnade de la terrasse "est impérissable".

N **Café Pinson** *Néobistrot* - | - | - | PC

3^e^ | 6 rue du Forez (Filles du Calvaire) | 09 83 82 53 53 | www.cafepinson.fr

Ce café bobo du Marais propose une cuisine maison bio, végétarienne et surtout sans gluten : des jus, des légumes, des soupes, des salades et des pâtisseries ; le tout est à déguster blotti dans un canapé, entre les murs de briques blanchies à la chaux. P.S. réservation conseillée pour le brunch.

Café Rouge *Classique/Éclectique* 19 | 21 | 20 | 48€

3^e^ | 32 rue de Picardie (République/Temple) | 01 44 54 20 60 | www.lecaferouge.fr

Dans le nord du Marais, ce loft en dupleix "stylé" où l'on sert des plats classiques "sérieux", est apprécié par les habitués pour son service "rapide" et un "bon" rapport qualité-prix ; on peut apporter sa bouteille, mais sachez que le droit de bouchon est de 15 euros. P.S. son petit frère vinicole, le Bar Rouge (fermé dimanche et lundi), se trouve à côté.

Café Ruc ◐ *Bistrot* 15 | 17 | 14 | 51€

1er | 159 rue St-Honoré (Palais Royal-Musée du Louvre) | 01 42 60 97 54 | www.maisonthierrycostes.com

"Encore un maillon de la chaîne Costes", baillent certains Parisiens pas très fans de ce bistrot du 1er, qui débite des plats "pas exceptionnels", en tout cas "trop chers pour ce qu'ils sont" (servis par un staff souvent "désagréable") ; mais les intellos y trouvent leur compte grâce aux horaires tardifs et à son emplacement "stratégique" – "à deux pas du Louvre" et de la Comédie-Française. P.S. c'est idéal "pour regarder les gens", installé dans l'intérieur rouge et vert ou assis à une table sur le trottoir.

CUISINE | DÉCOR | SERVICE | PRIX

Café Salle Pleyel *Contemporaine* ▽ 16 | 20 | 17 | 40€

8e | 252 rue du Faubourg St-Honoré (Ternes) | 01 53 75 28 44 | www.cafesallepleyel.com

Si la programmation musicale de la "mythique" salle Pleyel est éclectique - du philharmonique aux divas pop - le menu abordable de sa cantine "sympa" est strictement contemporain et se "renouvelle" chaque année en invitant un chef connu. P.S. on n'y dîne qu'avant les concerts, donc il vaut mieux réserver.

Café Terminus *Brasserie* 19 | 22 | 22 | 49€

8e | Hôtel Concorde St-Lazare | 108 rue St-Lazare (St-Lazare) | 01 40 08 43 30 | www.concordestlazare-paris.com

Dans cette brasserie "hors du temps", installée dans l'hôtel Concorde devant la gare Saint-Lazare, sont servis avec exactitude des plats "traditionnels" à des prix "raisonnables" par une équipe "sympa" ; l'atout supplémentaire est le "ravissant" décor imitation Belle Époque, réalisé par le créatrice de mode Sonia Rykiel.

Caffè Burlot *Italienne* - | - | - | TC

8e | 9 rue du Colisée (Franklin D. Roosevelt/St-Philippe-du-Roule) | 01 53 75 42 00 | www.maisonthierrycostes.com

Deux Thierry - Burlot (ex-Zebra Square) et Costes (Thoumieux) - ont fait équipe pour lancer près des Champs-Élysées cet italien *molto chic,* où les magnifiques plats de pasta sont présentés dans une salle sombre emplie de verdure qui évoque la langueur des années 50 en Italie, et injecte à l'assistance une bonne dose de *dolce vita* - même si vous devrez mettre votre Prada au clou pour manger ici.

Caffé dei Cioppi *Italienne* ▽ 25 | 17 | 20 | 37€

11e | 159 rue du Faubourg St-Antoine (Ledru-Rollin) | 01 43 46 10 14

L'accueil "ensoleillé" de cette trattoria familiale proche de la Bastille attire les convives, et ce sont les plats "authentiques" à prix modérés, "réalisés avec soin, amour et savoir-faire" dans la cuisine ouverte, qui les tiennent scotchés sur leurs chaises ; les fans disent que ce "minuscule" espace "mériterait" "d'accueillir plus de monde", mais en été il reste de la place dehors dans la "jolie" impasse piétonne. P.S. il est "conseillé de réserver", fermé le week-end et lundi.

Caffé Toscano *Italienne* ▽ 19 | 17 | 20 | 49€

7e | 34 rue des Sts-Pères (St-Germain-des-Prés) | 01 42 84 28 95 | www.caffetoscano.com

Les adresses à prix raisonnables étant rares dans ce coin chic du 7e envahi par des galeries et de beaux magasins, les amateurs de pâtes recommandent cette "agréable" trattoria tenue par de "vrais Italiens" pour ses plats "savoureux" à prix relativement "convenables", ce qui compense un décor en terracotta "simple", voire "spartiate".

La Cagouille *Poisson* 23 | 13 | 19 | 70€

14e | 10 pl Constantin Brancusi (Gaîté/Montparnasse-Bienvenüe) | 01 43 22 09 01 | www.la-cagouille.fr

Toujours "pleine de gens ravis de manger aussi bien", cette "perle cachée" attire les marins d'eau douce dans cette partie du 14e "pas très excitante" avec la promesse "de produits de la mer super frais" (pas de viande) ; les additions "salées" et le décor "nautique ultra-kitsch" sont vite oubliés quand on se laisse piloter par un personnel "diligent" pour choisir parmi une "incroyable" sélection de cognacs.

Les Cailloux *Italienne* 22 | 19 | 19 | 39€

13e | 58 rue des Cinq-Diamants (Corvisart/Place d'Italie) | 01 45 80 15 08

Dans cette enclave "bucolique" de la Butte aux Cailles, une "très bonne" table italienne quoique "pas très originale" attire une foule "bruyante" qui apprécie sa "pasta fraîche" ; les fondus de macaronis se plaignent que le menu mériterait des "mises à jour de temps en temps", mais les additions très modérées et les serveurs "attentifs" (même "mignons") sont tout à fait au goût du jour.

Caïus ☒ *Contemporaine* 24 | 20 | 22 | 51€

17e | 6 rue d'Armaillé (Charles de Gaulle-Étoile) | 01 42 27 19 20 | www.caius-restaurant.fr

Cette "petite adresse solide" proche de l'Étoile connaît un "succès bien mérité" grâce au "talent" de son chef-patron, Jean-Marc Notelet : ce "magicien des herbes et des épices" crée une cuisine bistronomique qu'il renouvelle tous les jours ; une salle en boiseries et une équipe de "bonne humeur" ainsi que des prix modérés attirent une clientèle business au déjeuner.

Le Cambodge ☒ *Asiatique* ▽ 24 | 18 | 21 | 20€

10e | 10 av Richerand (Goncourt) | 01 44 84 37 70 | www.lecambodge.fr

"Il faut venir tôt" pour dégoter une table dans ce cambodgien du 10e (tout près du Canal St-Martin), qui régale ses fans d'une cuisine typique (dont "l'un des meilleurs *bobun* de Paris") "fraîche", "légère" et "copieuse" à "petits" prix ; on note soi-même la commande, "que l'on peut agrémenter d'un dessin", la décoration évoque vraiment l'Asie et le service est "excellent" : c'est un "petit bonheur", qui explique pourquoi c'est souvent pris d'assaut". P.S. pas de réservations sauf le jour même en s'inscrivant sur une liste.

Camélia *Contemporaine* - | - | - | C

1er | Mandarin Oriental | 251 rue St-Honoré (Concorde) | 01 70 98 74 00 | www.mandarinoriental.com

Le maître de la cuisine moléculaire Thierry Marx est derrière le rideau de cette adresse ouverte toute la journée au sein de l'hôtel Mandarin Oriental dans le 1er, où une salle moderne toute blanche donne sur un jardin verdoyant ; le menu 55 minutes, 55 euros du midi est parfait pour un déjeuner d'affaires, sans quoi il faudra prévoir quelques billets de plus dans votre sac Birkin pour vous offrir cette folie.

Le Camion Qui Fume *Hamburgers* - | - | - | PC

Emplacements divers | Pl de la Madeleine (Madeleine) | 01 84 16 33 75 | www.lecamionquifume.com

La mode du *food truck* (cuisine dans un camion) roule à travers Paris, conduite par la jeune Américaine Kristin Frederick, qui prépare de bons burgers épais et juteux avec tous les à-côtés, plus des sandwichs au porc BBQ ; l'attente est parfois longue, mais vous n'y laisserez pas trop de monnaie (désolé, pas de cartes de crédit), et cela vaut la peine rien que pour observer les petits Parisiens BCBG se dépatouiller avec la *street food*. P.S. voir emplacements et horaires sur leur site web.

Candelaria *Mexicaine* - | - | - | PC

3e | 52 rue de Saintonge (Filles du Calvaire) | 01 42 74 41 28 | www.candelariaparis.com

Dans cet austère lieu tout blanc, plus étroit que les jeans des jeunes du Marais tassés le long du comptoir, prenez la file (ou allez-y de bonne heure) pour les tacos et tostadas *muy autenticos* servis avec des salsas sérieuses et un superbe guacamole (ainsi qu'un surprenant brownie aux haricots noirs) ; si vous avez soif, glissez-vous par la porte du fond pour siroter une margarita ou un shot de mezcal dans le coin lounge, genre cave, aux lumières tamisées.

La Cantine de Quentin ☑ *Bar à Vin/Bistrot* - | - | - | PC

10e | 52 rue Bichat (Jacques Bonsergent/République) | 01 42 02 40 32

Dans le quartier "ultra-branché" du canal Saint-Martin, ce bar à vin-bistrot terre-à-terre sert de la "vraie nourriture" à ceux qui surveillent leur budget ; on aime aussi le "concept" des plats et vins artisanaux à emporter - les étagères bien garnies font partie du décor.

La Cantine des Tontons ☒ *Classique* 17 | 19 | 15 | 33€

15e | 36 rue de Dantzig (Convention/Porte de Versailles) | 01 48 28 23 66

"Dîner avec des amis" - copains d'enfance ou voisins de table d'hôte - est la raison d'être de cette cantine "conviviale" à la déco chinée "dépareillée", perdue au fond du 15e près du métro Convention ; ici pas de menu, juste deux plats du jour calés entre des allers-retours au buffet pour des entrées "simples mais goûteuses" à l'ancienne et des desserts comme chez "grand-mère" - et presque au même prix.

La Cantine du Troquet 🅆☑ *Basque* ▽ 25 | 18 | 23 | 41€

14e | 101 rue de l'Ouest (Pernety) | 01 45 40 04 98

Cantine du Troquet Dupleix *Basque*

15e | 53 bd de Grenelle (Dupleix) | 01 45 75 98 00

Le bistrot basque "animé" de Christian Etchebest à Montparnasse ne prend "pas de réservations", mais ses fans sont sans réserve pour citer une cuisine du Sud-Ouest "parfaitement réalisée" (pensez oreilles de cochon grillées) "servie avec générosité et verve" ; un cadre "convivial", style bar des sports, plus une carte des vins "éclectique" à "prix raisonnables" égalent "pas de stress", "pas de chichis, juste du fun".

Carré des Feuillants ☒ *Haute Cuisine* 27 | 22 | 25 | 153€

1er | 14 rue de Castiglione (Concorde/Tuileries) | 01 42 86 82 82 | www.carredesfeuillants.fr

A mi-chemin entre la place Vendôme et les Tuileries, Alain Dutournier réussit l'alliance "parfaite" de la gastronomie et des "discrètes" saveurs du Sud-Ouest dans cette maison "ultra-calme" dotée d'une "excellente" carte des vins ; l'intérieur "moderne", jugé "froid" par certains, est mis en valeur par l'art contemporain et un service "impeccable" et "stylé" – mais, sachez-le : les prix sont si élevés qu'on les dit "stratosphériques" (conseil aux non-millionnaires : "c'est le déjeuner ou la ruine", car le menu du midi est une "affaire"). P.S. veste et cravate obligatoires.

Les Cartes Postales ☒ *Contemporaine/Japonaise* | - | - | - | M |

1er | 7 rue Gomboust (Opéra/Pyramides) | 01 42 61 02 93

De la taille d'un timbre-poste, cette devanture "tranquille", située derrière la place du Marché-Saint-Honoré, ne ressemble pas à grand-chose, mais les connaisseurs disent qu'elle "mérite plus de reconnaissance" pour la cuisine franco-japonaise "simple mais exquise" du chef-patron Yoshimasa Watanabe, au bon rapport qualité-prix ; des serveurs "attentifs" conseillent les clients, et la formule "demi-portion" s'avère utile quand il est "impossible de choisir".

Casa Bini *Italienne* | 23 | 16 | 19 | 52€ |

6e | 36 rue Grégoire de Tours (Odéon) | 01 46 34 05 60 | www.casabini.fr

"Pas compliqué du tout" – avec une "vraie cuisine italienne", "directe", "impeccablement faite" à des prix modérés – voilà le style de ce *ristorante* d'Odéon au service "chaleureux" et au cadre cosy "sans fioritures" ; "avec un peu de chance vous y verrez certainement une ou deux célébrités" dégustant le "savoureux" carpaccio de bœuf en sirotant un *vino* du nord de la Botte.

Casa Olympe ☒ *Contemporaine/Provençale* | 23 | 16 | 18 | 67€ |

9e | 48 rue St-Georges (Notre-Dame-de-Lorette/St-Georges) | 01 42 85 26 01 | www.casaolympe.com

Une "grande adresse pour les gens du coin", show-biz inclus, qui se retrouvent dans le bistrot d'Olympe Versini à Pigalle pour déguster une cuisine provençale "goûteuse" mais "chère", servie en "belles portions" ; on est "à l'étroit" dans les deux salles (l'une dans les tons moutarde, l'autre sang-de-bœuf), mais le service "amical" en fait "un vrai bijou".

Le Casse-Noix ☒ *Bistrot* | - | - | - | M |

15e | 56 rue de la Fédération (Dupleix) | 01 45 66 09 01 | www.le-cassenoix.fr

Avec son look "authentiquement" vieillot, ce bistrot près de la Tour Eiffel s'attire des louanges pour son équipe "qui tourne rond" et qui sert des portions "énormes" de plats de bistrot jugés "raisonnablement tarifés pour Paris" ; ne ratez pas la collection unique de casse-noix du chef-patron Pierre-Olivier Lenormand (ex-Régalade).

La Cave Schmidt *Bar à Vin/Bistrot* | 23 | 18 | 18 | 36€ |

15e | 181 rue de Lourmel (Lourmel) | 01 45 57 28 28

Stéphane Schmidt (ex-Violon d'Ingres) n'a pas changé les tables communes "cosy", ni "les prix imbattables", ni l'ambiance "familiale" du self-service, ni la boutique pas chère qui font l'originalité de ce bar à vin du 15e, repris fin 2011 (ainsi que son aîné l'Os à Moelle) ; le score Cuisine ne reflète pas encore ce changement, mais les premiers retours indiquent qu'il a su garder la même "qualité" de cuisine bistrotière enrichie de quelques plats inspirés par l'Alsace natale du patron.

Caves Pétrissans 🅆 *Bar à Vin/Bistrot* 23 | 18 | 19 | 49€

17e | 30 bis av Niel (Pereire/Ternes) | 01 42 27 52 03 | www.cavespetrissans.fr

Les plats "classiques" réalisés à base de "produits régionaux de bonne provenance" sont à prix corrects dans ce bistrot à vins "familial" du 17e – même si les œnophiles y viendront surtout pour la "superbe sélection de vins" servis au prix détaillant de la boutique ; le décor "d'antan", avec ses boiseries et son carrelage à damier, évoque les années 30.

Caviar Kaspia ◐ ☒ *Russe* 26 | 23 | 25 | 122€

8e | 17 pl de la Madeleine (Madeleine) | 01 42 65 33 32 | www.caviarkaspia.com

Caviar "exceptionnel", blinis et poissons fumés – arrosés de "vodka glacée" – donnent à une clientèle nantie l'occasion de "plaisirs décadents" dans cet "écrin" "intime" qui "met la Russie à votre table de manière créative (et chère)" ; "réservez une table près des fenêtres" pour la belle vue sur l'église de la Madeleine, juste en face. P.S. on peut aussi faire ses provisions dans la boutique du rez-de-chaussée.

Le Céladon 🅆 *Classique* 23 | 22 | 23 | 93€

2e | Hôtel Westminster | 15 rue Daunou (Opéra) | 01 47 03 40 42 | www.leceladon.com

"Hospitalité" est le mot d'ordre d'une équipe "discrète" qui sert les grands classiques "raffinés", "au goût du jour", cuisinés dans la salle à manger Régence de l'hôtel Westminster, "à l'élégance traditionnelle" et "féminine" – où la veste est conseillée ; si c'est "cher" en semaine, c'est une "affaire" le week-end, quand le Céladon devient le Petit Céladon, au menu abordable, vin compris. P.S. un barman "enjoué" fait du Duke's Bar un lieu incontournable, accompagnement musical, jazz avec pianiste vendredi et samedi de 22h à 2h.

Les 110 de Taillevent *Brasserie* 23 | 22 | 22 | 64€

8e | 195 rue du Faubourg St-Honoré (Ternes) | 01 40 74 20 20 | www.taillevent.com

Le concept des "accords mets-vins" de la carte, qui "propose des vins au verre pour chaque plat, pour un mariage parfait" (4 vins pour chaque plat), donne son nom à cette brasserie du 8e, qui prépare une cuisine "simple" et "inventive" à un prix "élevé" ; la "tonalité conviviale" de la salle "feutrée" et le personnel "discrètement attentionné sans être envahissant" contribuent également à faire de cet endroit un "palace pour les gourmets".

Le 144 Petrossian ☒ 🄻 *Poisson* 24 | 22 | 23 | 104€

7e | 144 rue de l'Université (Invalides/La Tour-Maubourg) | 01 44 11 32 32 | www.petrossian.fr

Dans l'élégant 7e, ce "temple" classique dédié aux œufs de poissons se targue de proposer "le parfait repas champagne-et-caviar à Paris", même si le menu de la mer "raffiné" et servi dans un cadre "confortable, luxueux", obtient aussi de bonnes notes ; c'est "pas donné", mais les options à prix fixe sont une "aubaine", et l'équipe de serveurs "attentionnés" et "efficaces" font que ça "en vaut la peine".

Le 114 Faubourg *Classique* 21 | 20 | 21 | 60€

8e | Hôtel Le Bristol | 114 rue du Faubourg St-Honoré (Miromesnil) | 01 53 43 44 44 | www.lebristolparis.com

Cette brasserie de luxe du 8e, "le plus abordable" des restaurants de l'hôtel Bristol, propose une cuisine "moderne sans prétention" et de "bons" vins pour une soirée romantique ou œnologique (chaque premier lundi du mois) ; même si les prix sont élevés, on vient "se faire plaisir" dans un "joli" cadre "années 30", aux "couleurs chaudes", qui se déploie sur deux étages autour d'un escalier en fer forgé, avec un service "accueillant" et "à l'écoute des clients".

La Cerisaie 🅆 *Sud-Ouest* 23 | 16 | 21 | 48€

14e | 70 bd Edgar Quinet (Edgar Quinet) | 01 43 20 98 98 | www.restaurantlacerisaie.com

"Un charmant jeune couple" est aux commandes de cette adresse de Montparnasse ouverte seulement en semaine, connue pour son "accueil chaleureux" et une "excellente" cuisine du Sud-Ouest (c'est le "paradis du foie gras") solidement épaulée par une carte des vins "bien pensée", à prix raisonnables ; il vaut mieux réserver pour avoir une table dans la "minuscule" salle "spartiate".

Chai 33 ◐ *Bar à Vin/Bistrot* 20 | 20 | 18 | 36€

12e | 33 Cour St-Émilion (Cour St-Émilion) | 01 53 44 01 01 | www.chai33.com

Ce "grand" français classique du 12e arrondissement dans un ancien chai, qui comprend trois salles modernes (vaste restaurant, bistrot et bar cosy) et deux "agréables" terrasses, se distingue par ses "grandes" caves historiques où les convives choisissent leur vin pour accompagner des plats "originaux" inspirés des cuisines du monde ; avec des prix "assez chers" et un service "rapide", l'endroit est idéal pour un déjeuner "d'affaires".

Le Chalet des Îles *Classique* 18 | 25 | 18 | 59€

16e | Lac Inférieur du Bois de Boulogne (La Muette/Rue de la Pompe) | 01 42 88 04 69 | www.chaletdesiles.net

Directement sorti d'un "tableau de Renoir", cet îlot "magique" "merveilleusement situé" dans le bois de Boulogne est accessible après une "charmante" balade en bac, faisant de l'expérience un "must du romantisme" ("déjeuner à la fraîche au milieu des paons est un rêve") ; cependant, même les impressionnistes les plus impressionnés admettent que la cuisine classique est juste "satisfaisante" et "un peu chère". P.S. fermé le dimanche soir, et le lundi en hiver.

Chamarré Montmartre *Contemporaine/Mauricienne* 26 | 22 | 24 | 72€

18e | 52 rue Lamarck (Lamarck-Caulaincourt) | 01 42 55 05 42 | www.chamarre-montmartre.com

Grâce à Antoine Heerah, ce jovial chef mauricien qui sait travailler avec "originalité" les fruits et légumes rares, cela "vaut la peine d'aller à Montmartre" déguster cette "superbe fusion" de saveurs françaises et de l'océan Indien servie dans un cadre vert marin avec une vue "fun" sur la cuisine ou sur la "belle" terrasse ombragée ; mais mettez des euros de côté car c'est cher – et gardez un peu de place pour la fin car les "desserts sont presque meilleurs que les plats".

Chantairelle *Auvergnate* — | — | — | M

5e | 17 rue Laplace (Maubert-Mutualité) | 01 46 33 18 59 | www.chantairelle.com

Près de la Sorbonne "en plein Paris on se retrouve à la campagne" dans ce bistrot auvergnat avec son décor rustique fait de bois et de pierres avec un petit jardin à treillis ; les "portions généreuses" de cette "savoureuse cuisine de terroir" (les œufs en meurette et le chou farci) attirent les "appétits solides". P.S. les habitués regrettent la disparition du vieux matou Maurice, remplacé par Simone, la nouvelle mascotte noire et grise.

Le Chardenoux *Bistrot* 23 | 21 | 21 | 57€

11e | 1 rue Jules Vallès (Charonne/Faidherbe-Chaligny) | 01 43 71 49 52 | www.restaurantlechardenoux.com

Connu pour ses shows culinaires à la TV, le chef Cyril Lignac, originaire du Sud-Ouest, dirige ce vrai bistrot du 11e qui sert à la carte des plats "honnêtes", "revisités" "sans aucune fausse note" ; ses fans disent "qu'on ne peut pas faire mieux" que les "dorures du décor" 1900 ni que le service "impeccable" ; quant au menu du déjeuner en semaine, il permet d'éviter une addition trop élevée.

Le Chardenoux des Prés *Bistrot* ▽ 21 | 17 | 23 | 63€

6e | 27 rue du Dragon (St-Germain-des-Prés/St-Sulpice) | 01 45 48 29 68 | www.restaurantlechardenouxdespres.com

Le dernier-né de Cyril Lignac à Saint-Germain, dans l'esprit de son bistrot Chardenoux de la rive droite, propose un intérieur plus "cosy" (murs sombres, banquettes dans les tons cognac, chaises pivotantes au zinc) et un menu à influence Sud-Ouest similaire à celui de son grand frère, et même si les prix sont élevés, il reste d'un bon rapport qualité-prix pour ce quartier cher ; l'accueil "exemplaire" pour les clients et leurs chiens est un atout supplémentaire.

Charlot - Roi des Coquillages ◐ *Brasserie* 21 | 17 | 19 | 65€

9e | 12 pl de Clichy (Place de Clichy) | 01 53 20 48 00 | www.charlot-paris.com

"D'excellentes" huîtres attirent les loyaux sujets du roi Charlot dans cette brasserie Art déco, véritable "institution" décorée de portraits d'acteurs située dans le quartier des théâtres de la place de Clichy en voie de boboïsation ; attablé à l'étage avec "vue sur la place" on se sent positivement "royal" en dégustant un plateau de fruits de mer " à bon prix" et "servi avec le sourire".

Chartier *Classique* 15 | 24 | 17 | 25€

9e | 7 rue du Faubourg Montmartre (Grands Boulevards) | 01 47 70 86 29 | www.restaurant-chartier.com

On fait la queue en masse devant cette cantine "hors d'âge" des Grands Boulevards pour "remonter le temps jusqu'en 1900", où l'on sert des classiques "passables" (bons "pour une cantine de lycée", disent les critiques) ; ses fans aiment partager les tables (et le "chaos") dans l'immense et "superbe" salle Belle Époque, en observant les serveurs de "bonne humeur" qui "griffonnent (sur les nappes en papier) la note" jamais bien chère, ce qui en fait un choix "imbattable" pour les "fins de mois difficiles".

Le Chateaubriand ◐☒☑ *Contemporaine* 23 | 16 | 18 | 65€

11e | 129 av Parmentier (Goncourt/Parmentier) | 01 43 57 45 95 | www.lechateaubriand.net

Le chef "rock-star" Inaki Aizpitarte présente une cuisine "audacieuse et téméraire" à Oberkampf, "royaume des bobos", considérée comme l'une des tables "les plus inventives" de Paris ; les critiques disent que l'expérience peut être minée par de "longues files d'attente", un décor minimaliste "peu accueillant" et un menu sans options "jeté devant vous comme dans une cafétéria" (heureusement par de "jeunes" et "beaux" serveurs), mais ses défenseurs estiment que cela "vaut la bataille" - il faut juste "savoir patienter et prendre sur soi".

Chatomat ☑ *Contemporaine* - | - | - | M

20e | 6 rue Victor Letalle (Ménilmontant) | 01 47 97 25 77

Les foodistas parisiens se précipitent dans ce bistrot au décor de brique et ampoules nues, perché en haut de Ménilmontant, où un jeune couple apporte sa solide expérience internationale à des créations contemporaines légères ; la carte est courte et pas donnée, mais le prix est justifié par la qualité. P.S. fermé lundi et mardi.

Chen Soleil d'Est ☒ *Chinoise* - | - | - | TC

15e | 15 rue du Théâtre (Charles Michels) | 01 45 79 34 34

Le "meilleur canard laqué de Paris" (et probablement "le plus cher" - les prix seraient acceptables "s'ils étaient deux fois moindres") et d'autres plats chinois de "qualité égale" sont le grand attrait de ce survivant sino-asiatique du 15e ; malgré son emplacement au milieu de nulle part, la salle à manger de style chinois baroque transporte les convives dans la ville natale du fameux canard pékinois.

Le Cherche Midi ◐ *Italienne* 22 | 16 | 17 | 48€

6e | 22 rue du Cherche-Midi (Sèvres-Babylone/St-Sulpice) | 01 45 48 27 44

"Une authentique cuisine transalpine" préparée "sans fanfare" mais avec "des produits de qualité" en direct d'Italie est appréciée par les fans de cette trattoria à prix moyen, avec son bar en marbre (dans le quartier commerçant de Sèvres-Babylone) ; ce "petit" espace "sans prétention" peut rapidement devenir "encombré" et "bruyant", surtout quand les "bons vins de la maison" se mettent à couler, il faut donc "réserver tôt" ou baratiner les garçons "amicaux".

Chéri Bibi ◐☒ *Bistrot* ▽ 20 | 20 | 18 | 69€

18e | 15 rue André-del-Sarte (Anvers/Château Rouge) | 01 42 54 88 96

"Les branchés" aiment ce bistrot "à la mode" de Montmartre, son équipe "sympa" qui les reçoit comme à la maison dans un "agréable" décor chiné au marché aux puces ; les vins sont bio et les plats "joli-

CUISINE	DÉCOR	SERVICE	PRIX

ment présentés" "changent régulièrement" en fonction des saisons, ce qui incite les bobos nantis à revenir.

N Chez Aline W *Boulangerie* | - | - | - | PC |

11e | 85 rue de la Roquette (Voltaire) | 01 43 71 90 75

Transformée en petite restauration à la mode, cette ancienne boucherie chevaline du 11e, avec son vieux carrelage jaune, est l'endroit où la jeune chef Delphine Zampetti, ex-Verre Volé, prépare salades et sandwichs inédits (essayez celui à l'escalope milanaise et feuilles de moutarde) ; la clientèle locale trouve qu'il est une aubaine pour le déjeuner, avec un verre de vin nature, pour un prix raisonnable.

Chez André ◐ *Bistrot* | 22 | 18 | 20 | 55€ |

8e | 12 rue Marbeuf (Franklin D. Roosevelt) | 01 47 20 59 57 | www.chez-andre.com

"Les tables sont prises d'assaut", toutes serrées dans ce bistrot "à l'ancienne" près des Champs-Élysées - "un aperçu" d'une "époque révolue" - où la cuisine était "simple" mais "délicieuse" et où les serveuses "à tabliers blancs" "avaient le sourire" ; c'est aussi "imbattable question prix" "dans cet arrondissement si cher", raison pour laquelle c'est toujours "plein d'habitués et de gens du quartier".

Chez Bartolo ◐ ☒ ☑ *Pizza* | 20 | 14 | 15 | 43€ |

6e | 7 rue des Canettes (St-Germain-des-Prés) | 01 84 16 33 75

Cet italien à Saint-Germain sert parmi "les meilleurs pizzas de Paris" - toutes chaudes sorties du four à bois - mais il faut être "patient" pour supporter le service parfois "revêche" et payer en liquide dans cet endroit relativement "cher" ; aux beaux jours, oubliez la salle à manger "napolitaine" - vintage années 50 - et prenez place sur la "petite terrasse".

Chez Cécile (La Ferme des Mathurins) ☒ *Classique* | ∇ 25 | 21 | 22 | 62€ |

8e | 17 rue Vignon (Madeleine) | 01 42 66 46 39 | www.chezcecile.com

Cécile Desimpel, la patronne, prend souvent le micro lors des "soirées jazz" du jeudi dans cet endroit raffiné au décor rouge et sable, un "havre de paix" près de la Madeleine où l'on sert des plats "traditionnels préparés avec soin" ; le service, lui aussi "soigné", justifie des additions "élevées".

Chez Denise - La Tour de Montlhéry ◐ W *Bistrot* | 23 | 18 | 20 | 52€ |

1er | 5 rue des Prouvaires (Châtelet-Les Halles) | 01 42 36 21 82

On retrouve le "goût des anciennes Halles" dans ce "joyeux" "temple de la viande", qui reste ouvert toute la nuit et sert "des steaks taille dinosaure et beaucoup d'abats" à choisir sur l'ardoise de plats de bistrot "classiques, anti-régime", encore meilleurs avec un brouilly maison "excellent et pas cher" ; s'il ne faut pas s'attendre à être chouchouté par un service "rude mais sans danger", on peut plutôt espérer se faire des amis aux tables "étriquées" avec nappes en vichy rouge.

	CUISINE	DÉCOR	SERVICE	PRIX

Chez Flottes ◐ *Brasserie* | - | - | - | M |

1er | 2 rue Cambon (Concorde/Tuileries) | 01 42 60 80 89 | www.chezflottes.com
Dans le quartier élégant autour des Tuileries, cette petite brasserie très populaire attire par ses prix raisonnables pour une cuisine traditionnelle, comme les plats aveyronnais, clin d'œil aux origines des patrons ; verrières et vitraux donnent un côté aéré à cet endroit amical et familial (les petits tapent dans le menu enfants, les grands gravitent autour du bar). P.S. dernier arrivé, Flottes O.Trement, au premier étage, propose une ambiance souper plus chic.

Chez Francis ◐ *Brasserie* | 18 | 20 | 18 | 58€ |

8e | 7 pl de l'Alma (Alma Marceau) | 01 47 20 86 83 | www.chezfrancis-restaurant.com
"Pensez à réserver" une table à la terrasse très prisée pour sa "vue imprenable sur la Tour Eiffel" (surtout "superbe le soir") de cette grande brasserie située sur l'élégante place de l'Alma, où l'on retrouve les accros du shopping, les amateurs de théâtre, les "touristes", les "romantiques" et les hommes d'affaires ; on trouve ici une "solide" cuisine 'traditionnelle", un service "très français" et un intérieur "classique" avec velours rouge, et si les additions sont aussi "élevées", dites-vous qu'on "paye la vue".

Chez Françoise ◐ *Classique* | 20 | 17 | 21 | 53€ |

7e | Aérogare des Invalides (Invalides) | 01 47 05 49 03 | www.chezfrancoise.com
Avec un emplacement un peu "déconcertant" sous le terminal Air France des Invalides, ce "repaire de politiques" (l'Assemblée nationale est juste à côté) propose une cuisine traditionnelle "de qualité mais sans surprises" à de bons prix et servie avec "professionnalisme" ; l'espace en sous-sol au décor vaguement années 50 bénéficie d'une "agréable" terrasse en contrebas "à l'abri du bruit de la circulation".

Chez Fred ☒ *Bistrot* ▽ | 19 | 16 | 18 | 57€ |

17e | 190 bis bd Pereire (Pereire/Porte Maillot) | 01 45 74 20 48
Derrière une façade discrète éclairée aux néons, ce lieu sombre et intime du 17e au décor de bistrot traditionnel sert une "très bonne" viande et des vins "pas chers" à partir d'une carte "exceptionnellement vaste" ; mais les nostalgiques qui aimaient l'ancien bouchon regrettent que le menu ait perdu sa touche régionale et disent qu'il faut le "relyonniser".

Chez Gégène ☒ *Classique* | 16 | 19 | 18 | 40€ |

Joinville-le-Pont | 162 bis quai de Polangis (Joinville-le-Pont RER) | 01 48 83 29 43 | www.chez-gegene.fr
Sur les bords de Marne à Joinville-le-Pont, revenez "au siècle dernier" au son du musette dans cette "amicale" guinguette au "charme désuet" ; mais rappelez-vous qu'on y vient surtout pour danser, pas vraiment pour la nourriture "banale" (au moins c'est "pas cher"). P.S. fermé de janvier à mars ; ouvert seulement le week-end d'octobre à décembre.

	CUISINE	DÉCOR	SERVICE	PRIX

Chez Georges 🅆 *Bistrot* 23 | 20 | 21 | 62€

2e | 1 rue du Mail (Bourse) | 01 42 60 07 11

On ne lésine pas sur le "beurre, la crème et les sauces" dans ce "bastion de la tradition" qui côtoie les boutiques de mode de la place des Victoires, un bistrot "bruyant" à la façade en bois, qui "charme" avec sa cuisine "délicieuse", une "excellente" sole meunière et un baba au rhum "qui tue" ; c'est "pas donné" et on est "vraiment les uns sur les autres" dans la salle "à l'ancienne", mais tous ces soucis disparaissent quand les serveuses "aux petits soins" vous prennent en main.

Chez Georges ◐ *Brasserie* 22 | 18 | 21 | 57€

17e | 273 bd Pereire (Porte Maillot) | 01 45 74 31 00 | www.restaurant-chezgeorges.fr

Cette brasserie "conviviale" près de la porte Maillot est appréciée pour ses "généreuses portions de plats classiques", dont une "excellente" viande, sur une carte un peu "chère" ; dans la salle à manger rétro et "confortable", le staff "pro" s'occupe bien des convives qui ont choisi cet endroit "pratique" pour un repas "après le cinéma".

Chez Géraud 🅆 *Classique* ▽ 20 | 17 | 19 | 65€

16e | 31 rue Vital (La Muette) | 01 45 20 33 00

"Une charmante expérience, de l'accueil jusqu'au café", attend les visiteurs de cette "adresse de quartier toute simple" du 16e, où il est assez "difficile de trouver des endroits sans prétention" ; on l'apprécie surtout en saison pour son gibier "exceptionnel", mais toute l'année les œnophiles se délectent de la "très belle" carte des vins, tandis que les esthètes admirent le décor en céramiques de Longwy.

Chez Grenouille 🅆 *Bistrot* ▽ 21 | 16 | 19 | 49€

9e | 52 rue Blanche (Blanche/Trinité) | 01 42 81 34 07 | www.restaurant-chezgrenouille-paris.com

Tout près de Pigalle, ce petit bistrot réfute la tendance diététique dans un menu qui clame "vive le cholestérol!" avec des plats d'abats "exceptionnels" ; une "ambiance sympa" se dégage ici grâce au service "amical", tandis que les prix modérés confirment son côté cordial. P.S. la récente rénovation n'est pas reflétée dans la note Décor.

Chez Janou ◐ *Provençale* 21 | 20 | 19 | 43€

3e | 2 rue Roger Verlomme (Bastille/Chemin-Vert) | 01 42 72 28 41 | www.chezjanou.com

"On ne peut dire que 'mais oui!'" à cette adresse provençale populaire dans une "charmante petite rue" du 3e, où la "délicieuse" cuisine régionale, "l'incroyable carte de pastis" et le "joyeux" service transportent la clientèle "hype" du Marais vers le soleil ; toujours bondé et léger pour le porte-monnaie, c'est "l'endroit idéal pour dîner entre amis", surtout sur la terrasse "agréable". P.S. ne manquez pas le "célèbre" saladier de mousse au chocolat à volonté.

Chez Jenny ◐ *Alsacienne* 19 | 20 | 19 | 48€

3e | 39 bd du Temple (République) | 01 44 54 39 00 | www.chezjenny.com

La choucroute est "vraiment extra" et les "poissons et fruits de mer" "également" top dans cette brasserie 1930 "classique" de la République, propriété des Frères Blanc ; reflétant les accents régionaux de la carte, une vraie "ambiance alsacienne" émane du "magnifique" décor (noter la marqueterie Spindler), et si certains disent que "c'est un peu l'usine", la plupart sont "heureux" ici avec un service "aimable" où "on peut venir avec les enfants".

Chez Julien *Bistrot* 21 23 19 55€

4e | 1 rue du Pont-Louis-Philippe (Hôtel-de-Ville/Pont-Marie) | 01 42 78 31 64

Que l'on soit assis dans la "spectaculaire" salle à manger de style Napoléon III ou sur la vaste "terrasse sous les arbres" avec vue sur une belle église, on se pâme devant le décor "à mourir" de ce "romantique" bistrot du Marais ; c'est une adresse Costes "super touristique, mais la cuisine est de premier choix", le service est solide et les prix sont "relativement raisonnables".

Chez L'Ami Jean ◐ ☒ ☑ *Basque* 25 17 21 59€

7e | 27 rue Malar (Invalides/La Tour-Maubourg) | 01 47 05 86 89 | www.lamijean.fr

On vient vivre "une aventure dînatoire" dans ce bistrot basque "animé", situé près des Invalides, d'un "bon" rapport qualité-prix où la cuisine "savoureuse et reconnue" du chef Stéphane Jego épate les convives ; les murs peints rivalisent avec les jambons pendus au plafond pour créer un contraste ville/campagne dans un espace "serré" – "si les tables étaient encore plus rapprochées, on pourrait s'embrasser" – mais les serveurs "doués et malins" s'en sortent bien, surtout quand ils apportent "un riz au lait qui vous changera la vie".

Chez la Vieille ☒ *Bistrot* ▽ 23 16 19 64€

1er | 1 rue Bailleul (Louvre-Rivoli) | 01 42 60 15 78

"La vieille" Adrienne est partie depuis longtemps, "mais son esprit persiste dans le menu" de plats "de tradition" servis en portions "généreuses" (essayez "de jeûner avant de venir") dans ce bistrot "légendaire" près des Halles ; le service est "attentif" et si le décor de ce duplex est un peu "spartiate", le voyage "hors du temps" reste une "très bonne" expérience, quoique "un peu chère".

Chez Léna et Mimile *Bistrot* 21 24 19 51€

5e | 32 rue Tournefort (Censier-Daubenton/Place Monge) | 01 47 07 72 47 | www.chezlenaetmimile.com

"L'une des plus belles terrasses de Paris", surplombant une place "tranquille" du 5e, attire les convives vers ce "trésor caché" où sont servis des standards bistrotiers et quelques plats "moléculaires" ; le service "pro" reste "discret" et c'est une "valeur" sûre où les habitués "reviennent avec plaisir" – même quand, par mauvais temps, ils se réfugient à l'intérieur, "cosy, confortable", style années 30.

Chez Les Anges ☒ *Brasserie* 24 20 23 58€

7e | 54 bd de La Tour-Maubourg (La Tour-Maubourg) | 01 47 05 89 86 | www.chezlesanges.com

Les clients sont aux anges dans cette "brasserie moderne" du 7e où l'on sait "bien préparer les classiques" ainsi que des plats plus contemporains, accompagnés par une "belle carte des vins", d'un "excellent rapport qualité-prix" ; le service, animé par les propriétaires Jacques et Catherine Lacipière, fait preuve "d'élégance et d'hospitalité", quant au décor raffiné, "spacieux", il convient autant pour un "déjeuner d'affaires" que pour une "soirée calme".

Chez Ly *Chinoise/Thaïlandaise* ▽ 25 | 20 | 23 | 52€

17e | 95 av Niel (Pereire) | 01 40 53 88 38 ◐
Neuilly-sur-Seine | 42 av Charles de Gaulle (Sablons/Porte Maillot) | 01 55 62 33 88
www.chezly.fr

Originaire de Hong Kong, Sy Ly préside ces "délicieuses" adresses du 17e et Neuilly, où "des recettes classiques et inventives" du répertoire sino-thaï sont "bien menées" ; le service est "diligent" et les salles plaisantes, remplies de chinoiseries, ajoutent à cette "valeur sûre".

Chez Marcel 🅆 *Lyonnaise* ▽ 21 | 19 | 23 | 36€

6e | 7 rue Stanislas (Notre-Dame-des-Champs) | 01 45 48 29 94

"Coup de cœur" pour cette brasserie de Montparnasse et sa cuisine lyonnaise "copieuse", où saucisson de Lyon et coq au vin sont servis "avec le sourire", dans un "agréable" petit espace aux allures de brocante ; après un changement de propriétaire en 2012, les prix restent "abordables" et il n'y a pas d'attente dans cette "bonne adresse" si vous cherchez la nostalgie. P.S. fermé le week-end et en août.

Chez Marianne *Moyen-Orientale* 19 | 15 | 13 | 27€

4e | 2 rue des Hospitalières St-Gervais (St-Paul) | 01 42 72 18 86

Les mezzés orientaux "vous rassasient vite mais délicieusement" dans ce "classique" du vieux quartier juif qui propose également des plats d'Europe centrale ; la clientèle "animée" fait office de décor dans cet intérieur "exigu", donc le "patio est recherché pour sa fraîcheur" - si l'on réussit à se faire entendre par l'un des serveurs "lunatiques" - à moins qu'on préfère commander un falafel à emporter.

Chez Marie-Louise 🅆 *Bistrot* - | - | - | M

10e | 11 rue Marie-et-Louise (Goncourt/Jacques Bonsergent) | 01 53 19 02 04 | www.chezmarielouise.com

Des touches méditerranéennes pimentent la carte de classiques bistrotiers actualisés dans cet endroit "sympa" près du canal Saint-Martin, qui "mérite une visite" ; la clientèle bobo est attirée par les petits prix et l'ambiance familiale de cet espace étroit rempli de trouvailles chinées cool.

Chez Michel ◐ 🅆 *Bretonne* 24 | 16 | 20 | 53€

10e | 10 rue de Belzunce (Gare du Nord/Poissonnière) | 01 44 53 06 20

La "belle" générosité de la Bretagne s'exprime à travers la cuisine "sérieuse et de tradition" du chef-patron Thierry Breton (avec en saison, "le meilleur gibier de Paris") dans son bistrot "animé" près de la gare du Nord ; le service est "amical" et si les convives ne sont pas épatés par la déco "simple" aux poutres apparentes, cela "vaut" quand même le voyage.

	CUISINE	DÉCOR	SERVICE	PRIX

Chez Nénesse 🅆 *Classique* ∇ 21 | 15 | 19 | 31€

3e | 17 rue de Saintonge (Filles du Calvaire/République) | 01 42 78 46 49

C'est un "plaisir inattendu" que nous offre la cuisine maison "sans chichis" de ce bistrot de la "vieille école" à prix corrects (une rareté dans ce "coin branché" du haut Marais), dont la salle à manger carrelée – avec son vieux poêle – semble "inchangée depuis bien des années" ; le service est aussi "un peu rétro", avec une mention spéciale pour "l'ironie" de son "inimitable" patron.

Chez Omar ◐ *Marocaine* 19 | 14 | 18 | 37€

3e | 47 rue de Bretagne (République/Temple) | 01 42 72 36 26

"Le couscous est roi" dans ce marocain "animé, bruyant et fun" dans cette partie "super branchée" du 3e, où le "sémillant" Omar, secondé par un personnel aguerri, est toujours prêt à accueillir le monde de la mode ; la grande salle à l'ancienne est "parfaite" pour "les dîners de groupe" et pour voir des VIP, à condition d'accepter de faire la queue et de payer en espèces (on ne prend ni les réservations ni les cartes de crédit).

Chez Paul ◐ *Bistrot* 22 | 19 | 19 | 42€

11e | 13 rue de Charonne (Bastille/Ledru-Rollin) | 01 47 00 34 57 | www.chezpaul.com

Une "authentique vibration parisienne" pulse dans ce bistrot des années 40 près de la Bastille, adopté par les habitants du quartier et les "touristes bien informés" : la cuisine résolument "traditionnelle", "sans chichis" (œuf mayo, os à moelle, bavette à l'échalote) est "comme à la maison", "en mieux" et pas beaucoup plus chère ; une équipe "pro" s'active dans ce lieu "classique".

Chez Paul ◐ *Bistrot* 22 | 18 | 21 | 42€

13e | 22 rue de la Butte aux Cailles (Corvisart/Place d'Italie) | 01 45 89 22 11

Faites "un voyage dans la France profonde" en vous glissant sur l'une des banquettes rouges de ce bistrot de la Butte aux Cailles, où la solide "cuisine de terroir" "traditionnelle" est "mise au goût du jour" ; les "serveurs charmants" sont au petits soins d'une clientèle "diverse" d'habitués, qui apprécie les additions "raisonnables".

Chez Prune ◐ *Éclectique* 15 | 16 | 14 | 28€

10e | 36 rue Beaurepaire (Jacques Bonsergent/République) | 01 42 41 30 47

"Prenez place dehors" et "profitez de l'ambiance" (et de la vue sur le canal Saint-Martin) de cette "cantine bobo" ; on y vient "plus pour le public que pour la cuisine", mais cela convient aux "jeunes" "dans le coup", qui y traînent jusqu'à tard le soir pour boire un "petit verre" et grignoter un plat "simple" choisi au menu varié "pas cher du tout".

Chez Ramulaud ◐ *Bistrot* - | - | - | M

11e | 269 rue du Faubourg St-Antoine (Faidherbe-Chaligny/Nation) | 01 43 72 23 29 | www.chez-ramulaud.fr

La cuisine de bistrot "intéressante" est à la fois "traditionnelle" et "moderne" dans cette charmante adresse pour "petits budgets" près de la Nation, typiquement parisienne", à l'ambiance "relax", où "l'accueil est toujours chaleureux" ; la "très belle" carte des vins, pleine de "trouvailles", mérite aussi une mention.

Chez René ☒☒ *Lyonnaise* 19 | 18 | 20 | 45€

5e | 14 bd St-Germain (Maubert-Mutualité) | 01 43 54 30 23

"Restez simple" et vous "apprécierez" ce bistrot (comme un bouchon lyonnais) "amical" et "hors du temps" situé dans le 5e, "repaire historique" d'une clientèle de "tous les âges" ; cela reste un classique "durable" où les prix sont aussi "apaisants" et stables que la cuisine.

Chez Savy ☒ *Aveyronnaise* 20 | 17 | 20 | 58€

8e | 23 rue Bayard (Franklin D. Roosevelt) | 01 47 23 46 98 | www.chezsavy.com

"Ah! quelle épaule d'agneau", soupirent les clients satisfaits de cette table aveyronnaise "conviviale", l'un des rares "vrais bistrots de quartier" du 8e huppé ; le service "efficace" et une majorité d'habitués (du milieu de "la radio et des médias") confèrent un feeling "presque familial" à la salle "étroite", style Art déco.

Chez Vong ◐☒ *Chinoise* 23 | 22 | 23 | 65€

1er | 10 rue de la Grande Truanderie (Étienne Marcel/Les Halles) | 01 40 26 09 36 | www.chez-vong.com

Faites "une pause cantonaise" au "cœur du vieux Paris" près des Halles à la table de cette enclave chinoise "élégante" et raffinée" (donc chère) du chef-patron Vai Kuan Vong, où le "canard laqué" est "un must" ; l'équipe "attentive" est toujours "souriante", tout comme la pièce maîtresse de la salle à manger, un bouddha de 100 kilos tout en beurre.

Le Chiberta ☒ *Contemporaine* 24 | 22 | 24 | 110€

8e | 3 rue Arsène Houssaye (Charles de Gaulle-Étoile) | 01 53 53 42 00 | www.lechiberta.com

C'est "parfait jusqu'au plus petit détail", affirment les adeptes de cette table contemporaine proche des Champs, dont le style de cuisine "alerte" et "inventif" se marie bien avec un espace "très moderne" composé d'une enfilade de pièces où la "lumière tamisée" et "l'austérité" procurent une sensation de "calme" ; le service est à la hauteur "d'un grand restaurant" ainsi que les prix (normal, quand on sait que c'est une des adresses de Guy Savoy).

Chieng Mai *Thaïlandaise* 22 | 17 | 20 | 28€

5e | 12 rue Frédéric Sauton (Maubert-Mutualité) | 01 43 25 45 45

"L'authentique" cuisine thaïe "pleine d'arômes" attire les convives dans cette adresse du Quartier latin, qui fait preuve d'une "remarquable longévité" ; il n'y a "pas beaucoup d'ambiance", mais les prix sont "raisonnables" et le service, "souriant". P.S. fermé le mercredi.

China Town Olympiades ◐ *Chinoise* 20 | 17 | 15 | 21€

13e | 44 av d'Ivry (Porte d'Ivry) | 01 45 84 72 21 | www.chinatownolympiades.com

"On se croirait en Chine" chez "l'un des plus grands" chinois du 13e (en plein cœur du Chinatown), qui prépare "d'authentiques" plats "traditionnels" (canard laqué, langouste du chef, dim sum) et organise des soirées karaoké ; les amateurs de cuisine "qui n'ont pas peur d'être dépaysés" apprécieront les prix "raisonnables" et le service "rapide" avec une clientèle chinoise. P.S. les groupes sont les bienvenus (menu pour 10 personnes).

Le Christine ◐ 🅼 *Classique* 21 | 20 | 22 | 57€

6e | 1 rue Christine (Odéon/St-Michel) | 01 40 51 71 64 | www.restaurantlechristine.com

Dans ce point de rencontre de Saint-Germain, on propose des classiques revisités, "élégants et délicieux", servis en "justes portions" et pimentés par un service "courtois", dans un menu offrant un "excellent rapport qualité-prix" ; la salle néo-"rustique" ("poutres et pierres apparentes" mises en valeur par des tons mandarine "agréables à l'œil") est "romantique", en dépit des "nombreux touristes qui ont déjà découvert ses charmes". P.S. fermé au déjeuner.

Christophe *Bistrot* ▽ 24 | 17 | 22 | 55€

5e | 8 rue Descartes (Cardinal Lemoine) | 01 43 26 72 49 | www.christopherestaurant.fr

"L'assiette est la seule star" – en dehors peut-être du chef-patron Christophe Philippe – dans ce bistrot du Quartier latin : les "superbes produits", provenant des meilleures origines françaises, servent de base aux "excellents" plats de viande tout "simples" ("allez-y si vous aimez les abats") ; "le décalage entre la nourriture et le décor peut étonner" – la minuscule salle est vraiment "sans chichis" – mais c'est une vraie "affaire". P.S. fermé mercredi et jeudi.

Cibus ☒ *Italienne* - | - | - | M

1er | 5 rue Molière (Palais Royal-Musée du Louvre/Pyramides) | 01 42 61 50 19

Le menu "change tout le temps", les produits bio sont "frais" et les serveurs ont beaucoup de "caractère" dans ce "vrai" restaurant italien un peu "cher" situé non loin du Palais-Royal ; la salle où "tout le monde peut s'entendre", est "minuscule", mais "c'est ce qui fait son charme".

🅽 **Ciel de Paris** *Contemporaine* - | - | - | TC

15e | Tour Montparnasse, 33 av du Maine (Montparnasse-Bienvenüe) | 01 40 64 77 64 | www.cieldeparis.com

Pour une vue imprenable sur Paris, prenez la direction du 56e étage de la tour Montparnasse, dans l'un des plus impressionnants spots de la capitale ; le décor chic et design (signé Noé Duchaufour-Lawrance) introduit une cuisine gastronomique contemporaine faite des meilleurs produits, et une addition dans les sommets elle aussi. P.S. bar à champagne ouvert jusqu'à 1 heure du matin.

La Cigale Récamier ☒ *Classique* 22 | 19 | 19 | 54€

7e | 4 rue Récamier (Sèvres-Babylone) | 01 45 48 86 58

"Si on aime le soufflé", salé ou sucré, cette table classique nichée au fond d'une petite rue piétonne du 7e, est "l'endroit idéal" "après le shopping" au Bon Marché, grâce à son décor "calme et contemporain" (la grande étagère de livres fait très "chic BCBG") ; le service

	CUISINE	DÉCOR	SERVICE	PRIX

alterne entre "relax" et "pro", mais les prix sont "corrects" pour le quartier et les habitués trouvent "amusant d'observer les people".

Le Cinq *Haute Cuisine* 28 | 28 | 28 | 179€

8e | Four Seasons George V | 31 av George V (Alma Marceau/George V) | 01 49 52 71 54 | www.fourseasons.com

"On dîne royalement" à cette table du palace Four Seasons George V, où la haute cuisine "sans aucun défaut" du "brillant" chef Eric Briffard est en osmose avec le "merveilleux" service et le cadre "fleuri" et "opulent" (une des "plus jolies salles de la capitale"), une expérience "sublime" pour "tous les sens" ; oui, ce "privilège vous coûtera cher", mais ici c'est "le top du top" : le "repas d'une vie" qui "vaut une dépense somptuaire". P.S. veste obligatoire.

Cinq Mars ☒ *Bistrot* 21 | 20 | 20 | 43€

7e | 51 rue de Verneuil (Rue du Bac/Solférino) | 01 45 44 69 13 | www.cinq-mars-restaurant.com

Ne ratez pas la mousse au chocolat "à tomber" dans ce "charmant petit bistrot" près du musée d'Orsay, où le "menu simple" proposant une "solide nourriture" et le service "chaleureux" attirent les habitants "cool et jeunes" de la rive gauche, qui se serrent dans la salle "mignonne" aux "lumières tamisées" pour un "dîner entre copains".

N 58 Qualité Street *Bistrot* - | - | - | PC

5e | 58 rue de la Montagne Ste-Geneviève (Cardinal Lemoine) | 01 43 26 70 43 | www.restaurant-itineraires.com

Ce nouveau venu 2012 au nom de bonbon anglais, ouvert par Sylvain Sendra d'Itinéraires, se situe sur la rive gauche ; à la fois sandwicherie, restaurant et épicerie fine, cette maison de poupée emplie de merveilles sert des petits plats abordables et originaux tels que foie gras poché au vin rouge et kumquat, tartare de hareng, cheesecake. P.S. fermé le mercredi midi.

Citrus Étoile W *Classique/Contemporaine* 24 | 20 | 23 | 81€

8e | 6 rue Arsène Houssaye (Étoile) | 01 42 89 15 51 | www.citrusetoile.fr

Les visiteurs se pâment devant la cuisine "inventive" du chef-patron Gilles Epié, tout en appréciant "l'accueil charmant" de sa "pétillante" épouse, qui dirige le service "attentionné" de cette adresse "proche des Champs mais pas trop touristique" ; la "vaste" salle "moderne", rehaussée de touches orange (comme les aquariums de poissons rouges sur certaines tables) est "devenue une destination première", sinon chère, de la "gastronomie".

Claude Colliot ☒ L *Contemporaine* ▽ 23 | 16 | 21 | 61€

4e | 40 rue des Blancs Manteaux (Hôtel-de-Ville) | 01 42 71 55 45 | www.claudecolliot.com

Le chef Claude Colliot est "à l'aise" dans ce laboratoire minimaliste "branché" du Marais, où les techniques culinaires "du moment" - "ses espumas sont une révélation" - le rendent "unique en son genre" ; le service est "amical" et "sans prétention" et même si "tout cela a un prix", le public "tendance" estime que cet endroit qui sort de l'ordinaire "vaut le voyage".

CUISINE | DÉCOR | SERVICE | PRIX

Le Clos des Gourmets *Contemporaine* 25 | 21 | 23 | 58€

7e | 16 av Rapp (Alma Marceau/École Militaire) | 01 45 51 75 61 | www.closdesgourmets.com

"Foncez-y!" exhortent les fans de ce "point chaud" près de la Tour Eiffel, où la cuisine "imaginative" est "toujours excellente" et où l'on "se sent comme chez soi" dans la salle "calme et élégante" ; "c'est pas donné", mais le rapport qualité-prix est parmi "le meilleur du quartier", un atout apprécié par la clientèle "haut de gamme".

La Closerie des Lilas *Classique* 20 | 23 | 20 | 69€

6e | 171 bd du Montparnasse (Port Royal/Vavin) | 01 40 51 34 50 | www.closeriedeslilas.fr

"Ah! l'ambiance..." soupirent les amoureux de cette adresse "hors du temps" près de Port Royal (ancien QG de Hemingway) avec son cadre "romantique" "inchangé", sa terrasse arborée et son service "professionnel" ; ceux qui trouvent les prix du restaurant "excessifs" pourront se replier sur les huîtres et autres plats "typiques" de la partie brasserie, ou s'installer au "merveilleux bar" pour écouter le pianiste. P.S. il vaut mieux réserver au restaurant ; la brasserie ne prend pas de réservations.

Clown Bar *Bar à Vin/Bistrot* ▽ 15 | 24 | 18 | 35€

11e | 114 rue Amelot (Filles du Calvaire) | 01 43 55 87 35 | www.clown-bar.fr

Bien sûr, "on trouve meilleure cuisine" ailleurs, "mais l'endroit est adorable", disent les fans de ce "charmant" bar à vin-bistrot juste à côté du Cirque d'hiver, dont le décor Art nouveau "vintage" est consacré au clown ; le service est "bon" et c'est parfait pour venir "prendre un verre ou un plat" "ordinaire" à des prix "très raisonnables". P.S. ouvert seulement du mercredi au samedi et n'accepte pas de cartes de crédit.

Cobéa *Contemporaine* - | - | - | TC

14e | 11 rue Raymond Losserand (Gaîté/Pernety) | 01 43 20 21 39 | www.cobea.fr

Le chef Philippe Bélissent s'est taillé une solide réputation à l'Hôtel, dans le 6e, avant d'ouvrir cette ambitieuse adresse bistronomique près de Montparnasse : les produits du marché sont traités avec modernité dans un menu en trois plats au déjeuner (plus un amuse-bouche qui fait une assez bonne affaire) et des menus à choix limité le soir en quatre, six ou huit plats ; les tables sont bien espacées dans la salle contemporaine aux tons perle, aussi confortable que les additions. P.S. il faut réserver.

Les Cocottes *Contemporaine* 24 | 19 | 21 | 43€

7e | 135 rue St-Dominique (École Militaire) | 01 45 50 10 31 | www.maisonconstant.com

Le "dîner" concept "casual chic" du chef Christian Constant "s'améliore sans cesse", disent ses admirateurs de cette adresse "fun" et "abordable" du 7e : les plats "précis" sont servis en "cocottes" individuelles (Staub, bien sûr) par une équipe "cordiale" à une clientèle "conviviale" assise aux tables d'hôte ou sur les tabourets du comptoir ;

on ne peut pas réserver, alors oubliez "la tendance française à manger tard" et "venez tôt" pour éviter d'attendre.

Coffee Parisien ◐ *Américaine* 18 | 18 | 14 | 29€

6e | 4 rue Princesse (Mabillon) | 01 43 54 18 18
16e | 7 rue Gustave Courbet (Trocadéro/Victor Hugo) | 01 45 53 17 17
Neuilly-sur-Seine | 46 rue de Sablonville (Les Sablons) | 01 46 37 13 13 ☒
www.coffee-parisien.fr

Ce trio de snacks "américains" plaît à une clientèle "jeune", qui apprécie la carte "attrayante" revisitée avec une touche "française" et les prix "corrects" ; "il y a du monde le midi", les serveurs sont "débordés", "mais ça vaut le coup" (on peut venir plus tard, ils servent aussi l'après-midi) pour l'ambiance burger "chic" (certains disent "branchée"). P.S. la semaine, on peut réserver.

Au Coin des Gourmets *Cambodgienne/Vietnamienne* 23 | 16 | 22 | 38€

1er | 38 rue du Mont-Thabor (Concorde) | 01 42 60 79 79 ☒
5e | 5 rue Dante (Cluny La Sorbonne/Maubert-Mutualité) | 01 43 26 12 92

A "mille lieues" du "quotidien de la cuisine parisienne ordinaire", voilà la promesse de spécialités cambodgiennes et vietnamiennes "savoureuses" et "authentiques" dans ces deux adresses familiales "sans prétention", où la règle est celle de "l'hospitalité" ; le décor est "plus classique dans le 5e, plus design dans le 1er", mais tous deux proposent "un délicieux voyage (culinaire) à prix raisonnable".

N Colorova ☑ *Salon de Thé/Sandwichs* - | - | - | PC

6e | 47 rue de l'Abbé Grégoire (St-Placide) | 01 45 44 67 56

Cette pâtisserie de la rive gauche sous couvert de salon de thé est déjà bien connue depuis son ouverture à la mi-2012 ; du petit déjeuner au tea time, on y déguste dans un espace design des réalisations sucrées ou du snacking très travaillés à des prix raisonnables, sans oublier le brunch très prisé.

Les Comédiens ◐☒ *Classique* ▽ 19 | 18 | 19 | 65€

9e | 7 rue Blanche (Trinité) | 01 40 82 95 95 |
www.lescomediensparis.fr

La cuisine classique est "bonne et généreuse" (bien que "chère") dans cet endroit "simple et convivial" du 9e, au style loft contemporain avec plein de place le long du bar ; son véritable "point fort" est "de servir tard", ce qui satisfait les attentes des comédiens et de leurs spectateurs après le spectacle. P.S. fermé samedi midi, dimanche, et lundi soir.

Comme à Savonnières ◐☒☑ *Bistrot* - | - | - | M

6e | 18 rue Guisarde (St-Germain-des-Prés) | 01 43 29 52 18

Il y a une tendance vallée de la Loire pour les vins et les plats, mais tout n'est pas 'comme à Savonnières' sur le menu typique de ce bistrot "animé" de Saint-Germain, qui accueille une foule "très sympa" de "jeunes cadres" dans son duplex aux murs de pierre ; une équipe "conviviale" et des prix modérés, surtout au déjeuner, en font une adresse "à recommander".

	CUISINE	DÉCOR	SERVICE	PRIX

...Comme Cochons ☒ *Bistrot* | 19 | 18 | 20 | 30€

12e | 135 rue de Charenton (Gare de Lyon/Reuilly-Diderot) | 01 43 42 43 36

Cette brasserie de quartier, tout près de la Gare de Lyon, propose des plats "simples" et "traditionnels" préparés dans la cuisine "ouverte" sur la salle du fond où l'on est accueilli par des serveurs "agréables" ; on vient apprécier une "pause gourmande" entre copains dans un décor "décontracté" (principalement rouge) où la note est toujours "abordable". P.S. fermé le week-end.

La Compagnie de Bretagne *Bretonne* | - | - | - | M

6e | 9 rue de l'École de Médecine (Cluny La Sorbonne/Odéon) | 01 43 29 39 00 | www.compagnie-de-bretagne.com

Les galettes ont du chic dans cette crêperie de Saint-Germain, où des produits bretons de première qualité, dont des cidres artisanaux, sont mis en valeur ; dans l'espace au style brestois tiré à quatre épingles conçu par Pierre-Yves Rochon, le service est aussi bien élevé que les enfants en Bonpoint qui viennent ici le week-end avec leurs parents, et les prix sont plutôt familiaux (pour le quartier).

Le Comptoir des Mers *Poisson* ▽ 23 | 18 | 20 | 58€

4e | 1 rue de Turenne (St-Paul) | 01 42 72 66 51 | www.comptoirdesmers.com

"Le poisson frais est garanti" – et vous en paierez le prix – à cet élégant comptoir marin du Marais où les préparations simples ("cuisinées à la perfection") mettent en valeur la qualité du produit ; une escouade de serveurs "attentionnés" permet aux marins de naviguer à vue dans la salle à la mode, décorée de miroirs avec un bel aquarium.

Comptoir de Thiou *Thaïlandaise* | 22 | 20 | 20 | 51€

8e | 12 av George V (Alma Marceau) | 01 47 20 89 56 | www.thiou.fr

Petit Thiou ☒ *Thaïlandaise*

7e | 3 rue Surcouf (Invalides) | 01 40 62 96 70 | www.petitthiou.fr

Thiou ☒ *Thaïlandaise*

7e | 49 quai d'Orsay (Invalides) | 01 40 62 96 50 | www.thiou.fr

Ces trois thaïs servent de "délicieux" plats "traditionnels" (le Tigre qui pleure est "un must") "accessibles à nos papilles" dans une décoration asiatique "chic" et "moderne" aux couleurs chaleureuses, qui confère à ces endroits une ambiance "cosy", mais "pas guindée" ; le service est "convenable" et même si c'est un "peu cher" ("tarifs en rapport avec le quartier"), c'est une adresse "de qualité".

Le Comptoir du Relais *Bistrot/Brasserie* | 27 | 17 | 21 | 58€

6e | Hôtel Relais Saint-Germain | 9 carrefour de l'Odéon (Odéon) | 01 44 27 07 97 | www.hotel-paris-relais-saint-germain.com

Yves Camdeborde "définit la cuisine bistronomique" dans son "bijou" d'Odéon, avec des plats "novateurs" à base de "produits exceptionnels", qui font preuve "d'une exécution incroyable" tant à la carte brasserie (servie dans la journée et le week-end) qu'au menu sans options du soir (en semaine) ; les tables sont "à l'étroit", le service peut être "brusque" et il vous faudra "vendre votre âme contre une réservation au dîner" ("astuce : séjournez à l'hôtel") ou "faire la queue au déjeuner", mais cela "en vaut la peine", surtout que la plupart sont "ravis par la qualité à ce prix".

Le Comptoir Marguery *Bourguignonne* ▽ 21 | 17 | 21 | 44€

13e | 9 bd de Port-Royal (Les Gobelins) | 01 42 17 43 43 | www.comptoirmarguery.com

"Un sourire amical" vous attend dans ce bistrot bourguignon "cosy" avec ses murs de brique (frère cadet de Au Petit Marguery, juste à côté) dans le 13e : "l'attention pour les produits" ressort de manière évidente dans les plats "copieux" ; c'est "aussi vraiment une affaire", ce qui n'échappe pas aux fidèles "habitués" qui en ont fait "leur petite cantine".

Le Concert de Cuisine ☒ *Contemporaine/Japonaise* - | - | - | M

15e | 14 rue Nélaton (Bir-Hakeim) | 01 40 58 10 15 | www.leconcertdecuisine.com

"Installez-vous au comptoir et observez la chorégraphie" du chef-patron Naoto Masumoto, qui réalise une cuisine franco-japonaise "sophistiquée" dans ce tout petit endroit au fin fond du 15e, où le teppanyaki est la pièce maîtresse de la salle zen ; c'est une expérience culinaire "fabuleuse" au "remarquable rapport qualité-prix".

Le Congrès Maillot ◐ *Brasserie* 20 | 18 | 20 | 59€

17e | 80 av de la Grande-Armée (Porte Maillot) | 01 45 74 17 24 | www.congres-maillot.com

"Les huîtres sont divines" dans cette grande brasserie au décor rutilant du 17e à la solide "réputation pour ses fruits de mer" et à la cuisine tout à fait "correcte" ; "personnel compétent" et ouverture non-stop jusqu'à 2 heures du matin en font une "bonne adresse business" pour les visiteurs du Palais des Congrès, qui considèrent la "généreuse" option tout compris comme une affaire "imbattable".

Copenhague *Danoise* 23 | 20 | 20 | 77€

8e | 142 av des Champs-Élysées (Charles de Gaulle-Étoile/George V) | 01 44 13 86 26 | www.restaurants-maisondudanemark.com

"Le hareng est un délice, le saumon fumé est parfait" et les autres plats scandinaves "hautement raffinés" dans ce restaurant danois "moderne, sobre et élégant" des Champs-Élysées, perché au-dessus du Flora Danica, son alter ego plus abordable ; le service guindé affiche une cordialité mesurée, en accord avec l'intérieur design plutôt "froid", réchauffé en été par l'alternative du "bijou caché de jardin". P.S. fermé le samedi.

Le Coq *Brasserie* 21 | 21 | 20 | 42€

16e | 2 pl du Trocadéro (Trocadéro) | 01 47 27 89 52

Cette brasserie "de luxe" du 16e cuisine des plats "traditionnels" "copieux" et accueille ses convives dans un cadre moderne avec des colonnes de glace artificielle éclairées au néon et sur sa terrasse "sympa" donnant sur le Trocadéro ; "si on a le portefeuille adapté", c'est une cantine "conviviale" "bien placée".

CUISINE | DÉCOR | SERVICE | PRIX

Le Coq Rico *Bistrot* — | — | — | C

18ᵉ | 98 rue Lepic (Lamarck-Caulaincourt) | 01 42 59 82 89 | www.lecoqrico.com

Antoine Westermann a fait éclore ce bistrot dans le 18e, où ses volailles à pedigree, en morceaux (foies, cœurs) ou rôties entières, sont les vedettes ; dans la salle moderne, lumineuse, habillée de bardeaux blancs et de parquet, une clientèle huppée picore joyeusement sans se soucier des additions qui volent très haut.

Le Cornichon [W] *Bistrot* ▽ 23 | 16 | 20 | 45€

14ᵉ | 34 rue Gassendi (Denfert-Rochereau/Mouton-Duvernet) | 01 43 20 40 19 | www.lecornichon.fr

Il y a un ancien de Chez l'Ami Jean derrière ce bistrot contemporain installé dans le 14e, où la cuisine de marché sophistiquée s'accompagne d'une liste de vins à retenir ; les prix modérés attirent une clientèle de quartier dans un jolie salle bien éclairée.

Le Cosi [Ø] *Corse* 19 | 15 | 17 | 26€

5ᵉ | 9 rue Cujas (Cluny La Sorbonne/Luxembourg) | 01 43 29 20 20 | www.le-cosi.com

"Quittez la grisaille parisienne au gré des saveurs ensoleillées" de la cuisine corse "gourmande" (avec "un large choix de plats méditerranéens") et des vins corses "de qualité" de cette table du 5e, qui offre un service "sympathique" ; l'endroit ("à deux pas de la place de la Sorbonne"), qui pratique des prix "corrects", est "calme" et "charmant" avec ses couleurs chaudes et sa bibliothèque où on a envie de s'attarder en feuilletant un livre sur la Corse. P.S. le menu change toutes les deux semaines.

Costes ◐ *Éclectique* 18 | 25 | 15 | 76€

1ᵉʳ | Hôtel Costes | 239 rue St-Honoré (Concorde/Tuileries) | 01 42 44 50 25 | www.hotelcostes.com

"On dîne avec les célébrités" au rez-de-chaussée de cet hôtel "sexy" du 1er, où la cuisine éclectique cosmopolite ("trop chère, bien sûr") est "OK" mais "sans grand intérêt, dans la pure tradition Costes" ; "soyez *beautiful* ou bien on vous ignore" pourrait être la devise des "mannequins" "hautains", mais cela vaut un pèlerinage pour "voir et être vu" tout en s'offrant une tranche de "vie *high-fashion*".

Le Cottage Marcadet [Ø][L] *Contemporaine* — | — | — | C

18ᵉ | 151 bis rue Marcadet (Lamarck-Caulaincourt) | 01 42 57 71 22 | www.cottagemarcadet.com

Le jeune chef-patron Cyril Choisne "donne beaucoup de lui-même" dans la cuisine bistronomique "inventive" servie dans ce "bijou" "négligé" à Montmartre ; il faut réserver pour s'assurer l'une des 15 places de la salle "calme" et "romantique", et si le mobilier est plus que classique, l'addition, elle, est relativement "bon marché".

Le Cotte Rôti [Ø][L] *Bistrot* — | — | — | M

12ᵉ | 1 rue de Cotte (Gare de Lyon/Ledru-Rollin) | 01 43 45 06 37

Le bistrot contemporain du chef-patron Nicolas Michel (près du marché d'Aligre) attire des habitués qui apprécient ses plats de saison créatifs (lasagnes aux champignons, gigot de sept heures...) plus une belle carte de vins biodynamiques ; on récolte les avantages d'un service personnalisé à prix modérés.

Les Coulisses ☒ *Bistrot* | - | - | - | M |
9e | 19 rue Notre Dame de Lorette (St-Georges) | 01 45 26 46 46 | www.restolescoulisses.fr
Cet "étonnant" bistrot du quartier des théâtres réussit un beau numéro d'équilibrisme entre des plats traditionnels comme le tartare et le pot-au-feu, et des plats du marché plus contemporains à des prix bien placés, intelligemment accompagnés par une carte de vins naturels ; quoique relativement récent, il se positionne déjà comme un classique, grâce à un élégant décor rétro, et reste "relativement peu connu" sauf par les gens du quartier.

Le Coupe-Chou ◐ *Classique* | 20 | 25 | 19 | 56€ |
5e | 9-11 rue de Lanneau (Maubert-Mutualité) | 01 46 33 68 69 | www.lecoupechou.com
"Il faut venir en amoureux" dans cette maison "romantique" du 5e, avec "son enfilade de pièces" qui font "plus auberge de campagne que restaurant" ; de "copieuses" portions "d'authentique" cuisine française, apportées par une équipe "serviable et patiente", font de cette adresse une relative "bonne affaire" lors "d'une soirée fraîche à Paris" – surtout avec "une table près de la cheminée".

Le Coupe Gorge ◐ *Bistrot* | - | - | - | M |
4e | 2 rue de la Coutellerie (Hôtel-de-Ville) | 01 48 04 79 24 | www.coupegorge.fr
L'atmosphère du "vieux Paris" attire une foule "bruyante" sur les banquettes rouges de ce "petit bistrot amusant" qui sert "une bonne cuisine simple", comme le steak tartare ou le confit de canard, à prix modérés ; le service est "amical" et son "super emplacement" dans le Marais ne gâche rien.

La Coupole ◐ *Brasserie* | 18 | 24 | 18 | 58€ |
14e | 102 bd du Montparnasse (Vavin) | 01 43 20 14 20 | www.flobrasseries.com
Les "serveurs sortis d'un casting de cinéma" ont des mimiques bien au point dans cette "mythique" brasserie de Montparnasse : un "somptueux" palais Art déco "chargé d'histoire" toujours plein de touristes, de jolies Parisiennes et de "leurs petits toutous" ; la qualité de la cuisine a peut-être "baissé ces dernières années" – bien que les prix soient "modernes" – mais les plateaux de fruits de mer sont toujours "superbes" et c'est une "expérience parisienne".

Le Crabe Marteau ☒ *Bretonne/Poisson* | 20 | 18 | 20 | 39€ |
17e | 16 rue des Acacias (Argentine) | 01 44 09 85 59 | www.crabemarteau.fr
"On se croirait à Brest" en tapant à coups de marteau (littéralement) sur les "énormes" crabes ou en dégustant des produits de la mer très "frais" chez ce spécialiste marin du 17e : le service "chaleureux" est aussi "adorable" que le décor maritime kitschissime ; et l'addition ne fera pas couler votre compte en banque.

	CUISINE	DÉCOR	SERVICE	PRIX

La Crèmerie ☒ *Bar à Vin/Bistrot* ▽ 21 | 18 | 18 | 38€

6e | 9 rue des Quatre-Vents (Odéon) | 01 43 54 99 30

La Grande Crèmerie *Bar à Vin/Bistrot*

6e | 8 rue Grégoire-de-Tours (Mabillon/Odéon) | 01 43 26 09 09
www.lacremerie.fr

Les vins bio, naturels et les "belles" assiettes de charcuteries et de fromages de cette "mignonne" boutique-bar à vin du 6e (et son annexe La Grande Crèmerie) en font un endroit parfait à prix modérés pour venir prendre "l'apéritif ou un déjeuner léger" ; c'est une ancienne crèmerie au plafond peint d'origine, qui, avec son service "convivial", laisse une impression "d'ancien temps".

Crêperie Josselin *Bretonne* 22 | 17 | 19 | 21€

14e | 67 rue du Montparnasse (Edgar Quinet/Montparnasse-Bienvenüe) | 01 43 20 93 50

Crêpes "succulentes", galettes "énormes", cidre de qualité et prix "raisonnables" sont au menu de cette "crêperie bretonne" de Montparnasse, réputée pour être "l'une des meilleures" du quartier ; "il y a bien évidemment foule", mais une fois à l'intérieur de ce petit endroit "rétro avec des petits napperons" et sa faïence de Quimper, on ne regrette pas, tant le service est "rapide" et "souriant". P.S. service toute la journée.

Cristal de Sel *Contemporaine* ▽ 27 | 17 | 25 | 45€

15e | 13 rue Mademoiselle (Commerce/Félix Faure) | 01 42 50 35 29 | www.lecristaldesel.fr

"Chut! ne parlez à personne de cette adresse", supplient ses adeptes, qui font le pèlerinage "au fin fond" du 15e pour savourer la cuisine "merveilleusement présentée" du chef associé Karil Lopez, dont le style bistronomique s'est forgé pendant plusieurs années au Bristol ; son acolyte Damien Crepu dirige une équipe "absolument charmante", les tables sont "bien espacées" dans la salle "simple mais élégante" et le résultat est une "très bonne expérience dînatoire" si l'on fait abstraction des prix élevés.

Cristal Room ☒ *Contemporaine* 20 | 29 | 20 | 90€

16e | Baccarat | 11 pl des États-Unis (Boissière/Iéna) | 01 40 22 11 10 | www.cristalroom.com

Des lustres Baccarat éclairent "l'étonnant" espace Grand Siècle conçu par Philippe Starck (élu parmi les meilleurs décors de Paris), installé dans un hôtel particulier du 16e ; le service est "courtois" mais pas tout à fait à la hauteur du cadre "magnifique", tout comme le menu "minimaliste" (sous la houlette de chef Guy Martin), "trop cher", qui incite certains à dire "laissez tomber la nourriture et allez-y pour le cristal" – c'est en tout cas un "superbe showroom" pour la célèbre cristallerie, qui a ici son musée et ses bureaux.

Crudus *Bar à Vin/Italienne* - | - | - | M

1er | 21 rue St-Roch (Pyramides/Tuileries) | 01 42 60 90 29 | www.crudus.fr

La cuisine "à l'italienne toute simple" met en valeur la qualité des produits bio utilisés dans ce "mini" restaurant-bar à vin aux prix modérés du 1er, une petite niche presque toute blanche avec un grand bar en bois, ses tables en Plexiglas et ses chaises bistrot prises d'assaut par une clientèle haut de gamme du quartier Saint-Honoré, qui apprécie le service "pro et sympa".

La Cuisine *Contemporaine* ▽ 22 | 20 | 21 | 85€

8ᵉ | Royal Monceau | 37 av Hoche (Ternes) | 01 42 99 98 80 | www.leroyalmonceau.com

La gastronomie rencontre le design à cette table de l'hôtel Royal Monceau : la cuisine "hyper fraîche" du chef Laurent André et les desserts du pâtissier demi-dieu Pierre Hermé font le bonheur d'une clientèle internationale à l'abri de la crise, dans la "splendide" salle au style bibliothèque, avec ses fauteuils bas en cuir, ses luminaires de Murano et son plafond coloré, le tout signé Philippe Starck.

Cul de Poule *Bistrot* 20 | 16 | 18 | 34€

9ᵉ | 53 rue des Martyrs (Pigalle) | 01 53 16 13 07

Ce bistrot funky de la rue des Martyrs, qui utilise les ingrédients de saison des meilleurs producteurs pour des plats "originaux" - mariés à des vins naturels - attire les bobos "branchés" soucieux de connaître la provenance de ce qu'ils mangent ; les prix sont "bas", les chaises dépareillées et les serveuses dans le coup, "charmantes".

Le Dali *Classique* - | - | - | TC

1ᵉʳ | Hôtel Meurice | 228 rue de Rivoli (Concorde/Tuileries) | 01 44 58 10 44 | www.lemeurice.com

Plus somptueuse que surréaliste, cette "élégante" salle à manger de l'hôtel Meurice propose un menu de "superbe" cuisine classique, servi en continu ; bien que moins élevées qu'à la table phare de l'hôtel (Le Meurice), les additions peuvent néanmoins "grimper en flèche", mais c'est "un bonheur à tous les niveaux" qui donne aux convives l'impression d'être traités "comme des princes". P.S. il faut réserver.

N La Dame de Pic ☒ *Contemporaine* - | - | - | TC

1ᵉʳ | 20 rue du Louvre (Louvre - Rivoli) | 01 42 60 40 40 | www.ladamedepic.fr

Après Valence et Lausanne, Anne-Sophie Pic a choisi le quartier du Louvre pour ouvrir son premier restaurant parisien au décor minimaliste avec briques peintes en blanc, longue table d'hôte en bois, petits recoins et cuisine visible de la rue ; son concept culinaire original mélange saveurs et parfums, et tandis que les prix sont élevés, il y a un formule déjeuner plus abordable pendant la semaine. P.S. réservations conseillées.

Dans les Landes *Sud-Ouest* ▽ 23 | 17 | 18 | 38€

5ᵉ | 19 bis rue Monge (Censier-Daubenton) | 01 45 87 06 00

"Allez-y avec des amis" et partagez "d'excellentes" tapas du Sud-Ouest dans ce bistrot-bar à vin, dans le 5e, fort en cochonnailles ; c'est parfois "bruyant" aux tables d'hôte surélevées (surtout s'il y a un match de rugby à la TV), mais le prix est juste, le service "rapide" et c'est une "étape amusante" pour grignoter un morceau dans une ambiance "conviviale".

	CUISINE	DÉCOR	SERVICE	PRIX
Da Rosa *Bar à Vin/Éclectique*	21	16	17	40€

1er | 7 rue Rouget-de-l'Isle (Tuileries/Concorde) | 01 77 37 37 87
6e | 62 rue de Seine (Mabillon/Odéon) | 01 40 51 00 09
www.darosa.fr

"Pour un peu de jambon et de vin, on ne peut pas mieux faire" que ces deux épiceries-bars à vin chics ; on y sert "d'agréables en-cas" méditerranéens apportés par des serveurs "sympas" sur la jolie "terrasse clôturée" à Saint-Germain ou dans la salle cosy de la nouvelle adresse des Tuileries : une manière abordable de "terminer une journée passée à visiter les galeries" ou les boutiques.

Daru *Russe* ▽ 19 | 16 | 19 | 91€

8e | 19 rue Daru (Courcelles/Ternes) | 01 42 27 23 60 | www.daru.fr

On remplace le vin par la vodka dans cette enclave russe du 8e, où le caviar, les blinis, le bortsch et autres "délicieuses" spécialités sont servies dans une salle à manger "cosy", aux tonalités rouges ; les prix sont plus pour les nouveaux oligarques que pour le prolétariat, mais les partisans insistent : "allez-y" quand même.

Le Dauphin *Contemporaine* 22 | 16 | 18 | 54€

11e | 131 av Parmentier (Goncourt) | 01 55 28 78 88 |
www.restaurantledauphin.net

Si vous n'arrivez pas à obtenir une table au Chateaubriand, dans le 11e, allez chez son dauphin pas très loin, qui se positionne au "même niveau" en servant une cuisine "inventive" ; les serveurs pros et branchés gèrent la foule de foodistas et de créatifs, dont les conversations se réverbèrent dans le "cube en marbre" ultramoderne et "sonore" conçu par Rem Koolhaas et Clément Blanchet.

Davé *Chinoise/Vietnamienne* ▽ 17 | 12 | 21 | 53€

1er | 12 rue de Richelieu (Palais Royal-Musée du Louvre) | 01 42 61 49 48

Ce sont les "fashionistas", "pas les foodies", qui fréquentent ce sino-vietnamien près du Palais-Royal : l'attraction principale est monsieur Davé lui-même, un "personnage" "étonnant" qui "a toujours de bonnes histoires à raconter" sur les têtes connues qu'il a servies ; "peu importe" que la cuisine à prix moyen soit juste "bonne" ou que le décor soit inexistant, c'est une "institution parisienne".

D'Chez Eux *Sud-Ouest* 24 | 18 | 21 | 71€

7e | 2 av de Lowendal (École Militaire) | 01 47 05 52 55 | www.chezeux.com

"Une authentique cuisine de campagne" – "comme la faisait votre grand-mère" – vous attend chez ce spécialiste du Sud-Ouest du 7e, où vous serez accueilli avec une "corbeille de saucissons" et des "serveurs formidables" ; "les nappes en vichy" et les "tables confortables complètent ce tableau intime" et si certains trouvent "les prix élevés", pour sûr vous "n'aurez plus faim en sortant".

Les Délices d'Aphrodite *Grecque* 20 | 15 | 16 | 43€

5e | 4 rue de Candolle (Censier-Daubenton) | 01 43 31 40 39 |
www.mavrommatis.fr

Il y a "du soleil dans les assiettes" de ce temple hellénique du Quartier latin qui est "presque aussi bon" que la maison-mère Mavrommatis, mais "moins cher" ; grâce au service "personnalisé", "le calme et la tranquillité" règnent sur cette salle aux couleurs de la mer Egée (notez la tonnelle au plafond) ainsi que sur la "jolie terrasse". P.S. souvent fermé au déjeuner en semaine.

Derrière *Contemporaine* | 15 | 24 | 15 | 48€ |

3e | 69 rue des Gravilliers (Arts et Métiers) | 01 44 61 91 95 | www.derriere-resto.com

Bienvenue à "Boboville" : dans cette cantine comme un "appartement" située dans le Marais (derrière son frérot le 404), "vous pouvez manger pendant que la table d'à côté joue au ping-pong", ce qui attire une "jeune" clientèle "branchée" dans ce décor "funky" dépareillé ; c'est "un peu cher" pour de la cuisine "ordinaire mais pas mal", avec un service qui n'est "pas pro", mais c'est un bon endroit "pour démarrer une super soirée".

Dessirier ◐ *Brasserie/Poisson* | 24 | 22 | 23 | 88€ |

17e | 9 pl du Maréchal Juin (Pereire) | 01 42 27 82 14 | www.restaurantdessirier.com

La brasserie de Michel Rostang dans le 17e sert "les meilleurs" produits de la mer, d'une "extraordinaire fraîcheur", "préparés avec délicatesse", et attire une clientèle d'affaires grâce à un "service discret" à des "tables espacées" dans une salle aux tonalités grises égayée par des touches de corail et de sculptures ; c'est "cher", surtout "si vous ne prenez pas le menu", mais "tout est parfait".

Desvouges 🅆 *Bistrot* | - | - | - | M |

5e | 6 rue des Fossés St-Marcel (Les Gobelins/St-Marcel) | 01 47 07 91 25 | www.restaurantdesvouges.fr

Pour cet ancien journaliste (Jérôme Desvouges) qui a délaissé les reportages pour suivre ses rêves gastronomiques, le résultat est ce "petit" bistrot du 5e avec ses rideaux de dentelle et ses prix bien ficelés : une cuisine "simple mais bonne" lui vaut quelques fidèles ; il est recommandé "aux amateurs de vins", et "son accueil convivial lui donne vraiment du charme".

Les Deux Magots ◐ *Classique* | 17 | 21 | 17 | 45€ |

6e | 6 pl St-Germain-des-Prés (St-Germain-des-Prés) | 01 45 48 55 25 | www.lesdeuxmagots.fr

"Quel spectacle!" s'exclament ceux qui "savourent la vie parisienne" dans ce café "iconique" et "de haute volée" ouvert toute la journée à Saint-Germain, même si le défilé de touristes, de "pseudo-gens de lettres" et de "mannequins Prada" ferait "se retourner dans sa tombe" l'ancien habitué qu'était Sartre ; donc aucune importance si la cuisine basique est "secondaire", "trop chère" et servie par des garçons qui "pourraient être plus gentils", essayez de vous dégoter une table en terrasse, "offrez-vous un café hors de prix" et "rêvassez".

Diep ◐ *Asiatique* | 21 | 15 | 18 | 64€ |

8e | 55 rue Pierre Charron (George V) | 01 45 63 52 76 | www.diep.fr

"Le canard laqué est toujours aussi délicieux" chez ce vétéran asiatique installé "près des grandes maisons de mode" du 8e : la cuisine produit de "très bons" plats thaïs, chinois et vietnamiens, et la salle "dégouline de kitsch chinois" (certains trouvent "qu'il commence à dater") ; c'est "un peu bling-bling" et "les prix correspondent à la clientèle", qui préfère s'attabler "près de l'entrée pour voir et être vue".

Le Divellec ☒ *Poisson* | 26 | 21 | 24 | 138€

7e | 107 rue de l'Université (Invalides) | 01 45 51 91 96 | www.le-divellec.com

"C'est vrai, ils savent cuisiner le poisson" dans cet "élégant" restaurant de la mer "haut de gamme" (réservations obligatoires) du 7e, reconnu pour son "superbe" pressé de homard ; le "service exquis" satisfait "tous vos besoins" et si certains regrettent que ça ne soit pas "un peu plus festif", la sobriété convient aux politiciens - et à ceux qui "ont les moyens" - venus jeter l'ancre dans cette "imposante" salle pour un repas première classe.

1728 ☒ *Contemporaine* | 21 | 25 | 20 | 81€

8e | 8 rue d'Anjou (Concorde/Madeleine) | 01 40 17 04 77 | www.restaurant-1728.com

Installé dans l'ancien hôtel particulier "historique" de La Fayette, près de la Madeleine, ce restaurant "princier" au décor "royal" offre un cadre "splendide" pour une soirée "romantique" proposant une cuisine française "inventive" et "raffinée avec une touche asiatique" servie par une équipe "professionnelle" ; en se disant que c'est "un peu cher", on vient "plus pour le cadre exceptionnel que pour la cuisine".

Le Dodin de Mark Singer ☒☒ *Contemporaine* | - | - | - | C

17e | 42 rue des Acacias (Argentine/Charles de Gaulle-Étoile) | 01 43 80 28 54 | www.ledodin.com

Américain à Paris, le chef Mark Singer, qui cuisine en France depuis plus de trois décennies, vient de reprendre le Petit Colombier dans le 17e, en lui donnant un look contemporain avec sol en chêne clair, touches rouges et lanternes chinoises, et en proposant une cuisine finement ouvragée de classiques revisités ; les menus sont d'un bon rapport qualité-prix (même si les plats à la carte sont plutôt chers).

Domaine de Lintillac *Sud-Ouest* | 20 | 14 | 19 | 32€

2e | 10 rue St-Augustin (Quatre-Septembre) | 01 40 20 96 27 | www.lintillac-paris.com

7e | 20 rue Rousselet (Duroc/Vaneau) | 01 45 66 88 23 | www.restaurant-lintillac.com

Tout est "canardien" chez ces spécialistes du Sud-Ouest, où un "spectaculaire cassoulet" et d'autres plats à base de produits en direct du Périgord réjouissent "les amoureux du foie gras et du canard" ; les décors basiques sont "sans prétention", mais ces endroits sont "petits et chaleureux" et les serveurs "attentionnés".

Le Dôme du Marais ◐ *Contemporaine* | 19 | 21 | 17 | 54€

4e | 53 bis rue des Francs-Bourgeois (Hôtel-de-Ville/Rambuteau) | 01 42 74 54 17 | www.ledomedumarais.fr

Un récent changement de propriétaire et une rénovation auraient pu faire varier les scores, mais en fait rien n'a vraiment changé ici : un "cadre théâtral" fait de cette ancienne salle des ventes un "super choix pour un dîner romantique dans le Marais", que l'on soit assis sous le dôme vitré de la salle principale circulaire ou dans le jardin d'hiver lumineux ; la cuisine "raffinée" reste à "un prix pas trop fou" et le service est tout ce qu'il y a de plus "efficace".

Le Dôme ◐ *Poisson* 22 | 22 | 20 | 76€

14e | 108 bd du Montparnasse (Vavin) | 01 43 35 25 81

Qu'on y aille pour la "superbe sole" ou "directement pour les huîtres", "on ne trouve pas meilleurs produits de la mer" que dans cette "institution" toujours bondée de Montparnasse, "merveille de brasserie Belle Époque" ; le service "énergique" en fait un lieu aussi adapté à "une sortie en famille qu'à un déjeuner d'affaires" – en fonction, peut-être, de qui paiera l'addition, souvent "salée".

Dominique Bouchet 🅆 *Haute Cuisine* 25 | 21 | 25 | 105€

8e | 11 rue Treilhard (Miromesnil) | 01 45 61 09 46 | www.dominique-bouchet.com

Des repas "magnifiques", "toujours intelligents" et "préparés avec style", attirent aussi bien les "habitués que les touristes" dans ce paradis gastronomique du 8e, où le staff "chaleureux" se montre "très serviable pour commenter la carte" ; on voit souvent le "sympathique" patron, Dominique Bouchet, "au passe" de la cuisine "moderne", dans la salle aux pierres apparentes et aux belles nappes blanches, où les fans au portefeuille bien garni "reviennent à chaque occasion".

Drouant ◐ *Classique* 23 | 22 | 22 | 80€

2e | 16-18 rue Gaillon (Opéra/Quatre-Septembre) | 01 42 65 15 16 | www.drouant.com

Le chef Antoine Westermann apporte une "touche moderne aux plats classiques" dans cette célèbre adresse près de l'Opéra Garnier, où il propose des déclinaisons gastronomiques par thème "à coût élevé" mais à côté de plats du jour moins compliqués et d'une "valeur sûre" ; les salles "élégantes" et le service "chaleureux et attentionné" en font un choix "de première classe" pour "les repas d'affaires", "les couples" ou "les familles" grâce au menu 'jeunes gastronomes'.

Drugstore Publicis *Brasserie* 15 | 18 | 14 | 38€

8e | 133 av des Champs-Élysées (Charles de Gaulle-Étoile) | 01 44 43 79 00 | www.publicisdrugstore.com

La brasserie "mythique" de ce drugstore "avec vue sur les Champs-Élysées" sert non-stop une cuisine française "simple" de "restauration rapide" (classiques revisités et pâtisseries Pierre Hermé), ce qui est "parfait" pour combler "un petit creux" "pendant son shopping" ou "après un ciné" ; grâce à "sa localisation", qui rend cependant le prix un peu "élevé", l'ambiance est "vivante" dans cet endroit "spacieux" avec ses "larges baies vitrées".

Le Duc de Richelieu ◐☒ *Lyonnaise* ▽ 22 | 19 | 21 | 52€

12e | 5 rue Parrot (Gare de Lyon) | 01 43 43 05 64

Une cuisine lyonnaise "simple mais bonne" et des "beaujolais formidables", servis par un staff "adorable" à des tarifs "raisonnables", font l'ordinaire de ce "classique" bistrot 1930 rouge rubis du 12e arrondissement ; le bon ticket pour refaire le plein avant de sauter dans un train à la gare de Lyon.

Le Duc ☒☒ *Poisson* 28 | 18 | 24 | 114€

14e | 243 bd Raspail (Raspail) | 01 43 20 96 30

"Du poisson extraordinaire" traité avec "raffinement" est servi à cette table marine de Montparnasse, où "la carte ne change pas plus que la clientèle" et le décor de paquebot est resté le même depuis les "trente dernières années" ; les passagers de première classe applaudissent le "service professionnel" et même si c'est "cher", c'est une "valeur sûre où la constance est un plaisir". P.S. fermé samedi midi, dimanche et lundi.

L'Ebauchoir ☒ *Bistrot* 24 | 18 | 22 | 40€

12e | 43 rue de Cîteaux (Faidherbe-Chaligny) | 01 43 42 49 31 | www.lebauchoir.com

"Surtout ne ratez pas le fameux riz au lait", conseillent les fans de ce bistrot "accueillant" du 12e, qui sert une cuisine saisonnière "raffinée" ; murs jaunes et sol carrelé offrent un cadre à la fois vieillot et "branché", grâce à une jeune clientèle "bruyante" qui s'accorde à dire que voilà un "super endroit pour dîner entre amis" (à un "très bon" prix) - et donc, "pensez à réserver". P.S. allez faire un tour dans l'annexe bar à vin, juste en face, le Siffleur de Ballons.

L'Ébouillanté *Classique/Salon de Thé* ▽ 22 | 21 | 21 | 26€

4e | 6 rue des Barres (Pont-Marie/St-Paul) | 01 42 74 70 52 | www.restaurant-ebouillante.fr

Pour quelque chose de "différent", essayez ce salon de thé "sympa" dans le Marais, où vous pourrez faire un "repas rapide et léger" comme des salades et des bricks fourrés de produits de "grande qualité" ; ce n'est "pas si cher" et le plus gros "avantage" est la "super terrasse" sur une "tranquille" rue piétonne. P.S. fermé le lundi en hiver.

L'Écaille de la Fontaine ☒ *Fruits de Mer* - | - | - | C

2e | 15 rue Gaillon (Opéra/Quatre-Septembre) | 01 47 42 02 99 | www.la-fontaine-gaillon.com

Les fruits de mer sont "toujours impeccables" dans cette annexe marine plus abordable (mais tout aussi chic) de la Fontaine Gaillon dans le 2e ; la salle "intime" vert et rouge est un peu comme un "club" et le service demeure "agréable" même lorsqu'il est "débordé" par les exigences des habitués et des amis VIP du propriétaire Gérard Depardieu. P.S. les réservations sont "un must".

L'Écailler du Bistrot ☒☒ *Poisson* 25 | 19 | 20 | 55€

11e | 20-22 rue Paul Bert (Faidherbe-Chaligny) | 01 43 72 76 77 | www.lecaillerdubistrot.fr

Pour "une bonne dose d'iode", plongez dans les "huîtres premier choix, charnues à souhait" servies dans cette annexe 100% marine et sans prétention du Bistrot Paul Bert, juste à côté : "le poisson a un goût de poisson, ce qui se suffit à soi-même" quand il est "d'une grande fraîcheur et de première qualité" ; le service est "discret" mais "convivial" et le vin est "bon", quant à l'addition, elle est peut-être un peu plus difficile à avaler.

L'Écluse ◐ *Bar à Vin/Bistrot* 17 | 17 | 18 | 46€

1er | 34 pl du Marché St-Honoré (Pyramides/Tuileries) | 01 42 96 10 18
6e | 15 quai des Grands-Augustins (St-Michel) | 01 46 33 58 74
8e | 15 pl de la Madeleine (Madeleine) | 01 42 65 34 69
8e | 64 rue François 1er (George V) | 01 47 20 77 09
17e | 1 rue d'Armaillé (Charles de Gaulle-Étoile) | 01 47 63 88 29
www.lecluse-restaurant-paris.fr

Cette "franchise bien rodée" de bars à vins plaît grâce à ses serveurs "attentifs" toujours "de bon conseil" pour la choix des vins à tendance bordelaise, qui se "marie bien" avec les plats de bistrot "corrects" comme le foie gras ou le steak tartare ; "rustiques et confortables", des adresses pratiques qui sont "un bon choix de sortie" car ouvertes tous les jours tard dans la soirée.

L'Écume Saint-Honoré ⊠⊠ *Fruits de Mer* ▽ 23 | 16 | 21 | 63€

1er | 6 rue du Marché St-Honoré (Pyramides/Tuileries) | 01 42 61 93 87

Pour ceux qui aiment le cru, les produits de la mer scintillants de "fraîcheur" sur les étals de cette petite poissonnerie du 1er peuvent aussi être dégustés sur place, comme les "huîtres sublimes" ouvertes devant vous (peut-être par le "charmant patron" lui-même) ; on est servi sur des tables hautes, sous un plafond peint de mouettes et une bande-son de cris d'oiseaux pour compléter l'illusion d'être "au bord de la mer".

El Mansour ⊠⊠ *Marocaine* 21 | 20 | 20 | 70€

8e | 7 rue de la Trémoille (Alma Marceau) | 01 47 23 88 18 | www.elmansour.fr

Ce marocain vous "emmène dans un voyage gastronomique" avec ses savoureux couscous et tajines jugés "très bons" tant par la "qualité que par la quantité" ; la salle, luxueuse et chatoyante, semble sortir "des *Mille et Une Nuits*", les serveurs "efficaces" versent le thé à la menthe avec dextérité et les prix sont "raisonnables" – vu sa situation dans le Triangle d'or.

El Palenque ⊠≠ *Argentine/Viande* 22 | 14 | 19 | 43€

5e | 5 rue de la Montagne Ste-Geneviève (Maubert-Mutualité) | 01 43 54 08 99 | www.el-palenque.fr

Les "tendres" viandes grillées, les empanadas en entrée et le dulce de leche en dessert attirent les "nostalgiques de la pampa" dans ce steakhouse argentin du Quartier latin à prix moyen et au service "chaleureux" – "surtout si vous parlez espagnol" ; le bémol porte sur la "petite" taille de la salle "rustique", vaguement sud-américaine, qui rend les "réservations obligatoires". P.S. espèces seulement.

Emporio Armani Caffè ◐ *Italienne* 19 | 19 | 17 | 59€

6e | Emporio Armani | 149 bd St-Germain (St-Germain-des-Prés) | 01 45 48 62 15

À Saint-Germain, on sert "la délicieuse pasta" et les autres plats du nord de l'Italie dans un décor minimaliste "mode" "en harmonie avec le style Armani" ; le service frise parfois "l'indifférence" et certains estomacs se plaignent que c'est "trop cher pour si peu" (les portions "vous font croire que nous sommes tous des mannequins"), mais "pouvoir observer le public est une belle valeur ajoutée".

Les Enfants Rouges *Bistrot* 22 | 18 | 19 | 29€

3e | 90 rue des Archives (Temple) | 01 48 87 80 61 | www.les-enfants-rouges.com

Les convives qui se faufilent jusqu'à ce petit bar à vin du 3e pour un brunch "original" ou un "verre autour d'une planche de charcuterie" sont séduits par la cuisine de bistrot "éclectique" et "raffinée" et la sélection de vins "soignée" ; l'accueil "agréable" dans le cadre chargé d'histoire de l'enceinte de l'ancien Couvent des Enfants rouges, l'ambiance "vivante", le service "professionnel", en font une adresse "où l'on se sent bien".

L'Enoteca ◐ *Bar à Vin/Italienne* 22 | 18 | 19 | 48€

4e | 25 rue Charles V (St-Paul/Sully Morland) | 01 42 78 91 44 | www.enoteca.fr

"La véritable Italie" est "dans l'assiette et le verre" de ce bar à vin du Marais, où antipasti et pasta "colorés et appétissants" vont de pair avec une "exceptionnelle" carte de vins qui satisfait "tous les goûts et tous les budgets" ; les serveurs donnent "de bons conseils" et la salle à l'ancienne, avec ses poutres apparentes, offre un "chaleureux" répit - en somme, une "bonne table" pour "changer".

L'Entêtée *Bistrot* ∇ 20 | 16 | 22 | 39€

14e | 4 rue Danville (Denfert-Rochereau) | 01 40 47 56 81

Un accueil sympa vous attend dans ce bistrot contemporain du 14e où l'ardoise met en valeur la cuisine "aventureuse" d'un chef-patron dont "l'exploration des saveurs" suit les saisons ; la salle simple avec parquet est "toute petite", mais les habitués disent que c'est une "expérience agréable" et une "valeur" sûre.

L'Entredgeu *Bistrot* 21 | 14 | 17 | 48€

17e | 83 rue Laugier (Porte de Champerret) | 01 40 54 97 24

"Si vous voulez manger avec des Parisiens", sans touristes, ce bistrot "relax" du "grand nord" du 17e, avec sa cuisine "savoureuse", vous remettra d'aplomb un jour "de sale temps" ; "dommage que ce soit si bruyant", se plaignent les claustrophobes, qui se sentent "serrés" sur les banquettes rouges, contrairement aux fans, qui trouvent que cela "vaut le coup" pour les additions "raisonnables" et une "atmosphère de vieux bistrot".

L'Entrée des Artistes ◐ *Bar à Vin/Bistrot* - | - | - | PC

11e | 8 rue du Crussol (Oberkampf) | 09 50 99 67 11

Les cocktails maison et les nombreux vins bio attirent les branchés dans ce bar à vin du 11e qui sert de la charcuterie et des assiettes de fromages ainsi que des plats consistants afin d'éponger les bons vins servis dans ce café spartiate qui fait salle comble à l'heure de pointe ; les serveurs sont aussi les propriétaires - un barman expérimenté et un fondu de vins qui connaissent bien leur affaire.

	CUISINE	DÉCOR	SERVICE	PRIX

Épicure *Haute Cuisine* 27 | 27 | 28 | 187€

8e | Hôtel Le Bristol | 112 rue du Faubourg St-Honoré (Miromesnil) | 01 53 43 43 40 | www.lebristolparis.com

Le chef Eric Frechon reste aux fourneaux de ce "paradis de la gastronomie" au sein de l'hôtel Bristol, assurant une "phénoménale" cuisine dans l'ancienne salle à manger d'été fonctionne maintenant toute l'année, avec une cheminée et un design aérien conçu par Pierre-Yves Rochon (ce que ne reflète pas entièrement la note Décor) ; le service "prévenant" reste inchangé, tout comme l'addition au top "que l'on s'offre une fois dans sa vie". P.S. réservations et veste obligatoires.

L'Épi d'Or ☒ *Bistrot* ∇ 19 | 18 | 19 | 56€

1er | 25 rue Jean-Jacques Rousseau (Louvre-Rivoli) | 01 42 36 38 12 | www.mandarinoriental.com

Ce bistrot, qui nourrissait autrefois les travailleurs des Halles jusque tard dans la nuit, sert toujours de "solides" classiques comme la frisée aux lardons et le steak tartare, dans un cadre 1930 qui a su préserver son "caractère" "à l'ancienne" (les prix, en revanche, sont d'aujourd'hui) ; les serveurs sont "très sympas" et "il vaut mieux l'être aussi avec son voisin" compte tenu de l'exiguïté des tables.

L'Épi Dupin W *Bistrot* 24 | 17 | 20 | 53€

6e | 11 rue Dupin (Sèvres-Babylone) | 01 42 22 64 56 | www.epidupin.com

Les "merveilleux" plats, "originaux", de ce bistrot "policé" toujours "bondé" du 6e en font une adresse reconnue comme une "valeur sûre" ; les enquêteurs aiment son cadre "contemporain", mais "il y a un monde fou" et le premier service est sans doute "le repas le plus rapidement servi à Paris", se plaignent ceux qui se sentent "expédiés", alors "si vous voulez traîner" mieux vaut arriver tard. P.S. fermé le week-end et lundi midi.

L'Épigramme ☒ L *Bistrot* 23 | 18 | 19 | 50€

6e | 9 rue de l'Éperon (Odéon/St-Michel) | 01 44 41 00 09

La carte est "modeste" dans ce petit "bijou" de bistrot, mais la cuisine est plutôt "fine" - "chose rare" à Saint-Germain ; les prix modérés et le service "familial" mettent les convives à l'aise dans la salle "confortable", décorée comme une auberge de campagne, bien que sa taille réduite rende les "réservations nécessaires".

L'Escargot Montorgueil *Bistrot* 22 | 22 | 19 | 69€

1er | 38 rue Montorgueil (Étienne Marcel/Les Halles) | 01 42 36 83 51 | www.escargot-montorgueil.com

"Oui, vous pouvez vraiment faire un dîner entier d'escargots" dans ce classique des Halles (ouvert depuis 1832), où les "délicieux gastéropodes" sont mis à toutes les sauces, et où le reste de la carte "traditionnelle" est aussi "très bon", servi par une équipe "efficace" dans un "magnifique" décor historique ; c'est vrai que les additions sont élevées, mais "tout le monde devrait y aller au moins une fois", même si c'est un peu "touristique". P.S. il y a aussi des escargots à emporter.

	CUISINE	DÉCOR	SERVICE	PRIX

Les Éditeurs ◐ *Brasserie* — 14 | 21 | 16 | 41€

6e | 4 carrefour de l'Odéon (Odéon) | 01 43 26 67 76 | www.lesediteurs.fr
Il y a "toujours du monde" dans cet "antre littéraire" près d'Odéon, un endroit "superbe" où vous serez "entouré de livres" comme dans une bibliothèque "confortable", décorée de bois sombre et de cuir rouge ; le service est parfois "lent" et la cuisine de brasserie "ordinaire" laisse parfois à désirer, mais les prix sont modérés et les lettrés affirment que c'est "l'endroit idéal pour prendre un verre".

Etc... ☒ *Contemporaine* — ∇ 25 | 21 | 26 | 89€

16e | 2 rue La Pérouse (Kléber) | 01 49 52 10 10
Ce bistrot chic (donc cher) du 16e "haut de gamme" accueille les cadres du quartier avec une "superbe" carte "du jour" bistronomique qui offre "des surprises à chaque plat" ; le service "impeccable" est un plus et le décor noir et gris se marie bien avec la couleur des costumes bien coupés qui garnissent la salle. P.S. fermé le samedi midi et le dimanche.

L'Étoile Marocaine *Marocaine* — 26 | 23 | 24 | 32€

8e | 56 rue Galilée (George V) | 01 47 20 44 43 | www.etoilemarocaine.com
Si "un voyage pour les papilles et les yeux" vous tente, laissez-vous émerveiller par les saveurs et les parfums du couscous royal "divin" et des "délicieux" tajines de ce marocain du 8e, dans un décor "véritable" qui vous transporte en plein "cœur de Rabat" ; qui plus est, les prix sont abordables, l'accueil est "chaleureux" et les serveurs "aimables comme au pays". P.S. fermé le samedi midi.

Eugène ☒ *Éclectique* — ∇ 18 | 17 | 18 | 45€

8e | 166 bd Haussmann (Miromesnil/St-Philippe-du-Roule) | 01 42 89 00 13
Une cuisine éclectique est à la carte de cette bonne adresse à prix moyen du 8e, servie dans une élégante salle tendue de velours, avec lustres orange, éclairée par une grande verrière réalisée par Gustave Eiffel ; le service est plutôt solide, mais c'est l'ambiance "fun et hype" autour du long bar en étain qui "est le point de mire".

L'Européen ◐ *Brasserie* — 20 | 19 | 19 | 42€

12e | 21 bis bd Diderot (Gare de Lyon) | 01 43 43 99 70 | www.brasserie-leuropeen.fr
Avec son service "efficace" aussi "rapide" "que le TGV", cette "immense brasserie traditionnelle" en face de la gare de Lyon est toujours "pratique" entre deux trains ; le look Slavik années 70 est un peu "rétro", mais les banquettes Chesterfield sont confortables et, en fait, les voyageurs sont plus concernés par "les huîtres tout à fait correctes", "la bonne bière" et "les prix honnêtes".

Les Fables de la Fontaine *Poisson* — 25 | 21 | 23 | 67€

7e | 131 rue St-Dominique (École Militaire) | 01 44 18 37 55 | www.lesfablesdelafontaine.net
"Des amuse-bouches au dessert, ne ratez rien" de ce restaurant "inventif" aux "fabuleux poissons" (avec une terrasse en été donnant sur un square avec une fontaine), tenu par un ancien de chez Christian

Constant ; un service "habile" est à la barre de cet espace "contemporain" mais "cosy", de la taille "d'un mouchoir de poche", avec des "additions salées" mais justifiées.

Fakhr el Dine ◐ *Libanaise* 25 | 20 | 22 | 56€

16e | 30 rue de Longchamp (Trocadéro) | 01 47 27 90 00 | www.fakhreldine.com

Une cuisine libanaise "raffinée" aux "produits de qualité et à la préparation experte" a maintenu depuis trente ans cette enclave du Proche-Orient dans ce coin de rue tranquille du 16e ; c'est "plutôt cher", mais ses fans louent le service pro, tout comme le décor traditionnel un peu "fané".

La Famille ▨ ◪ *Contemporaine* ▽ 23 | 19 | 19 | 47€

18e | 41 rue des Trois-Frères (Abbesses/Anvers) | 01 42 52 11 12

Cette table "dans le coup" de Montmartre avec un "menu tournant" de cuisine "originale" parodie l'atmosphère d'un restaurant-lounge "branché de New York", avec cette différence, peut-être, qu'ici l'équipe est "vraiment gentille" ; une "clientèle jeune" cherchant à s'amuser ne tient pas trop compte des prix modérés tout en sirotant des cocktails "incroyables" au sein d'un décor "sombre" et "intime". P.S. ouvert uniquement à partir de 20 heures.

N Felicity Lemon ◪ *Bistrot* - | - | - | PC

20e | 4 rue Lemon (Belleville) | 01 71 32 71 77 | www.felicitylemonrestaur.wix.com/felicity-lemon

Cette cantine de poche vient d'ouvrir dans une petite rue piétonne de Belleville, où les habitués du quartier se retrouvent au coude à coude autour de plats simples et de qualité, voire même créatifs ; de plus il y a un bon rapport qualité-prix, avec un menu déjeuner et des *raciones* le soir pas chères. P.S. fermé lundi et mardi.

Ferdi ◐ *Éclectique* ▽ 21 | 18 | 20 | 44€

1er | 32 rue du Mont-Thabor (Madeleine/Tuileries/Concorde) | 01 42 60 82 52

Ce "minuscule" endroit dans le 1er sert un mélange éclectique "bien préparé" allant des "tapas vénézuéliennes" à ce que certains disent être le "meilleur cheeseburger" de Paris ; les cosmopolites apprécient les prix relativement modérés pour le quartier et surtout l'ambiance "relax" créée par une équipe "sympa" et des petits détails rigolos comme une collection de jouets Playmobil.

La Ferme St-Simon ▨ *Classique* 21 | 21 | 22 | 69€

7e | 6 rue de St-Simon (Rue du Bac/Solférino) | 01 45 48 35 74 | www.fermestsimon.com

Voici le genre de restaurant "à l'ancienne" qui "devient de plus en plus rare à Paris chaque année", mais ce bastion "solide" du 7e met toujours du "cœur" dans sa cuisine classique de "qualité" ; c'est cher, oui, mais c'est un bon endroit pour "emmener sa grand-mère" dans la salle à manger "chaleureuse" au "style campagne", animée par une équipe "attentive" et peuplée de politiciens venus en voisins de l'Assemblée nationale. P.S. fermé samedi midi et dimanche.

	CUISINE	DÉCOR	SERVICE	PRIX

La Fermette Marbeuf 1900 ◐ *Classique*

	19	25	19	63€

8e | 5 rue Marbeuf (Alma Marceau/George V) | 01 53 23 08 00 | www.fermettemarbeuf.com

"Retour à la Belle Époque" dans cet intérieur Art nouveau "somptueux" (magnifiques vitraux au plafond, miroirs ornant les murs) un peu "touristique" mais qui sert une "très bonne" cuisine française classique, près des Champs-Élysées ; le service est tantôt "adorable" tantôt "débordé" et "on paye pour le cadre" - mais pourquoi pas quand il est si "magnifique".

La Ferrandaise ☒ *Bistrot*

	20	16	19	54€

6e | 8 rue de Vaugirard (Odéon/Cluny-La Sorbonne) | 01 43 26 36 36 | www.laferrandaise.com

Spécialisé en "riches ragoûts" et en bœuf ferrandais d'Auvergne, ce bistrot "amical" face aux jardins du Luxembourg n'est étonnamment "pas envahi de touristes" ; un "service accueillant" patrouille les trois niveaux "compacts" dont une cave voûtée en pierre de style "médiéval", et même si ce n'est pas donné, c'est "une bonne affaire", aussi "ne ratez pas" les "divins fromages".

Findi ◐ *Italienne*

	21	21	19	58€

8e | 24 av George V (Alma Marceau/George V) | 01 47 20 14 78 | www.findi.net

Une cuisine italienne "agréable" et "conséquente", dans un cadre "sobre" genre salon, attire les adeptes de ce palais de la pâte faite maison - même si les "prix sont un peu élevés" (pas vraiment une surprise dans ce Triangle d'or du shopping de luxe et des grands hôtels) ; ceux qui ont les pieds sur terre aiment dîner "loin de tout le bling" typique du quartier, en se disant que le service "amical" "a la bonne attitude".

Les Fines Gueules *Bar à Vin/Bistrot*

	20	16	20	51€

1er | 43 rue Croix-des-Petits-Champs (Bourse/Palais Royal-Musée du Louvre) | 01 42 61 35 41 | www.lesfinesgueules.fr

Avec un "emplacement de choix" tout près de la place des Victoires dans le 1er, ce bistrot à vins "sympa" "de quartier" sert un "menu limité" de plats "simples mais délicieux" dont des "charcuteries épatantes" ; ce lieu minuscule "cosy" est toujours "animé" à l'étage (on monte par un escalier en colimaçon) ou au coin bar, le service est "adorable" et même si les additions grimpent vite, au moins les vins sont "raisonnables".

Firmin le Barbier ☑ *Bistrot*

	▽ 21	15	21	53€

7e | 20 rue de Monttessuy (École Militaire) | 01 45 51 21 55 | www.firminlebarbier.fr

Le patron, un ancien chirurgien qui a succombé à son amour de la cuisine, sert les grands classiques bistrotiers dans ce "charmant petit" endroit du 7e ; un service "chaleureux" opère dans la salle en brique et carrelage, anesthésiant un peu les convives avant de leur présenter la douloureuse.

	CUISINE	DÉCOR	SERVICE	PRIX

Fish La Boissonnerie *Contemporaine* 21 | 16 | 21 | 45€

6e | 69 rue de Seine (Mabillon/Odéon) | 01 43 54 34 69

Grâce à une équipe "enthousiaste" et des patrons très "friendly" (originaires de Nouvelle-Zélande et de Miami), ce restaurant de Saint-Germain propose une cuisine "inventive" ciblée poisson à une clientèle d'expatriés et de "touristes" ; la salle rustique (qui vient de rouvrir après une rénovation qui comprend des lampadaires d'époque, ce qui n'apparaît pas dans le score Décor) envoie "de bonnes vibrations" qui émanent de ses crus "hors pair" (ces messieurs ont aussi une boutique de vins) dont le prix de revente modéré contribue à une "bonne affaire" sur tous les fronts.

Le Flandrin ◐ *Brasserie* 15 | 16 | 18 | 63€

16e | 80 av Henri Martin (Rue de la Pompe) | 01 45 04 34 69

La "clientèle dorée" de ce coin "huppé" du 16e adore venir pour "voir et être vue" dans cette brasserie "branchée" installée dans une ancienne gare, où il règne une atmosphère "agréable", surtout sur la terrasse ; certains trouvent la cuisine "pas très intéressante" et trop chère, disant que "l'on paye pour l'emplacement et la vue".

Flora Danica *Classique/Danoise* 21 | 19 | 20 | 65€

8e | 142 av des Champs-Élysées (Charles de Gaulle-Étoile/George V) | 01 44 13 86 26 | www.floradanica-paris.com

Les plats scandinaves présentés dans cette enclave nordique populaire sur les Champs-Élysées sont "séduisants", "surtout si vous aimez le saumon", parfaitement cuisiné "à l'unilatéral" (on y sert aussi des classiques français) ; c'est "cher" mais le service est "attentionné" et les convives peuvent choisir entre une "jolie" salle à manger moderne - comme dans "un catalogue IKEA" - et le "ravissant jardin dans la cour intérieure". P.S. son grand frère, le Copenhague, plus cher, est à l'étage.

Le Floréal ◐ *Brasserie* - | - | - | M

10e | 73 rue du Faubourg du Temple (Goncourt) | 01 40 18 46 79 | www.lefloreal.fr

Avec sa façade rouge, blanc, noir, jaune à la Mondrian, il est difficile de rater cette brasserie dans le coup au-dessus du canal Saint-Martin, où les branchés aiment se faire voir sinon se faire entendre (le juke-box hurle) autour de cocktails et de plats très variés, œufs Benedict, huîtres, salade Caesar et hamburgers ; les prix modérés sont au diapason du cadre, genre *diner* américain rétro.

Le Flore en l'Île ◐ *Classique* 17 | 19 | 18 | 37€

4e | 42 quai d'Orléans (Cité/Pont-Marie) | 01 43 29 88 27 | www.lefloreenlile.com

La vue sur Notre-Dame depuis cette adresse "touristique" classique est "imbattable" avec son "emplacement idyllique" à la pointe de l'île Saint-Louis, et la plupart estiment que c'est "encore bon après toutes ces années" pour petit-déjeuner, déjeuner, prendre un thé, dîner ou se faire un "fix" de glaces Berthillon ; le look brasserie à l'ancienne plaît aux visiteurs, comme le service solide et les prix moyens, jusqu'à ce que sonne la cloche de la fermeture à 2 heures du matin.

CUISINE | DÉCOR | SERVICE | PRIX

Le Florimond ☒ *Classique* 25 | 20 | 26 | 58€

7e | 19 av de La Motte-Picquet (École Militaire/La Tour-Maubourg) | 01 45 55 40 38 | www.leflorimond.com

"On entre en étranger, on repart en ami" de ce bistrot du 7e dont la "merveilleuse" cuisine classique avec "une touche de modernité" (essayez le "chou farci") est épaulée par "un service exceptionnel" ; la "petite" salle "intime" est "claire et chaleureuse", donc même si les additions sont assez élevées, c'est "raisonnable". P.S. fermé samedi et lundi midi, dimanche et les premier et troisième samedis de chaque mois.

Flottes O.Trement ☒☒ *Contemporaine* 21 | 18 | 20 | 59€

1er | 2 rue Cambon (Concorde/Tuileries) | 01 42 61 31 15 | www.brasserie-flottes.fr

Une volée de marches au-dessus de sa grande sœur la brasserie Flottes dans le 1er, ce lieu "serein" aux lumières tamisées propose une ambiance de souper pour initiés qui en fait un bon refuge pour les gens de la mode, de la finance et de la politique qui veulent se détendre un peu ; c'est "cher" mais une "super trouvaille" grâce au service "discret" et à la "touche moderne" d'un menu conçu par Frédérick Grasser-Hermé.

Fogón ◐☒ *Espagnole* 23 | 18 | 21 | 71€

6e | 45 quai des Grands-Augustins (Odéon/St-Michel) | 01 43 54 31 33 | www.fogon.fr

Ce "paradis de la paella", considéré comme le "meilleur restaurant espagnol de Paris" (on y sert aussi des tapas "créatives" et "raffinées"), est campé sur le bord de la Seine à Saint-Germain ; c'est "cher" et ce bel espace moderne attire souvent "beaucoup de monde", mais avec un service solide, c'est ce qu'il y a de mieux "si vous ne pouvez pas aller en Espagne".

La Fontaine de Mars *Sud-Ouest* 22 | 21 | 22 | 60€

7e | 129 rue St-Dominique (École Militaire) | 01 47 05 46 44 | www.fontainedemars.com

"On se croirait dans un film sur Paris", murmurent ceux qui sont sous le charme de ce bistrot "prototype" du 7e arrondissement - "nappes en vichy rouge et blanc et tout ce qui va avec" - spécialiste d'une cuisine du Sud-Ouest "satisfaisante" comme "le foie gras top" et un cassoulet "à ne pas rater" ; la proximité de la Tour Eiffel rend les réservations "obligatoires", c'est "un peu cher", mais les touristes et les habitués aiment être "traités avec respect" par les serveurs "à l'ancienne et de qualité".

La Fontaine Gaillon ◐☒ *Classique* 21 | 22 | 21 | 76€

2e | 1 pl Gaillon (Opéra/Quatre-Septembre) | 01 42 65 87 04 | www.la-fontaine-gaillon.com

Propriété de Gérard Depardieu ("vive Cyrano") et fort apprécié pour sa "divine" terrasse verdoyante donnant sur le square avec sa fontaine, ce français classique du 2e fait jaillir "d'excellents poissons" ; même si les additions sont un peu salées, le service "rodé et professionnel" et "les célébrités de passage" en sont des appâts supplémentaires.

	CUISINE	DÉCOR	SERVICE	PRIX

Les Fougères ☒ *Contemporaine* ▽ 27 | 19 | 22 | 66€

17e | 10 rue Villebois-Mareuil (Ternes) | 01 40 68 78 66 | www.restaurant-les-fougeres.com

Cette table contemporaine reste une adresse confidentielle du 17e, mais ceux qui la connaissent chantent les louanges de sa cuisine "créative" de "haute qualité" utilisant "les meilleurs produits" ; c'est "un peu cher", le service est pro, mais le décor est convenu avec ses banquettes en velours à imprimé fougère.

Foujita *Japonaise* 25 | 14 | 20 | 38€

1er | 41 rue St-Roch (Pyramides) | 01 42 61 42 93 ☒

1er | 7 rue du 29 Juillet (Tuileries) | 01 49 26 07 70

"Les sashimis et sushis ultra-frais" sont le grand atout de ces deux adresses japonaises situées près des Tuileries ; bien sûr, cela "mériterait un coup de neuf" et le "service est parfois trop rapide", mais personne ne se plaint du "super rapport qualité-prix".

Le Fouquet's ◐ *Classique* 20 | 22 | 19 | 87€

8e | 99 av des Champs-Élysées (George V) | 01 40 69 60 50 | www.lucienbarriere.com

Cette "institution" remontant à 1899 est un endroit "cher" et "touristique" pour retrouver une "solide" cuisine classique, mais son emplacement "d'exception" sur les Champs-Élysées offre "un point de mire parfait" pour "voir Paris se dérouler devant soi", ce qui explique son succès durable ; de plus, le service est "très bien" et la salle à manger est pleine "du passé" du "vieux monde glamour".

La Fourchette du Printemps ☒☒ *Bistrot* 23 | 23 | 22 | 48€

17e | 30 rue du Printemps (Wagram) | 01 42 27 26 97

"Un accueil souriant" attend ceux qui font le déplacement jusqu'à ce bistrot dans un quartier éloigné au nord du 17e pour goûter une cuisine "originale et raffinée" dont les tarifs modérés offrent "un excellent rapport qualité-prix" ; il faut réserver, car la salle sobre, "calme" et "cosy" ne compte pas "beaucoup de tables".

Frédéric Simonin ☒☒ *Contemporaine/Haute Cuisine* - | - | - | C

17e | 25 rue Bayen (Ternes) | 01 45 74 74 74 | www.fredericsimonin.com

Après avoir travaillé avec Ghislaine Arabian et Joël Robuchon ("l'influence est évidente"), le chef Frédéric Simonin a fait "un excellent début" en ouvrant en 2010 son propre restaurant dans le 17e ; sa haute cuisine "élégante", le cadre branché noir et blanc "attirant" et le "service presque parfait" justifient une addition "élevée", mais cela en vaut la peine car cet endroit "s'améliore sans cesse".

Frenchie ☒ *Bistrot* 26 | 19 | 21 | 57€

2e | 5 rue du Nil (Sentier) | 01 40 39 96 19 | www.frenchie-restaurant.com

Le chef Gregory Marchand assume son "succès" avec les "saveurs profondes et délicieuses" de ses créations contemporaines dans ce "tout petit" bistrot niché en plein Sentier, plutôt cher mais considéré comme "une bonne affaire" par les "foodies" ; un cadre "cool" fait de murs de brique et d'un éclairage industriel ainsi que des serveurs "accessibles" font dire "génial" à ses fans ; et si d'obtenir une réservation ici "est une performance olympique", vous pouvez toujours "poireauter" en prenant un verre dans le nouveau bar à vin de Marchand juste en face. P.S. au dîner seulement.

Le Fumoir *Éclectique* 18 | 22 | 17 | 44€

1er | 6 rue de l'Amiral de Coligny (Louvre-Rivoli) | 01 42 92 00 24 | www.lefumoir.com

Sentez "les vibrations de Paris" en pénétrant dans "ce classique branché" en face du Louvre et retrouvez une clientèle "locale" "très in" venant "se montrer" dans un cadre "agréable" avec son bar et sa salle spacieuse dans un esprit "librairie anglaise" (à part le "bruit") ; la nourriture éclectique "de base" est "sans surprise" et les serveurs "vous prennent un peu de haut", mais les "prix sont raisonnables" surtout le menu imposé au dîner.

Le Gaigne ☒☑ *Contemporaine* 24 | 17 | 23 | 57€

4e | 12 rue Pecquay (Hôtel-de-Ville/Rambuteau) | 01 44 59 86 72 | www.restaurantlegaigne.fr

"Quelle équipe!" s'enthousiasment les fans du chef Mickaël Gaignon et de sa femme Aurélie, dont le "joyau du Marais", "attachant", "vaut le déplacement" pour savourer des plats "créatifs" et "soigneusement préparés, à la fois solides et délicats", quoique "chers" ; c'est "simple" et "tout petit", mais les habitués le trouvent "excellent pour un tête-à-tête".

Gallopin ◐ *Brasserie* 20 | 21 | 20 | 51€

2e | 40 rue Notre-Dame-des-Victoires (Bourse/Grands Boulevards) | 01 42 36 45 38 | www.brasseriegallopin.com

Derrière la Bourse, cette "jolie" brasserie "à l'ancienne" est parfois "bruyante" à l'heure du déjeuner, mais se calme le soir quand les gens du quartier y galopent pour déguster la "cuisine honnête" "traditionnelle" servie par une équipe "pro" ; un peu du charme d'antan a disparu depuis sa "rénovation récente", même si les ornements Belle Époque d'origine sont toujours là et les additions restent "légères" pour le "portefeuille".

Le Galopin ☒☑ *Bistrot* - | - | - | M

10e | 34 rue Ste-Marthe (Colonel Fabien) | 01 42 06 05 03 | www.le-galopin.com

Les foodistas bien informés arrivent au galop dans ce bistrot moderne dans le 10e pour retrouver les inspirations créatives de Romain Tischenko, gagnant de Top Chef 2010, dans sa cuisine du marché servie en une cavalcade imposée de sept plats le soir, en deux ou trois options au déjeuner ; les serveurs décontractés sont en phase avec le bobo cool ambiant, et les prix prouvent qu'on est loin du centre de Paris. P.S. fermé samedi midi et du dimanche au mardi.

La Gare ◐ *Classique* 18 | 24 | 17 | 53€

16e | 19 chaussée de la Muette (La Muette) | 01 42 15 15 31 | www.restaurantlagare.com

L'adresse "super branchée" affichant un menu classique, est située dans l'ancienne gare du 16e "superbement restaurée" avec une "immense" salle à manger un peu "bruyante", dont le "design brillant" comprend des écrans plasma (il y a une grande et "ravissante" terrasse ouverte aux beaux jours) ; le service est "diligent mais lent" et les prix modérés sont peut-être "un peu élevés" vu les "petites portions", mais cela ne fait pas dérailler les wagons de fans qui considèrent l'endroit comme un "favori".

Garnier ◐ *Brasserie* 22 | 17 | 19 | 71€

8e | 111 rue St-Lazare (St-Lazare) | 01 43 87 50 40

Tout le monde adore "le petit bar à huîtres" installé à l'entrée, tout comme "les fruits de mer ultra-frais" et les poissons "superbes" de cette brasserie "honorée par le temps" située en face de la gare Saint-Lazare, à laquelle le décor fait d'un mélange de lampes et de miroirs Lalique confère une atmosphère de "grandeur fanée" ; mais le service est parfois inégal et c'est franchement pas donné.

La Gauloise *Classique* 18 | 19 | 20 | 61€

15e | 59 av de La Motte-Picquet (La Motte-Picquet-Grenelle) | 01 47 34 11 64

Un peu "excentré" dans le 15e, ce "confortable" endroit "du vieux Paris" qui sert des plats français traditionnels (l'arrivée du nouveau chef n'apparaît pas dans la note Cuisine) est "toujours bon sans être exceptionnel" ; on note "un service amical", tandis que les "prix raisonnables" expliquent son franc succès auprès "des politiciens français" : c'est pourquoi beaucoup le considèrent comme un "vieux favori" tout à fait "fiable".

Le Gavroche ◐☒ *Bistrot* 24 | 20 | 23 | 61€

2e | 19 rue St-Marc (Bourse/Richelieu-Drouot) | 01 42 96 89 70

"Si vous aimez la viande, c'est la bonne adresse", disent les carnivores à propos de ce bistrot du 2e dont la salle "rétro" - Seconde Guerre mondiale - reste ouverte tard dans une atmosphère "conviviale" qui attire les gens du quartier (un bon carnet de notes) ; il n'est donc pas étonnant que cela soit "souvent plein et bruyant", mais "le patron est sympa" et même si c'est "un peu cher, cela vaut la peine".

Gaya ☒ *Poisson* 24 | 18 | 22 | 89€

7e | 44 rue du Bac (Rue du Bac) | 01 45 44 73 73 | www.pierre-gagnaire.com

Le "bijou" maritime contemporain de Pierre Gagnaire sur la rive gauche est peut-être "trop cher", mais "c'est un vrai bonheur" de déguster ses préparations de la mer "éclectiques", ses plats "inventifs" ; l'espace à deux niveaux avec son décor "minimaliste" est jugé soit "sympa" soit "d'un goût douteux", mais la plupart s'accordent à dire que le service est "attentif" et que si ce n'est "pas aussi bon qu'au restaurant Pierre Gagnaire", on y passe "une belle soirée".

La Gazzetta ☒☒ *Contemporaine* 24 | 22 | 22 | 57€

12e | 29 rue de Cotte (Ledru-Rollin) | 01 43 47 47 05 | www.lagazzetta.fr

Les menus dégustation "imaginatifs" du chef d'origine suédoise changent chaque jour ("imaginez un omakase français") et attirent les aventureux dans ce coin "in" du 12e ; le personnel "relax" est sur la même longueur d'ondes que l'ambiance tamisée et le décor de marché aux puces ; de plus, les additions restent "raisonnables" pour cette gamme de prix.

Georges ◐ *Éclectique* 17 | 25 | 14 | 68€

4e | Centre Georges Pompidou | 19 rue Beaubourg (Hôtel-de-Ville/Rambuteau) | 01 44 78 47 99 | www.maisonthierrycostes.com

Du toît du Centre Pompidou, tout "Paris est à vos pieds", et les foules sont attirés par l'incroyable" vue panoramique de ce perchoir vitré "avant-garde" des frères Costes ; les serveuses genre "super mannequins" ajoutent au plaisir des yeux, mais "ne vous attendez pas à du service" de leur part, ni à ce que le menu "sans danger" soit plus que juste "OK" ; alors, comme les prix sont "élevés", "insistez pour avoir une table près des baies vitrées" ou sur la "sublime" terrasse, et "traînez autant que vous pourrez pour amortir votre investissement". P.S. fermé le mardi comme le musée.

Georgette 🅆 🄻 *Bistrot* ▽ 17 | 16 | 19 | 41€

9e | 29 rue St-Georges (Notre-Dame-de-Lorette) | 01 42 80 39 13

Les épicuriens économes se retrouvent dans ce bistrot de quartier du 9e pour une "vraie cuisine familiale" "bien française" servie dans un environnement "rigolo" style "routier" "années 60" ; la patronne "gentille" préside et contribue à "l'ambiance sympa". P.S. ouvert seulement du mardi au vendredi.

Glou *Bistrot* 20 | 17 | 17 | 47€

3e | 101 rue Vieille-du-Temple (Filles du Calvaire/Rambuteau) | 01 42 74 44 32 | www.glou-resto.com

Dans le nord du Marais, ce bistrot "chaleureux", genre appartement dont le premier étage donne sur le musée Picasso, attire une foule "branchée" pour "l'approche bio très nature" des basiques "pas compliqués" et par "un excellent" choix de vins fait par Julien Fouin (ex-rédacteur en chef du magazine *Régal*) ; le service est parfois un peu "nul" et certains jugent qu'il "manque le petit plus justifiant les prix", qui restent néanmoins modérés.

Goumard ◐ *Poisson* 23 | 21 | 21 | 72€

1er | 9 rue Duphot (Madeleine) | 01 42 60 36 07 | www.goumard.com

Des produits de la mer "si frais qu'ils frétillaient probablement le matin même" affirment les marins d'eau douce qui embarquent dans cette cambuse "inventive" ancrée près de la Madeleine ; un look "chic", moderne, avec quelques fioritures nautiques en plus des vestiges du décor Belle Époque d'origine (dont des toilettes "à visiter") distraient ceux qui pourraient se plaindre du service "connaisseur" mais parfois "guindé" et des additions "plutôt salées".

Les Gourmets des Ternes 🅆 *Bistrot* 23 | 15 | 18 | 57€

8e | 87 bd de Courcelles (Ternes) | 01 42 27 43 04 | www.lesgourmetsdesternes.com

Ce "véritable bistrot français" près de la place des Ternes propose l'une des meilleures "viandes de Paris" et un baba au rhum en final qui "fait pleurer de joie les messieurs" ; certains se plaignent que "les habitués sont mieux servis" et disent "qu'il est temps de changer" la décoration "rétro", mais le "patron est adorable" et le brouhaha est "permanent", même si c'est plutôt cher.

N Goust ☒☒ *Classique* - | - | - | C

2e | Éléphant Paname | 10 rue Volnay (Madeleine) | 01 40 15 20 30 | www.enricobernardo.com

Enrico Bernardo, meilleur sommelier du monde 2004, vient d'ouvrir ici sa seconde adresse après Il Vino, à l'étage d'un bel immeuble Napoléon III, près de la place Vendôme ; élégante jusque dans les détails, la table privilégie la Méditerranée et laisse libre cours au sommelier qui choisit les vins en fonction des plats que vous commandez. P.S. fermé dimanche et lundi.

Graindorge ☒ *Belge/Nord* ∇ 23 | 19 | 19 | 61€

17e | 15 rue de l'Arc-de-Triomphe (Charles de Gaulle-Étoile) | 01 47 54 00 28 | www.le-graindorge.fr

Spécialiste d'une "authentique" cuisine du nord de la France et de la Belgique ("de très bonnes bières"), cette table de longue date relativement confidentielle près de l'Étoile est "cosy" et "confortable" comme un bon estaminet ; c'est cher et le service mériterait une mise au point, mais l'endroit est l'un des rares à Paris à servir cette cuisine "régionale". P.S. fermé à midi samedi et dimanche.

Le Grand Bistro Breteuil *Bistrot* 19 | 18 | 19 | 40€

7e | 3 pl de Breteuil (Duroc) | 01 45 67 07 27

Le Grand Bistrot Muette *Bistrot*

16e | 10 chaussee de la Muette (La Muette) | 01 45 03 14 84

Le Grand Bistro 17ème *Bistrot*

17e | 108 av de Villiers (Pereire) | 01 47 63 32 77

Le Grand Bistro Maillot-St-Ferdinand ◐ *Bistrot*

17e | 275 bd Pereire (Porte Maillot) | 01 45 74 33 32 www.legrandbistro.com

Dans ces quatre Grands bistros de quartier au cadre "classique" et "élégant", les menus "prix unique" offrent un vaste choix où chacun "peut trouver ce qu'il aime" et profiter d'un service "attentionné" ; "c'est l'une des meilleures affaires de Paris", disent les habitués, d'autant que le jeune restaurateur Garry Dorr a fait monter en gamme ses produits - légumes Joël Thiébault, viande française Hugo Desnoyer, beurre Bordier, pain Poujauran. P.S. la note actuelle pour la Cuisine ne reflète pas ces changements.

Le Grand Café ◐ *Brasserie* 19 | 22 | 18 | 49€

9e | 4 bd des Capucines (Opéra) | 01 43 12 19 00 | www.legrandcafe.com

Avec un "emplacement idéal" près de l'Opéra et un "merveilleux" décor Art nouveau, cette "grande" brasserie "bruyante" des Frères Blanc est un "très bon choix pour finir la soirée après le théâtre" - mais si certains trouvent la cuisine "fiable" (surtout les "fruits de mer extraordinaires"), d'autres trouvent l'adresse "touristique", avec un service variable (parfois "impeccable", parfois "médiocre") ; cependant, tout le monde s'accorde à dire que les additions ne sont pas trop élevées et que l'ambiance est "animée et excitante". P.S. ouvert tous les jours, 24 heures sur 24.

	CUISINE	DÉCOR	SERVICE	PRIX

Le Grand Colbert ◐ *Brasserie* 19 | 25 | 20 | 58€

2e | 2 rue Vivienne (Bourse/Palais Royal-Musée du Louvre) | 01 42 86 87 88 | www.legrandcolbert.fr

Le "sublime" décor Belle Époque et la cuisine "traditionnelle" de "qualité" servie dans cette brasserie en face de la Bibliothèque nationale "assure encore", même si l'endroit est parfois pris d'assaut par "les tours opérateurs trimbalant des touristes" ; outre sa solide réputation, il est agréable d'y trouver des serveurs "aux petits soins" et de faire une "super affaire" au menu du déjeuner.

La Grande Armée ◐ *Classique* 16 | 18 | 16 | 54€

16e | 3 av de la Grande-Armée (Charles de Gaulle-Étoile) | 01 45 00 24 77

Cet endroit "branché" près de l'Arc de Triomphe mérite ses galons davantage pour son style "néo-Directoire" que pour sa cuisine "moyenne" et son service "inégal" ; ceux qui se dressent contre l'empire s'en prennent aux prix qui sont "trop élevés pour ce qu'on vous sert", mais y vont quand même "pour voir et être vu".

La Grande Cascade *Haute Cuisine* 24 | 27 | 25 | 125€

16e | Bois de Boulogne | Allée de Longchamp (Porte Maillot) | 01 45 27 33 51 | www.grandecascade.com

"Imbattable aux beaux jours" grâce à son cadre "spectaculaire" et sa "terrasse merveilleuse" donnant sur le bois de Boulogne, ce pavillon Second Empire "romantique" tout en verrières sert une cuisine "d'exception", "soignée" ; le service "irréprochable" est très apprécié – il faut "s'y rendre pour une occasion spéciale" ou "si quelqu'un d'autre paye l'addition". P.S. il faut réserver.

Le Grand Louvre *Classique* 20 | 22 | 19 | 56€

1er | Musée du Louvre | Sous la Pyramide (Palais Royal-Musée du Louvre) | 01 40 20 53 41 | www.eliancemusees.com

"Pas vraiment un restaurant typique de musée", cette "oasis de calme" au style "ultra-minimaliste" enterrée sous la pyramide en verre de I.M. Pei dans la cour du Louvre est "pratique" si l'on veut manger du classique français "léger" ; le service est "agréable" et même si ce n'est pas donné, un "bon ratio qualité-prix" est assuré. P.S. déjeuner tous les jours et dîner le vendredi, fermé le mardi.

Le Grand Pan 🅆 *Bistrot* ▽ 23 | 14 | 21 | 58€

15e | 20 rue Rosenwald (Convention/Plaisance) | 01 42 50 02 50 | www.legrandpan.fr

"Sans prétention", ce bistrot pour "amateurs de viande" dans le 15e reste inconnu de nombreux carnivores, mais les adeptes rugissent de plaisir devant leur "excellent steak frites" tout en appréciant le "service discret" ; les pinailleurs préviennent que les "prix augmentent", mais la carte des vins "agréable" incite à "faire l'excursion".

Le Grand Véfour 🅆 *Haute Cuisine* 28 | 28 | 28 | 159€

1er | Palais-Royal | 17 rue de Beaujolais (Palais Royal-Musée du Louvre) | 01 42 96 56 27 | www.grand-vefour.com

Sous les arcades du Palais-Royal, plus de "200 ans d'histoire" scintillent dans cette "boîte à bijoux" célébrant la haute cuisine : les fresques néoclassiques, les miroirs dorés et les chaises Directoire "évoquent" les "figures littéraires" légendaires venues dîner ici – même si Balzac, Colette et Hugo n'ont jamais goûté les plats "complexes", "hors du commun" concoctés par le chef Guy Martin ; si le service est "formel", les serveurs sont "accommodants", donnant à chaque convive "l'impression d'être un duc en visite" ou une duchesse, alors "fermez les yeux et payez l'addition" (ou optez pour la "formule déjeuner épatante").

Le Grand Venise *Italienne* 26 | 22 | 24 | 96€

15e | 171 rue de la Convention (Convention) | 01 45 32 49 71

"C'est un peu une expédition" de se déplacer dans cette partie du 15e, mais un "excellent accueil" vous attend dans la salle à manger "remplie de fleurs", la cuisine italienne est "incroyable", surtout les "magnifiques" antipasti et une bûche à la glace caramel "à ne pas rater" ; c'est très "cher", mais les portions sont "gargantuesques". P.S. il vaut mieux mettre une veste pour le dîner.

La Grille *Bistrot* ∇ 21 | 16 | 20 | 65€

10e | 80 rue du Faubourg Poissonnière (Poissonnière) | 01 47 70 89 73

Même si certains trouvent que ce bistrot un peu "kitsch" du 10e "n'est plus le même" depuis son changement de direction, un score Cuisine en hausse soutient ceux qui recommandent l'entrecôte "parfaitement préparée" et le turbot au beurre blanc "étalon-or" ; une équipe "super sympa" en fait une bonne adresse "pour un dîner romantique", même si la "qualité a un prix".

La Grille St-Germain *Bistrot* 21 | 20 | 20 | 43€

6e | 14 rue Mabillon (Mabillon) | 01 43 54 16 87

Rien de "surfait" dans ce bistrot cosy de Saint-Germain, avec ses épais rideaux de velours rouge à la porte et ses photos de célébrités sur les murs, mais des plats de bistrot "traditionnels" généralement "corrects" ("une très bonne daube") ; si certains le considèrent un peu comme un "piège à touristes", le service est néanmoins "bon" et les "prix raisonnables".

Grom *Dessert* ∇ 27 | 13 | 21 | 9€

6e | 81 rue de Seine (Mabillon) | 01 43 25 69 21 | www.grom.it

Le credo de ce glacier italien du 6e, qui confectionne de "délicieuses" glaces sans arômes artificiels, est le respect de l'environnement et l'utilisation "de produits de grande qualité (framboises de la vallée d'Aoste, sel de l'Himalaya)" ; "il y a du monde le week-end" et peu de tables à l'intérieur, mais le service est "compétent", et déguster les "meilleures" glaces italiennes de Paris, "aussi bonnes qu'à Rome", se mérite ("tant pis pour le régime").

Guilo-Guilo *Asiatique* 27 | 21 | 24 | 68€

18e | 8 rue Garreau (Abbesses) | 01 42 54 23 92 | www.guiloguilo.com

"Une succession" de petits plats "créatifs" au menu dégustation emmène en "balade" culinaire les convives qui se rendent dans le laboratoire fusion asiatique d'inspiration japonaise du chef star Eiichi Edakuni à Montmartre ; les prix sont élevés et l'espace de cette boîte noire est "microscopique", mais le service est "amical" et le comptoir est constamment "bondé" d'adeptes regardant les cuisiniers au travail - alors "réservez maintenant pour le XXIIe siècle".

La Guinguette de Neuilly *Classique* 18 | 19 | 17 | 49€

Neuilly-sur-Seine | 12 bd Georges Seurat (Pont-de-Levallois) | 01 46 24 25 04 | www.laguinguette.net

Une atmosphère "chaleureuse plutôt bourgeoise" fait le succès de cette guinguette à l'ancienne sur l'île de la Jatte à Neuilly, où une foule de "pubeux" et d'insulaires apprécie la cuisine classique "de grand-mère" ("blanquette de veau, pot-au-feu") ; bercés par "l'atmosphère tranquille" des bords de Seine, la plupart jugent le service bon et les prix "honnêtes".

N Guy Martin Italia *Italienne* - | - | - | TC

6e | 19 rue Bréa (Vavin) | 01 43 27 08 80 | www.guymartinitalia.com

Du risotto à l'escalope milanaise, en passant par les gnocchis de Sardaigne, c'est aux classiques italiens que Guy Martin, le chef du Grand Véfour, a consacré son établissement de la rive gauche, ancien Sensing, depuis la fin 2012 ; le décor est désormais épuré et l'addition flirte avec le ciel. P.S. réservations conseillées.

Guy Savoy *Haute Cuisine* 28 | 26 | 28 | 194€

17e | 18 rue Troyon (Charles de Gaulle-Étoile) | 01 43 80 40 61 | www.guysavoy.com

Dans ce restaurant gastronomique du "brillant" chef Guy Savoy situé près de l'Arc de Triomphe (un déménagement vers l'hôtel de la Monnaie est prévu pour fin 2014), les assiettes sont "des œuvres d'art contemporain pleines d'imagination" ; les adeptes se pâment devant le service "personnalisé" presque "parfait" dans la "superbe" salle "moderne" et même s'il faut "venir avec une brouette pleine d'euros", nombreux sont ceux qui affirment que cela en "vaut la peine". P.S. fermé à midi du samedi au lundi.

Gyoza Bar *Japonaise* - | - | - | PC

2e | 56 passage des Panoramas (Grands Boulevards/Richelieu-Drouot) | 01 44 82 00 62

Son nom dit tout : des bouchées vapeur poêlées, fourrées à la viande de porc Hugo Desnoyer, pas chères et qui glissent facilement avec une gorgée de bière Kirin, au comptoir de ce lieu tout en bois et pierre (dans le passage des Panoramas dans le 2e) tenu par Guillaume Guedj et Shinichi Sato du Passage 53, juste à côté.

Le Hangar *Classique* 23 | 17 | 19 | 40€

3e | 12 impasse Berthaud (Rambuteau) | 01 42 74 55 44

Des classiques français "simples", "bien préparés" (un foie gras "superbe") sont à l'affiche de cet "adorable" et "intime" bistrot si "Parisien" niché dans une impasse introuvable du 3e ; un "accueil chaleureux" et des prix "raisonnables" en font aussi un endroit "pratique" pour les visiteurs du Centre Pompidou et des musées avoisinants qui peuvent déjeuner sur le pouce. P.S. espèces seulement.

CUISINE	DÉCOR	SERVICE	PRIX

L'Hédoniste ☒☒ *Bistrot* ▽ 22 | 18 | 24 | 48€

2e | 14 rue Léopold Bellan (Sentier/Les Halles) | 01 40 26 87 33 | www.lhedoniste.com

Ce bistrot près des Halles mérite bien son nom, notamment grâce à ses vins naturels et à ses cocktails et ses whiskies qui s'harmonisent avec ses "plats de qualité" à prix raisonnables ; une équipe "sympa" gère ce lieu cosy mis en valeur par des miroirs et des tables en bois bien espacées. P.S. fermé samedi midi, dimanche et lundi.

Hélène Darroze ☒☒ *Contemporaine/Sud-Ouest* 26 | 22 | 22 | 131€

6e | 4 rue d'Assas (Rennes/Sèvres-Babylone) | 01 42 22 00 11 | www.helenedarroze.com

Près de Sèvres-Babylone, "Hélène Darroze est une vraie pro", qui "fait monter la Gascogne à Paris" (même si elle est souvent au Connaught à Londres) avec une farandole de plats "triomphants" du Sud-Ouest distillés sur un menu novateur ; le service (parfois "affable" parfois "décevant") et le décor "moderne" ne sont pas tout à fait au diapason, mais la majorité estime que le prix plafond "est justifié". P.S. les malins signalent que les tapas "moins chères" servies au bar du rez-de-chaussée sont "tout aussi bonnes".

Le Hide ☒ *Bistrot* ▽ 24 | 12 | 21 | 41€

17e | 10 rue du Général Lanrezac (Charles de Gaulle-Étoile) | 01 45 74 15 81 | www.lehide.fr

"Comment fait Koba?", s'interrogent les fans du chef 'Koba' Kobayashi, pour servir les "généreuses" portions de cette "fantastique" cuisine bistrotière avec des "menus d'un tel rapport qualité-prix" ; le cadre de cette "petite" adresse "simple", une "trouvaille" pour ce quartier près de l'Étoile, est "minimal", mais l'équipe est "aimable". P.S. fermé samedi midi et dimanche.

Higuma *Japonaise* 20 | 10 | 15 | 20€

1er | 163 rue St-Honoré (Palais Royal-Musée du Louvre) | 01 58 62 49 22
1er | 32 bis rue Ste-Anne (Pyramides) | 01 47 03 38 59 ☒
www.higuma.fr

Une cuisine "japonaise de tous les jours" (nouilles et gyoza, pas de sushis) à des "prix accessibles" attire les adeptes dans ces deux "cantines" "sans fioritures" du 1er ; mais rassurez-vous : la "queue devant" l'adresse de la rue Sainte-Anne avance "assez vite" grâce au service "rapide".

Hiramatsu ☒ *Contemporaine/Haute Cuisine* 27 | 21 | 26 | 107€

16e | 52 rue de Longchamp (Boissière/Trocadéro) | 01 56 81 08 80 | www.hiramatsu.co.jp

Avec "un œil pour chaque détail", le chef-patron Hiroyuki Hiramatsu atteint "le parfait équilibre entre la subtilité japonaise et l'intensité de la cuisine française" avec un menu gastronomique "novateur sans être expérimental", servi dans une salle à manger "discrète" et très fleurie, près du Trocadéro ; un "accueil chaleureux" précède un "service irréprochable", avec un seul bémol : "hélas trop cher pour y aller tous les jours".

	CUISINE	DÉCOR	SERVICE	PRIX

Hôtel Costes *Contemporaine* 20 | 24 | 20 | 67€

1er | Hôtel Costes | 239 rue Saint-Honoré (Tuileries) | 01 42 44 50 00 | www.hotelcostes.com

Cette "institution" "pour voir et être vu" du 1er propose une cuisine française "élaborée" à des prix un peu "élevés", mais le cadre "somptueux" et "cosy" de ses petits salons (boiseries, bibliothèques, tableaux, lustres), de sa terrasse intérieure et de son jardin d'hiver "vaut le coup" ; le personnel est "aux petits soins", ce qui contribue à créer un "moment de plaisir" pour un "thé cocooning" ou un "dîner entre amis".

Hôtel du Nord ◐ *Bistrot* - | - | - | M

10^e^ | 102 quai de Jemmapes (Jacques Bonsergent) | 01 40 40 78 78 | www.hoteldunord.org

Rendu célèbre par le film éponyme réalisé en 1938, ce lieu légendaire est une star du canal Saint-Martin : on sert une cuisine de bistrot à prix modérés dans une salle délibérément miteuse remplie d'antiquités, carrelage et vieux zinc ; en plus du déjeuner et du dîner, c'est ouvert toute la journée jusque tard pour y prendre un café ou un verre, surtout appréciés sur la terrasse en compagnie d'une clientèle internationale branchée.

Huîtrerie Régis ☑ *Fruits de Mer* 26 | 15 | 19 | 48€

6^e^ | 3 rue de Montfaucon (Mabillon) | 01 44 41 10 07 | www.huitrerieregis.com

C'est une "pure perfection", avec "les meilleures huîtres de Paris", estiment les connaisseurs, que cette perle de la mer "impeccable", blanche et or de Saint-Germain, qui représente pour certains une "idée du paradis" ("pas de place pour les non-croyants") ; "il faut souvent attendre", mais "cela vaut la peine" car l'équipage est "souriant" et les additions ne déclencheront pas de mutinerie.

L'Huîtrier *Poisson* 22 | 15 | 20 | 64€

17^e^ | 16 rue Saussier-Leroy (Ternes) | 01 40 54 83 44 | www.huitrier.fr

"Des huîtres, des huîtres et encore des huîtres" ("mais aussi d'autres spécialités") font la fierté de cette vaillante adresse de fruits de mer du 17e ; c'est "dommage" que le décor "minimaliste" soit si "inintéressant", mais le "service attentif" et la protection de Neptune compensent les additions un peu trop salées. P.S. fermé le lundi midi.

I Golosi ☒ *Italienne* ∇ 23 | 18 | 18 | 45€

9^e^ | 6 rue de la Grange-Batelière (Grands Boulevards/Richelieu-Drouot) | 01 48 24 18 63 | www.igolosi.com

Cette "formidable" trattoria cachée dans un passage du 9e, se targue d'un menu pas trop cher de "vraie cuisine italienne", et attire les banquiers affamés à midi, les fans de pasta et les "chineurs gourmets" qui fréquentent l'hôtel des ventes Drouot ; le personnel est parfois "laconique" et les commentaires sur le décor le sont tout autant, mais *i golosi* ('les gourmands') y reviennent pour sa cuisine "variée et succulente". P.S. fermé samedi soir et dimanche.

	CUISINE	DÉCOR	SERVICE	PRIX

Il Barone ◐☒ *Italienne* — 22 | 14 | 20 | 51€

14ᵉ | 5 rue Léopold Robert (Raspail/Vavin) | 01 43 20 87 14 | www.restaurantilbarone.com

"Sérieux et raffiné", cet italien de longue date à Montparnasse attire une joyeuse foule d'habitués avec ses "formidables pâtes maison" et autres délices transalpins ; les affranchis "évitent la première salle à mourir d'ennui" et conseillent de "ne pas rater le zabaglione".

[N] **Il Brigante** ☒ *Italienne* — - | - | - | PC

18ᵉ | 17 rue du Ruisseau (Lamarck-Caulaincourt) | 01 44 92 72 15

Cette nouvelle pizzeria derrière la butte Montmartre réunit autour d'une tablée conviviale les amateurs de vraies pizzas italiennes, rondes, bien cuites et bien garnies de produits d'origine par Salvatore, pizzaiolo calabrais d'expérience ; prenez le temps à déguster avec un pichet de san-giovese, tout à prix d'ami.

L'Île *Classique/Contemporaine* — 19 | 25 | 17 | 52€

Issy-les-Moulineaux | Parc de l'Ile St-Germain | 170 quai de Stalingrad (Issy-Val de Seine RER) | 01 41 09 99 99 | www.restaurant-lile.com

"Le temps est au ralenti" sur l'île Saint-Germain et "on se croirait presque à la campagne" en dînant à cette "ravissante" table classique qui "charme" toute l'année avec sa terrasse l'été et ses tables "romantiques" au coin du feu pendant les mois d'hiver ; la plupart apprécient le cadre aéré plutôt que le service "bousculé", mais la cuisine est "plaisante" et c'est une relativement "bonne affaire".

[N] **L'Îlot** ☒☒ *Poisson* — - | - | - | PC

3ᵉ | 4 rue de la Corderie (République) | 06 95 12 86 61

L'équipe du Barav s'est lancée dans l'aventure maritime en plein Marais avec une seconde adresse en forme de bar à fruits de mer décontracté : huîtres, crevettes, bulots, tarama, thon, avec des tartines toastées, du beurre, un verre de muscadet et un kouign amann en dessert ; ce bol d'air iodé n'assèchera pas votre portefeuille.

L'Îlot Vache *Classique* — 20 | 22 | 21 | 59€

4ᵉ | 35 rue St-Louis-en-l'Ile (Pont-Marie) | 01 46 33 55 16 | www.restaurant-ilotvache.com

Avec sa salle "charmante" et "chaleureuse", décorée de "motifs floraux" et de figurines de vaches, cette destination "romantique à l'ancienne" située dans la "ravissante" île Saint-Louis sert des classiques français "bien faits" ; un service "discret" ajoute au plaisir du repas dans cet endroit "calme" – même si "les prix sont à la hauteur de l'emplacement privilégié". P.S. au dîner seulement.

Il Vino ◐☒ *Contemporaine* — 22 | 20 | 24 | 99€

7ᵉ | 13 bd de La Tour-Maubourg (Invalides) | 01 44 11 72 00 | www.ilvinobyenricobernardo.com

Les "amoureux du vin" célèbrent la vigne à cette table "astucieuse et professionnelle" du 7e, tenue par le sommelier Enrico Bernardo, qui propose "un concept aussi étonnant qu'amusant" : vous "choisissez d'abord votre vin et on vous prépare les plats" qui l'accompagnent ; ça vous coûtera les yeux de la tête, mais ça "vaut" le déplacement dans ce "bel" espace contemporain pour vous remettre entre les mains de l'équipe "géniale d'œnologues" qui "font de cette dégustation de crus hors des sentiers battus" "une expérience divertissante". P.S. au dîner seulement, fermé le dimanche.

L'Instant d'Or ☒☒ *Contemporaine* - | - | - | TC

8e | 36 av George V (George V) | 01 47 23 46 78 | www.instantdor.com

Le chef Frédéric Duca transforme des produits d'exception (bœuf wagyu, turbot sauvage) en or dans cette adresse de luxe près des Champs-Élysées (murs gris perle, meubles design et éclairage digne de *2001, l'Odyssée de l'espace*) ; mis à part la formule déjeuner à moins de 50 euros, vous devrez peut-être faire fondre une de vos bagues pour payer la note. P.S. les œnophiles vont adorer la cave de grands bordeaux rouges.

Isami ☒☒ *Japonaise* 25 | 15 | 18 | 63€

4e | 4 quai d'Orléans (Pont-Marie) | 01 40 46 06 97

Des sushis et des sashimis "d'une qualité indiscutable" font frétiller les connaisseurs qui fréquentent ce japonais "dépouillé" des quais de l'île Saint-Louis "pour ce que beaucoup considèrent comme le meilleur" poisson cru de la capitale ; un "intéressant menu saké" se déguste dans une "atmosphère calme et discrète" et même si c'est "pas donné" et que le service laisse parfois "à désirer", il n'est pas facile d'y obtenir une réservation.

Itinéraires ☒☒ *Contemporaine* 23 | 19 | 20 | 57€

5e | 5 rue de Pontoise (Maubert-Mutualité) | 01 46 33 60 11 | www.restaurant-itineraires.com

Le chef Sylvain Sendra fait preuve d'une "verve juvénile" dans sa cuisine "au goût du jour", devenue "sophistiquée" au fil des ans, en parfaite osmose avec le look "au raffinement moderne" de son adresse du Quartier latin ; ses autres atouts sont un service "amical" et des prix "raisonnables" au vu de la "qualité".

Izakaya Issé ☒ *Japonaise* 23 | 17 | 19 | 57€

1er | 45 rue de Richelieu (Palais Royal-Musée du Louvre/Pyramides) | 01 42 96 26 60 | www.isse-et-cie.fr

Des petits plats japonais "originaux" mais "authentiques" indiquent un changement dans le format du menu de ce spécialiste en saké du 1er ; c'est cher et tout le monde n'aime pas s'asseoir sur des tabourets dans la petite salle à tendance "design", mais l'équipe est "accueillante" et la cuisine ne fait "aucune concession sur la qualité des produits".

Jadis ☒ *Bistrot* 23 | 17 | 22 | 62€

15e | 208 rue de la Croix Nivert (Boucicaut) | 01 45 57 73 20 | www.bistrot-jadis.com

"Il faut aller" dans ce "bistrot gastro" du 15e résidentiel pour découvrir la cuisine "créative" de "classiques détournés" où les enquêteurs soulignent que même si c'est un peu cher, le "rapport qualité-prix est bon" ; la "clientèle très française" qui fréquente ce petit coin décoré sans prétention" d'affiches vintage apprécie d'être reçue "avec les plus grandes sincérité et gentillesse".

CUISINE	DÉCOR	SERVICE	PRIX

Jaja *Bistrot* 17 | 20 | 20 | 41€

4e | 3 rue Ste-Croix de la Bretonnerie (Hôtel de Ville) | 01 42 74 71 52 | www.jaja-resto.com

"Dans un coin animé du Marais", la toute dernière création de l'ancien journaliste gastro Julien Fouin (il a aussi Glou dans le 3e) est un bistrot à tendance vinicole doté d'une belle terrasse et d'une équipe jeune ; le menu propose des plats simples le midi et une cuisine plus élaborée le soir ("un bon pot-au-feu"), à base de produits "bio" qui ne sont pas une raison d'augmenter "le montant de l'addition".

Jamin ☒ *Contemporaine* 23 | 23 | 24 | 96€

16e | 32 rue de Longchamp (Iéna/Trocadéro) | 01 45 53 00 07 | www.restaurant-jamin.com

La cuisine "inventive" est "délicatement présentée" dans cette enclave "cosy" et "romantique" avec un nouvel espace bar (séparé de la salle par un rideau de maille) tenue par Alain Pras dans ce quartier "huppé" du 16e ; le lieu est toujours jugé "chic" par une clientèle aisée "de Parisiens âgés" et les touristes à hauts revenus apprécient "l'équipe anglophone" qui "connaît son métier".

Les Jardins de Bagatelle *Classique* 20 | 24 | 18 | 70€

16e | Parc de Bagatelle | 42 Route de Sèvres (Pont-de-Neuilly) | 01 40 67 16 49 | www.bagatellelerestaurant.com

Cela "ressemble à un Monet avec une foule colorée de tous les âges" "sous des parasols blancs", s'enthousiasment les fans de ce "superbe" décor largement en plein air, au beau milieu du parc de Bagatelle, où les amoureux d'horticulture viennent se détendre après une "balade au milieu des roses" ; le service laisse parfois "à désirer" et la cuisine classique est "honnête" mais "chère pour la qualité" - qu'importe, le lieu est "magique".

Jean *Contemporaine* ▽ 26 | 21 | 24 | 74€

9e | 8 rue St-Lazare (Notre-Dame-de-Lorette/St-Georges) | 01 48 78 62 73 | www.restaurantjean.fr

C'est "un secret bien gardé" par les fans de ce "bijou du 9e", où "l'aimable" patron Jean-Frédéric Guidoni est épaulé par un service "charmant", et où le chef imagine des plats "sophistiqués" qui "se bonifient chaque année" ; plutôt destinée aux portefeuilles bien remplis, la belle salle "bucolique" est appréciée autant "pour le business que pour le plaisir".

Jean-François Piège ☒ *Contemporaine/Haute Cuisine* 27 | 24 | 24 | 107€

7e | Hôtel Thoumieux | 79 rue St-Dominique (Invalides/La Tour-Maubourg) | 01 47 05 49 75 | www.jeanfrancoispiege.com

Après avoir relancé la brasserie Thoumieux au rez-de-chaussée, le "superbe" chef Jean-François Piège a créé ce tout petit restaurant style années 50 décoré par India Mahdavi, et c'est ici qu'il travaille, dans une petite cuisine ouverte derrière la salle à manger, apportant souvent lui-même ses plats "délicats et créatifs" (le reste de l'équipe est "efficace" aussi) ; il est "pratiquement impossible" de réserver, mais "l'expérience et le prix en valent la peine".

	CUISINE	DÉCOR	SERVICE	PRIX

Jeanne A *Bistrot* | - | - | - | M |

11e | 42 rue Jean-Pierre Timbaud (Oberkampf/Parmentier) | 01 43 55 09 49

Rares sont les enquêteurs à avoir déniché ce petit café-épicerie hybride du 11e qui sert une "excellente" cuisine bourgeoise (provenant de chez Astier, juste à côté), mais ces aventuriers ont été impressionnés : "pas facile à trouver, mais on ne regrette rien" ; le "service adorable" et les prix doux sont mentionnés, ainsi que les étagères remplies de tout ce qu'il faut pour organiser un pique-nique gourmand (vin, fromage, pain, etc.).

Le Jeu de Quilles ☒☒ *Bistrot* | - | - | - | M |

14e | 45 rue Boulard (Mouton-Duvernet) | 01 53 90 76 22

"Les superbes produits", plus la viande provenant de chez le boucher star voisin Hugo Desnoyer, sont "remarquablement bien cuisinés" au menu du jour de ce bistrot "sympa" dans le lointain 14e ; peu d'enquêteurs se sont rendus dans la petite salle décorée simplement, avec des murs blancs et des tables en bois, mais ceux qui l'ont fait disent que c'est "excellent" et "d'un bon rapport qualité-prix". P.S. fermé le samedi soir.

J'Go ◐ *Sud-Ouest* | 21 | 19 | 18 | 38€ |

6e | 3 rue Clément (Mabillon) | 01 43 26 19 02

9e | 4 rue Drouot (Richelieu-Drouot) | 01 40 22 09 09 ☒☒

www.lejgo.com

Ces deux bistrots de spécialités gasconnes "traditionnelles" (porc noir de Bigorre, agneau du Quercy) du 6e et du 9e marient des viandes rôties "savoureuses" et une "immense" carte des vins, à un prix intéressant avec un service "chaleureux" ; l'ambiance est "conviviale" avec les matchs du Tournoi des 6 Nations diffusés sur grand écran (il faut "arriver tôt"), pendant lesquels on peut grignoter et boire des vins "superbes" du Sud-Ouest. P.S. fermé la première quinzaine d'août.

Joe Allen ◐ *Américaine* | 17 | 18 | 17 | 36€ |

1er | 30 rue Pierre Lescot (Étienne Marcel) | 01 42 36 70 13 | www.joeallenparis.com

Cette brasserie new-yorkaise du 1er propose des "classiques américains", dont les burgers et des formules "copieuses", dans une décoration "vintage" "réussie" avec ses photos "de vieux films" sur les murs de briques, mais "sombre" selon certains ; les dimanches attirent du monde dans l'ambiance "conviviale et familiale", et si on veut dîner entre amis "ça vaut le coup d'attendre". P.S. brunch tous les jours.

Joséphine "Chez Dumonet" ☒ *Bistrot* | 25 | 19 | 22 | 68€ |

6e | 117 rue du Cherche-Midi (Duroc) | 01 45 48 52 40

Un des derniers "bistrots à l'ancienne de Paris" au charme "Belle Époque" de la rive gauche : avec ses parois de séparation en verre dépoli et ses appliques lampes à gaz, ce vrai "classique sert des classiques", comme le "sublime confit de canard", le "riche" bœuf bourguignon et autres spécialités "fabuleuses" ; le service "tout ce qu'il y a de plus français rajoute au charme" et si les prix semblent prohibitifs, il faut savoir qu'on peut y "commander des demi-portions" pour faire baisser la note - sans pour autant éviter "un bon coup de barre" en sortant.

Le Jules Verne *Haute Cuisine* 23 | 27 | 24 | 142€

7e | Tour Eiffel | Av Gustave Eiffel Champ de Mars 2e étage (École Militaire/ Varenne) | 01 45 55 61 44 | www.lejulesverne-paris.com

Les gastronautes "s'envolent" par un ascenseur privé qui monte à 125 mètres pour atteindre cette destination "de rêve" en haut de la Tour Eiffel, où le panorama "incomparable" sur "la plus belle ville du monde" sert de toile de fond à la cuisine gastronomique réalisée sous l'égide d'Alain Ducasse ; un service "exemplaire" et "l'ingénieux" décor noir et taupe conçu par Patrick Jouin ajoutent au charme de l'endroit, et en dépit de prix "astronomiques" et une réputation "touristique", la plupart jugent l'expérience "enchanteresse" et "inoubliable". P.S. "pensez à réserver des mois à l'avance".

Juveniles ☒ *Bar à Vin/Bistrot* 15 | 11 | 17 | 39€

1er | 47 rue de Richelieu (Bourse/Palais Royal-Musée du Louvre) | 01 42 97 46 49 | www.juveniles.winebar.com

Ce bar à vin "exigu" qui "ne paye pas de mine", près du Palais-Royal, vous en bouchera un coin par "l'étendue exceptionnelle de sa cave" (des bouteilles font le décor) et les "excellents grignotages" ; le patron écossais, Tim Johnston, "vous mettra à l'aise et vous fera peut-être même rire", une expérience qui ne vous coûtera pas très cher. P.S. fermé dimanche, et lundi midi.

Kai ☒☒ *Japonaise* ∇ 25 | 20 | 19 | 63€

1er | 18 rue du Louvre (Louvre-Rivoli) | 01 40 15 01 99

Cet "excellent" japonais près du Louvre est un endroit "raffiné" qui se targue de servir de "délicieux sushis créatifs", de ravissants bentô et autres plats de "grand" style, dont des desserts Pierre Hermé ; son décor "épuré", avec un plafond en bambou, aide à sa popularité auprès des gens de la mode, qui réservent à l'avance et ne se formalisent pas des étiquettes à prix couture.

Kaïten ◐☒ *Japonaise* 22 | 14 | 18 | 54€

8e | 63 rue Pierre Charron (Franklin D. Roosevelt) | 01 43 59 78 78 | www.kaiten.fr

Près des Champs-Élysées, ce restaurant de sushis avec tapis roulant est parfait pour un "repas rapide" puisqu'on "se sert soi-même" et la plupart jugent les plats "variés et originaux" ; c'est en revanche plutôt cher et personne ne fait attention au décor anonyme, mais on y va quand même car c'est "consistant", "frais" et "savoureux".

Kei ☒☒ *Contemporaine* ∇ 28 | 25 | 26 | 103€

1er | 5 rue Coq-Héron (Louvre-Rivoli) | 01 42 33 14 74 | www.restaurant-kei.fr

Installé dans les murs de l'ancien restaurant Gérard Besson, le jeune chef-patron Kei Kobayashi reçoit les félicitations des rares enquêteurs qui ont découvert sa "remarquable" cuisine contemporaine "raffinée" ; la salle à manger dans les tons gris perle est élégante, et le personnel "impeccable" y assure une "présence discrète", une performance somme toute digne des meilleures tables, mais à des prix astronomiques. P.S. le port de la veste est conseillé.

KGB *Asiatique/Contemporaine* 23 | 18 | 21 | 59€

6e | 25 rue des Grands-Augustins (Odéon) | 01 46 33 00 85 | www.kitchengaleriebis.com

"Un décor de galerie d'art moderne" offre un cadre au "talent artistique exprimé dans les assiettes" de l'annexe de Ze Kitchen Galerie du chef William Ledeuil à Saint-Germain : une carte "créative" de cuisine fusion franco-asiatique, avec ses 'zors-d'œuvre' et ses plats "fascinants", est servie par une équipe "sympa" ; c'est un peu cher et plutôt "bruyant", mais les fans préviennent "de ne pas le rater".

Khun Akorn *Thaïlandaise* 21 | 19 | 18 | 46€

11e | 8 av de Taillebourg (Nation) | 01 43 56 20 03

"Le service souriant" de "la famille propriétaire" vous attend dans ce thaï de "qualité" au fin fond du 11e, considéré "comme une super affaire" ; la salle de style oriental est assez "agréable", mais les habitués disent que la "petite terrasse" en haut est "le top du top".

Kifune *Japonaise* ∇ 23 | 15 | 18 | 54€

17e | 44 rue St-Ferdinand (Porte Maillot) | 01 45 72 11 19

"Loin des hauts lieux touristiques de Paris", cette "petite" enclave japonaise du 17e, qui rappelle "les tavernes que l'on trouve à Tokyo" (du coup, "prenez votre traducteur de poche si vous n'avez pas fait Langues O"), attire de nombreux compatriotes fans de ses "authentiques" sushis et sashimis ; les additions modestes sont dans la ligne de "l'accueil chaleureux" et du "service rapide et souriant".

Kiku *Japonaise* - | - | - | M

9e | 56 rue Richer (Cadet/Grands Boulevards) | 01 44 83 02 30

Encore méconnu, peut-être parce qu'il est "caché" dans une petite rue du 9e, ce japonais "inventif" vaut d'être repéré pour sa cuisine franco-japonaise "originale" et "délicieuse" ; les employés de bureau à midi et les amateurs de théâtre le soir apprécient son "bon rapport qualité-prix", et si le look minimaliste ne plaît pas à tous, on peut choisir d'emporter. P.S. fermé samedi midi et dimanche.

Kim Anh *Vietnamienne* ∇ 23 | 18 | 22 | 41€

15e | 51 av Émile Zola (Charles Michels) | 01 45 79 40 96 | www.kimanh-restaurant.com

Comptez sur la cuisine de ce vietnamien du 15e pour déguster "un mélange de saveurs au plus haut niveau de la cuisine saïgonnaise" à prix modérés ; le service assure un "accueil chaleureux", avec la rituelle serviette chaude et un grand sourire, dans l'espace contemporain relaxant de style zen. P.S. fermé dimanche midi et lundi.

Kinugawa *Japonaise* 24 | 18 | 21 | 75€

1er | 9 rue du Mont-Thabor (Tuileries) | 01 42 60 65 07 | www.kinugawa.fr

Les amateurs de poisson se délectent "d'excellents" sushis et autres plats "raffinés" de cette adresse "authentique" près des Tuileries, "l'un des grands de la restauration japonaise", avec un service professionnel ; une récente "rénovation" signée Gilles et Boissier et un nouveau chef vont certainement améliorer les scores de cet espace minimaliste au décor noir et blanc épuré sur deux niveaux.

Kong ◐ *Éclectique* 16 | 24 | 13 | 60€

1er | 1 rue du Pont-Neuf (Pont-Neuf) | 01 40 39 09 00 | www.kong.fr

Tout en haut d'un immeuble près du Pont Neuf dans le 1er, cet espace aérien "ultra cool" conçu par Philippe Stark, propose sous un dôme en verre un cadre tokyoesque "flashy" et une vue "à mourir" sur la Seine et "les fameux toits de Paris" ; le service n'est pas *king* au Kong, et les additions peuvent sembler "trop élevées" pour une cuisine fusion "passable", mais c'est vraiment plus un "night-club qu'un restaurant" avec sa "musique forte" et son atmosphère "glam".

Lac-Hong ☒ *Vietnamienne* ▽ 21 | 10 | 14 | 52€

16^e^ | 67 rue Lauriston (Boissière/Victor Hugo) | 01 47 55 87 17

Une "authentique" cuisine vietnamienne "familiale", "fidèle" à la mère patrie, fait de cette cantine "efficace" et sans prétention une bonne adresse du 16e ; certains la trouvent "trop chère", mais les fans affirment que les prix sont "justes".

Ladurée *Classique/Salon de Thé* 24 | 24 | 20 | 30€

6^e^ | 21 rue Bonaparte (St-Sulpice) | 01 44 07 64 87
8^e^ | 16 rue Royale (Concorde/Madeleine) | 01 42 60 21 79
8^e^ | 75 av des Champs-Élysées (George V) | 01 40 75 08 75 ◐
9^e^ | Printemps | 64 bd Haussmann (Havre-Caumartin) | 01 42 82 40 10 ☒
www.laduree.fr

Dans ces quatre salons de thé "fameux" pour leurs macarons "à tomber" ("aux goûts très différents et aux couleurs alléchantes") et leurs pâtisseries "d'exception", on peut également déjeuner dans un "magnifique" décor "baroque" aux couleurs pastel ; même si l'ensemble d'un repas n'est pas cher, certains trouvent le café "onéreux" et l'attente peut être "longue", mais le personnel est "agréable" et l'endroit "tient ses promesses". P.S. on peut emporter.

Le Languedoc *Sud-Ouest* ▽ 21 | 17 | 21 | 48€

5^e^ | 64 bd de Port-Royal (Les Gobelins) | 01 47 07 24 47

Depuis 1974, cette table familiale "traditionnelle" du 5e sert de "solides portions" d'une "cuisine de bistrot typique" avec l'accent du Sud-Ouest ("foie gras rustique", "délicieux filet au poivre", cassoulet) ; ses rideaux en vichy et son menu "ronéotypé" nous plongent "hors du temps", ses "prix raisonnables" en font un bon choix pour "une sortie en famille". P.S. fermé mardi et mercredi.

Lao Lane Xang *Asiatique* 22 | 15 | 16 | 27€

13^e^ | 102 av d'Ivry (Tolbiac) | 01 58 89 00 00

"D'excellentes spécialités laotiennes" sont le grand atout du menu asiatique "authentique" et de "qualité" de cette adresse "abordable" du "Chinatown parisien du 13e" ; le service est "efficace" ("ils en font même trop" disent certains) et si le décor "moderne" est "agréable", les mauvais esprits trouvent qu'on y est un peu "serré", surtout maintenant que l'endroit est "toujours bondé". P.S. fermé le mercredi.

	CUISINE	DÉCOR	SERVICE	PRIX

Lao Siam ◐ *Thaïlandaise* 22 10 15 31€

19e | 49 rue de Belleville (Belleville/Pyrénées) | 01 40 40 09 68

"Allez-y de bonne heure ou attendez-vous à faire 45 minutes de queue" puisqu'on ne peut pas réserver dans ce lao-thaï "sans prétention" et abordable de Belleville, qui propose une cuisine étonnamment "raffinée" dans un cadre asiatisant simple ; certains disent qu'il est la "victime de son succès", ce que confirme un service "qui laisse beaucoup à désirer".

Lapérouse ☒ *Haute Cuisine* 23 25 24 107€

6e | 51 quai des Grands-Augustins (Pont-Neuf/St-Michel) | 01 43 26 90 14 | www.laperouse.com

Autrefois fréquentée par "Voltaire et les écrivains du siècle des lumières", cette institution de Saint-Germain scintille dans son écrin "magnifique" ("restauré avec soin") avec une salle à manger "romantique" et plusieurs salons privés témoins des "histoires savoureuses d'hommes politiques et de leurs maîtresses" ; la cuisine gastronomique "inventive" du chef, inspirée "par les grands classiques", et le service "discret" à souhait font que cette "vieille gloire" est considérée comme "valant son pesant d'or". P.S. la port de la veste est obligatoire.

Lasserre ☒☒ *Haute Cuisine* 27 28 27 163€

8e | 17 av Franklin D. Roosevelt (Franklin D. Roosevelt) | 01 43 59 02 13 | www.restaurant-lasserre.com

Ce "classique hors du temps" du 8e est une "vraie pièce de théâtre" dont le rôle principal est tenu par le chef Christophe Moret et son "excellente" cuisine gastronomique, soutenue par un service réglé comme une "symphonie bien orchestrée" dans un "cadre somptueux" (avec "assez d'argenterie et de nappage à rendre Versailles jaloux") et un "célèbre" plafond coulissant qui s'ouvre le soir sur le "ciel étoilé" ; c'est "merveilleux pour les grandes occasions", et l'addition, "tout comme le reste", est "extraordinaire". P.S. veste obligatoire.

Laurent ☒ *Haute Cuisine* 25 24 25 146€

8e | 41 av Gabriel (Champs-Élysées-Clemenceau) | 01 42 25 00 39 | www.le-laurent.com

"Idéal pour célébrer un grand événement", ce "pavillon de rêve" entouré de jardins à deux pas du rond-point des Champs-Élysées est "surtout magique en été" quand on peut dîner dehors, mais tout au long de l'année la cuisine gastronomique "raffinée" du chef Alain Pégouret, épaulé par un service "au top du top", fait de ces salons "guindés" une destination parisienne de choix ; bien sûr, c'est "cher", mais beaucoup considèrent que c'est là une "charmante" occasion "d'exploser son budget". P.S. veste conseillée.

Legrand Filles et Fils ☒ *Bar à Vin/Bistrot* 21 22 19 63€

2e | Galerie Vivienne | 1 rue de la Banque (Bourse/Palais Royal-Musée du Louvre) | 01 42 60 07 12 | www.caves-legrand.com

Bien caché dans la "superbe" galerie Vivienne (dans le 2e) dans un cadre "préservé" du vieux Paris, ce "caviste de classe internationale" abrite un bar à vin qui sert de "délicieux" petits plats "simples" à grignoter et des vins au verre tirés de sa "fameuse cave" ; pas très bon marché, c'est cependant "une visite obligatoire pour les amoureux du vin", qui seront "charmés" par les aimables sommeliers. P.S. fermé à partir de 19 heures.

Lescure ☒ *Sud-Ouest* 19 | 16 | 21 | 40€

1er | 7 rue de Mondovi (Concorde) | 01 42 60 18 91

Ouverte depuis 1919, cette "institution" du 1er est "la quintessence du bistrot parisien", avec des plats de "terroir" du Sud-Ouest servis par une équipe "sympa" à des prix très modérés ; l'espace "étriqué" de la salle à manger rustique est généralement "rempli d'habitués" (pas de réservations) qui s'accordent à dire que ce "bijou" "mémorable" est "l'un des derniers dans son genre".

Lilane ☒☒ *Contemporaine* ▽ 25 | 19 | 23 | 44€

5e | 8 rue Gracieuse (Place Monge) | 01 45 87 90 68

Cachée derrière la place Monge dans le 5e, cette petite adresse attire les habitués (et les profs) du Quartier latin avec ses plats "inventifs", "bien présentés" et mitonnés par le chef Stéphane Guilçou, servis dans une salle aux lumières tamisées et aux tables bien espacées ; les connaisseurs soulignent son "étonnant rapport qualité-prix". P.S. fermé samedi midi, dimanche et lundi.

Liza *Libanaise* 24 | 20 | 21 | 47€

2e | 14 rue de la Banque (Bourse) | 01 55 35 00 66 | www.restaurant-liza.com

"Trésor insoupçonné" du 2e arrondissement, c'est une lettre d'amour que Liza Soughayar adresse au Beyrouth moderne en proposant une "nouvelle approche" "goûteuse" de la cuisine libanaise et un service "agréable" dans un espace contemporain baigné de lumière naturelle ; même si les radins trouvent les vins "chers", la majorité considère que les "prix sont raisonnables". P.S. fermé samedi midi et dimanche soir.

Le Louchebem ◐☒ *Viande* 21 | 18 | 19 | 37€

1er | 31 rue Berger (Châtelet-Les Halles) | 01 42 33 12 99 | www.le-louchebem.fr

"Pour les amateurs de viande", ce spécialiste, au cœur des Halles, sert des portions "copieuses" de viande "fondante" et des assiettes "du rôtisseur à volonté", dans un décor carrelé "façon ancienne boucherie" avec une ambiance "sympathique" ; le lieu est un brin "bondé", mais "incontournable", qui plus est le service est "efficace" et les prix "honnêtes". P.S. réservation conseillée.

La Lozère ☒☒ *Auvergnate* 21 | 17 | 19 | 37€

6e | 4 rue Hautefeuille (St-Michel) | 01 43 54 26 64 | www.lozere-a-paris.com

Cette "charmante" table "abordable" du Quartier latin sert de "copieuses" portions de plats de la Lozère "simples" et "authentiques" : "d'excellents fromages", charcuteries et agneau, ainsi qu'un superbe aligot le jeudi ; le service "accueillant" compense l'atmosphère "bruyante" de cet espace rustique "minuscule".

	CUISINE	DÉCOR	SERVICE	PRIX

La Luna ⊠ *Poisson* ▽ 26 | 20 | 24 | 104€

8e | 69 rue du Rocher (Europe/Villiers) | 01 42 93 77 61 | www.restaurantlaluna.com

"Simplicité" et "raffinement" signent les plats marins servis dans ce restaurant de poisson "d'exception" situé "en dehors des sentiers battus", près de la gare Saint-Lazare ; le "merveilleux service" et un décor "chic et sobre" sont des atouts supplémentaires pour une clientèle cossue qui peut confirmer que "l'augmentation des prix ne nuit pas au plaisir de trouver ici une qualité irréprochable". P.S. le baba au rhum est "l'un des meilleurs de Paris".

Ma Bourgogne ◐ *Bourguignonne* 19 | 18 | 19 | 51€

4e | 19 pl des Vosges (Bastille/St-Paul) | 01 42 78 44 64 | www.ma-bourgogne.fr

"Touristique, certes", ce "stéréotype du café parisien" propose cependant une cuisine bourguignonne de "grand-mère" et un service "bien intentionné" qui seraient "tout à fait satisfaisants", s'il ne pouvait se vanter d'occuper "l'un des meilleurs emplacements de Paris" : la plupart des tables sont sous les arcades de la place des Vosges ; de plus, les "prix modérés" en font un "arrêt obligatoire" pour "une pause café" ou un repas complet. P.S. seul bémol : "il serait temps de se procurer une machine pour les cartes de crédit".

Macéo ⊠ *Classique/Contemporaine* 23 | 21 | 20 | 61€

1er | 15 rue des Petits-Champs (Palais Royal-Musée du Louvre/ Pyramides) | 01 42 97 53 85 | www.maceorestaurant.com

Près du Palais-Royal, ce lieu "léger, aérien" tenu par l'Anglais Mark Williamson (Willi's Wine Bar) "mêle modernité et tradition britanniques" et propose un menu de plats classiques et contemporains mis au point par le nouveau chef, au style "inventif et raffiné" (avec un "superbe choix végétarien") ; "le service impeccable" ajoute à l'ambiance "calme" que même les additions "chères" ne viennent pas troubler. P.S. fermé samedi midi et dimanche.

N Ma Cocotte *Néobistrot* - | - | - | M

Saint-Ouen | 106 rue des Rosiers (Porte de Clignancourt) | 01 49 51 70 00 | www.macocotte-lespuces.com

Quand le grand Philippe Starck se lance dans la restauration dans le cœur du grouillant marché aux puces de Saint-Ouen, ça donne une cantine stylée au décor baroque industriel et au mobilier soigneusement chiné ; sa cuisine de bistrot est correctement faite (œuf mayonnaise, lentilles de l'Atlas froides, hachis Parmentier, mousse au chocolat) et raisonnablement tarifée. P.S. ouvert tous les jours.

Le Maharajah ◐ *Indienne* 23 | 19 | 21 | 33€

5e | 72 bd St-Germain (Maubert-Mutualité/St-Michel) | 01 43 54 26 07 | www.maharajah.fr

"Une belle escapade en Inde" attend les globe-trotters dans l'une des plus anciennes maisons de curry, en plein cœur du Quartier latin, où l'on sert une "cuisine raffinée, originale", présentée par un personnel "amical" dans un décor d'objets d'art du Sous-continent ; mais c'est surtout un "bon" rapport qualité-prix.

	CUISINE	DÉCOR	SERVICE	PRIX

Mai Do ☑ *Vietnamienne* | - | - | - | M |

6e | 23 bd du Montparnasse (Duroc) | 01 45 48 54 60
Les amateurs recommandent la "délicieuse cuisine vietnamienne à prix raisonnables" pratiquée dans ce lieu moderne, pas loin de la gare Montparnasse ; avec une direction "papa-maman" qui remonte à trois générations, c'est une adresse à garder. P.S. fermé dimanche soir.

La Main d'Or ☒ *Corse* | ∇ 22 | 16 | 17 | 37€ |

11e | 133 rue du Faubourg St-Antoine (Ledru-Rollin) | 01 44 68 04 68
"On se croirait en Corse" chez ce maestro méditerranéen près de la Bastille, où "la plupart des produits" utilisés pour la "cuisine traditionnelle" de "saison" proviennent de l'île de Beauté et attirent de nombreux adeptes qui en sont eux aussi originaires ; l'intérieur rustique peut être "encombré", mais les prix sont très raisonnables.

Maison Blanche *Contemporaine* | 23 | 26 | 22 | 103€ |

8e | 15 av Montaigne (Alma Marceau) | 01 47 23 55 99 |
www.maison-blanche.fr
Une "vue parisienne panoramique" sur la Tour Eiffel, la Seine et les Invalides est l'atout maître de ce duplex "à la mode" tout en haut du théâtre des Champs-Élysées, où la cuisine gastronomique "superbement réalisée", la carte des vins "exhaustive" et le service très "professionnel" sont également au top ; si les additions sont positivement vertigineuses, la clientèle "très chic" qui peut supporter l'air raréfié de l'intérieur noir et blanc "sophistiqué" ou de la toute nouvelle terrasse d'été juge l'expérience "romantique" et "enchanteresse".

La Maison Courtine ☒ *Contemporaine* | 20 | 18 | 20 | 54€ |

14e | 157 av du Maine (Denfert-Rochereau/Mouton-Duvernet) |
01 45 43 08 04 | www.lamaisoncourtine.com
Depuis son changement de propriétaire, l'ancien menu Sud-Ouest de ce restaurant "raffiné" de Montparnasse s'est "modernisé", ce qui fait dire à ses fidèles que c'est toujours "solide" mais que "rien ne sort de l'ordinaire" ; le décor un peu décalé dans les tons orangés est assez "plaisant", le bon rapport qualité-prix subsiste et les serveurs sont tout aussi "sympas" qu'avant. P.S. fermé samedi midi, dimanche, et lundi midi.

Maison de l'Amérique Latine ☒ *Classique* | 21 | 26 | 21 | 68€ |

7e | 217 bd St-Germain (Solférino) | 01 49 54 75 10 | www.mal217.org
"Un des plus ravissants cadres de Paris", ce jardin "fantastique" (en été) derrière l'hôtel particulier du centre culturel de l'Amérique latine, offre un rare "moment de grâce" au "cœur" du 7e ; le reste ne joue qu'un second rôle, de la cuisine classique "simple et goûteuse" au service "correct" en passant par les prix "raisonnables".

La Maison de la Truffe ☒ *Classique* | 24 | 18 | 21 | 64€ |

8e | 14 rue Marbeuf (George V) | 01 53 57 41 00
8e | 19 place de la Madeleine (Madeleine) | 01 42 65 53 22
www.maison-de-la-truffe.com
"Un véritable régal" attend "ceux qui aiment la truffe" dans ces deux espaces de dégustation au pied de la Madeleine et près des

Champs-Élysées, qui mettent le diamant noir ou blanc à l'honneur dans des plats "bien réalisés", qu'on peut savourer dans la salle "cosy" (style moderne), et dans les produits à emporter ; l'ambiance "agréable" et le service "sympathique" en font "un lieu plaisir, mais il faut y mettre le prix", ce qui se rend l'endroit plutôt idéal "pour les hommes d'affaires du quartier".

Maison de l'Aubrac ◐ *Classique* 22 | 17 | 18 | 36€

8e | 37 rue Marbeuf (Franklin D. Roosevelt) | 01 43 59 05 14 | www.maison-aubrac.com

Un aligot saucisse "à tomber" et la "meilleure viande de l'Aubrac à Paris" sont servi dans cet aveyronnais "à deux pas des Champs Élysées" 24 heures sur 24 dans une ambiance "cosy" avec un service "simple" ; "ce n'est pas donné", mais "la qualité de la viande et la localisation ont sans doute ce prix", et l'endroit "vaut le détour pour le dépaysement".

La Maison du Caviar ◐ *Russe* 25 | 19 | 23 | 112€

8e | 21 rue Quentin-Bauchart (George V) | 01 47 23 53 43 | www.caviar-volga.com

"Vodka, vodka, vodka!" crient les "*beautiful people*" qui viennent se régaler des "meilleurs blinis et caviars" dans "l'incroyable ambiance" de cette "enclave hédoniste" style 1930 dans le 8e : la spécialité maison est "servie en abondance" et en "modes variés", ainsi que d'autres comestibles russes ; les prix "astronomiques" font partie du deal, mais "quelle aventure!". P.S. fermé dimanche midi.

La Maison du Jardin ⊠ *Bistrot* 25 | 19 | 23 | 48€

6e | 27 rue de Vaugirard (Rennes/St-Placide) | 01 45 48 22 31

"Restaurant de quartier parfait dans un quartier parfait", près du jardin du Luxembourg, ce "minuscule" bistrot "confortable" attire les louanges pour ses plats "habiles", son service "chaleureux et accueillant" (même quand il s'agit de touristes "empotés") et ses "prix raisonnables" ; le décor "sobre" n'est pas à la hauteur de la cuisine, ce qui ne semble pas déranger ceux qui fréquentent ce "petit trésor". P.S. fermé samedi midi et dimanche.

La Maison Mère *Américaine/Bistrot* - | - | - | M

9e | 4 rue de Navarin (St-Georges) | 01 42 81 11 00 | www.lamaisonmere.fr

Les plats typiquement français partagent la carte avec des classiques yankees comme les hamburgers ou la salade Cobb de crudités dans ce bar-bistrot pas trop cher du 9e ; la salle rétro (tables en Formica, napperons en papier kitsch, carrelage blanc) convient parfaitement à la clientèle médias et showbiz qui se retrouve pour les cocktails et le brunch du dimanche. P.S. fermé dimanche soir.

Mama Shelter Restaurant ◐ *Brasserie* 16 | 23 | 16 | 49€

20e | Mama Shelter | 109 rue de Bagnolet (Gambetta/Porte de Bagnolet) | 01 43 48 45 45 | www.mamashelter.com

Avec son design "branché" style "lounge" signé Philippe Starck, cette brasserie de nuit d'un hôtel au "fin fond" du 20e propose une ambiance "mode" et des plats "traditionnels revisités" par Alain Senderens à des prix modérés ; tout le monde n'est pas convaincu, certains parlent d'un service "aléatoire", disant que la cuisine a été "commandée depuis un vieux portable en prenant le café" - mais cela reste "un endroit *in* n'importe quel soir de la semaine" grâce à son "atout" principal, "l'immense" bar. P.S. la pizzeria attenante est une autre option.

Mandarin de Neuilly ⊠ *Chinoise* 21 | 18 | 18 | 30€

Neuilly-sur-Seine | 148 av Charles de Gaulle (Pont-de-Neuilly) | 01 46 24 11 80

"Vous rêvez de la Chine et de sa cuisine exotique, ne cherchez plus", ce chinois de Neuilly ("avec un emplacement pratique près du métro") propose une cuisine "savoureuse" et "pas grasse" à des prix raisonnables ; son cadre "sympathique" ("nappes en tissu", "fleurs fraîches sur la table") et son service "agréable" attirent les habitués qui en font leur "cantine".

Mansouria ⊠ *Marocaine* 21 | 18 | 17 | 51€

11e | 11 rue Faidherbe (Faidherbe-Chaligny) | 01 43 71 00 16 | www.mansouria.fr

"Prenez un tapis volant pour le Maroc" en venant déguster la cuisine de "haute qualité" qui "va bien au-delà du couscous (même s'il est excellent)" dans cette enclave "cool" du 11e avec ses nombreuses salles, chacune décorée de motifs nord-africains ; le service est "correct" et les notes sont "raisonnables" pour ce quartier un peu cher, ce qui fait le bonheur des "familles et des groupes". P.S. fermé dimanche, et lundi midi.

La Marée *Poisson* 23 | 19 | 22 | 73€

8e | 1 rue Daru (Étoile/Ternes) | 01 43 80 20 00 | www.lamaree.fr

Cette "superbe" table du 8e attire une clientèle de premier ordre depuis plus de cinquante ans avec ses "excellents poissons" et fruits de mer "d'exception" servis dans un décor "à l'ancienne" qui possède un certain "charme" ; le service est "rapide et attentif" et même si c'est pas donné, cela semble "plus abordable" qu'avant.

La Marée Passy *Poisson* 22 | 17 | 18 | 60€

16e | 71 av Paul Doumer (La Muette/Trocadéro) | 01 45 04 12 81 | www.lamareepassy.com

"La clientèle locale huppée" se lance à l'abordage de ce chouchou du quartier, "animé" mais "efficace", en plein 16e, pour y déguster un poisson "toujours frais" préparé simplement ; "l'agréable décor" est inondé d'éléments maritimes (bois, cuivres, photos de bateaux à voile) et les additions un peu "trop salées" sont compensées par la "qualité" de la pêche du jour.

Mariage Frères *Dessert/Salon de Thé* 23 | 24 | 23 | 27€

1er | Carrousel du Louvre | 99 rue de Rivoli (Palais Royal/Musée du Louvre) | 01 40 20 18 54

4e | 30 rue du Bourg-Tibourg (Hôtel-de-Ville) | 01 42 72 28 11

(suite)

(suite)

Mariage Frères

6e | 13 rue des Grands-Augustins (St-Michel) | 01 40 51 82 50
8e | 260 rue du Faubourg St-Honoré (Ternes) | 01 46 22 18 54
www.mariagefreres.com

Dans un endroit "sublime" "tout en boiseries" à l'esprit colonial, l'ambiance "raffinée" et "feutrée" de ces quatre salons de thé invite à un voyage "dans le temps" et "vers des pays lointains" ; la carte des thés maison "aux arômes du monde entier" est "longue comme un roman" (plus de 100 thés), et les pâtisseries, servies sur un chariot à l'ancienne, sont un délice à la hauteur du service "agréable" et "chaleureux".

Marius ☒ *Poisson/Provençale* — 25 | 18 | 21 | 67€

16e | 82 bd Murat (Porte de St-Cloud) | 01 46 51 67 80 |
www.restaurantmarius.fr

Une clientèle "très 16e" jette l'ancre dans ce restaurant de poissons provençal "de première classe" pour ses "incroyables" plats de la mer à des prix relativement décents, eu égard à leurs "remarquables" qualités "gastronomiques" ; avec son service "accueillant" dans la salle lumineuse, élégante et confortable ou en terrasse, c'est le genre d'endroit où l'on "revient encore et encore". P.S. fermé samedi midi et dimanche.

Marius et Janette *Poisson* — 23 | 19 | 21 | 82€

8e | 4 av George V (Alma Marceau) | 01 47 23 41 88 |
www.mariusetjanette.com

Dans l'élégant 8e, cette "Mecque du poisson" est reconnue pour son "impeccable" cuisine maritime "traditionnelle" et son équipage "attentif" tant avec "le monde des affaires", la "clientèle aisée" qu'avec les touristes ; il "faut un portefeuille bien garni", mais le repas est "inoubliable", que l'on soit à l'intérieur, de style "cabine de bateau" (hublots, fauteuils de capitaine, matériel de pêche) ou sur la "merveilleuse" terrasse avec sa "belle vue de la Tour Eiffel". P.S. il faut réserver, contrairement à son annexe "moins chère", le Petit Marius.

Market ◐ *Éclectique* — 22 | 21 | 20 | 71€

8e | 15 av Matignon (Champs-Élysées-Clemenceau/
Franklin D. Roosevelt) | 01 56 43 40 90 | www.jean-georges.com

"Très prisée par le milieu de la mode", cette ramification "branchée" de chef célèbre Jean-Georges Vongerichten en bas des Champs-Élysées sert des plats éclectiques "créatifs" ("pizza à la truffe", etc.) qui satisfont le plus grand nombre ; la décoration "raffinée", le service "efficace" mais "pas toujours agréable" et les "prix faramineux" font un ensemble "contemporain".

La Marlotte *Bistrot* — 18 | 16 | 18 | 42€

6e | 55 rue du Cherche-Midi (Sèvres-Babylone/St-Placide) |
01 45 48 86 79 | www.lamarlotte.com

Ce "petit" bistrot "tranquille" de la rive gauche à deux pas du Bon Marché est idéal pour un repas de classiques français "solides, sans chichis" après une journée de shopping ; le service "sympa" et les prix "raisonnables" se marient bien avec l'ambiance "feutrée" de la salle "à l'ancienne".

Le Martel ◐ ☒ *Classique/Marocaine* ∇ 21 | 16 | 21 | 35€

10e | 3 rue Martel (Château d'Eau) | 01 47 70 67 56

On aperçoit à l'occasion "une rédactrice de *Vogue*" dans cet endroit "relax" au cœur de ce "quartier de plus en plus artistique" du 10e, où le menu propose des classiques marocains et français "d'excellente qualité" ; le décor 1900 n'est pas tout à fait dans le style magazine de mode, mais le service "accommodant" et les prix légers ne se démodent jamais. P.S. fermé samedi midi et dimanche.

Marty *Brasserie* 20 | 21 | 22 | 57€

5e | 20 av des Gobelins (Les Gobelins) | 01 43 31 39 51 | www.martyrestaurant.com

Affaire de famille depuis 1913, cette brasserie du 5e avec sa "jolie" salle Art déco, est maintenant dirigée par la petite fille du fondateur : elle perpétue sa mémoire en servant une "bonne" cuisine "traditionnelle" et surtout un "excellent" poisson ; le service "rapide" est au goût du jour, tout comme les prix "élevés" (mais le menu est un bon choix).

La Mascotte ◐ *Auvergnate* 20 | 17 | 17 | 48€

18e | 52 rue des Abbesses (Abbesses/Blanche) | 01 46 06 28 15 | www.la-mascotte-montmartre.com

Populaire auprès des Montmartrois, des "touristes" et des "people" de passage, cette brasserie "à l'ancienne" de la "cool" rue des Abbesses est "recommandée avant tout pour ses fruits de mer" ; le service peut parfois sembler "débordé", mais il reste "pro" même pendant le rush, et à ces prix modérés, c'est un très bon choix dans le quartier.

Le Mauzac ☒ *Bar à Vin/Bistrot* ∇ 15 | 15 | 14 | 37€

5e | 7 rue de l'Abbé de l'Épée (Luxembourg) | 01 46 33 75 22 | www.lemauzac.fr

Dans une petite rue du Quartier latin "bordée de grands arbres", ce bistrot-bar à vin pour carnivores n'est pas très connu, mais les habitués le trouvent "sympa" et d'un bon rapport pour le quartier ; sa "terrasse ombragée" offre un point de chute agréable en été.

Mavrommatis ☑ *Grecque* 22 | 18 | 20 | 50€

5e | 42 rue Daubenton (Censier-Daubenton) | 01 43 31 17 17 | www.mavrommatis.fr

C'est une odyssée dans le Quartier latin pour se retrouver dans ce que le chœur de ses fans juge "la meilleure table grecque à l'ouest de Corfou", où une flopée de plats "d'excellente qualité", avec "une touche de raffinement", sont à prix modérés ; le service sait ce qu'il fait et les enquêteurs apprécient aussi la musique grecque dans la salle rustique et la "superbe" terrasse entourée d'oliviers.

Maxim's ☒ ☑ *Classique* 20 | 24 | 21 | 109€

8e | 3 rue Royale (Concorde/Madeleine) | 01 42 65 27 94 | www.maxims-de-paris.com

Cette "légendaire" grande dame de la rue Royale est peut-être "touristique", mais elle attire toujours "les éternels romantiques" avec son luxueux décor Art nouveau "qui remonte le temps", même si la cuisine classique n'est "pas au même niveau", tout en restant très chère ; le service "courtois" a des hauts et des bas, ce qui fait dire aux modernistes que l'ensemble est "passé", mais ses supporters y voient "un vieil étalon or" qui vaut une visite, "au moins une fois ". P.S. réservations (et veste) obligatoires.

MBC 🅆 *Contemporaine* - | - | - | M

17e | 4 rue du Débarcadère (Argentine/Porte Maillot) | 01 45 72 22 55 | www.gilleschoukroun.com

La table de Gilles Choukroun, près de la porte Maillot, est encore peu connu, mais elle attire une clientèle business internationale et de jeunes habitués qui apprécient sa cuisine inventive aux herbes (le nom est l'abréviation de 'menthe, basilique, coriandre'), ses prix moyens et son look style lounge avec graffitis.

La Méditerranée *Poisson* 22 | 22 | 19 | 66€

6e | 2 pl de l'Odéon (Odéon) | 01 43 26 02 30 | www.la-mediterranee.com

Décoré de fresques de Cocteau, cet "élégant" "joyau" en face du théâtre de l'Odéon dans le 6e est applaudi pour son "excellente cuisine de la mer" dont une "superbe bouillabaisse" ; le service est parfois "en dents de scie" ("charmant" ou "impossible"), mais c'est parfait pour "une grande occasion" et les prix sont "justifiés".

Mémère Paulette ☒ *Bistrot* ∇ 23 | 19 | 20 | 34€

2e | 5 rue Paul Lelong (Bourse) | 01 42 36 26 08 | www.memerepaulette.com

"Bienvenue dans le vrai Paris", disent les adeptes de ce "parfait petit" bistrot caché dans le 2e, tenu par un "patron sympa" et qui se targue d'être "sans chichis, sans publicité et presque sans touristes!" ; le cadre rustique est rehaussé par des détails touchants (les moules en fer-blanc de 'mémère' sont exposés au mur comme une œuvre d'art moderne), et l'on peut "y découvrir des vins intéressants" et "abordables". P.S. fermé samedi midi, dimanche, et lundi soir.

Le Mesturet *Sud-Ouest* 16 | 13 | 17 | 44€

2e | 77 rue de Richelieu (Bourse) | 01 42 97 40 68 | www.lemesturet.com

Tenue par le "charmant" Alain Fontaine, cette "adresse de quartier" (près de la Bourse), ouverte en continu, a ses hauts et ses bas en cuisine, certains trouvant les plats bistrotiers du Sud-Ouest "bons et copieux", d'autres, "médiocres", mais peu importe : c'est envahi "d'habitués" au déjeuner, qui font "du bruit", mais cela reste un bon choix pour un souper "post-opéra" car c'est "plus calme le soir" ; un personnel "chaleureux" et des prix "légers pour le portefeuille" sont ses autres atouts.

Le Meurice Restaurant 🅆 *Haute Cuisine* 28 | 28 | 28 | 173€

1er | Le Meurice | 228 rue de Rivoli (Concorde/Tuileries) | 01 44 58 10 55 | www.lemeurice.fr

"Ça doit être comme ça au paradis", s'enthousiasment les admirateurs de cette "sublime" cuisine gastronomique "extrêmement excitante", mise en valeur par le décor "exquis", haut en dorures, conçu par Philippe Starck pour l'hôtel Meurice dans le 1er ; si l'on ajoute à cela un service "remarquable" qui épate par son "équilibre parfait entre tradition formelle et émotion moderne", la plupart concluent que "cette extravagance doit être vécue au moins une fois".

Michel Rostang ☒ *Classique* 27 | 23 | 26 | 156€

17ᵉ | 20 rue Rennequin (Pereire/Ternes) | 01 47 63 40 77 | www.michelrostang.com

"Toujours formidable après tant d'années", la "ravissante" table du chef-patron Michel Rostang dans le 17e est éminemment "fiable" pour ses classiques "exquis", "présentés avec art" (dont un "incroyable" menu truffe en saison) ; "certes, le prix est élevé", mais avec un service "au top" dans les quatre salles à manger "intimes", chacune "soigneusement décorée" sur un thème différent (un salon entier est dédié à Lalique), c'est parfait pour les "grandes occasions" (la veste est vivement conseillée) ; P.S.fermé samedi midi, dimanche, et lundi midi.

Minipalais ◐ *Contemporaine* 21 | 26 | 18 | 60€

8ᵉ | Grand Palais | 3 av Winston Churchill (Champs-Élysées-Clemenceau) | 01 42 56 42 42 | www.minipalais.com

"Après avoir visité une exposition d'art", les connaisseurs peuvent recharger leurs batteries dans cet endroit "branché" du Grand Palais : la cuisine "inventive" et "précise" est servie par un personnel "courtois" ; le cadre "cool", les hauts plafonds rappelant un studio d'artiste et la "magnifique" terrasse à colonnade attirent une "clientèle parisienne chic" qui assume les additions qualité musée. P.S. on peut venir y prendre le thé.

Mirama *Chinoise* 22 | 10 | 14 | 45€

5ᵉ | 17 rue St-Jacques (Maubert-Mutualité/St-Michel) | 01 43 54 71 77

"Faire la queue est justifié" devant cette enseigne chinoise "plutôt moche" du Quartier latin où des canards laqués pendent dans la vitrine – il faut oublier le décor "spartiate" et savourer "l'excellente" cuisine cantonaise "authentique", dont "un porc laqué comme on n'en trouve nulle part ailleurs", des soupes de nouilles et des raviolis de crevettes ; le service n'est pas toujours au top, mais c'est idéal "si vous voulez juste (bien) manger" à bon prix.

Miroir ☒☒ *Bistrot* ▽ 21 | 18 | 22 | 42€

18ᵉ | 94 rue des Martyrs (Abbesses) | 01 46 06 50 73 | www.restaurantmiroir.com

Dans ce bistrot "branché" du quartier des Abbesses à Montmartre, un "élève de Ducasse" régale ses adeptes avec "ses interprétations inventives de classiques bistrotiers", ajoutés à une "grande expertise du vin", le "tout à des prix incroyables étant donné la qualité" ; l'éclairage "flatteur" de la longue salle "confortable, décorée de miroirs" plaît aussi, mais n'oubliez pas de réserver car "tout le monde en parle". P.S. allez faire un tour pour l'apéro dans leur petit bar à vin installé juste en face dans une ancienne boucherie.

	CUISINE	DÉCOR	SERVICE	PRIX

N Miss Ko ◐ *Asiatique/Contemporaine* | - | - | - | M |

8e | 49-51 av George V (George V) | 01 53 67 84 60 | www.miss-ko.com

Le dernier concept de Philippe Starck, nouveau lieu extravagant en plein cœur du Triangle d'or, dépayse avec sa diffusion en continu de JT asiatiques sur l'immense table d'hôte écran ; sa carte, 100% asiatique revisitée avec des pizzettas de sashimis ou des rouleaux de printemps au foie gras, et son cocktail bar attirent une clientèle branchée qui vient pour voir et être vue tout en appréciant des prix abordables pour le quartier. P.S. ouvert tous les jours jusqu'à 2 heures.

Moissonnier ☒☒ *Lyonnaise* ▽ | 24 | 19 | 21 | 54€ |

5e | 28 rue des Fossés St-Bernard (Cardinal Lemoine/Jussieu) | 01 43 29 87 65

Peu d'enquêteurs connaissent cet "authentique bistrot" du Quartier latin, mais ceux qui l'ont repéré disent qu'il ne faut "pas rater" sa "fantastique" cuisine "lyonnaise familiale", "servie sans tambour ni trompette par des gens qui aiment leur métier" ; autres atouts : des prix modérés pour des portions "gargantuesques", un service "cordial" et un décor à l'ancienne très "simple".

Le Montalembert *Contemporaine* | 19 | 21 | 21 | 76€ |

7e | Hôtel Montalembert | 3 rue de Montalembert (Rue du Bac) | 01 45 49 68 03 | www.montalembert.com

Avec un "beau" décor à la *Mad Men* conçu par Christian Liaigre, cette adresse "sexy" de Saint-Germain "vous ferait presque oublier que vous êtes dans un restaurant d'hôtel", tant elle est populaire aussi bien auprès des éditeurs et des galeristes que des businessmen internationaux prêts à assumer des prix "élevés" ; attendez-vous à des plats "légers, raffinés", présentés discrètement par un personnel professionnel.

Montparnasse 1900 *Classique* | 19 | 22 | 18 | 57€ |

6e | 59 bd du Montparnasse (Montparnasse-Bienvenüe) | 01 45 49 19 00 | www.montparnasse-1900.com

Dans un décor "fabuleux", "typique" du Paris de la "Belle Époque", cette brasserie de Montparnasse sert une "bonne" cuisine française "traditionnelle" ; le personnel, " sympa", est "aux petits soins" avec les clients mais attention à l'addition "qui s'en ressent", le lieu, "historique", vaut néanmoins "le coup". P.S. évitez si possible les heures de pointe, pendant lesquelles il y a souvent "pas mal d'attente".

Mon Vieil Ami *Bistrot* | 23 | 19 | 21 | 60€ |

4e | 69 rue St-Louis-en-l'Île (Pont-Marie) | 01 40 46 01 35 | www.mon-vieil-ami.com

Une cuisine "alsacienne moderne" qui met en valeur de "merveilleux légumes frais" (essayez le menu végétarien) caractérise la cuisine d'Antoine Westermann dans son bistrot "idéalement situé" sur l'île Saint-Louis, qui attire une "joyeuse" clientèle (dont "de nombreux touristes") ; les sceptiques trouvent cet espace "minimaliste" trop "encombré" et le service "précipité", mais la plupart de ses amis de toujours "adorent l'ambiance".

CUISINE | DÉCOR | SERVICE | PRIX

Mori Venice Bar ◐ *Italienne* 21 | 20 | 20 | 86€

2^e^ | 2 rue du Quatre Septembre (Bourse) | 01 44 55 51 55 | www.mori-venicebar.com

Juste en face de la Bourse, cet italien "stylé" attire "de nombreux banquiers" avec sa cuisine "inventive" d'influence vénitienne et son rutilant cadre "contemporain" dû à Philippe Starck ; si les non-financiers estiment que les additions "sont trop chères pour une simple pasta", au moins les serveurs sont "sympas" quand ils empochent votre argent.

Le Moulin de la Galette *Classique* 20 | 23 | 19 | 54€

18^e^ | 83 rue Lepic (Abbesses/Lamarck-Caulaincourt) | 01 46 06 84 77 | www.moulindelagalette.fr

OK, c'est un peu "touristique", mais le chef Antoine Heerah attire aussi les Parisiens avec ses plats "raffinés (ce que reflète un bond en avant du score Cuisine) dans cet ancien dancing "spectaculaire" de Montmartre, rendu fameux par Renoir ; le service "aimable" ajoute au cadre "exceptionnel", avec sa "terrasse-jardin en été".

La Mousson ☒ *Cambodgienne* - | - | - | M

1er | 9 rue Thérèse (Pyramides) | 01 42 60 59 46 | www.lamousson.fr

Des serveurs "enjoués" guident les clients dans leurs choix de "superbes" repas cambodgiens servis dans "ce petit coin d'Asie" pas loin du Louvre et du Palais-Royal ; c'est "minuscule" et un tantinet "kitsch", mais d'un excellent "rapport qualité-prix".

Moustache ☒☒ *Bistrot* ▽ 19 | 16 | 18 | 54€

6^e^ | 3 rue Ste-Beuve (Vavin) | 01 42 22 56 65 | www.moustache-restaurant.com

Les bobos rive gauche viennent dans ce loft (planchers, murs de brique et grande devanture vitrée), "bijou de quartier" du 6e au menu "inventif", qui propose des classiques de bistrot "avec une touche asiatique" ; le service "sympa" et les prix modérés font que "l'on y revient".

Le Murat ◐ *Brasserie* 17 | 18 | 17 | 60€

16^e^ | 1 bd Murat (Porte d'Auteuil) | 01 46 51 33 17 | www.restaurant-lemurat.com

"On paie pour la branchitude" de cette adresse Costes près de la porte d'Auteuil, mais la cuisine "légère" est généralement "bien faite" ; les convives "médiatisés" et les "habitants de ce quartier bourgeois" qui le fréquentent critiquent "l'indifférence" des "jolies" serveuses, mais "reviennent en confiance" pour le cadre "cosy" avec ses rondins de bois et ses souvenirs napoléoniens.

Muscade *Éclectique/Salon de Thé* - | - | - | M

1er | 36 rue de Montpensier (Palais Royal-Musée du Louvre/Pyramides) | 01 42 97 51 36

Même si la cuisine éclectique "n'est pas aussi goûteuse qu'on aimerait", ce "ravissant" salon de thé avec une terrasse couverte dans les jardins du Palais-Royal est un endroit "formidable pour voir du beau monde" tout en dégustant de "délicieuses salades" et des pâtisseries ; ce n'est pas ce qu'il y a de plus cher dans le coin, raison de plus pour réserver une table en terrasse, ouverte de mars à octobre. P.S. fermé dimanche soir.

Nanashi *Éclectique* - | - | - | PC

3e | 57 rue Charlot (Filles du Calvaire) | 01 44 61 45 49
6e | Bonpoint | 6 rue de Tournon (Mabillon/Odéon) | 01 43 26 14 06
10e | 31 rue du Paradis (Poissonnière) | 01 40 22 05 55 ☒
www.nanashi.fr

Le bentô est bobo dans ce trio de cantines où la cuisine colorée à influence japonaise de Kaori Endo (ex-Rose Bakery) fait le bonheur des végétariens et des créatifs (ainsi que de leurs enfants le week-end, surtout pour les douceurs) ; les prix faciles à avaler sont attirants.

Le Nemrod ◐ *Brasserie* 17 | 15 | 16 | 35€

6e | 51 rue du Cherche-Midi (Sèvres-Babylone/St-Placide) | 01 45 48 17 05 | www.lenemrod.com

Cette "adresse bien utile" près du Bon Marché emballe les accros du shopping en continu avec ses "excellents croque-monsieur", ses "superbes salades" et autres plats "légers" dans un décor de brasserie typique (il y a aussi une grande terrasse "ensoleillée") ; "ne vous attendez pas à entrer comme dans un moulin" car c'est toujours "bondé", mais les prix sont justes et ses fans affirment que les "serveurs sont plus gentils que partout ailleurs" dans le 6e.

Neva ☒ *Contemporaine* - | - | - | M

8e | 2 rue de Berne (Europe/St-Lazare) | 01 45 22 18 91

Installé dans un ancien café du coin aux ravissants lustres 1930, au-dessus de la gare Saint-Lazare, ce "chouette" endroit est "plébiscité" par ceux qui ont réussi à le trouver ; avec ses plats "inventifs" et ses "délicieux desserts", on le considère comme "l'une des meilleures affaires à Paris".

N **Noglu** ☒ *Néobistrot* - | - | - | PC

2e | 16 Passage des Panoramas (Grands Boulevards) | 01 40 26 41 24 | www.noglu.fr

Niché au milieu du passage des Panoramas, Noglu réalise l'exploit d'offrir aux Parisiens une carte 100 % sans gluten et 100 % gourmande, avec des pâtisseries créatives ; le menu restreint, à un prix accessible, change tous les jours selon l'inspiration de la cuisinière. P.S. brunch le samedi.

Nos Ancêtres les Gaulois ◐ *Classique* 13 | 19 | 14 | 43€

4e | 39 rue St-Louis-en-l'Île (Pont-Marie) | 01 46 33 66 07 | www.nosancetreslesgaulois.com

Les enquêteurs se chamaillent sur les mérites de ce "festin" pour Gaulois "turbulents" dans cette taverne "folklorique" de l'île Saint-Louis (murs de pierre, décoration de casques romains, d'animaux empaillés et de peaux de bêtes) ; certes, les ornements "touristiques" ne vont pas attirer les vrais gourmets du buffet à volonté, mais "l'ambiance franchement rigolote" est parfaite pour les "étudiants et les groupes" grâce aux prix très civilisés et au vin "qui coule à flot" faisant oublier la cuisine "ordinaire" lors d'une "virée entre copains".

CUISINE	DÉCOR	SERVICE	PRIX

Noura *Libanaise* 21 | 16 | 17 | 35€

2e | 29 bd des Italiens (Chaussée d'Antin/Opéra) | 01 53 43 00 53 ◐
6e | 121 bd du Montparnasse (Vavin) | 01 43 20 19 19 ◐
16e | 21 av Marceau (Alma Marceau/George V) | 01 47 20 33 33 ◐
16e | 27 av Marceau (Alma Marceau/George V) | 01 47 03 02 20
www.noura.fr

Avec sa cuisine "de qualité" et notamment "un taboulé à découvrir", cette petite chaîne de libanais propose des plats "savoureux" à des tarifs "abordables" (sauf au 21 avenue Marceau, plus haut de gamme que les autres, dont les prix sont "élevés") ; le service est parfois "lent" et la décoration "moderne" n'est "pas extraordinaire", mais il est possible de commander à emporter. P.S. la succursale de Montparnasse propose une "terrasse agréable en été".

Nouveau Village Tao-Tao ◐ *Chinoise/Thaïlandaise* 19 | 14 | 16 | 29€

13e | 159 bd Vincent Auriol (Nationale) | 01 45 86 40 08

Une "clientèle fidèle" apprécie les "diverses" propositions sino-thaïes chez ce survivant du 13e qui est resté une "valeur sûre" ; le décor "traditionnel" (aquarium, chinoiseries, tapis) est peut-être un peu "fatigué", mais au moins le service est "rapide".

L'Office ☒ *Contemporaine* - | - | - | M

9e | 3 rue Richer (Bonne Nouvelle/Cadet) | 01 47 70 67 31

Un nouveau chef pour ce petit bistrot genre loft du 9e toujours à la mode ; sa cuisine à influences asiatiques, déclinée dans un menu qui change toutes les semaines, est "originale", les prix sont accessibles et l'équipe est "chaleureuse", il faut donc impérativement penser à réserver.

L'Ogre ☒ *Bistrot* - | - | - | M

16e | 1 av de Versailles (Av du Pdt Kennedy RER/Mirabeau) | 01 45 27 93 40 | www.restaurant-logre.com

Avec son style urbain chic (éclairage industriel, tuyaux à nu), ce bistrot bobo du 16e près de la Seine (avec vue sur la Tour Eiffel à certaines tables) est un repaire pour carnivores qui y dévorent une "remarquable" viande de bœuf, comme le "steak tartare au couteau" et autres classiques parisiens "revisités" ; ses jeunes patrons "cool" ont élaboré une "superbe" carte des vins tout en gardant les prix au plancher.

Les Ombres *Contemporaine* 21 | 25 | 19 | 80€

7e | Musée du Quai Branly | 27 quai Branly Portail Debilly (Alma Marceau) | 01 47 53 68 00 | www.lesombres-restaurant.com

Un design "magique" tout en verre, conçu par l'architecte Jean Nouvel, donne aux convives "l'incroyable sensation de se retrouver dehors" (bien qu'il y ait aussi une terrasse) dans ce lieu "chic" au-dessus du Musée du Quai Branly et sa vue "fantastique" sur la Tour Eiffel ; beaucoup trouvent la cuisine "moderne" "bien", même si le service "attentionné" est plutôt "moyen" – mais la plupart jugent que la somme "élevée" est justifiée pour une expérience "romantique".

CUISINE	DÉCOR	SERVICE	PRIX

L'Opéra Restaurant *Contemporaine* 19 | 22 | 18 | 68€

9e | Palais Garnier | Place Jacques Rouché (Opéra) | 01 42 68 86 80 | www.opera-restaurant.fr

Avec un design "futuriste" rouge et blanc conçu par l'architecte Odile Decq, juxtaposant les lignes "classiques et modernes", cette table spacieuse propose un cadre "unique" sur deux niveaux dans l'enceinte du vénérable Opéra Garnier ; la carte est "créative", et si certains la trouvent un peu "chère", c'est là une "étape "pratique" lors d'une soirée à l'opéra, surtout quand on aime "voir et être vu".

L'Opportun ◐☒ *Lyonnaise* ▽ 22 | 16 | 19 | 52€

14e | 64 bd Edgar Quinet (Edgar Quinet) | 01 43 20 26 89 | www.lopportun.com

Les carnivores adorent la viande dans ce bistrot de Montparnasse qui fait voisiner avec ses steaks de "qualité" des plats "traditionnels" lyonnais ; le look faux vintage ne plaît pas à tous et l'addition n'est "pas donnée", mais la plupart considèrent qu'il est opportun de goûter à cette "solide" "cuisine de terroir", ravis de "l'accueil chaleureux" du patron "toujours souriant".

L'Oriental *Nord-Africaine* ▽ 23 | 18 | 19 | 37€

9e | 47 av Trudaine (Pigalle) | 01 42 64 39 80 | www.loriental-restaurant.com

Avec ses "délicieux" couscous et tajines, ce petit marocain du 9e vous invite à un "voyage pour les papilles", dans son décor "ethnique" (murs ocre et lampes de la médina) ou sur sa terrasse, à un saut de puce de Pigalle ; c'est une "bonne" adresse avec des prix "raisonnables" et un personnel "agréable".

Orient-Extrême ☒ *Japonaise* 23 | 19 | 20 | 55€

6e | 4 rue Bernard Palissy (St-Germain-des-Prés) | 01 45 48 92 27

Des sushis "honnêtes" façonnés à la main par un "excellent" chef sont le meilleur atout de cette enclave japonaise à Saint-Germain qui attire une "belle" clientèle ; si le service n'est pas tout à fait à la hauteur de la cuisine, on se distrait avec les célébrités qui passent ici de temps en temps.

L'Ostéria ☒☒ *Italienne* 24 | 17 | 20 | 43€

4e | 10 rue de Sévigné (St-Paul) | 01 42 71 37 08 | www.l-osteria.fr

Les habitués de ce "minuscule" "bijou" italien du Marais aux tonalités terracotta notent quelques changements depuis sa reprise par un nouveau patron, le plus évident étant la présence d'une enseigne, qui a "révélé" ce "secret bien gardé" ; mais, avec son risotto "parfait" et ses gnocchis "de rêve", ainsi qu'un service "cordial" et des prix raisonnables, l'adresse attire toujours une "clientèle cool".

Oum el Banine ☒ *Marocaine* ▽ 22 | 19 | 21 | 54€

16e | 16 bis rue Dufrenoy (Porte Dauphine/Rue de la Pompe) | 01 45 04 91 22 | www.oumelbanine-restaurant.fr

Véritable oasis dans le 16e, ce marocain enchante les visiteurs avec de "superbes tajines", couscous et autres plats "goûteux" d'Afrique du Nord, servis en portions généreuses ; le cadre typique inspiré par Fez est "réchauffé" par un service engageant, donc même si ça n'est pas donné, la plupart y trouvent leur plaisir. P.S. il faut réserver.

Ozo *Contemporaine* ▽ 25 | 21 | 21 | 36€

4e | 37 rue Quincampoix (Rambuteau) | 01 42 77 10 03 | www.ozoresto.com

"L'alchimie vous transporte vers de nouvelles contrées gustatives" avec les "délicieuses" compositions à la formule "originale", qui vous permettent de choisir les saveurs (viande/poisson, sauces, accompagnements) à cette table française contemporaine (et bar à cocktails) du 4e, qui réserve un accueil "sympathique" dans une ambiance "zen" et "calme" ; les prix sont un peu élevés, mais "pour fêter une occasion, c'est la destination idéale". P.S. brunch le dimanche à partir de 11h.

Le Palanquin ☒ *Vietnamienne* ▽ 24 | 14 | 21 | 46€

6e | 12 rue Princesse (Mabillon/St-Germain-des-Prés) | 01 43 29 77 66

La "cuisine familiale" vietnamienne - dont un *banh cuon* (ravioli vapeur) jugé par ses adeptes comme "l'un des meilleurs plats au monde" - est "toujours excellente après toutes ces années" chez ce vétéran de Saint-Germain décoré de pierres apparentes et de vieilles poutres ; il attire un mélange d'habitués et de visiteurs anglophones qui apprécient le "service amical" et les prix courants.

N Pan ☒☒ *Bistrot* - | - | - | M

10e | 12 rue Martel (Château d'Eau) | 09 52 51 63 70

Une table d'ambiance au décor personnel : mobilier vintage et tissus muraux originaux habillent du sol au plafond cette ancienne boutique de luminaires ; la clientèle branchée du 10e, et même au-delà, y vient aussi pour la côte de bœuf et pommes de terre rôties ou la glace au yaourt, citron et huile d'olive.

Le Pantruche ☒ *Bistrot* ▽ 24 | 17 | 22 | 49€

9e | 3 rue Victor Massé (Pigalle/St-Georges) | 01 48 78 55 60 | www.lepantruche.com

Ce "délicieux" bistrot contemporain, dans une "petite rue de Pigalle", a été "pris d'assaut" par les "jeunes du quartier" qui viennent ici pour les "superbes" plats mitonnés par un chef "talentueux" (ex-Bristol) ; cet ancien café a été refait dans un style rétro glam, où évoluent les agréables "beaux gosses" à qui il appartient - ici "on en a vraiment pour son argent".

Les Papilles ☒☒ *Classique* 25 | 20 | 24 | 47€

5e | 30 rue Gay-Lussac (Luxembourg) | 01 43 25 20 79 | www.lespapillesparis.fr

"Il faut absolument réserver" une table dans ce bistrot-cave à vins un peu "déjanté" du Quartier latin, qui est devenu l'un des endroits les plus populaires de la rive gauche grâce à ses "excellents" classiques à base de produits "du marché", son patron "aimable" et son service "courtois" ; les convives choisissent leur bouteille parmi "l'incroyable" sélection présentée sur les étagères, et tout le monde déguste le menu unique d'un "bon rapport qualité-prix".

CUISINE | DÉCOR | SERVICE | PRIX

Le Parc aux Cerfs *Bistrot* — 20 | 17 | 19 | 45€

6e | 50 rue Vavin (Notre-Dame-des-Champs/Vavin) | 01 43 54 87 83

Comme "une vieille paire de mocassins", ce pilier "de quartier" à Montparnasse prodigue du "bien-être" sous la forme de plats de bistrot "traditionnels" et d'un "service obligeant" dans un cadre 1930 "typique" mais un peu fatigué ; les prix sont raisonnables pour le secteur, et l'ambiance, "romantique", surtout sur la petite terrasse juste derrière.

Paris-Hanoï *Vietnamienne* — 23 | 17 | 17 | 21€

11e | 74 rue de Charonne (Ledru-Rollin) | 01 47 00 47 59 | www.parishanoi.fr

Cette "cantine" vietnamienne "hors des sentiers battus" du 11e sert des plats "copieux et appétissants" dans un décor "sans prétention" et "intime" (certains disent "serré") ; elle est extrêmement "prisée", ce qui explique "le monde qui attend" souvent à l'extérieur, mais avec le service "simple" et les tarifs "raisonnables", la visite "vaut le coup" si vous n'êtes "pas pressé".

[N] **Pascade** [W] *Contemporaine* — - | - | - | PC

2e | 14 rue Daunou (Opéra) | 01 42 60 11 00 | pascade-alexandre-bourdas.com

Dans une discrète cantine chic proche de la place Vendôme dans le 2e arrondissement, c'est une spécialité auvergnate qui sert de base à chaque plat : la pascade ; cette crêpe épaisse est garnie des préparations gastronomiques d'Alexandre Bourdas, chef à Honfleur – lotte au citron vert, gigot d'agneau ou pruneaux à l'armagnac... et le tout à un prix abordable.

Passage 53 [Ø][L] *Haute Cuisine* — 27 | 19 | 24 | 108€

2e | 53 passage des Panoramas (Bourse/Grands Boulevards) | 01 42 33 04 35 | www.passage53.com

"Merveilleuse trouvaille" (mais "difficile à trouver"), ce petit "bijou" "caché" dans un passage couvert du XIXe siècle (dans le 2e arrondissement) est une "révélation gastronomique" grâce aux créations "hyper inventives" d'inspiration japonaise du chef Shinichi Sato, servies par une équipe "attentive" dans un espace qui vient d'être modernisé (ce qui ne se reflète pas dans la note Décor) ; il faut s'attendre à "partir avec un grand trou dans le porte-monnaie, mais le sourire au lèvres". P.S. "montez le vieil escalier en colimaçon pour voir les chefs au travail" (et faites attention si vous avez pioché dans la "belle carte des vins").

Passiflore [Ø][L] *Asiatique/Classique* — 23 | 20 | 21 | 74€

16e | 33 rue de Longchamp (Boissière/Trocadéro) | 01 47 04 96 81 | www.restaurantpassiflore.com

A la "merveilleuse" table de Roland Durand près du Trocadéro, on profite "de tout ce qui fait un excellent restaurant" : un service "attentif", une belle carte des vins et une "cuisine sérieuse" et "raffinée", "épicée avec imagination" (le chef adore réveiller les plats français avec des ingrédients asiatiques) ; l'intérieur violet et or brille d'une sorte de clinquant "serein", qui fait de nombreux heureux malgré des additions un peu élevées.

Les Pâtes Vivantes *Chinoise* 21 | 14 | 15 | 20€

5e | 22 bd St-Germain (Maubert-Mutualité) | 01 40 46 84 33
9e | 46 rue du Faubourg Montmartre (Le Peletier) | 01 45 23 10 21
www.lespatesvivantes.net

"Les nouilles faites à la main devant vous" pour en faire de "délicieuses" recettes "originales" et "savoureuses" constituent un "vrai spectacle" dans ces deux chinois du 5e et du 9e : "quel souvenir en bouche pour une dizaine d'euros seulement!" ; oubliez la décoration asiatique un peu "basique", "qui n'a rien d'exceptionnel", et le service "moyen", il faut venir pour "le plaisir de voir la dextérité des cuisiniers". P.S. on peut emporter.

Paul Chêne *Classique* 23 | 19 | 23 | 84€

16e | 123 rue Lauriston (Trocadéro) | 01 47 27 63 17 | www.paulchene.com

Une "chaleureuse" atmosphère émane de cette salle "simple", "à l'ancienne", "loin des sentiers battus" du 16e, "un vrai classique" avec son menu qui ramène les convives "à une époque où les sauces étaient des œuvres d'art" et "la teneur en gras, jamais un problème" ; c'est "très cher", mais "il faudrait y aller au moins une fois", surtout pour goûter la sélection de "cognacs et d'armagnacs à mourir". P.S. fermé samedi midi et dimanche.

Le Pavillon du Lac *Classique/Contemporaine* 19 | 24 | 20 | 58€

19e | Parc des Buttes-Chaumont | Entrée pl Armand Carrel (Laumière) | 01 42 00 07 21 | www.lepavillondulac.fr

Cet endroit relativement secret dans le parc des Buttes-Chaumont est l'adresse rafraîchissante par excellence grâce à son "agréable terrasse" et son cadre bucolique ; les plats d'une certaine "qualité" sont un peu chers et le service se laisse souvent "déborder", mais les fans apprécient l'occasion de prendre un bon bol d'air en ville, surtout les soirées d'été avec musique live ou DJs.

Pavillon Ledoyen *Haute Cuisine* 25 | 26 | 24 | 181€

8e | 1 av Dutuit (Champs-Élysées-Clemenceau/Concorde) | 01 53 05 10 01 | www.ledoyen.com

"Remarquablement bien située" dans un pavillon Napoléon III au milieu des jardins du bas des Champs-Élysées, cette adresse emballe par "l'exceptionnelle" cuisine du chef Christian Le Squer, mise en valeur par "le ravissant cadre" de verdure autour de la salle à manger (la veste est obligatoire) conçue par Jacques Grange ("quelle pièce!") ; un service "protocolaire" et "très vigilant" ajoute à cette expérience "surannée" "inoubliable" - prière de "se munir de son portefeuille d'obligations" pour assurer cette "dépense somptuaire".
P.S. réservation obligatoire.

Pavillon Montsouris *Classique* 22 | 25 | 22 | 74€

14e | Parc Montsouris | 20 rue Gazan (Porte d'Orléans) | 01 43 13 29 00 | www.pavillon-montsouris.fr

"Le cadre est magique" - une salle à manger sous verrière et une terrasse donnant sur la verdure du "magnifique" parc Montsouris - et la plupart des clients apprécient la "précision des saveurs" des plats classiques bien français ; le personnel "attentif" est aux petits soins en toute occasion, pour un "dîner romantique à deux ou une sortie en famille", alors, même si "c'est un peu cher", cela "vaut la peine".

Le Père Claude *Classique* 21 | 15 | 18 | 60€

15e | 51 av de La Motte-Picquet (La Motte-Picquet-Grenelle) | 01 47 34 03 05 | www.lepereclaude.com

Investissez ce paradis des "amateurs de viande" du 15e, où l'on voit "peu de touristes", une adresse huppée "appréciée" pour "sa bonne cuisine traditionnelle", dont les grillades méritent des éloges ainsi que les "délicieuses cuisses de grenouilles" ; c'est cher et le look n'a pas beaucoup changé depuis les années 60, mais "c'est une valeur sûre" qui bénéficie d'un "service efficace".

Pères et Filles *Bistrot* 17 | 16 | 17 | 39€

6e | 81 rue de Seine (Mabillon/Odéon) | 01 43 25 00 28 | www.peres-et-filles.com

Situé au cœur de Saint-Germain-des-Prés, ce petit bistrot "branché" avec son ambiance "conviviale" attire naturellement un mélange de touristes qui cherchent à se détendre et d'habitués "qui se retrouvent entre copains" ; cela peut donc devenir "super bruyant", mais au moins la bonne cuisine classique y est "servie généreusement" à des prix modérés, et l'endroit vient d'être modernisé (ce qui n'apparaît pas dans la note Décor). P.S. il faut réserver, surtout pour la terrasse.

Perraudin *Bistrot* 18 | 19 | 19 | 34€

5e | 157 rue St-Jacques (Cluny La Sorbonne/Luxembourg) | 01 46 33 15 75 | www.restaurant-perraudin.com

Le décor "à l'ancienne" (pensez nappes en vichy) de ce "charmant" bistrot rive gauche plaît tout autant que sa cuisine traditionnelle "sans prétention" ; une "atmosphère relax" et des "serveurs sympas" sont des atouts supplémentaires, mais c'est vraiment les prix plancher qui attirent les étudiants de la Sorbonne voisine.

Le Perron ☒ *Italienne* - | - | - | M

7e | 6 rue Perronet (Rue du Bac/St-Germain-des-Prés) | 01 45 44 71 51 | www.restaurantleperron.fr

"Vu le nombre d'Italiens présents ici, c'est sûrement une bonne adresse" pour déguster des pâtes ou un risotto sur la rive gauche à Saint-German-des-Prés dans le 7e ; l'endroit est très prisé aussi par les éditeurs, antiquaires, galeristes et quelques têtes connues, qui apprécient les prix modérés et "l'atmosphère chaleureuse" des poutres et pierres apparentes.

Le Petit Châtelet *Classique* ▽ 22 | 22 | 24 | 35€

5e | 39 rue de la Bûcherie (St-Michel) | 01 46 33 53 40

Avec son emplacement "hautement touristique" près de la Seine en face de Notre-Dame, cette petite maison ancienne au toit à deux pans séduit par la "vue spectaculaire" qu'elle offre sur la cathédrale autant que par ses plats classiques "délicieux" à prix "raisonnables" ; naturellement, on peut s'y sentir "un peu à l'étroit sur la terrasse", mais les serveurs "attentifs et sympas" font en sorte que tout se passe bien.

Le Petit Cheval de Manège ☒☑ *Bistrot* - | - | - | PC

11e | 5 rue Froment (Bréguet-Sabin) | 09 82 37 18 52
La carte est limitée, mais du coup les prix le sont aussi dans ce bistrot du 11e qui sert des produits du marché bien choisis ; un sol en kaleidoscope de carrelage et des murs rouge carmin en font une belle adresse dans ce quartier déjà bien loti en restaurants.

La Petite Cour *Contemporaine* 20 | 22 | 21 | 71€

6e | 8 rue Mabillon (Mabillon/St-Germain-des-Prés) | 01 43 26 52 26 | www.lapetitecour.fr
Si la terrasse-jardin en contrebas - "un îlot de verdure et de tranquillité" - rend cette adresse "inventive" très prisée en été près de l'église Saint-Sulpice, ses fans viennent aussi pour son "charmant" intérieur "romantique" ; les prix ne sont pas petits, mais on y apprécie grandement un "service attentif mais détendu". P.S. l'arrivée du nouveau chef n'est pas prise en compte dans la note Cuisine.

La Petite Sirène de Copenhague ☒☑ *Danoise* ▽ 25 | 18 | 24 | 60€

9e | 47 rue Notre-Dame-de-Lorette (St-Georges) | 01 45 26 66 66
Le "merveilleux" chef-patron danois "s'occupe vraiment de ses clients" dans son enclave nordique "intime" du 9e aux murs tout blancs, il s'assure que le service est "excellent" et que le repas est "superbe" ; les additions sont un peu "élevées", mais c'est "parfait" pour un "dîner romantique". P.S. fermé le samedi midi.

Les Petites Sorcières de Ghislaine Arabian ☒☑ *Nord* 25 | 16 | 19 | 55€

14e | 12 rue Liancourt (Denfert-Rochereau) | 01 43 21 95 68
En plein regain de popularité grâce à la présence de sa chef-patronne Ghislaine Arabian à l'émission Top Chef, ce bistrot souvent "bondé" et "bruyant" est à la hauteur de sa réputation avec une cuisine du Nord et de la Belgique "toujours inspirée" ; la salle basique aux murs blancs n'a rien de formidable, mais les convives sont traités "avec élégance et amabilité" et les prix sont justes, ce qui pour beaucoup est "un vrai plaisir".

Le Petit Lutetia *Brasserie* 17 | 19 | 18 | 46€

6e | 107 rue de Sèvres (Notre-Dame-des-Champs/Vaneau) | 01 45 48 33 53 | www.lepetitlutetia.com
Mitoyenne de l'hôtel Lutetia, sur la rive gauche, cette brasserie de quartier "haut de gamme" charme par son "service souriant" et son "ravissant" décor Belle Époque "authentique" ; à côté des plateaux de fruits de mer préparés sur le stand de l'écailler à l'extérieur, une cuisine "simple" "comme chez maman", quoique un peu plus chère.

Le Petit Marché ◐ *Contemporaine* 23 | 18 | 21 | 37€

3e | 9 rue de Béarn (Chemin-Vert) | 01 42 72 06 67
Cette "chic adresse de quartier du Marais" sort du lot grâce à son "excellente" cuisine contemporaine aux accents asiatiques (on y

trouve aussi quelques standards bistrotiers) servie par une équipe "dans le coup" mais pas "prétentieuse", qui lui donne une "chaleureuse atmosphère de café du coin" ; et comme c'est "une vraie affaire", "il est recommandé de réserver dans ce lieu "bruyant" et "exigu" décoré de pierres et de poutres apparentes.

Le Petit Marius ◐ *Poisson* 20 | 16 | 18 | 59€

8ᵉ | 6 av George V (Alma Marceau) | 01 40 70 11 76 | www.lepetitmarius.com

À deux pas des Champs-Élysées, l'annexe du fameux spécialiste de la mer Marius et Janette, juste à côté, attire les marins d'eau douce par ses prix "plus raisonnables" pour du poisson "vraiment frais" servi avec aplomb (mais comme cela reste cher, certains disent "allez à côté et payez un peu plus pour manger mieux") ; l'ambiance est "détendue" sur l'agréable terrasse ou dans la salle "sans prétention", avec parquet et boiseries, sculptures de poissons et grand miroir ovoïde.

Le Petit Niçois *Provençale* ▽ 20 | 18 | 19 | 46€

7ᵉ | 10 rue Amélie (La Tour-Maubourg) | 01 45 51 83 65 | www.lepetitnicois.com

La bouillabaisse maison "est un repas pour deux" dans cette enclave niçoise contemporaine en plein cœur du 7e ; le service "sympa" et les prix raisonnables pour le quartier sont appréciés par ceux qui cherchent à passer une soirée provençale sans quitter Paris.

Le Petit Pergolèse 🅆 *Bistrot* 25 | 19 | 21 | 63€

16ᵉ | 38 rue Pergolèse (Argentine/Porte Maillot) | 01 45 00 23 66

"On se sent comme à la maison" dans le "bijou" du "sympathique" propriétaire Albert Corre, dans le 16e : un "accueil chaleureux" est suivi par un "excellent" mélange (quoique "cher") de plats contemporains et de bistrot, servis dans un décor pop art "branché" ; les habitués ne veulent "divulguer l'adresse qu'aux amis les plus proches", sinon il sera encore plus difficile d'y réserver une table.

Le Petit Pontoise *Bistrot* 25 | 18 | 23 | 50€

5ᵉ | 9 rue de Pontoise (Maubert-Mutualité) | 01 43 29 25 20

"Tout ce dont on rêve" dans un "bistrot parisien" devient réalité quand on pénètre dans ce lieu "chaleureux" et "accueillant" du Quartier latin qui sert une "nourriture roborative" "spectaculaire" ; les prix "raisonnables" en font un favori des gens du quartier, des touristes et des étudiants, et c'est pourquoi "il faut réserver".

Le Petit Rétro 🅆 *Bistrot* ▽ 18 | 20 | 20 | 51€

16ᵉ | 5 rue Mesnil (Victor Hugo) | 01 44 05 06 05 | www.petitretro.fr

Oui, ce bistrot du 16e est à la fois petit et rétro, avec une ambiance "fin de siècle authentique" agrémentée de carrelage fleuri style Belle Époque et d'une "ancienne machine à café en cuivre" ; si la plupart adorent le "charmant" décor, les opinions sur la cuisine traditionnelle sont plus nuancées, certains la trouvant plutôt "correcte" et d'autres, "médiocre", mais le service "avenant" et les additions digestes pour ce quartier cher font pencher la balance en sa faveur.

	CUISINE	DÉCOR	SERVICE	PRIX

Le Petit Saint Benoît ☒⇏ *Classique* 16 | 17 | 18 | 31€

6e | 4 rue St-Benoît (St-Germain-des-Prés) | 01 42 60 27 92 | www.petit-st-benoit.fr

"Apparemment inchangé depuis la nuit des temps" (1901), ce bistrot au style "classique" sert des "plats basiques" qui "ne feront pas exploser le budget" au cœur d'un Saint-Germain "cher" ; un espace "vraiment au coude à coude" et un service "utilitaire" ne rebutent pas les fans qui ne "s'attendent à rien de recherché ici", comme par exemple une machine pour cartes de crédit.

Le Petit Victor Hugo ◐ *Classique* 19 | 19 | 18 | 46€

16e | 143 av Victor Hugo (Rue de la Pompe/Victor Hugo) | 01 45 53 02 68 | www.petitvictorhugo.com

"Avec une merveilleuse atmosphère pour un jour de pluie (ou une belle journée)" - grâce à la cheminée et à la terrasse ombragée - ce grand "point de rencontre" "de quartier" du 16e propose une carte "variée" de grands classiques dans un décor "années 70 vintage", "à la limite du kitsch" ; une équipe "sympa" et des prix "raisonnables" apportent la touche finale.

Le Petit Zinc ◐ *Bistrot* 19 | 20 | 18 | 54€

6e | 11 rue St-Benoît (St-Germain-des-Prés) | 01 42 86 61 00 | www.petitzinc.com

"Touristique, oui", mais ce bistrot "classique" de Saint-Germain (qui fait partie du groupe Flo) est une "bonne adresse" "sympa" proposant une carte "solide" à prix modérés, dont un "fabuleux plateau de fruits de mer" ; "notable" aussi, le "splendide" décor Art nouveau très coloré (essayez de trouver une seule ligne droite ici).

Petrelle ☒☑ *Contemporaine* ▽ 25 | 23 | 20 | 83€

9e | 34 rue Pétrelle (Anvers) | 01 42 82 11 02 | www.petrelle.fr

Le "superbe cadre romantique" - une enseigne "cosy" du 9e, "loin des sentiers battus", "intelligemment" décorée de plantes, de fleurs et de curiosités - combiné à une "délicieuse" cuisine bistronomique servie avec discrétion, attire les célébrités en goguette et le beau monde du quartier ; OK, c'est "cher" et il "n'y a pas beaucoup de choix sur la carte", mais "ne vous en faites pas : ils sont tous bons".

Pétrus ◐ *Brasserie* 23 | 21 | 22 | 101€

17e | 12 pl du Maréchal Juin (Pereire) | 01 43 80 15 95

"Très française" et "haut de gamme", cette brasserie "stylée" du 17e attire aussi bien les célébrités que les décideurs sur note de frais qui peuvent s'offrir ce cadre "agréable" aux lumières tamisées comme toile de fond à une "excellente" cuisine "traditionnelle" comprenant "de superbes poissons" et des grillades ; le service est "attentif" et, en bonus, c'est ouvert le dimanche.

Pharamond ☒☑ *Classique* 18 | 20 | 17 | 59€

1er | 24 rue de la Grande Truanderie (Étienne Marcel/Les Halles) | 01 40 28 45 18 | www.pharamond.fr

Le décor Belle Époque "suggestif", avec ses ravissantes céramiques, attire les esthètes gourmets dans ce vieux classique des Halles (depuis 1832), connu pour ses "excellentes tripes" à la mode de Caen et autres plats normands (formidables "quand on aime la crème fraîche") ; si les prix sont tout sauf démodés, c'est "toujours un plaisir" de se remettre entre les mains du personnel "gracieux" de ce "classique à l'ancienne".

Philippe Excoffier *Classique* 23 | 21 | 22 | 57€

7e | 18 rue de l'Exposition (École Militaire) | 01 45 51 78 08 | www.philippe-excoffier.fr

"Fréquentée par des habitués du quartier", cette auberge bien tenue du 7e (près de la Tour Eiffel) sert une "cuisine traditionnelle" qui "a du flair" dans un beau cadre "rappelant le style d'antan" ; les prix sont au goût du jour, mais les scores récompensent les nouveaux patrons, le chef Philippe Excoffier et sa femme Michèle, dont les fans estiment qu'ils ont "redonné une nouvelle vie" à l'endroit.

Les Philosophes *Bistrot* 19 | 18 | 19 | 33€

4e | 28 rue Vieille du Temple (St-Paul) | 01 48 87 49 64 | www.cafeine.com

Mettant à l'honneur les produits frais, ce bistrot du Marais cuisine des plats "créatifs" et de "bonne facture", et renouvelle "sans cesse" ses plats du jour à des prix "raisonnables" ; "il faut y aller plus pour le cadre" "chaleureux", "un peu brasserie, mais plus intime" (n'oubliez pas d'essayer les toilettes avec leur mosaïque grecque et leurs citations de Kant), et le service "agréable" et "rapide", propices à "une bonne soirée en perspective".

Philou *Bistrot* ▽ 21 | 16 | 19 | 43€

10e | 12 av Richerand (Goncourt) | 01 42 38 00 13

Une clientèle "jeune et enthousiaste" "allume" le "smartphone" pour localiser cet "endroit branché", "pas facile à trouver", près du canal Saint-Martin dans le 10e, qui propose à l'ardoise une cuisine bistrotière "créative" de "qualité" ; la salle est "chaleureuse" et contemporaine, le service est solide, et c'est une "bonne affaire".

Le Pichet de Paris *Poisson* ▽ 22 | 16 | 20 | 82€

8e | 68 rue Pierre Charron (Franklin D. Roosevelt) | 01 43 59 50 34 | www.lepichetparis.com

Ce"bijou" près des Champs-Élysées propose de "bons" produits de la mer et un service pro dans une "atmosphère de brasserie de quartier" ; alors, même si elle n'est "plus autant fréquentée par la jet set" qu'auparavant, l'adresse en vaut la peine "si vous avez les moyens".

Pierre au Palais Royal *Contemporaine* 22 | 19 | 19 | 69€

1er | 10 rue de Richelieu (Palais Royal-Musée du Louvre) | 01 42 96 09 17 | www.pierreaupalaisroyal.fr

Avec son "emplacement fantastique" juste à côté du Palais-Royal, cette bonne table pour "repas d'affaires" attire aussi une clientèle d'habitués qui peuvent s'offrir sa "savoureuse" cuisine et apprécier son service "aimable" dans un confortable décor contemporain. P.S. l'arrivée du nouveau chef qui cuisine plus contemporain et plus gastronomique n'apparaît pas dans le score Cuisine.

	CUISINE	DÉCOR	SERVICE	PRIX

Pierre Gagnaire *Haute Cuisine* 28 | 24 | 28 | 208€

8e | 6 rue Balzac (Charles de Gaulle-Étoile/George V) | 01 58 36 12 50 | www.pierre-gagnaire.com

"Pierre n'a pas de pair", affirment les admirateurs de cette toque de talent dont l'accueil "aimable" n'a d'égal que son "génie" en cuisine, concoctant des "explosions de saveurs" qui rendent "chaque bouchée" mémorable quand on vient déguster sa grande cuisine dans le 8e, tout près des Champs-Élysées ; le service est aussi "extraordinaire" que les plats apportés avec style aux tables "bien espacées" de cet intérieur "romantique" et "contemporain", aux tonalités terracotta ; alors "vendez tout et venez dîner ici" pour une expérience qui vous "changera la vie".

N **Pierre Sang in Oberkampf** Ø *Contemporaine* - | - | - | M

11e | 55 rue Oberkampf (Parmentier) | www.pierresangboyer.com

Demi-finaliste de Top Chef 2011, Pierre Sang Boyer a implanté sa première adresse dans le 11e qui bouge ; autour du long comptoir, on ne perd pas une miette de la préparation des petits plats d'inspiration franco-coréenne, arrosés d'une sélection originale de vins au verre, dans une ambiance très bon enfant, à l'image du chef.

Pinxo *Contemporaine* 23 | 22 | 23 | 66€

1er | Renaissance Paris Vendôme | 9 rue d'Alger (Tuileries) | 01 40 20 72 00 | www.pinxo.fr Ø

6e | 82 rue Mazarine (Mabillon/Odéon) | 01 43 54 02 11 | www.alaindutournier.com

Son approche "aventureuse" et "moderne de la cuisine du Sud-Ouest", avec des plats "style tapas" et des vins "très intéressants" distingue ce restaurant d'hôtel près des Tuileries, et son annexe du 6e, sous l'ègide du chef Alain Dutournier ; le service est "bien rodé" et une "atmosphère détendue" prévaut dans les salles minimalistes "stylées". P.S. "si vous aimez voir les chefs au travail, installez-vous au comptoir".

Pizza Chic *Pizza* 21 | 18 | 17 | 37€

6e | 13 rue de Mézières (St-Sulpice) | 01 45 48 30 38 | www.pizzachic.fr

Faisant honneur à son nom - avec des pizzas "parfaitement cuites" et un look chic "contemporain" - cette adresse de Saint-Germain offre un break "relax" qui "change de la routine des repas avec trois ou quatre plats", courante dans la plupart des restaurants parisiens ; c'est peut-être "assez cher" pour des pizzas, mais le service "accommodant" et l'option 'à emporter' sont des atouts supplémentaires.

Pizza di Loretta K *Pizza* 22 | 18 | 19 | 23€

9e | 62 rue Rodier (Anvers) | 01 48 78 42 56 | www.pizzadiloretta.com

Cette "bonne" pizzeria italienne proche d'Anvers vous propose une carte "variée" et " fournie" de "pizzas fines", vendues à la portion, à un "prix abordable" ; le personnel, parfois "un peu lent" est "agréable", "serviable" et vous accueille dans un cadre "sympathique".

	CUISINE	DÉCOR	SERVICE	PRIX

Polidor ◐⊄ *Bistrot* — 15 | 18 | 16 | 35€

6ᵉ | 41 rue Monsieur-le-Prince (Luxembourg/Odéon) | 01 43 26 95 34 | www.polidor.com

"Imaginez Paris il y a cent ans", et ce bistrot "historique" de la rive gauche vous vient à l'esprit, comme à celui de Woody Allen qui y a tourné une scène de *Minuit à Paris* ; la cuisine est tout aussi "classique", parfois "préparée à la va-vite" et servie par une équipe qui oscille entre "amicale" et "revêche", mais même le fait de n'accepter que les espèces ne décourage pas les "anciens de la Sorbonne" et les "touristes" qui s'y attablent pour des repas "peu chers".

Pottoka *Bistrot* — - | - | - | M

7ᵉ | 4 rue de l'Exposition (École Militaire) | 01 45 51 88 38 | www.pottoka.fr

Ce bistrot relax à tendance basque dans le 7e (par deux anciens des Fables des la Fontaine) sait y faire avec le cochon sous toutes ses formes ; les tables en bois sont un peu serrées dans l'espace aux tonalités de vert et de gris, à peu près aussi restreint que les additions au déjeuner (pour le dîner il faut un portefeuille mieux garni).

La Poule au Pot ◐☑ *Bistrot* — 22 | 18 | 21 | 50€

1ᵉʳ | 9 rue Vauvilliers (Châtelet-Les Halles/Louvre-Rivoli) | 01 42 36 32 96 | www.lapouleaupot.com

"Oui, c'est un cliché, mais les clichés peuvent s'appuyer sur des choses vraies et bonnes", comme les plats "maison" à l'ancienne (par exemple "l'énorme" poule au pot, "l'incroyable" confit de canard) servis par une équipe "maternelle" dans la salle "au style campagnard" de ce "charmant" "vieux" bistrot des Halles ; les prix sont corrects, et les noctambules apprécient l'ouverture jusqu'à 5 heures du matin.

Pramil ☑ *Bistrot* — 28 | 19 | 26 | 47€

3ᵉ | 9 rue du Vertbois (Arts et Métiers/Temple) | 01 42 72 03 60 | www.pramilrestaurant.fr

"Stylé, petit" et "une remarquable affaire étant donné la qualité", ce bistrot près de la place de la République reçoit les félicitations pour sa cuisine "délicate et imaginative" ; avec son atmosphère "détendue mais de standing", c'est "franchement le meilleur restaurant dans le coin", qui charme aussi par son "merveilleux" service – en somme, il est "hautement recommandé".

Le Pré Catelan ☒☑ *Haute Cuisine* — 26 | 27 | 26 | 155€

16ᵉ | Bois de Boulogne | Route de Suresnes (Pont-de-Neuilly/Porte Maillot) | 01 44 14 41 14 | www.precatelanparis.com

C'est "comme de prendre un repas dans son palais privé" disent les enquêteurs de cette "beauté" "à couper le souffle" au milieu du bois de Boulogne (une course assez chère en taxi depuis le centre de Paris) ; les créations du chef Frédéric Anton, "d'un clacissisme créatif", sont "superbes", le cadre "élégant" se veut "habillé et romantique", avec un service "impeccable", mais les prix "extravagants" font qu'on n'y va que "pour les grandes occasions". P.S. fermé dimanche et lundi.

	CUISINE	DÉCOR	SERVICE	PRIX

Le Pré Verre ☒☒ *Contemporaine* 23 | 14 | 19 | 39€

5e | 8 rue Thénard (Maubert-Mutualité) | 01 43 54 59 47 | www.lepreverre.com

"De merveilleuses surprises épicées" donnent un côté "mondialiste" à cette adresse du Quartier latin qui, "malheureusement, est connue de tout le monde" ; l'espace "minimaliste" du rez-de-chaussée est toujours "bruyant" et "bondé" ("évitez le sous-sol"), mais le personnel est "attentif" bien que "surchargé" et c'est "l'une des meilleures affaires de Paris".

Le Procope ◐ *Classique* 17 | 24 | 18 | 55€

6e | 13 rue de l'Ancienne Comédie (Odéon) | 01 40 46 79 00 | www.procope.com

C'est "comme si l'on voyageait dans le temps et qu'on se retrouvait avec "Tocqueville", "Rousseau" et "Benjamin Franklin" au milieu des dorures de cette "destination touristique" de Saint-Germain : on y vient aussi bien "pour faire tamponner son ticket de plus-vieux-café-du-monde" que pour le menu classique, "traditionnel" et un peu "ordinaire" ; le service a ses hauts et ses bas, mais les prix sont corrects et c'est une "véritable visite historique".

Prunier ☒ *Poisson* 24 | 23 | 23 | 101€

16e | 16 av Victor Hugo (Charles de Gaulle-Étoile) | 01 44 17 35 85

Café Prunier ☒ *Poisson*

8e | 15 pl de la Madeleine (Madeleine) | 01 47 42 98 91 www.prunier.com

Comme si les "incroyables" fruits de mer, le saumon fumé et le caviar n'étaient pas suffisants, cette "extravagance marine" chic et "chère" (à deux pas de l'Étoile, "c'est le 16e" !) se distingue aussi par un service "professionnel" et une "sublime" salle à manger Art déco (plus des petits salons privés en haut) et par son superbe bar en pierre noire parsemé de mosaïques dorées ; il y a aussi un petit frère plus décontracté dans le 8e, au style marin contemporain bleu et or.

Le P'tit Troquet ☒ *Bistrot* 22 | 19 | 23 | 43€

7e | 28 rue de l'Exposition (École Militaire) | 01 47 05 80 39

"Des repas formidables" à des prix relativement "abordables" sont servis par une famille "amicale" et "gracieuse" dans ce bistrot "tranquille" près de la Tour Eiffel, très populaire, surtout auprès des visiteurs "américains" ; par contre l'espace "pittoresque" de bric et de broc est très "petit", donc "il vaut mieux réserver".

Pur' *Contemporaine* 24 | 23 | 22 | 131€

2e | Park Hyatt Paris-Vendôme | 5 rue de la Paix (Opéra) | 01 58 71 12 34 | www.paris-restaurant-pur.fr

Un "beau" design circulaire (par Ed Tuttle, qui a signé plusieurs complexes hôteliers à Aman) confère à cette salle à manger du Park Hyatt un caractère "intime" et "romantique", tandis que la cuisine ouverte permet d'observer de près "l'incroyable" art culinaire du chef Jean-François Rouquette ; la plupart trouvent le service "cordial" mais souhaiteraient "un effort sur les prix", qui sont purement astronomiques. P.S. au dîner seulement et fermé en août.

	CUISINE	DÉCOR	SERVICE	PRIX

Le Quai ☑ *Contemporaine* 19 | 24 | 19 | 50€

7e | Quai Anatole France - Port de Solférino (Solférino) | 01 44 18 04 39 | www.restaurantlequai.com

À bord de cette péniche amarrée devant le musée d'Orsay, le "joli" pont offre une belle vue sur la Seine et son cadre cosy met en valeur "l'ambiance bateau-maison" ; on paye pour le cadre, bien sûr, mais le service est top et la cuisine française "agréable" au déjeuner (pas de dîner). P.S. on y sert aussi un "excellent brunch" le dimanche.

Quai Ouest ◐ *Éclectique* 14 | 19 | 13 | 48€

Saint-Cloud | 1200 quai Marcel Dassault (Pont-de-St-Cloud) | 01 46 02 35 54 | www.quai-ouest-restaurant.com

Dans une barge au bord de la Seine, en face du bois de Boulogne, on vous accueille dans une "ambiance agréable" et "élégante" dans un "grand" salon (parfois "bruyant" quand il y a des groupes) où la cuisine française n'est "qu'ordinaire" pour un endroit "de ce standing" ; certains disent que le service peut être "lent", et si les prix sont "un peu chers", la "vue" permet de compenser, surtout le soir lorsqu'on peut profiter de "l'éclairage à la bougie".

Quai-Quai ☒☑ *Bistrot* 18 | 20 | 18 | 50€

1er | 74 quai des Orfèvres (Pont Neuf) | 01 46 33 69 75 | www.quai-quai-restaurant.com

Au cœur de Paris mais "à l'écart du stress urbain" sur l'île de la Cité, ce "mignon" bistrot "cosy" décoré avec du bois recyclé propose un "accueil chaleureux" et une nourriture "sans prétention mais bien cuisinée" ; c'est d'un "bon rapport qualité-prix".

Le 404 ◐ *Marocaine* 20 | 23 | 17 | 45€

3e | 69 rue des Gravilliers (Arts et Métiers) | 01 42 74 57 81 | www.404-resto.com

C'est "un peu comme la casbah" dans ce marocain des Arts et Métiers, grâce au décor d'inspiration "riad" tout à fait "dépaysant", avec ses couscous et tajines "délicieusement parfumés" ; même si l'on y est "un peu à l'étroit" et que parfois le service peut être "précipité" – surtout pendant le premier service – la clientèle "chic" qui se presse ici estime que les prix "modérés" et l'ambiance "inoubliable" en font un bon endroit pour une "sortie entre copains".

Quedubon ☒☑ *Bar à Vin/Bistrot* ▽ 18 | 15 | 19 | 47€

19e | 22 rue du Plateau (Buttes Chaumont) | 01 42 38 18 65

"Le vin est roi" dans ce "spectaculaire bar à vin" au "fin fond" du 19e, où la collection de bouteilles est testée sans problèmes avec l'aide judicieuse du staff ; on y trouve aussi une ardoise de plats "simples" à prix raisonnables, qui fait de cet endroit ensoleillé, avec parquet, une étape radieuse dans un quartier "en manque de gastronomie".

Le Quincy ☒☑ *Bistrot* 26 | 20 | 23 | 55€

12e | 28 av Ledru-Rollin (Gare de Lyon/Quai de la Rapée) | 01 46 28 46 76 | www.lequincy.fr

"On est transporté à la campagne" dès que l'on passe la porte de ce bistrot aux nappes vichy près de la gare de Lyon, tenu par un "vrai personnage" qui donne à la petite salle "à l'ancienne" une "atmosphère géniale" ; mais ce sont les "copieuses quantités d'une délicieuse cuisine" réalisée avec "d'incomparables produits du terroir" qui "réchauffent le cœur", donc personne ne se plaint des prix. P.S. espèces seulement, et fermé du samedi au lundi.

Le Quinzième W *Contemporaine* 26 | 22 | 24 | 104€

15e | 14 rue Cauchy (Javel) | 01 45 54 43 43 | www.restaurantlequinzieme.com

Le "talentueux" chef médiatisé Cyril Lignac "réconcilie les richesses de la tradition avec l'inventivité" à sa "fabuleuse" table au fin fond du 15e arrondissement (près du parc André Citroën) ; dans la salle "contemporaine" et "soignée", le service est "impeccable" et, même si c'est "cher", la plupart affirment que c'est un endroit où l'on peut aller "encore et encore".

Qui Plume la Lune ☒ ☒ *Contemporaine* - | - | - | C

11e | 50 rue Amelot (Chemin-Vert) | 01 48 07 45 48

Cette petite niche étroite aux murs de pierre apparente, installée dans un ancien couvent du XVIe siècle, pas très loin de la place de la République, n'est pas encore très connue, mais sa cuisine "créative" et "originale" à influence asiatique commence à faire parler d'elle dans le circuit des gourmets, même si c'est un peu cher. P.S. fermé du dimanche au mardi.

Racines W *Bar à Vin/Bistrot* 20 | 15 | 20 | 56€

2e | 8 passage des Panoramas (Grands Boulevards) | 01 40 13 06 41

"Les vins français sérieux" de vignerons modernes attirent les œnophiles "avertis" dans ce bistrot à vins bobo tenu par une équipe "sympa" dans le passage des Panoramas (une galerie du XIXe siècle dans le 2e) ; son chef, arrivé après l'enquête (ce qui pourrait changer la note Cuisine) y sert toujours les "assiettes tendance" qui mettent "le produit à l'honneur" dans cette salle "simple" décorée de meubles anciens et au sol en carrelage travaillé.

Racines 2 ◐ W *Bistrot* - | - | - | C

1er | 39 rue de l'Arbre Sec (Louvre-Rivoli) | 01 42 60 77 34

Le fameux bistrot Racines du passage des Panoramas a ouvert cette annexe dans le 1er, qui cuisine de bons produits de saison dans un style direct, arrosés de vins nature – qui aideront peut-être à faire passer des additions plutôt raides ; pas juste un clone de son original, le design conçu ici par Philippe Starck est davantage dans le style loft avec un aperçu sur l'étincelante cuisine en inox, plus bourgeoise que bohème.

Ralph's *Américaine* 17 | 26 | 20 | 60€

6e | Ralph Lauren | 173 bd St-Germain (St-Germain-des-Prés) | 01 44 77 76 00 | www.ralphlaurenstgermain.com

On se croirait "dans les pages d'un magazine", disent les admirateurs de cette "ravissante" cour et de l'intérieur "très Nouvelle-Angleterre" du restaurant de la boutique Ralph Lauren en plein cœur de Saint-Germain, où le staff "courtois" est habillé en RL, bien sûr ; les fans du "joueur de polo" sont partagés quand il s'agit de la cuisine américaine chère ("les meilleurs burgers de Paris" ou juste "OK"), mais il est "plus difficile d'obtenir une table ici qu'une entrée à la messe de Noël à Notre-Dame".

Ravi ◐ *Indienne* - | - | - | M

7e | 50 rue de Verneuil (Rue du Bac) | 01 42 61 17 28 | www.restaurant-ravi.com

"De superbes plats traditionnels" attirent les amateurs de cuisine exotique dans cet indien au service "discret et efficace", connu surtout des habitants du 7e élégant ; c'est assez petit, mais au moins les additions le sont aussi, et le décor (paravents en bois sculpté, etc.) est plutôt "pittoresque".

Le Rech *Poisson* 22 | 16 | 19 | 83€

17e | 62 av des Ternes (Charles de Gaulle-Étoile/Ternes) | 01 45 72 29 47 | www.restaurant-rech.fr

Dirigée par Alain Ducasse, cette "légendaire" adresse marine près de la place des Ternes reçoit des compliments pour ses "excellents poissons et fruits de mer" ; le service dans les salles à manger 1920 "raffinées" est "aimable" et, même si c'est devenu assez "cher", c'est un bon point de chute pour les grandes "occasions".

La Régalade *Bistrot* 25 | 16 | 21 | 52€

14e | 49 av Jean Moulin (Alésia) | 01 45 45 68 58

Les gastronomes se retrouvent en bonne compagnie, entourés par d'autres "sérieux mangeurs venus dans cette partie excentrée du 14e près de la porte d'Orléans pour quelque chose de spécial" : la "remarquable" "cuisine de terroir" de Bruno Doucet, chef-patron de ce bistrot "parisien" à l'ancienne ; c'est "l'une des meilleures affaires à Paris", ce qui explique pourquoi le service peut être "bousculé" quand c'est plein – et c'est toujours le cas.

N **La Régalade Conservatoire** *Bistrot* - | - | - | M

9e | Hôtel de Nell | 7-9 rue du Conservatoire (Grands Boulevards) | 01 44 83 83 60 | www.hoteldenell.com

Au rez-de-chaussée de l'hôtel de Nell dans le 9e, conçu par Jean-Michel Wilmotte, ce nouveau bistrot au carrelage en damier noir et blanc permet aux fans du chef Bruno Doucet de déguster sa cuisine bistronomique de saison à travers un menu du marché raisonnable midi et soir, présenté sur de grandes ardoises murales. P.S. fermé samedi midi et dimanche.

La Régalade Saint-Honoré *Bistrot* 23 | 16 | 20 | 50€

1er | 123 rue St-Honoré (Louvre-Rivoli) | 01 42 21 92 40

"Beaucoup plus facile d'accès" que son cousin du 14e, ce "fabuleux bistrot moderne" près des Halles, très central, sert la même "délicieuse" cuisine – la terrine maison à elle seule "vaut la visite" ; "pas de chichis" dans la salle à manger contemporaine, mais la "qualité" du service et l'un "des meilleurs deals 'low cost' à Paris" font que c'est toujours "bondé".

	CUISINE	DÉCOR	SERVICE	PRIX

Relais d'Auteuil "Patrick Pignol" ☒ *Haute Cuisine*

25 | 19 | 23 | 133€

16ᵉ | 31 bd Murat (Michel-Ange-Molitor/Porte d'Auteuil) | 01 46 51 09 54 | www.relaisdauteuil-pignol.com

C'est "franchement cher", comme dans tout ce quartier bourgeois près de la porte d'Auteuil, mais si vous êtes prêts à faire flamber les euros pour la haute cuisine "inventive" de Patrick Pignol, vous vivrez "un grand moment culinaire" ; le décor moderne rend l'endroit "moins formel" que d'autres du même acabit, et le service est parfaitement "soigné". P.S. réserver pour le week-end.

Le Relais de l'Entrecôte *Viande*

22 | 16 | 19 | 44€

6ᵉ | 101 bd du Montparnasse (Vavin) | 01 46 33 82 82
6ᵉ | 20 rue St-Benoît (St-Germain-des-Prés) | 01 45 49 16 00 ◐
8ᵉ | 15 rue Marbeuf (Franklin D. Roosevelt) | 01 49 52 07 17 ◐
www.relaisentrecote.fr

La "seule décision à prendre", dans cette mini-chaîne au décor de brasserie plutôt "banal, est "la cuisson de votre steak" du basique menu imposé : de la viande de bœuf "fondante à souhait" agrémentée d'une sauce "magique", des frites "goûteuses" et une "salade du jardin bien fraîche" ; on ne prend pas de réservations, mais au moins vous "y rencontrez des gens sympas en faisant la queue" pour avoir une table et si les serveuses sont "brusques", elles sont aussi "efficaces", ce qui fait de l'adresse "une affaire extraordinaire".

Le Relais de Venise ◐ *Viande*

23 | 16 | 20 | 42€

17ᵉ | 271 bd Pereire (Porte Maillot) | 01 45 74 27 97 | www.relaisdevenise.com

"Les meilleures frites au monde" vont de pair avec les "succulents" steaks recouverts "d'une sauce secrète à se lécher les babines" dans ce "vénérable" monument (depuis 1959) dédié à la viande et aux pommes de terre près de la porte Maillot ; sa formule imposée est connue comme "l'une des meilleures affaires de la capitale", donc "préparez-vous à attendre" dehors pour décrocher une table dans ce lieu rationnalisé - mais sachez aussi que la file "avance rapidement" grâce aux serveuses "professionnelles".

Relais Louis XIII ☒☒ *Haute Cuisine*

26 | 25 | 24 | 114€

6ᵉ | 8 rue des Grands-Augustins (Odéon/St-Michel) | 01 43 26 75 96 | www.relaislouis13.com

"Elégante et fabuleuse", cette table à Saint-Germain occupe le site d'un couvent où le roi fut couronné en 1610, et son "décor à poutres d'une autre époque" offre un cadre "romantique" pour déguster les "merveilleuses" créations du Manuel Martinez ; il faut "avoir un portefeuille bien garni", mais le service est presque "parfait", ce qui garantit un moment "de calme et de distinction". P.S. veste obligatoire.

Le Relais Plaza ◐ *Brasserie/Éclectique*

25 | 24 | 25 | 94€

8ᵉ | Plaza Athénée | 25 av Montaigne (Alma Marceau/ Franklin D. Roosevelt) | 01 53 67 64 00 | www.plaza-athenee-paris.com

"Alain Ducasse à moindre prix" (mais toujours "assez cher") est le grand intérêt de cette brasserie "classe" du Plaza Athénée, avec son "excellente" carte éclectique et son "ravissant" intérieur Art déco au service "impeccable" ; la clientèle "chic, dans le coup" trouve que c'est "un bon endroit pour déjeuner", parfait aussi "pour souper après le théâtre" et formidable "pour regarder les gens".

Le Réminet *Contemporaine* 23 | 22 | 23 | 61€

5e | 3 rue des Grands-Degrés (Maubert-Mutualité/St-Michel) | 01 44 07 04 24 | www.lereminet.com

Dans une "petite rue calme" proche de la Seine et de l'île de la Cité, derrière une façade aux tons aubergine, on découvre ce "délice de la rive gauche", un peu cher, fréquenté par des "habitués" qui adorent sa "fabuleuse" cuisine "roborative" ; l'éclairage "à la bougie" reflété dans les miroirs anciens de ce petit espace lui donne une couleur "romantique", tout comme le "charme" de son "génial" patron se reflète dans le service "aux petits soins".

Le Repaire de Cartouche ☒☒ *Bistrot* ▽ 17 | 16 | 19 | 60€

11e | 8 bd des Filles du Calvaire (St-Sébastien Froissart) | 01 47 00 25 86

"Adresse courue" pour sa "cuisine de terroir", ce bistrot du 11e, décoré de boiseries un peu fatigué ne déçoit jamais ; si les prix ont un peu grimpé, le service reste solide, mais pour la plupart cela reste "un bon endroit si vous ne savez pas où sortir pour dîner", surtout à la saison du gibier. P.S. fermé dimanche et lundi.

Restaurant Amour ◐ *Contemporaine* 15 | 22 | 14 | 39€

9e | Hôtel Amour | 8 rue de Navarin (St-Georges) | 01 48 78 31 80 | www.hotelamourparis.fr

Très "bobo chic", cet hôtel-restaurant lounge "tendance" du 9e, propriété du fils d'un des frères Costes, pratique une cuisine au goût du jour dans l'esprit new-yorkais ; ses habitués "branchés" ne prêtent pas trop d'attention aux plats plutôt "moyens" ni au service banal, mais apprécient ce rendez-vous "romantique" (surtout le "ravissant" jardin à l'arrière) à des prix raisonnables.

Restaurant de la Tour ☒ *Classique* 24 | 23 | 23 | 74€

15e | 6 rue Desaix (Dupleix/La Motte-Picquet-Grenelle) | 01 43 06 04 24 | www.restaurant-delatour.fr

Pas loin de la Tour Eiffel mais étonnamment "peu touristique", cette adresse de bon ton est un succès avec son "élégant" décor ("une vraie vaisselle et de belles nappes"), des plats classiques "inventifs" et une ambiance "sympa" ; question prix, ça coince un peu mais ne semble pas déranger les "habitués" au portefeuille bien garni.

Restaurant du Marché ☒☒ *Bistrot* ▽ 21 | 18 | 19 | 51€

15e | 59 rue de Dantzig (Porte de Versailles) | 01 48 28 31 55 | www.restaurantdumarche.fr

"Cela vaut le détour", "loin des sentiers battus", pour arriver à cette adresse du 15e "simple et authentique" tant pour sa cuisine bistrotière "classique" que pour son look "rétro" (tables en bois, moulures peintes en bordeaux, bar en zinc) ; ses fans "iraient plus souvent" s'ils le pouvaient, étant donné ses prix modérés et son personnel qui permet à tout le monde de se sentir "très bien accueilli".

	CUISINE	DÉCOR	SERVICE	PRIX

Restaurant du Musée d'Orsay ☑ *Classique*

16 | 22 | 15 | 33€

7e | Musée d'Orsay | 1 rue de la Légion d'Honneur (Solférino) | 01 45 49 47 03 | www.museedorsay.fr

Au premier étage de "l'élégant" Musée d'Orsay, dans le 7e, sous les lustres et les plafonds peints et dorés, les "amoureux de l'art" viennent y "reposer leurs pieds" ; la cuisine française classique n'est malheureusement "pas à la hauteur du cadre" et le personnel semble parfois "distrait", mais on profite tout de même d'une courte pause, à des prix raisonnables dans ce monument historique.

Restaurant du Palais Royal *Classique*

20 | 21 | 19 | 64€

1er | 110 galerie de Valois (Bourse/Palais Royal-Musée du Louvre) | 01 40 20 00 27 | www.restaurantdupalaisroyal.com

Peut-être la "table la plus romantique de Paris" - en tout cas en été grâce à sa "sublime" terrasse sur le magnifique jardin du Palais-Royal - ce classique bien français joue la carte de son emplacement mais y rajoute une cuisine contemporaine offerte par le nouveau chef-patron, Eric Fontanini (ce qui ne se reflète pas dans la note Cuisine) ; les serveurs sont "agréables" mais n'ont aucun scrupule à vous faire payer le "superbe cadre".

Restaurant Le Pergolèse ☑ *Haute Cuisine*

▽ 25 | 20 | 25 | 83€

16e | 40 rue Pergolèse (Argentine) | 01 45 00 21 40 | www.lepergolese.com

Stéphane Gaborieau "adore son métier", alors n'allez pas chercher plus loin que dans ses "excellentes" assiettes "modernes" composées avec art à sa table gastronomique du 16e ; de vrais pros répondent aux exigences des clients de ce quartier bourgeois, qui apprécient la salle à manger calme dans les tons marron, décorée sobrement de tableaux, de fauteuils en velours rouge et de nappes bien blanches, ce qui incite ses adeptes à proclamer que c'est vraiment un endroit "à tester".

Restaurant Manufacture ☑ *Contemporaine*

22 | 20 | 22 | 58€

Issy-les-Moulineaux | 20 esplanade de la Manufacture (Corentin-Celton) | 01 40 93 08 98 | www.restaurantmanufacture.com

Dans l'ancienne manufacture de tabacs d'Issy-les-Moulineaux, ce loft "chic" aux poutres blanchies attire les publicitaires au déjeuner et les bobos le soir pour la cuisine bistronomique "honnête" et "originale" du chef-patron Jean Christophe Lebascle, qui utilise presque exclusivement des produits bio ; le service "aimable" et la terrasse verdoyante en font "une bonne affaire".

Restaurant Paul ☑ *Bistrot*

18 | 17 | 15 | 42€

1er | 15 pl Dauphine (Pont-Neuf) | 01 43 54 21 48

Avec son "cadre pittoresque à l'abri du tumulte de la ville" sur l'île de la Cité, ce "ravissant bistrot" en direct "du passé" propose des plats bistrotiers "honorables" dont on profite surtout en terrasse face à la place ; le service est diversement apprécié ("poli" ou "glacial"), sans que cela rebute la belle "clientèle descendue du Palais de justice voisin", dont les avocats défendent les prix "OK".

	CUISINE	DÉCOR	SERVICE	PRIX

Restaurant Pershing ◐ *Contemporaine/Éclectique* | 19 | 26 | 19 | 77€ |

8e | Hôtel Pershing Hall | 49 rue Pierre Charron (George V) | 01 58 36 58 36 | www.pershinghall.com

Un véritable "havre de paix" au cœur du Triangle d'or du 8e, ce français contemporain de l'hôtel Pershing Hall (conçu par Andrée Putman) avec ses "verrières" et ses "murs végétaux" offre un cadre "idéal" aux dîners romantiques ; les plats "fins" sont "chers" et si la cuisine "ne mérite pas le détour" il faut venir le soir déguster un cocktail ou une coupe de champagne dans cet endroit "branché".

Reuan Thai ◐ *Thaïlandaise* | - | - | - | PC |

11e | 36 rue de l'Orillon (Belleville) | 01 43 55 15 82 | www.reuanthai.com

Peut-être son emplacement à Belleville explique-t-il pourquoi ce thaï "presque comme à Bangkok" n'est pas aussi connu que ses fans pensent qu'un "vrai de vrai" devrait l'être ; les murs en frisette n'ont rien de formidable, mais les prix "imbattables" (surtout le buffet au déjeuner) et "un service souriant" justifient une visite.

Ribouldingue ☒☒ *Classique* | 22 | 15 | 20 | 46€ |

5e | 10 rue St-Julien-le-Pauvre (St-Michel) | 01 46 33 98 80 | www.restaurant-ribouldingue.com

"Si vous avez l'estomac assez solide pour manger des tripes", mettez le cap sur cette cachette du Quartier latin "à deux pas de Notre-Dame", "une géniale initiation aux abats" ("ne craignez rien", ils ont d'autres plats) ; son "petit" cadre "mignon" est "convivial", quant aux prix, ils ne vous resteront pas sur l'estomac.

N Le Richer *Bar à Vin/Bistrot* | - | - | - | M |

9e | 2 rue Richer (Cadet) | 01 48 24 44 80

Une brasserie branchée : la recette du succès se trouve là, entre pierres apparentes, parquet et grands miroirs, où toute l'équipe de l'Office, à deux pas, reprend une cuisine de bistrot avec inventivité ; sept jours sur sept on offre aussi les vins au verre et des cocktails, et on est surpris par les prix modérés. P.S. pas de réservations.

Rino ☒☒ *Contemporaine* | 25 | 14 | 23 | 56€ |

11e | 46 rue Trousseau (Ledru-Rollin) | 01 48 06 95 85 | www.rino-restaurant.com

"Rino bouscule", rugissent les fans de ce petit bistrot "hype" derrière la Bastille, où le chef d'origine italienne Giovanni Passerini compose des plats contemporains "inventifs" dans un cadre où l'on peut se demander "sommes-nous au bon endroit ?", car c'est à peu près aussi basique qu'un "dortoir" ; les doutes se dissipent quand les convives sont pris en main par l'équipe "adorable" et attaquent la "fabuleuse" cuisine – en bref, "une expérience à tenter".

Robert et Louise ☒ *Bistrot* | 20 | 17 | 20 | 42€ |

3e | 64 rue Vieille-du-Temple (Rambuteau) | 01 42 78 55 89 | www.robertetlouise.com

Les carnivores convoitent ce "charmant petit" bistrot du Marais où les "incroyables" steaks "bien marbrés" sont "saisis" dans l'âtre au-dessus d'un feu de bois, et où "l'accueil sympa est garanti" ; le "bon rapport qualité-prix" fait que c'est toujours "plein à craquer de touristes et d'habitants du quartier" ravis de se faire de "nouveaux amis" aux tables en bois partagées dans l'espace super "rustique".

Le Roi du Pot-au-Feu ☒ *Bistrot* ▽ 19 | 15 | 19 | 40€

9e | 34 rue Vignon (Havre-Caumartin/Madeleine) | 01 47 42 37 10

Mijotant "dans son jus" depuis 1930, ce bistrot vintage près de la Madeleine fait chavirer les gourmets avec "son pot-au-feu bistrot" servi avec "un bon bouillon, des cornichons croquants et une moutarde qui dégage les sinus" : "essentiel pour survivre" lors "des froides soirées d'hiver" parisiennes ; "rien n'est prétentieux" ici, y compris le solide service, et la plupart s'accordent à dire que "c'est un bon endroit" pour un repas "simple" et abordable.

La Romantica ☒ *Italienne* 22 | 21 | 20 | 55€

Clichy | 73 bd Jean Jaurès (Mairie-de-Clichy) | 01 47 37 29 71 | www.laromantica.fr

Les *amici* de cet "excellent" italien de Clichy ne disent jamais *basta* à la pasta, surtout quand elle est servie "avec une sauce légère à la crème de sauge et flambée" en salle dans une roue de parmesan évidée ; les prix sont plutôt raisonnables, le service est "attentif" et oui, c'est "romantique" - que ce soit dans la salle "chaleureuse" (qui vient d'être refaite, ce qui n'apparaît pas dans la note Décor) ou sur la "superbe terrasse".

Rosa Bonheur ☒ *Sud-Ouest* 16 | 24 | 16 | 26€

19e | Parc des Buttes Chaumont | 2 allée de la Cascade (Botzaris) | 01 42 00 00 45 | www.rosabonheur.fr

Une "clientèle hype bariolée" se retrouve dans ce pavillon du parc des Buttes-Chaumont peut-être "plus pour l'atmosphère" que pour la cuisine "basique" du Sud-Ouest, car son cadre "enchanteur" transporte les citadins "du Paris urbain dans une villégiature bucolique" ; cela devient "fou" en été, avec beaucoup d'attente, et l'on se croirait presque dans un "snack bar" car il n'y a "pas de service" à proprement parler - mais "peu importe" puisque l'endroit ne donne "que du bonheur". P.S. les jours d'ouverture changent en hors-saison.

Rose Bakery ☒ *Boulangerie/Britannique* 22 | 16 | 18 | 26€

3e | 30 rue Debelleyme (Filles du Calvaire) | 01 49 96 54 01

9e | 46 rue des Martyrs (Notre-Dame-de-Lorette) | 01 42 82 12 80

12e | La Maison Rouge | 10 bd de la Bastille (Bastille) | 01 46 28 21 14

Les Anglais "en mal du pays" se consolent avec un "sublime carrot cake", des scones et une sélection de thés servis dans cette mini-chaîne de véritables "repaires de bobos" dans "l'air du temps", qui propose aussi des salades bio et des soupes "qui valent la peine de faire la queue" ; les lieux exigus sont "loin d'être fantastiques", mais les prix sont justes, et le staff polyglotte est "amical" avec les *foodies* qui ont fait de ces boulangeries british une "institution" parisienne. P.S. les heures et les jours d'ouverture peuvent varier suivant les adresses.

	CUISINE	DÉCOR	SERVICE	PRIX

🄽 Roseval 🅆 *Contemporaine* | - | - | - | C |

20e | 1 rue d'Eupatoria (Ménilmontant) | 01 53 56 24 14 | www.roseval.fr

Simone Tondo et Michael Greenworld ont créé la sensation de l'année 2012 avec leur cuisine inventive, osant des associations inédites (ris de veau, anchois, réglisse ou pêche, amande, estragon, chocolat) à prix élevés dans leur petit bistrot de Belleville ; vite devenue très tendance, cette ancienne taverne offre une belle carte de vins nature et un menu unique du soir. P.S. réservations indispensables.

La Rôtisserie d'en Face ☒ *Bistrot* | 20 | 18 | 20 | 55€ |

6e | 2 rue Christine (Odéon/St-Michel) | 01 43 26 40 98

Fondée par le chef Jacques Cagna (maintenant à la retraite), cette rôtisserie-bistrot de la rive gauche compte "beaucoup d'Américains" parmi sa fidèle clientèle, séduite par les senteurs "de délicieux poulets rôtis" apportés par "des serveurs attentionnés et gentils" dans une salle cosy (qui vient d'être modernisée, ce qui n'apparaît pas dans la note Décor) ; ce n'est plus tout à fait la bonne affaire que c'était, mais cela n'a pas détourné les foules de cette "adresse sûre". P.S. fermé à midi le week-end.

La Rôtisserie du Beaujolais *Bistrot* | 22 | 19 | 22 | 53€ |

5e | 19 quai de la Tournelle (Cardinal Lemoine/Pont-Marie) | 01 43 54 17 47 | www.larotisseriedubeaujolais.com

"Un hommage aux joies de la cuisine paysanne" résume la tendance de ce bistrot "cosy" et informel, situé sur le quai de la Seine à quelques mètres de la Tour d'Argent : il sert des plats "débordants" de "nourritures copieuses" (en mettant "l'accent sur la rôtisserie") ; les additions sont "raisonnables", le service est "amical", et comme c'est ouvert tous les jours, c'est "un incontournable du dimanche soir".

La Rotonde ◐ *Brasserie* | 19 | 20 | 19 | 54€ |

6e | 105 bd du Montparnasse (Vavin) | 01 43 26 48 26 | www.rotondemontparnasse.com

"Retour" aux temps où les restaurants de Montparnasse étaient "fréquentés par les artistes", cette "brasserie typiquement parisienne", avec son décor "historique" rouge rubis a survécu pendant un siècle en servant des classiques "toujours bons" quoique "pas très originaux", comme les plateaux de fruits de mer et l'entrecôte ; le service est "rapide" et "pro" et même si c'est "un peu cher" pour ce que c'est, "en fin de compte" c'est "une sortie raisonnable".

Royal Madeleine *Classique* | ▽ 23 | 19 | 23 | 58€ |

8e | 11 rue du Chevalier St-Georges (Madeleine) | 01 42 60 14 36 | www.royalmadeleine.com

Avantageusement situé près de la Madeleine, un quartier où les loyers à la hausse ont fait fuir nombre de restaurants, ce classique comble le vide avec une "excellente" carte ("superbes" cuisses de grenouilles) et des "prix raisonnables" – du moins pour le 8e ; son équipe ajoute une note "chaleureuse" au "joli" cadre traditionnel (banquettes de velours, bar en zinc).

	CUISINE	DÉCOR	SERVICE	PRIX

Le Rubis ☒ *Bar à Vin/Bistrot* ▽ 19 | 15 | 19 | 28€

1er | 10 rue du Marché St-Honoré (Pyramides/Tuileries) | 01 42 61 03 34
"Culte" dans le quartier depuis longtemps, ce "délicieux" bar à vin de la "vieille école" (à deux pas de la place du marché-Saint-Honoré) est recommandé pour "l'un des meilleurs déjeuners qu'on puisse faire à Paris : un jambon-beurre au bar (en zinc) avec un verre de sancerre" ; le service "détendu", "l'absence de touristes" et l'addition légère permettent de passer un moment "relax".

La Rughetta ◐ *Italienne* ▽ 21 | 13 | 14 | 33€

18e | 41 rue Lepic (Abbesses/Blanche) | 01 42 23 41 70
"Parmi les meilleures pizzas napolitaines" de Paris, et "des antipasti qui valent la peine de traverser" la ville, sont les points forts de ce petit italien branché à Montmartre, où il est amusant de s'asseoir dehors en terrasse ; moins convaincants sont l'intérieur à zébrures (toujours "un peu à l'étroit") et le service "dispersé", mais les bobos du quartier y retournent quand même.

Sale e Pepe ◐☒ *Italienne* 21 | 16 | 18 | 34€

18e | 30 rue Ramey (Château Rouge/Jules Joffrin) | 01 46 06 08 01
Situé au nord du 18e ("de l'autre côté de Montmartre"), cet italien discret propose de "vraiment bonnes" pizzas ainsi que d'autres spécialités de la Botte à une clientèle d'habitués ; la petite salle, tout en marbre et briques apparentes, est "pittoresque" et "cosy", et les additions, *sotto voce.*

Le Saotico ◐☒ *Contemporaine* - | - | - | M

2e | 96 rue de Richelieu (Bourse/Richelieu-Drouot) | 01 42 96 03 20 | www.saotico.com
Tenue par le gentil couple qui avait fait du Réminet un vrai succès, cette "formidable" adresse du 2e s'attire des compliments pour sa nourriture "savoureuse" (qui comprend des plats sans gluten), son cadre "charmant" et son accueil "prévenant" ("Anne et Hugues vous reçoivent comme à la maison") ; avant tout, on "cherche ici à faire plaisir, et la plupart du temps c'est réussi", ce qui pousse certains à dire que c'est l'une des "meilleures affaires de Paris".

Le Sarladais ☒☒ *Sud-Ouest* 23 | 17 | 20 | 58€

8e | 2 rue de Vienne (St-Augustin) | 01 45 22 23 62
Une "excellente" cuisine du Sud-Ouest avec du bon poisson et une hospitalité "à l'ancienne" récompensent les gourmets qui ont découvert cette enclave vintage derrière la gare Saint-Lazare ; même si le décor de fausse auberge "n'a pas beaucoup de cachet", le mélange "d'intimité et de qualité" rend l'endroit propice aux déjeuners d'affaires (un peu chers) ou aux tête-à-tête (veste conseillée). P.S. fermé samedi midi et lundi soir.

Sassotondo *Italienne* - | - | - | M

11e | 40 rue Jean-Pierre Timbaud (Parmentier) | 01 43 55 57 00 | www.sassotondo.com
Ayant à lui seul lancé une sorte de rue de restaurants, Frédéric Hubig accroche une enseigne italienne à côté de ses deux autres adresses,

Astier et Jeanne A, dans cette charmante portion de la rue Jean-Pierre-Timbaud (dans le 11e) ; la Toscane est ici sur la *tavola*, grâce à un chef transalpin dans la *cucina*, qui mitonne des plats authentiques à prix modérés dans une salle aux discrets tons terre de Sienne, pleine depuis le premier jour. P.S. fermé mardi et mercredi.

Saturne 🅆 *Contemporaine* 22 | 22 | 20 | 70€

2e | 17 rue Notre-Dame des Victoires (Bourse) | 01 42 60 31 90 | www.saturne-paris.fr

La cuisine "innovante" à base "d'excellents produits" du chef-copatron Sven Chartier envoie des "flashs" et même si "ce n'est pas tout à fait au point", c'est "criant de pureté et de beauté", en accord avec le décor "net et frais" de bois brut sous une immense verrière très tendance (à deux pas de la Bourse) ; le menu "imposé" du soir et le personnel "averti" sont ses points forts.

Saudade ☒ *Portugaise* ∇ 16 | 14 | 16 | 46€

1er | 34 rue des Bourdonnais (Châtelet-Les Halles) | 01 42 36 30 71 | www.restaurantsaudade.com

Des plats portugais "typiques", dont de la morue "préparée d'une douzaine de façons" et une "très belle sélection de portos" sont les atouts de cette vieille adresse à prix modérés des Halles décorée d'azulejos (carreaux de faïence émaillés) ; les critiques disent que tout est "meilleur à Lisbonne", mais leur fado, le premier mardi de chaque mois, apporte une touche sentimentale qui permet d'apaiser sa propre *saudade* (nostalgie).

Le Saut du Loup ◐ *Contemporaine* 13 | 23 | 14 | 52€

1er | Musée des Arts Décoratifs | 107 rue de Rivoli (Palais Royal-Musée du Louvre/Tuileries) | 01 42 25 49 55

Son "incomparable" emplacement, au rez-de-chaussée du Musée des Arts Décoratifs, offrant une "vue superbe" sur la pyramide de I.M. Pei et les Tuileries attire les "*beautiful people*" sur la "sublime" terrasse de cette adresse ouverte toute la journée (l'intérieur gris "soigné" est un peu "moins glamour") ; hélas, la cuisine "moyenne" est jugée "très chère" et "décevante", tout comme le service "prétentieux", mais "quelle importante si l'on peut s'asseoir dehors?". P.S. l'arrivée du chef célèbre Marc Meneau va certainement apporter des changements en cuisine.

Le Scheffer ☒ *Bistrot* 19 | 15 | 18 | 46€

16e | 22 rue Scheffer (Trocadéro) | 01 47 27 81 11

Avec une "cuisine classique" servant des plats traditionnels à des prix raisonnables, il n'est pas étonnant que ce bistrot "à l'ancienne" du 16e au "charme suranné" soit "toujours bondé" ; certains disent : "c'est ma cantine de quartier, mais je ne traverserais pas Paris pour y aller", tandis que d'autres le trouvent "parfait par une soirée glaciale".

Schmidt – L'Os à Moelle ☒ *Classique* 23 | 17 | 20 | 51€

15e | 3 rue Vasco de Gama (Lourmel) | 01 45 57 27 27

Un changement tant de patron que de chef (qui n'est pas inclus dans nos scores) – le fondateur Thierry Faucher ayant vendu à Stéphane

Schmidt (ex-Violon d'Ingres) - apporte une nouvelle énergie à ce favori des "foodistas" un peu "en dehors des sentiers battus" du 15e, où Schmidt a ajouté un certains nombre de plats de son Alsace natale à la carte classique ; après quelques rénovations dans ce "petit" bistrot, les poutres apparentes sont toujours là, tout comme les miroirs, le service "attentionné" et le "remarquable" rapport qualité-prix. P.S. "réserver longtemps à l'avance".

Sébillon ◐ *Brasserie* 22 | 19 | 20 | 60€

Neuilly-sur-Seine | 20 av Charles de Gaulle (Les Sablons/Porte Maillot) | 01 46 24 71 31 | www.sebillon-neuilly.com

Cela vaut la peine d'aller jusqu'à Neuilly pour déguster le "meilleur" gigot de la capitale ("tranché devant vous") et autres solides plats "traditionnels" dans cette brasserie "élégante sans être trop chic", en service depuis la Première Guerre mondiale ; il est vrai que cela n'est "ni révolutionnaire" ni bon marché, mais une cuisine "honnête" et des desserts "délicieux" sont idéaux pour dîner en "famille".

Le 16 Haussmann ☒ *Contemporaine* 21 | 21 | 22 | 66€

9e | Hôtel Ambassador | 16 bd Haussmann (Chaussée d'Antin/ Richelieu-Drouot) | 01 44 83 40 58 | www.16haussmann.com

L'hôtel Ambassador propose une cuisine française "raffinée" et "sophistiquée" avec un service "digne des grands restaurants" dans un cadre "moderne" et "chic", à deux pas des grands magasins du 9e ; si les prix ne sont "pas à la portée de toutes les bourses", on peut y venir pour une occasion "particulière" et repartir avec un souvenir "agréable", "aussi bien en tête qu'en bouche".

Senderens *Contemporaine* 26 | 23 | 23 | 122€

8e | 9 pl de la Madeleine (Madeleine) | 01 42 65 22 90 | www.senderens.fr

"Personne ne sait y faire comme Alain Senderens", disent les nombreux adeptes de sa "merveilleuse" cuisine gastronomique épaulée par une carte des vins "imbattable" et un service "raffiné", dans cette brasserie "de très haut de gamme" du 8e ; si certains "regrettent" encore l'ancienne salle à manger Belle Époque, la plupart apprécient son nouveau décor "modernisé", "moins formel", soulignant que l'expérience "vaut chaque centime". P.S. si vous n'avez pas réservé ou si vous avez "un budget serré, essayez le bar".

Septime ☒ *Bistrot* 25 | 21 | 24 | 57€

11e | 80 rue de Charonne (Charonne) | 01 43 67 38 29 | www.septime-charonne.fr

À la hauteur du "battage" fait autour de lui, ce bistrot "brillant" au fin fond du 11e, piloté par le "dynamique" jeune chef Bertrand Grébaut (ex-Arpège), se révèle comme la "surprise de l'année" avec des plats "créatifs" souvent "étonnants" servis dans l'espace "minimaliste", "stylé" mais relax, et ses tables d'hôte ; avec un service "attentionné" et des prix relativement "raisonnables", c'est "*the place to be*", donc "il est vivement conseillé de réserver". P.S. fermé le week-end et lundi midi.

CUISINE | DÉCOR | SERVICE | PRIX

Le Sergent Recruteur *Classique* — - | - | - | C

4e | 41 rue St-Louis-en-l'Île (Pont Marie) | 01 43 54 75 42 | www.lesergentrecruteur.fr

Cette grande taverne d'antan sur l'île Saint-Louis a été entièrement rénovée et repensée, offrant désormais un cadre résolument moderne et ludique où le chef lyonnais Antonin Bonnet, ex Bras à Laguiole et The Greenhouse à Londres, met en scène une cuisine gastronomique de saison ; si le principe du menu unique s'inscrit dans la mouvance actuelle, les clients peuvent aussi s'installer au bar pour déguster des plats un peu moins chers.

Le Severo *Viande* — 26 | 14 | 17 | 57€

14e | 8 rue des Plantes (Mouton-Duvernet) | 01 45 40 40 91

"Si vous pensiez avoir déjà mangé de bons steaks, attendez d'avoir goûté ceux de cet ancien boucher", affirment les dévots de ce "paradis pour amateurs de viande bovine" à Montparnasse, qui sert des "vins fantastiques" de producteurs bio (dont la liste sur un tableau noir couvre un mur entier) pour accompagner les excellente viandes "préparées avec maîtrise" ; le cadre est tout "simple", le service, moyen, mais n'oubliez pas qu'"on vient ici pour les steaks".

Shan Goût *Chinoise* — - | - | - | M

12e | 22 rue Hector-Malot (Gare de Lyon) | 01 43 40 62 14

Des plats chinois aux accents du Sichuan, "exquis" et "cuisinés minute" sont à la carte, qui change régulièrement, de cette adresse à prix moyen proche de la gare de Lyon ; l'humble décor (simples tables en bois, quelques lithos chinoises sur les murs blancs et cuisine ouverte) n'a rien à voir avec le "raffinement" de la cuisine.

Shang Palace *Chinoise* — ∇ 24 | 20 | 23 | 93€

16e | Shangri-La Hotel | 10 av d'Iéna (Iéna) | 01 53 67 19 98 | www.shangri-la.com

Encore un signe que nous sommes dans le siècle de la Chine : l'arrivée de cet ambassadeur de la chaîne de restaurants Sino au sous-sol de l'hôtel de luxe Shangri-La dans le 16e, dont certains disent déjà que c'est "la meilleure cuisine cantonaise à Paris" ; l'espace contemporain, décoré avec une opulence asiatique haut de gamme et le service gracieux en font une expérience tout en douceur (une fois que vous aurez réussi à réserver), mais "oh! les prix...". P.S. fermé mardi et mercredi.

Shu *Japonaise* — ∇ 25 | 23 | 25 | 57€

6e | 8 rue Suger (Odéon/St-Michel) | 01 46 34 25 88 | www.restaurant-shu.com

"Après la leçon d'humilité qu'impose la porte basse", forçant la plupart à s'incliner en entrant chez ce japonais de Saint-Germain, "l'enchantement commence" avec l'un des trois menus composés essentiellement de kushiage (brochettes) "comme vous n'en avez jamais imaginé", façonnées par le chef-patron Osamu Ukai ; l'espace en sous-sol aux murs de pierre est "simple" mais "très beau" et le service est "amical", en osmose avec l'omakase, un repas composé de petits plats "raffinés".

CUISINE | DÉCOR | SERVICE | PRIX

Silk et Spice *Thaïlandaise* — 21 | 21 | 19 | 38€

2e | 6 rue Mandar (Étienne Marcel) | 01 44 88 21 91 | www.silkandspice.fr

Ce "paradis" pour les amateurs de cuisine thaïe "traditionnelle" propose des saveurs "assez épicées" dans un "beau" décor agrémenté d'orchidées dans le quartier de Montorgueil ; le menu "abordable", l'accueil "chaleureux" invitent à se laisser aller à ce "voyage" en Orient. P.S. fermé samedi et dimanche midi.

6 New York *Contemporaine* — 23 | 22 | 22 | 71€

16e | 6 av de New York (Alma Marceau) | 01 40 70 03 30 | www.6newyork.fr

Un score Cuisine en hausse fait de cette adresse contemporaine du 16e un endroit "à redécouvrir" pour sa cuisine "créative" à base de "produits du marché" "sublimes", mis en valeur par une belle vue sur la Tour Eiffel ; c'est "cher", mais la salle "agréable" et "moderne" est tenue par le chef lui-même : "une touche sympa" en harmonie avec l'accueil "chaleureux" et "convivial".

N Le 6 Paul Bert *Bistrot* — - | - | - | M

11e | 6 rue Paul Bert (Faidherbe - Chaligny) | 01 43 79 14 32

Un jeune chef québécois revisite les classiques avec légèreté (carpaccio de saint-jacques, foies de volaille aux herbes, paleron de bœuf poêlé) dans cette nouvelle adresse de Bertrand Auboyneau (Le Bistrot Paul Bert), un "néobistrot" tout en longueur avec coin épicerie regorgeant de beaux produits, table d'hôte, grand comptoir et cuisine ouverte ; la belle cave est remplie de vins de pays, et les prix sont tout doux.

La Société *Classique* — 17 | 23 | 17 | 93€

6e | 4 pl St-Germain-des-Prés (St-Germain-des-Prés) | 01 53 63 60 60 | www.societe-restaurant.com

Une clientèle "bien mise de *beautiful people*" profite à fond de ce qui est peut-être le "plus glamour des restaurants des frères Costes", fabuleusement situé en plein cœur de Saint-Germain : une cuisine classique dans un décor "sophistiqué" évoquant le Shanghai des années 30, conçu par le designer star Christian Liaigre ; les nourritures, juste "OK", servies par une équipe "dans la lignée des autres Costes" (agréable à regarder mais "amateur"), sont cependant "très chères, ma chère". P.S. le port de la veste est conseillé.

Le 70 *Classique* — 21 | 22 | 21 | 55€

16e | Parc des Princes | 24 rue du Commandant Guilbaud (Porte de St-Cloud) | 01 45 27 05 70 | www.le-70-restaurant.com

Cette table française dans un cadre années 70 "top" au premier étage du Parc des Princes dans le 16e propose une cuisine "simple" (carte quelque peu "réduite") avec un menu enfants et des formules cocktails les soirs de match ; l'ambiance est "agréable" grâce au service "sympathique", mais l'addition est "sévère au regard de l'assiette", "on paie le lieu" sans doute. P.S. réserver en ligne au moins 3 jours à l'avance.

CUISINE | DÉCOR | SERVICE | PRIX

Sola *Contemporaine/Japonaise* ∇ 27 | 25 | 24 | 83€

5e | 12 rue de l'Hôtel Colbert (Maubert-Mutualité) | 01 43 29 59 04 | www.restaurant-sola.com

"Délicate" et "inventive", la cuisine nippone fusion réalisée ici "par un jeune chef japonais" est une "révélation" pour les adeptes de cet endroit bien tenu du Quartier latin, au décor mêlant Orient et Occident dans le respect de la maison séculaire qui l'abrite ; applaudissant à la "légèreté" des plats, ses fans le recommandent comme un choix "top". P.S. veste conseillée.

Sormani *Italienne* 24 | 22 | 23 | 97€

17e | 4 rue du Général Lanrezac (Charles de Gaulle-Étoile) | 01 43 80 13 91 | www.restaurantsormani.fr

"Les serveurs s'occupent de vous" tout en servant "une cuisine italienne de grande classe" ("de délicieux plats à la truffe") dans ce palais de la pasta, plutôt cher, près de l'Étoile ; le "ravissant" décor rouge et blanc de style vénitien apporte la touche finale au cadre digne d'une carte postale, ce qui incite la plupart à revenir avec "plaisir" dans cette enclave transalpine à Paris, mais il faut réserver.

Le Sot l'y Laisse *Bistrot* ∇ 22 | 14 | 20 | 49€

11e | 70 rue Alexandre Dumas (Alexandre Dumas) | 01 40 09 79 20

L'arrivée post-enquête du talentueux chef japonais Eiji Doihara, qui a fait ses classes en France et dirigé l'un des restaurants nippons de Paul Bocuse, a soudainement fait le buzz autour de ce bistrot près du Père Lachaise, avec un nouveau menu composé de plats bistronomiques impeccables agrémentés de quelques touches asiatiques (ce qui n'apparaît pas dans le score Cuisine) ; la décoration reste simple (ardoises, miroirs et quelques bricoles aux murs) en accord avec des additions raisonnables.

Le Soufflé *Classique* 22 | 18 | 21 | 51€

1er | 36 rue du Mont-Thabor (Concorde) | 01 42 60 27 19 | www.lesouffle.fr

Comme son nom l'indique, ce "petit bijou" du 1er arrondissement, à la "charmante atmosphère de salon de thé", est un "paradis" pour les fondus de soufflés : on peut les commander "en entrée, en plat et en dessert" (dont une "irréelle" version au chocolat) ; l'équipe "attentionnée" apporte un point de plus au cadre "lumineux et ensoleillé" d'une adresse dont les clients sont "toujours fous".

Spring *Contemporaine* 27 | 21 | 24 | 88€

1er | 6 rue Bailleul (Louvre-Rivoli) | 01 45 96 05 72 | www.springparis.fr

Les convives "enthousiastes" applaudissent les "incroyables" concoctions de Daniel Rose, originaire de Chicago, dans son adresse des Halles "à ne pas rater", "l'une des réservations les plus prisées en ville", où "la cuisine ouverte est un spectacle en soi", en phase avec "la belle harmonie" des menus (pas de carte) ; le cadre, dans une maison aux murs de brique, est "superbe", le service, "charmant et relax", et la sélection de vins, "brillante" (œnophiles, faites un tour dans la cave à vins) ; alors cela "vaut chaque centime" pour une "expérience que vous n'oublierez pas de sitôt".

	CUISINE	DÉCOR	SERVICE	PRIX

Le Square Gardette *Bistrot* | - | - | - | M |

11e | 24 rue St-Ambroise (Rue St-Maur) | 01 43 55 63 07 | www.squaregardette.fr

Ce bistrot-café *shabby-chic* du 11e donne l'impression de se retrouver dans le salon d'une tante excentrique, qui boirait des caipirinhas, collectionnerait des animaux empaillés et aurait un carnet d'adresses de copains branchés de l'est parisien ; les parents à poussettes viennent ici pour le brunch du dimanche (il y a un menu enfants) et le chef prépare une cuisine à des prix abordables. P.S. fermé dimanche soir.

Square Marcadet ☑ *Classique/Contemporaine* | - | - | - | M |

18e | 227 bis rue Marcadet (Guy Môquet) | 01 53 11 08 41 | www.square-marcadet.com

Un "jardin secret" attire une clientèle bobo dans ce petit bistrot intérieur-extérieur qui pratique une cuisine "inventive" dans une partie excentrée du 18e ; son coin bar cosy et la salle décorée d'ardoises avec des bancs en bois est très sympa, tout comme le service "accueillant" et les prix raisonnables, qui font de cet endroit une destination naturelle "à deux ou entre copains". P.S. fermé dimanche soir.

Le Square Trousseau ◐ *Bistrot* | 19 | 22 | 19 | 43€ |

12e | 1 rue Antoine Vollon (Bastille/Ledru-Rollin) | 01 43 43 06 00 | www.squaretrousseau.com

"Escapade romantique" "loin des sentiers battus touristiques", ce "joli" perchoir au décor Belle Époque (bar en zinc, banquettes, etc.) donne sur un square du 12e ; sa cuisine de bistrot "correcte", son atmosphère "jeune", ses tables "agréables" en terrasse et son service tardif (2 heures du matin) en font un endroit "animé".

Le Stella *Brasserie* | 21 | 18 | 19 | 53€ |

16e | 133 av Victor Hugo (Rue de la Pompe/Victor Hugo) | 01 56 90 56 00

"Venez dîner avec les gens du quartier" dans cette "vraie brasserie" "à la hauteur de sa réputation" à la décoration "à l'ancienne" typique du 16e chic : on sert des classiques "simples mais bien préparés" (dont "d'excellents" plats de poisson) à "vitesse éclair" ; ouvert toute la journée jusque tard le soir et toujours "bruyant", c'est peut-être un peu "haut de gamme" dans le genre, mais la plupart des clients trouvent les prix "justes".

Stella Maris ☒ *Classique* | 25 | 19 | 24 | 103€ |

8e | 4 rue Arsène Houssaye (Charles de Gaulle-Étoile) | 01 42 89 16 22 | www.stellamaris-paris.com

Le chef-patron japonais Tateru Yoshino a travaillé avec les "meilleurs", dont Joël Robuchon, et ses plats gastronomiques, rehaussés par "une légère touche asiatique", "ambitieux" et soutenus par des vins "haut de gamme", s'apprécient dans une salle contemporaine "lumineuse" et "spacieuse" agrémentée de "fleurs et d'œuvres d'art" (près de l'Étoile) ; une "exquise courtoisie" semble être la devise du service, ce qui en fait un très bon choix pour "fêter quelque chose" (mais veste conseillée), même si c'est un peu une folie. P.S. fermé samedi midi et dimanche.

Stéphane Martin *Classique* ∇ 23 | 16 | 19 | 45€

15e | 67 rue des Entrepreneurs (Charles Michels/Commerce) | 01 45 79 03 31 | www.stephanemartin.com

"Vous ne verrez pas beaucoup de touristes", car "il est un peu difficile" d'arriver jusqu'à "ce bijou de quartier" du 15e tenu par Stéphane Martin, qui y propose un menu "raffiné" de "classiques et de merveilles du chef" ; les habitués y apprécient aussi "l'atmosphère calme" et le service "chaleureux" de la salle "cosy" mais plutôt simple, ajoutant que c'est aussi "d'un bon rapport qualité-prix".

Le Stresa *Italienne* 22 | 18 | 22 | 92€

8e | 7 rue Chambiges (Alma Marceau) | 01 47 23 51 62 | www.lestresa.com

"Si vous réussissez à y avoir une table", voici un formidable "observatoire du monde" (au milieu de "miroirs plus beaux qu'à Versailles") que cette "minuscule" trattoria "chic" près des Champs-Élysées : vous serez au coude à coude avec des "gens du cinéma" ou "des dirigeants de LVMH" ; la cuisine italienne "créative" est "impeccablement servie par une équipe avisée" qui répond aux caprices d'une clientèle jet-set un peu âgée - mais "tenez-vous prêt", l'addition est un choc.

Suave *Vietnamienne* - | - | - | M

13e | 20 rue de la Providence (Corvisart/Tolbiac) | 01 45 89 99 27

"Très différent des restaurants asiatiques traditionnels", ce vietnamien près de la Butte aux Cailles surprend par une cuisine "sophistiquée" et "raffinée" ; sa "jolie salle" en teck jouit d'une "bonne ambiance" dans un espace un tant soit peu limité ("il faut réserver à l'avance") et le service est aussi gentil que les prix.

Le Suffren ◐ *Brasserie* 18 | 17 | 18 | 35€

15e | 84 av de Suffren (La Motte-Picquet-Grenelle) | 01 45 66 97 86

Esprit "typiquement brasserie parisienne" pour cette adresse à deux pas de l'École militaire, qui propose une cuisine française "classique" "de qualité", dont des fruits de mer "frais", à des prix raisonnables ; dans la salle confortable et "spacieuse" à la décoration contemporaine rouge et noire, ou à la terrasse, "agréable" en été, le service non-stop est "souriant" et "rapide".

Sur Mesure *Haute Cuisine* - | - | - | TC

1er | Mandarin Oriental | 251 rue St-Honoré (Concorde) | 01 70 98 73 00 | www.mandarinoriental.com/paris

Le chef d'avant-garde Thierry Marx a pris les commandes de la table gastronomique du Mandarin Oriental, où il présente des assiettes "superbement" composées (il a aussi lancé le Camélia dans le même hôtel) ; la salle à manger, avec ses murs en forme de vagues futuristes blanches, conçue par Patrick Jouin, "peut surprendre" les traditionalistes, mais la plupart se sentent "rapidement à l'aise" entre les mains du staff "impeccable" - et si les additions volent haut, la cuisine est si sublime qu'elle rendrait tout capitaliste... marxiste". P.S. fermé dimanche et lundi.

	CUISINE	DÉCOR	SERVICE	PRIX

La Table d'Eugène ☒☒ *Contemporaine* 26 | 17 | 22 | 41€

18e | 18 rue Eugène Sue (Jules Joffrin) | 01 42 55 61 64

"L'un des meilleurs plans resto du moment à Paris" se trouve dans ce recoin du 18e où Geoffroy Maillard a ouvert une table "hype et branchée", une "révélation" pour les adeptes de sa cuisine "créative" à des prix tout à fait "raisonnables" ; c'est devenu très "populaire" et comme cet endroit "modeste" dans les tons vert tendre est "petit", il est difficile d'y réserver une table. P.S. le déjeuner est une "véritable aubaine".

La Table d'Hédiard ☒ *Contemporaine* 22 | 20 | 22 | 72€

8e | Hédiard | 21 pl de la Madeleine (Madeleine) | 01 43 12 88 99 | www.hediard.fr

Parmi les "tentations" épicuriennes de cette épicerie de luxe du 8e arrondissement, son restaurant "chic" du premier étage donnant sur la Madeleine, est parfait pour un "déjeuner de dames" ou un dîner romantique, avec des plats "toujours surprenants" et de "merveilleux" desserts "superbement présentés" ; le service "soigné" et les tables "assez espacées pour avoir une conversation tranquille" dans la salle "feutrée" aux tons bruns complètent une expérience "coûteuse" mais hautement civilisée.

La Table du Lancaster *Haute Cuisine* 25 | 21 | 26 | 127€

8e | Hôtel Lancaster | 7 rue de Berri (Franklin D. Roosevelt/George V) | 01 40 76 40 18 | www.hotel-lancaster.fr

"Charmante et intelligente", la table de l'hôtel Lancaster, à deux pas des Champs, sert un menu gastronomique "inventif" mis au point par le chef Michel Troisgros dans une salle élégante "aux lumières tamisées" ou dans "l'agréable" jardin de la cour intérieure, "idéal" par une belle soirée d'été ; le service est presque "parfait", mais si l'atmosphère est "calme", les additions sont explosives. P.S. décor rénové et nouvel espace bar.

La Table Lauriston ☒ *Classique* ▽ 21 | 16 | 18 | 50€

16e | 129 rue Lauriston (Trocadéro) | 01 47 27 00 07 | www.restaurantlatablelauriston.com

Noix de saint-jacques et purée de trompettes de la mort, côte de veau du Limousin et rattes de Noirmoutier : le ton est donné par cette table du 16e, qui cuisine de "bons" plats "français" "traditionnels" à des prix "raisonnables" ; on est servi dans un cadre "agréable" et "sobre" aux tonalités fuchsia, orange et argent, ce qui attire peut-être les romantiques à dîner. P.S. fermé en août.

Les Tablettes de Jean-Louis Nomicos *Haute Cuisine* ▽ 28 | 22 | 23 | 115€

16e | 16 av Bugeaud (Victor Hugo) | 01 56 28 16 16 | www.lestablettesjeanlouisnomicos.com

L'arrivée "éclatante" dans le 16e du chef-patron Jean-Louis Nomicos et de sa cuisine gastronomique donnent lieu à "d'exquises" créations de tendance méditerranéenne dans un espace "aéré et lumineux" au plafond en tressage gris et aux murs dans les tons orangés, tout comme les banquettes ; le service "avisé" et "attentionné" est une autre raison pour laquelle ceux qui n'ont pas peur de se ruiner affirment que c'est "l'une des meilleures trouvailles à Paris".

Taillevent *Haute Cuisine* 29 | 28 | 28 | 178€

8e | 15 rue Lamennais (Charles de Gaulle-Étoile/George V) | 01 44 95 15 01 | www.taillevent.com

Noté numéro un pour la Cuisine et le Service à Paris, cette "cour royale de la haute cuisine" dans le 8e continue de régner comme l'un des "meilleurs restaurants au monde" ; "aucun détail n'est laissé de côté", des "sublimes" créations du chef Alain Solivérès, aux fourneaux depuis dix ans et qui "reste fidèle" aux traditions françaises "tout en les rehaussant", au cadre "luxueux" de l'hôtel particulier, en passant par une "équipe merveilleuse" – toujours sous la férule du directeur Jean-Marie Ancher – qui fait preuve d'une "attention pour chacun du début à la fin", mais si une âme en peine suggère "que la crise de l'euro a peut être démarré ici avec des dîners d'affaires sur notes de frais", la majorité convient que c'est un bon choix pour "faire sauter la banque".

Tan Dinh *Vietnamienne* 22 | 16 | 21 | 65€

7e | 60 rue de Verneuil (Rue du Bac/Solférino) | 01 45 44 04 84

Une cuisine vietnamienne "exceptionnelle", un service "formidable" et une carte des vins "internationale" avec de "superbes" bourgognes attirent le beau monde du quartier, fidèle à cette table du 7e tenue depuis des lustres par la même famille ; par contre, il vaut mieux "apporter sa propre ambiance" dans cet endroit plutôt "tranquille" et surtout "cher". P.S. on ne prend pas les cartes de crédit.

Tang *Chinoise* 22 | 15 | 21 | 57€

16e | 125 rue de la Tour (Rue de la Pompe) | 01 45 04 35 35

Les convives se "délectent" de la cuisine de "qualité" (et ne font pas attention au décor "kitsch années 70") de ce chinois "haut de gamme" du 16e bourgeois ; on peut s'attendre à un "accueil charmant" du patron et de son équipe "attentionnée", ainsi qu'à une addition "élevée".

Tante Louise *Bourguignonne/Classique* 23 | 20 | 22 | 74€

8e | 41 rue Boissy-d'Anglas (Concorde/Madeleine) | 01 42 65 06 85 | www.bernard-loiseau.com

Une cuisine raffinée de spécialités bourguignonnes qui s'accordent avec des vins biens choisis fait de cette adresse un endroit idéal pour les "déjeuners d'affaires", une pause touristique ou d'après-shopping, grâce en partie à son emplacement dans un coin chic du 8e proche de l'ambassade des États-Unis, de la Madeleine et d'Hermès ; le personnel "fait de vous quelqu'un d'unique" tout comme le décor Art déco "sophistiqué", même si le lieu correspond plutôt à une clientèle aisée "plus âgée".

Tante Marguerite *Classique* 22 | 18 | 21 | 74€

7e | 5 rue de Bourgogne (Assemblée Nationale) | 01 45 51 79 42 | www.bernard-loiseau.com

"Mêlez-vous aux politiques et aux bourgeois du 7e" qui fréquentent cette adresse classique "à l'ancienne" proposant une cuisine "sûre" et de "qualité" dans une salle "confortable" tout en boiseries derrière l'Assemblée nationale ; le service "sans chichis" et la carte des vins "bonne mais pas renversante" sont appréciés, ce qui permet de supporter des additions "un peu chères".

Le Temps au Temps ☒☒ *Bistrot* 23 | 15 | 20 | 46€

11e | 13 rue Paul Bert (Faidherbe-Chaligny) | 01 43 79 63 40

Situé dans l'une des rues les plus gastronomiques du 11e, ce "bijou" "caché" dans un "petit recoin" offre de "remarquables" plats bistrotiers du marché, "servis avec soin" ; la "minuscule" salle, avec son horloge, paraît "mignonne" à certains, "spartiate" à d'autres, mais la plupart s'accordent à dire que les additions sont une vraie "affaire" ("on dépense plus dans le taxi"). P.S. on vous conseille de réserver au moins quatre jours à l'avance.

Le Temps des Cerises ◐☒ *Bistrot* 18 | 17 | 18 | 30€

13e | 18 rue de la Butte aux Cailles (Tolbiac/Place d'Italie) | 01 45 89 69 48 | www.cooperativetempsdescerises.eu

La "révolution" continue dans cette "coopérative ouvrière pour bobos" de l'agréable quartier de la Butte aux Cailles, où une "clientèle locale" se presse autour des tables communes pour déguster une cuisine de bistrot "simple mais honnête" dans une ambiance "sympa, conviviale" ; avec son service "accueillant" et des additions "modestes", c'est "franchement un super endroit franchouillard".

Terminus Nord ◐ *Brasserie* 18 | 21 | 19 | 53€

10e | 23 rue de Dunkerque (Gare du Nord) | 01 42 85 05 15 | www.terminusnord.com

"Fidèle au poste", cette "brasserie historique Art déco" en face de la gare du Nord, qui ne déçoit jamais avec ses "très bons" plateaux de fruits de mer, sa choucroute et autres plats "typiques" à des prix plutôt "raisonnables", est bien pratique avant de sauter dans l'Eurostar ; les serveurs sont "toujours affairés" dans "l'immense salle toujours bondée" où "observer les gens" est un "plaisir".

La Terrasse Mirabeau ☒ *Bistrot* ▽ 26 | 17 | 19 | 50€

16e | 5 pl de Barcelone (Javel/Mirabeau) | 01 42 24 41 51 | www.terrasse-mirabeau.com

L'un des "meilleurs plans" du moment dans le 16e, cet "agréable" bistrot attire une clientèle stylée à la recherche d'une cuisine de bistrot "classique", agrémentée de touches "créatives" ; si certains trouvent que le décor noir et rouge "manque de personnalité", on s'accorde à dire que la "ravissante" terrasse est "un endroit parfait par une belle soirée d'été".

Terroir Parisien *Bistrot* - | - | - | M

5e | Maison de la Mutualité | 20 rue St-Victor (Maubert-Mutualité) | 01 44 31 54 54 | www.maisondelamutualite.com

Yannick Alléno baisse les prix avec son ambitieux projet de bistrot moderne dans le 5e, qui, comme le livre de recettes du chef auquel il a emprunté son nom, ressuscite les classiques canoniques de la capitale avec fantaisie (le 'hot dog parisien' est fait avec de la tête de veau) ; la carte met en valeur les produits régionaux, certains d'ailleurs exposés sur les étagères de l'espace contemporain aéré enveloppé de bois autour d'un comptoir central, le tout conçu par l'architecte Jean-Michel Wilmotte.

Thoumieux ◐ *Contemporaine* 20 | 21 | 18 | 65€

7e | Hôtel Thoumieux | 79 rue St-Dominique (Invalides/La Tour-Maubourg) | 01 47 05 49 75 | www.thoumieux.com

Rappelant le "Paris des années 20" – disons plutôt celui des Années folles, étant donné sa "bouillonnante activité" permanente – cette sombre et "belle" brasserie dont l'espace "rouge somptueux" à miroirs a été récemment rénové en plus glamour, sert une cuisine "bien présentée", "moderne" à partir de la carte conçue par Jean-François Piège ; l'endroit est "bruyant" et gagnerait "à baisser" ses prix, mais le service est "satisfaisant" et en fin de compte on y passe un "super" moment très "vivant".

Le Timbre ☒☒ *Bistrot* 25 | 17 | 22 | 52€

6e | 3 rue Ste-Beuve (Notre-Dame-des-Champs/Vavin) | 01 45 49 10 40 | www.restaurantletimbre.com

"À peu près aussi grand qu'un placard", ce "formidable" bistrot de la taille d'un timbre-poste situé près du jardin du Luxembourg donne "plus l'impression d'être à un dîner en ville" que dans un restaurant, avec son atmosphère "relax, confortable" propice à savourer les plats "fabuleux" élaborés par Chris Wright, le chef-patron anglais ; si "l'espace étriqué" fait partie du jeu, le service "prévenant" est aux petits soins et "les prix sont honnêtes compte tenu de la qualité".

Le Timgad ◐ *Marocaine* 22 | 23 | 22 | 67€

17e | 21 rue Brunel (Argentine) | 01 45 74 23 70 | www.timgad.fr

Une "délicieuse et copieuse" cuisine marocaine et une "belle sélection de vins d'Afrique du Nord" sont "gracieusement servis" dans le "ravissant" décor "traditionnel" (moulures en plâtre sculptés à la main) de cette vénérable enclave du 17e ; c'est "cher", mais voilà sans aucune doute "l'un des meilleurs marocains de Paris".

Le Tintilou ☒ *Contemporaine* - | - | - | M

11e | 37 bis rue de Montreuil (Faidherbe-Chaligny) | 01 43 72 42 32 | www.tintilou.fr

Si peu d'enquêteurs ont visité cette table dans le 11e depuis la reprise par le chef-patron Jean-François Renard de l'ancienne Aiguière, ceux-ci ont décrit sa cuisine bistronomique comme "vraiment imaginative" et "bien préparée" ; redécoré dans des couleurs vives, ce quartier général des mousquetaires de Louis XIII dégage une atmosphère "amicale", ce qui rajoute à sa "valeur". P.S. ouvert pour le brunch le premier dimanche du mois.

Le Tir-Bouchon ⇏ *Classique* 21 | 17 | 17 | 37€

2e | 22 rue Tiquetonne (Étienne Marcel) | 01 42 21 95 51 | www.le-tirbouchon.com

"On passe de bons moments autant le soir qu'à midi" à cette table de quartier de Montorgueil, autour de plats français traditionnels "savoureux" et "copieux" et de vins "goûteux" ; malgré le prix à la carte, qui "limite un peu la gourmandise" (il existe un menu deux plats le midi) et le service un peu "long", l'ambiance est "agréable" dans cet endroit "sympathique" à l'esprit bouchon lyonnais.

Tong Yen ◐ *Chinoise* 22 | 15 | 21 | 58€

8e | 1 bis rue Jean Mermoz (Franklin D. Roosevelt) | 01 42 25 04 23
Toujours favori de plusieurs célébrités, ce chinois très "classe", au cœur du Triangle d'or dans le 8e, propose une "excellente cuisine cantonaise", ainsi que des plats thaïs et vietnamiens de haut vol ; sous la vigilence de la patronne Thérèse Luong, le service est généralement "très aimable", ce qui compense un décor années 60 "vieillot" et des additions "chères".

La Tour d'Argent ☒☑ *Haute Cuisine* 25 | 27 | 26 | 156€

5e | 15-17 quai de la Tournelle (Cardinal Lemoine/Pont-Marie) | 01 43 54 23 31 | www.latourdargent.com
"Quelle histoire, quelle situation, quelle vue, quelle maîtrise du canard!" clament les amoureux de cette "élégante" "institution" gastronomique (où il faut porter la veste) perchée au sixième étage au-dessus de la Seine devant Notre-Dame ; le chef Laurent Delarbre compose des plats "fantastiques", illuminés par une carte des vins carrément "biblique", le tout épaulé par un "exquis" service de la "vieille école" : alors si c'est une sortie "coûteuse", c'est aussi une expérience "inoubliable". P.S. réservations obligatoires.

Le Train Bleu *Classique* 19 | 27 | 20 | 67€

12e | Gare de Lyon | Place Louis Armand (Gare de Lyon) | 01 43 43 09 06 | www.le-train-bleu.com
On dirait "un décor de cinéma", ce qui pourrait être "l'un des plus beaux restaurants de gare au monde" avec ce "magnifique" décor XIXe siècle (emblématique de "ce que la France était, est, et nous l'espérons, sera toujours"), ces plafonds à moulures et ces fresques de rêve, situé au premier étage de la gare de Lyon ; la cuisine classique "chère" n'est pas la star ici, mais c'est "relativement bon" et servi avec "efficacité" à un "agréable mélange d'habitués, de businessmen et de quelques touristes" - "tout le monde à bord!"

35° Ouest ☒☑ *Poisson* 22 | 19 | 23 | 67€

7e | 35 rue de Verneuil (Rue du Bac) | 01 42 86 98 88
Un service "chaleureux" et "cordial" fait pencher la balance en faveur de cet "écrin à bijoux" très "contemporain" près de la rue du Bac, où les hommes d'affaires viennent le midi pour "du très bon poisson" cuisiné dans un style "classique avec une touche d'originalité" ; ce n'est pas donné mais les prix restent "raisonnables" pour le quartier, surtout si l'on choisit la formule déjeuner "épatante".

Le 39V ☒ *Contemporaine* 23 | 22 | 21 | 99€

8e | 39 av George V (George V) | 01 56 62 39 05 | www.le39v.com
À deux pas des Champs, la "divine" cuisine contemporaine de Frédéric Vardon, un ancien de chez Ducasse, est mise en valeur par un espace circulaire "superbe", ultramoderne (accès par ascenseur privé),

dont les fenêtres donnent sur une terrasse verdoyante où les convives peuvent prendre l'apéritif avec vue sur la Tour Eiffel ; c'est "très Triangle d'or", visant une clientèle business qui apprécie les "conversations discrètes" au déjeuner, sans trop se soucier des prix élevés qui, "compte tenu du quartier, semblent raisonnables". P.S. réservation obligatoire, fermé le week-end.

Tricotin ◐ *Asiatique* 19 | 9 | 13 | 21€

13e | 15 av de Choisy (Porte de Choisy) | 01 45 84 74 44

"Sans fioritures" mais néanmoins "honorable", cette "grande" "cafétéria" sert une "vaste sélection" de plats chinois, vietnamiens et thaïs, "à bas coût", ce qui en fait l'une des "meilleures affaires" du 13e ; même si c'est "bruyant", avec un service "rapide" mais "impersonnel", le centre d'intérêt des convives est de boulotter les dim sum à midi et autres plats "similaires à ceux que l'on trouve en Asie".

Le Troquet ☒☒ *Basque/Contemporaine* 24 | 17 | 20 | 47€

15e | 21 rue François Bonvin (Cambronne/Sèvres-Lecourbe) | 01 45 66 89 00

Les "foodistas" affluent vers "ce petit restaurant" dans le 15e pour une "délicieuse approche" de cuisine "basque traditionnelle" et de plats bien français avec un menu qui change souvent (la cuisine du nouveau chef, arrivé après l'enquête, ne ressort pas dans le score Cuisine) ; malgré son humble apparence, "l'accueil chaleureux", l'atmosphère "conviviale" et les prix "raisonnables" sont gagnants.

La Truffière ☒☒ *Classique* 26 | 23 | 24 | 105€

5e | 4 rue Blainville (Cardinal Lemoine/Place Monge) | 01 46 33 29 82 | www.latruffiere.com

"L'un des restaurants les plus romantiques à Paris", ce "charmant" classique "à deux pas de la place de la Contrescarpe" présente une cuisine "sans défauts" dans une "ravissante salle d'autrefois" décorée de murs en pierre apparente, de poutres et d'une belle cheminée (il y a aussi une cave éclairée à la bougie) ; même si les suppléments truffe peuvent "faire monter l'addition en douce", la plupart des convives estiment que dîner ici est un "plaisir absolu" "valant chaque euro", alors détendez-vous et profitez du service "aux petits soins". P.S. le menu déjeuner est "plus abordable".

Le Trumilou *Bistrot* 20 | 14 | 20 | 35€

4e | 84 quai de l'Hôtel de Ville (Hôtel-de-Ville/Pont-Marie) | 01 42 77 63 98 | www.letrumilou.fr

En bord de Seine dans le 4e, ce "solide vétéran" reste populaire grâce à ses "honnêtes" plats bistrotiers, son équipe "souriante" et "sans prétention" et son atmosphère "un peu provinciale" ; en plus d'attirer les employés de bureau et les globe-trotters, l'adresse marche également pour un "dîner en famille relax, avec un bon rapport qualité-prix".

Tsé-Yang ◐ *Chinoise* 22 | 21 | 21 | 71€

16e | 25 av Pierre 1er de Serbie (Alma Marceau/Iéna) | 01 47 20 70 22

Un "véritable voyage asiatique" attend les visiteurs de cette "opulente" salle chinoise noir et or du 16e, avec son service "impeccable" et un grand bar pour accueillir la clientèle aisée ; "tout est bon" à la carte, en particulier un "excellent canard laqué", mais les prix élevés incitent certains à n'y aller que pour une "occasion festive".

Tsukizi ☒ *Japonaise* ▽ 22 | 14 | 19 | 39€
6e | 2 bis rue des Ciseaux (Mabillon/St-Germain-des-Prés) | 01 43 54 65 19
"Asseyez-vous au bar et admirez les maîtres au travail" dans ce japonais "prisé" de Saint-Germain, qui sert les "meilleurs sushis de Paris" (pour le prix) ; le décor "minimaliste" n'appelle pas de commentaires particuliers, mais la plupart des clients apprécient sa qualité constante "au fil des années".

Vagenende ◐ *Brasserie* 17 | 25 | 19 | 63€
6e | 142 bd St-Germain (Mabillon/Odéon) | 01 43 26 68 18 | www.vagenende.com
Recherchée pour son "somptueux" intérieur classé, cette brasserie centenaire de Saint-Germain possède un "superbe" plafond à vitraux et autres détails Art nouveau dont une rénovation récente a rajeuni l'ensemble et modernisé la terrasse ; en plus de la carte traditionnelle ("trop chère"), le chef concocte des plats novateurs comme les macaronis gratinés au foie gras et à la truffe, et avec des menus plus raisonnables qu'avant, attire les habitués et les touristes.

Le Vaudeville ◐ *Brasserie* 20 | 23 | 20 | 53€
2e | 29 rue Vivienne (Bourse) | 01 40 20 04 62 | www.vaudevilleparis.com
Un "superbe cadre Art déco" tout en marbre et mosaïques "transporte" les convives hors du temps dans cette brasserie du groupe Flo, face à la Bourse, avec une carte "traditionnelle" à prix moyen ("de fantastiques plateaux de fruits de mer") ; si le service est "un peu précipité", cela relève juste de "l'agitation" très "parisienne".

Verjus 🅆 *Américaine/Bar à Vin* - | - | - | TC
1er | 52 rue Richelieu (Pyramides) | 01 42 97 54 40 | www.verjusparis.com
Les deux jeunes Yankees qui se cachaient derrière le déjà fameux Hidden Kitchen ont ouvert un vrai restaurant dans un duplex tout à côté du Palais-Royal ; on y sert de petites assiettes à petits prix, des vins biodynamiques et du whisky japonais dans la cave-bar à vin, et des menus dégustation d'une cuisine américaine audacieuse et plus chère à l'étage du dessus, le tout applaudi par une clientèle d'expatriés et de foodistas français ; le service est bilingue, bien sûr.

Le Vernet 🅆 *Haute Cuisine* ▽ 24 | 25 | 25 | 86€
8e | Hôtel Vernet | 25 rue Vernet (Charles de Gaulle-Étoile/George V) | 01 44 31 98 98 | www.hotelvernet.com
Même si peu d'enquêteurs connaissent "l'élégante" salle à manger de l'hôtel Vernet, tout près des Champs-Élysées, les esthètes adorent sa "verrière signée Gustave Eiffel" tout en appréciant "l'excellente" cuisine du chef Laurent Poitevin (ex-Taillevent) ; les prix sont à la hauteur du cadre prestigieux, mais le "service charmant" et le menu du déjeuner relativement abordable font de cette cachette un bon choix pour un repas d'affaires.

CUISINE | DÉCOR | SERVICE | PRIX

Le Verre Bouteille ◐☒☑ *Bar à Vin/Bistrot* 19 | 16 | 21 | 38€

17e | 85 av des Ternes (Ternes) | 01 45 74 01 02 | www.leverrebouteille.com

Les carnivores affirment qu'on trouve ici "le meilleur tartare au couteau à Paris", parmi d'autres plats "bien réalisés" et de "nouveaux vins à découvrir", dans cet illustre perchoir pour noctambules du 17e (souvent ouvert jusqu'à 4 heures du matin) ; ce bistrot à vins "exigu" est un peu juste question décor, mais le personnel "aimable", l'ambiance "relax" et les prix modestes compensent cela.

Le Verre Volé *Bistrot* 20 | 15 | 18 | 38€

10e | 67 rue de Lancry (République/Jacques Bonsergent) | 01 48 03 17 34 | www.leverrevole.fr

Ce bistrot "branché" et "sympa", près du canal Saint-Martin dans le 10e, est "toujours un endroit de folie, mais c'est ce qui est bien" clament les "foodies" qui viennent y savourer une cuisine "inventive" et "goûteuse" boostée par de bonnes bouteilles "intelligemment" choisies dans les casiers ; "le succès grandit chaque jour", alors réservez.

Le Versance ☒☑ *Classique/Contemporaine* - | - | - | TC

2e | 16 rue Feydeau (Bourse/Grands Boulevards) | 01 45 08 00 08 | www.leversance.fr

Pas encore très connu, ce "délicieux" duplex du chef et propriétaire Samuel Cavagnis, près de la Bourse, attire les clients avertis avec des plats bistronomiques "extraordinaires", une vraie "hospitalité" et une "élégante" décoration grise et blanche qui met en valeur les moulures Belle Époque d'origine et les vitraux ; c'est cher, mais tellement "charmant", parfait pour une grande occasion ou un rendez-vous "tranquille".

La Villa Corse ☒ *Corse* 21 | 20 | 19 | 55€

15e | 164 bd de Grenelle (Cambronne/La Motte-Picquet-Grenelle) | 01 53 86 70 81 ◐

16e | 141 av de Malakoff (Porte Maillot) | 01 40 67 18 44

www.lavillacorse.com

Pour un "petit voyage en Corse" sans quitter Paris, rien ne vaut ces "îlots de calme et de saveurs" dans le 15e et le 16e, qui mettent en vedette la cuisine ensoleillée, "simple" mais "délicieuse", de l'île de Beauté ainsi que ses vins, dans un "chaleureux" décor style "bibliothèque" ; quant au service, il est de style corse aussi - "pro et sans tapage" - mais les additions, elles, sont plutôt "corsées".

Le Villaret ◐☒ *Bistrot* 23 | 17 | 21 | 58€

11e | 13 rue Ternaux (Oberkampf/Parmentier) | 01 43 57 89 76

"Loin des sentiers battus" mais "méritant qu'on le découvre", ce "bistrot extraordinaire" du 11e propose une carte qui mêle "une excellente tradition culinaire" à un flair "novateur" ; le service "enthousiaste" compense un peu "l'étroitesse" des lieux tout en briques et poutres, et si les habitués regrettent la hausse des prix, ils aimeraient quand même bien garder l'adresse pour eux, alors "chut!". P.S. fermé samedi midi et dimanche.

CUISINE | DÉCOR | SERVICE | PRIX

Vin et Marée *Poisson* — 21 | 17 | 20 | 50€

1er | 165 rue St-Honoré (Palais Royal-Musée du Louvre) | 01 42 86 06 96
7e | 71 av de Suffren (La Motte-Picquet-Grenelle) | 01 47 83 27 12 | www.vin-et-maree.com
11e | 276 bd Voltaire (Nation) | 01 43 72 31 23 | www.vin-et-maree.com
14e | 108 av du Maine (Gaîté) | 01 43 20 29 50 | www.vin-et-maree.com
16e | 183 bd Murat (Porte de St-Cloud) | 01 46 47 91 39 | www.vin-et-maree.com

Pour les amateurs, c'est le "paradis des produits de la mer" que cette mini-chaîne offrant de "généreux" "festins" de "qualité", des vins "bien choisis" et une "merveille" de baba au rhum, à des prix "raisonnables" ; grâce à un équipage "attentionné", tout baigne dans ces salles spacieuses bleu océan, bien que certains mutins affirment que le poisson est "plus frais que les décors fatigués". P.S. l'adresse du 1er arrondissement est indépendante.

Le 20 de Bellechasse *Bistrot* — 20 | 18 | 19 | 55€

7e | 20 rue de Bellechasse (Solférino) | 01 47 05 11 11

"Une solide nourriture française" et de bons hamburgers sont les atouts "simples" de ce bistrot "branché" sur une rue chic, près du musée d'Orsay, où il pratique des prix modérés pour le quartier ; son "accueil amical" attire les habitués "huppés" qui se serrent les coudes dans "cette boîte à sardines sympa" agrandie par un jeu de miroirs sur presque toutes les faces.

21 *Poisson* — 23 | 20 | 20 | 66€

6e | 21 rue Mazarine (Odéon) | 01 46 33 76 90

Le chef Paul Minchelli n'utilise que des produits de la mer "ultra-frais" pour ses préparations "ultra-raffinées" dans un endroit "pas commode à trouver" de Saint-Germain-des-Prés ; il vaut mieux réserver pour obtenir une table dans la salle à manger "intime" aux tonalités sombres, où les habitués chics de la rive gauche apprécient l'atmosphère plutôt "club" cultivée par Didier Granier, son directeur et propriétaire "accueillant", et acceptent des additions "à faire pleurer".

Vins des Pyrénées *Classique* — 17 | 17 | 18 | 35€

4e | 25 rue Beautreillis (Bastille/St-Paul) | 01 42 72 64 94

Une "clientèle internationale" se presse dans ce bar à vin "bruyant" du Marais, connu pour son "atmosphère sympa", son service "sans histoires" et son cadre Art nouveau ; les plats de bistrot sont "basiques" mais légers pour le budget, ce qui incite la plupart à se concentrer sur la cave qui permet de passer une "soirée arrosée".

Vin sur Vin *Contemporaine* — 21 | 18 | 18 | 95€

7e | 20 rue de Monttessuy (Alma Marceau/École Militaire) | 01 47 05 14 20

Une "superbe" et "impressionnante" carte des vins de 800 étiquettes complète les "belles" présentations bistronomiques de cette adresse "plaisir" du 7e ; les additions "élevées" correspondent à "l'élégance" de la salle remplie d'œuvres d'art et au service "correct". P.S. veste conseillée.

	CUISINE	DÉCOR	SERVICE	PRIX

Le Violon d'Ingres *Bistrot* | 25 | 20 | 22 | 86€

7e | 135 rue St-Dominique (École Militaire) | 01 45 55 15 05 | www.leviolondingres.com

Aussi "sophistiqué" que son environnement du 7e chic, "l'élégant bistrot" du chef-patron Christian Constant impressionne par sa "cuisine très soignée" et le "fabuleux" soin déployé par les serveurs, "toujours en train de vérifier" les tables ; si certains jugent "l'addition trop lourde", la majorité "adore" et ne trouve "rien à redire". P.S. il faut réserver.

N **Vivant Table** W *Bistrot* | - | - | - | M

10e | 43 rue des Petites Écuries (Château d'Eau) | 01 45 74 16 66 | www.vivantparis.com

Décoré de céramiques Art nouveau figurant des oiseaux exotiques, vendus ici au XIXe siècle quand cet espace étroit était une oisellerie, le nouveau bistrot sans prétention de Pierre Jancou (créateur de Racines) dans un coin du 10e en pleine gentrification propose une carte bistronomique courte, mais composée de produits adroitement cuisinés, et des vins naturels de belle facture ; le soir l'ambiance au bar est un vrai *happening*.

Le Voltaire ☒ ☒ *Classique* | 22 | 21 | 21 | 79€

7e | 27 quai Voltaire (Rue du Bac) | 01 42 61 17 49

Comme un "club cher et fun", cette "élégante cachette" sur le quai Voltaire attire une "clientèle française et américaine chic" par ses classiques de bistrot "goûteux" et "simples", dont un fameux "œuf mayonnaise", des frites "divines" et beaucoup de "viande rouge" ; si les critiques disent que les prix continuent "de grimper sans raison", pour les loyalistes cela "reste un ravissant vieux standard parisien" où l'on va "pour voir et être vu". P.S. veste conseillée.

Wepler ◐ *Brasserie* | 20 | 19 | 19 | 47€

18e | 14 pl de Clichy (Place de Clichy) | 01 45 22 53 24 | www.wepler.com

Toujours indépendante, cette brasserie "historique" de la place de Clichy rallie les amateurs de "super" plateaux de fruits de mer et autres "traditionnels" plats de poisson dans son "merveilleux" décor vintage qui "vous propulse dans le Paris d'autrefois" ; les "charmants" serveurs semblent "être là depuis toujours" aussi et les prix sont plutôt corrects.

Willi's Wine Bar ☒ *Bar à Vin/Bistrot* | 20 | 18 | 20 | 49€

1er | 13 rue des Petits-Champs (Palais Royal-Musée du Louvre/Pyramides) | 01 42 61 05 09 | www.williswinebar.com

"Détendez-vous" et mettez-vous au diapason de cette "institution parisienne" "animée" mais "relax" du 1er, tenue par le patron britannique Mark Williamson, qui propose une "incroyable carte des vins à des prix raisonnables", ainsi que des en-cas "créatifs" et des classiques de bistrot ; la salle, récemment agrandie, remplie d'œuvres d'art et de "gens intéressants au bar", participe de "l'incroyable" ambiance, alors allez "vous amuser" – l'équipe donne à chacun "l'impression qu'il est un habitué".

	CUISINE	DÉCOR	SERVICE	PRIX

Yam'Tcha ☒☑ *Asiatique/Contemporaine*

CUISINE	DÉCOR	SERVICE	PRIX
26	17	22	83€

1er | 4 rue Sauval (Louvre-Rivoli) | 01 40 26 08 07 | www.yamtcha.com

"Faites-leur confiance et vous ne serez pas déçus" par cette adresse très en vue des Halles, où Adeline Grattard, la chef-patronne "au talent d'exception", transforme des produits "de premier choix" en plats franco-asiatiques "totalement nouveaux et originaux" (aux menus, pas de carte) dans cette "microscopique" salle aux murs de pierre et aux poutres au plafond ; son mari, Chi Wah Chan, distille des thés "inspirés" et le service se déroule en "douceur" ; si les prix sont moins doux, ils sont "justifiés" par des repas "hors du commun". P.S. fermé dimanche, lundi, et mardi midi.

Yen ☒ *Japonaise*

	CUISINE	DÉCOR	SERVICE	PRIX
▽	22	19	19	45€

6[e] | 22 rue St-Benoît (St-Germain-des-Prés) | 01 45 44 11 18

Dans l'esprit des restaurants udon de "Tokyo", cette enclave "spartiate" mais "chic" au cœur de Saint-Germain sert des nouilles soba "vraiment goûteuses, délicates" et d'autres plats japonais "bien préparés" (mais pas de sushis) dans un style "efficace" et "discret" ; si quelques-uns se demandent "comment un bol de nouilles au sarrasin peut être si cher", l'adresse est généralement considérée comme l'une des "meilleures" dans son genre à Paris.

Yoom *Asiatique*

CUISINE	DÉCOR	SERVICE	PRIX
-	-	-	PC

6[e] | 5 rue Grégoire de Tours (Mabillon) | 01 43 54 94 56 ☒☑
9[e] | 20 rue des Martyrs (St-Georges) | 01 56 92 19 10

Après un séjour à Hong Kong, un couple de Parisiens a ouvert ces deux cantines abordables pour amateurs de dim sum, où ces bouchées design ont un profil panasiatique ; les lieux très à la mode (murs en brique et lanternes en papier dans le 9e, murs bleu ciel dans le 6e) sont plus cool que ceux de leurs concurrents de Chinatown, et surtout plus centraux.

Youpi et Voilà ☒☑ *Bar à Vin*

CUISINE	DÉCOR	SERVICE	PRIX
-	-	-	M

10[e] | 8 rue Vicq d'Azir (Colonel Fabien) | 01 83 89 12 63 | www.youpietvoila.com

Une cuisine moderne, colorée, et des vins biodynamiques font venir la ferme (et la vigne) à la table de ce bistrot-bar à vin de Patrice Gelbart dans un coin branché du 10e à l'est du canal Saint-Martin (il a cuisiné au Verre Volé, tout près) ; les prix sont modérés et le petit espace, avec un patchwork de murs en briques, une cuisine ouverte high-tech et un coin bar, se veut relax et sans prétention, comme son nom l'indique : 'youpi et voilà!'

Yugaraj ☑ *Indienne*

CUISINE	DÉCOR	SERVICE	PRIX
20	16	20	52€

6[e] | 14 rue Dauphine (Odéon/Pont-Neuf) | 01 43 26 44 91

Une cuisine indienne "préparée avec soin" met en valeur des produits "frais" et "locaux", qui titillent le palais de ceux qui viennent dans "cet indien raffiné" de Saint-Germain, où le service est "efficace et aimable" ; de style colonial, le décor "tamisé" est jugé soit "plaisant" soit "un peu vieux jeu", mais tout le monde est d'accord pour dire que les additions sont pour les maharajahs.

	CUISINE	DÉCOR	SERVICE	PRIX

Zebra Square *Classique/Italienne* | 16 | 19 | 15 | 55€ |

16e | Hotel Square | 3 pl Clément-Ader (Av du Pdt Kennedy RER/Passy) | 01 44 14 91 91 | www.zebrasquare.com

Face à la Maison de la Radio, ce lieu "moderne" est plus apprécié pour son "glamour" et sa "bonne musique" de DJ jusque tard le soir que pour ses plats franco-italiens, jugés "secondaires" (et plutôt "chers pour pas grand-chose dans l'assiette") ; certains en concluent que c'est mieux pour "les jeunes", tandis que d'autres lui reprochent un "manque de chaleur" et "un petit coup de fatigue".

Ze Kitchen Galerie ☒ *Éclectique* | 25 | 21 | 21 | 72€ |

6e | 4 rue des Grands-Augustins (Odéon/St-Michel) | 01 44 32 00 32 | www.zekitchengalerie.fr

Des plats fusion "imaginatifs" "sortent de la cuisine ouverte" du chef-patron William Ledeuil, qui utilise "avec talent" les herbes asiatiques, les épices et les jus sur les poissons et les viandes préparés sur une grille conçue tout spécialement : cela fait de cette table de Saint-Germain "l'un des rares restaurants parisiens où les saveurs non-européennes sont franchement intégrées dans la cuisine, pas simplement saupoudrées comme du sel et du poivre" ; avec son ambiance "animée" et son service "sans prétention" dans un cadre très galerie d'art, c'est "un plaisir" qui "vaut la dépense".

Le Zeyer ◐ *Brasserie* | 19 | 18 | 19 | 47€ |

14e | 62 rue d'Alésia (Alésia) | 01 45 40 43 88 | www.lezeyer.com

L'avantage de se retrouver "hors des sentiers battus" au fin fond du 14e dans cette adresse quasi-centenaire est que "vous vivez l'expérience d'une brasserie telle qu'elle existait avant que des hordes de touristes n'envahissent les endroits à la mode" ; les habitués recommandent la "très bonne choucroute" à prix correct et les superbes plateaux de fruits de mer servis par un personnel "zélé".

Le Zimmer *Brasserie* | 18 | 19 | 17 | 40€ |

1er | 1 pl du Châtelet (Châtelet-Les Halles) | 01 42 36 74 03 | www.lezimmer.com

Cette brasserie "historique" ("un classique parisien", "connu pour sa grande salle") accolée au théâtre du Châtelet permet d'apprécier un repas "agréable" ou un goûter (immense liste de thés, chocolat chaud "à tomber") dans un cadre "à l'ancienne" "(velours rouge, boiseries, lustres, miroirs)" ; "la note monte assez vite si vous prenez des boissons", mais les serveurs sont "gentils" et l'ambiance "conviviale". P.S. il est conseillé de réserver, car c'est "souvent plein aux heures de pointe".

Zinc ☒ *Brasserie* | - | - | - | M |

2e | 8 rue de Hanovre (Opéra) | 01 42 65 58 95 | www.zinc-opera.com

Frédéric Vardon (Le 39V) propose cette adresse dans une petite rue près de l'Opéra Garnier, dotant ce quartier qui bouge d'une brasserie à prix modérés ; le décor est aussi frais et au goût du jour que la cuisine, avec d'élégants tons beiges, des miroirs bulles, une verrière qui donne une belle lumière à la salle principale et un grand bar (en zinc, bien sûr) avec une bonne sélection de vins.

	CUISINE	DÉCOR	SERVICE	PRIX
Zinc-Zinc ◐ ⊠ *Bistrot*	18	17	18	35€

Neuilly-sur-Seine | 209 ter av Charles de Gaulle (Pont-de-Neuilly) | 01 40 88 36 06 | www.zinczinc.com

Avec ses apéros-tapas et ses formules déjeuner, ce "petit bistrot sans prétention" à deux pas de l'hôpital de Neuilly-sur-Seine, attire les employés de bureaux qui viennent "à plusieurs" pour "partager une planche" et profiter de l'"happy hour", en particulier le vendredi soir ; la cuisine "simple" mais "goûteuse" et la carte des vins bien fournie incitent à revenir.

	CUISINE	DÉCOR	SERVICE	PRIX
Les Zygomates ⊠ ⊠ *Bistrot* ∇	23	17	23	38€

12^e^ | 7 rue de Capri (Daumesnil/Michel Bizot) | 01 40 19 93 04 | www.leszygomates.fr

"On a plus faim, quand on ressort" de ce bistrot du 12e, où on se régale d'une cuisine française "délicieuse" et "imaginative" et d'une "bonne" carte des vins ; la décoration d'époque (ancienne boucherie-charcuterie des années 1920) et la taille de l'endroit contribuent à donner une atmosphère "cosy" et un accueil "sympathique" à cet endroit aux prix moyens. P.S. il faut réserver.